工程经济与管理系列丛书

财政投资评审实务

与

相关理论

广州市财政投资评审中心
天 津 理 工 大 学 编

中国建筑工业出版社

图书在版编目（CIP）数据

财政投资评审实务与相关理论／广州市财政投资
评审中心，天津理工大学编. —北京：中国建筑工业
出版社，2017.7
（工程经济与管理系列丛书）
ISBN 978-7-112-20952-1

Ⅰ．① 财⋯ Ⅱ.① 广⋯ ② 天⋯ Ⅲ.① 基本建设投
资−项目评价 Ⅳ.① F283

中国版本图书馆CIP数据核字（2017）第162459号

责任编辑：赵晓菲　朱晓瑜
责任校对：李欣慰　张　颖

工程经济与管理系列丛书
财政投资评审实务与相关理论
广州市财政投资评审中心
天津理工大学　　　　　编

*

中国建筑工业出版社出版、发行（北京海淀三里河路9号）
各地新华书店、建筑书店经销
北京锋尚制版有限公司制版
大厂回族自治县正兴印务有限公司印刷

*

开本：787×1092毫米　1/16　印张：20½　字数：459千字
2018年1月第一版　　2019年1月第二次印刷
定价：**55.00**元
ISBN 978-7-112-20952-1
（30541）

本书编委会

主　编：胡国红

主　审：尹贻林

副主编：李　奕　肖湘花　吴绍艳

主要编审人员（按姓氏笔画排序）

干志刚　邓子瑜　马南劲　王　洋　王　翔　王华山　于翔鹏

尹　航　叶锦添　朱红娟　朱绪琪　许东明　孙　毅　李　冉

李　劲　李文静　李绪鹏　杨　旋　杨元元　杨秀珍　邵　燕

苗　菁　周　珊　尚应应　赵　晶　郭呈琳　郭园园　曹雪华

覃健明　曾　浪　蔡秋生

政府投资管控

尹贻林

政府投资评审与工程造价咨询产业一样，其核心就是政府投资管控。所谓控制，必先设定控制标准。英国DBB模式以分项工程所需工料数据即工程量清单作标准控制投资；美国EPC模式则以有序的市场竞争挤出真实成本，用合同总价控制投资，中国计划经济时期使用定额为标准控制投资，近年来采用工程量清单控制投资。

纠偏是管控的主旋律，古典控制论鼻祖维纳提出了反馈的设计，信息反馈就是指控制系统把投资实施过程中的数据输送到判断器，又把判断结论返送回来的动作。政府投资评审系统就是一种典型的古典控制系统，其本质是通过信息反馈来揭示实际与计划之间的差异，并采取纠偏措施，使政府投资稳定在预定的计划状态内。全世界的投资管控都是循着反馈纠偏控制的思路设计的控制系统。

纠错防弊的内部控制是投资管控的基本方法。项目内部控制措施通常包括项目风险控制、授权审批的内部牵制等。工程造价咨询机构应当结合风险评估结果，采用主动控制（预防）与被动控制（纠偏）相结合的控制措施，将风险控制在投资计划之内。并通过内部牵制机制，实现项目纵向审批上下牵制，项目横向复核纠偏左右制约，相互监督，实现纠错防弊的管控功能。从宏观看，国家设立财政投资评审体系就是政府对投资进行内部控制的重大举措。

一、DBB分工范式下的政府投资管控

目前我国一直沿用三十年前创制的"四制"，即招标投标制、项目法人制、工程合同制和建设监理制。上述制度的经济学机理就是DBB发承包模式，即设计D、招标B、施工B三个阶段分立的发承包方式，英国称之为传统模式。因其形成业主、咨询机构、承包商三足鼎立状，也称其为三角模式，对应最著名合同条件为FIDIC红皮书。中国1983年在鲁布革水电站项目采用，1987年由丁士昭先生倡导引入建设监理制，利用咨询机构消除承包商对发包人的信息优势，引入专业的顾问服务提高项目管理绩效。政府投资评审机构就是各级政府的投资管控顾问机构，近年来发挥了重要的作用。近三十年来投资评审机构总结了基于DBB模式的投资管控经验如下：

1．DBB变更是失控的主因

据统计，DBB模式35%的失控由变更引起。有四种变更，第一种是业主的需求改变；第二种是设计错误；第三种是施工困难或不利现场；第四种是承包商合

理化建议。DBB模式前三种变更均应由业主承担价款改变的风险，第四种则应按价值工程条款评估，批准后跟承包商分成获利。顾问机构要注意承包人与设计人合谋人为制造变更获利，更应从前期入手抓设计优化。

2. 管控的重点在前期

英国的价值管理之父凯利和伍同两人不约而同地发现投资管控的重点在前期，工程造价咨询机构应该把主要精力放在前期。采用的方法有价值工程、LCC和可施工性分析，尤其是工业项目或大型土木工程项目，采用新技术、新工艺、新材料的项目效果尤为显著。据统计，应用可施工性分析可缩短工期10%以上，减少投资5%以上，BIM是可施工性分析的利器。

3. 闭口合同意味着项目价值折损

香港地区20世纪一直采用闭口总价包死合同，但是1999年发生政府房屋署公屋天颂苑"短桩"事件，承包人为避免损失，每根桩都短15m以上，直至房屋沉降不均才败露。事件导致拆除公屋，损失达2.5亿港元以上。后来港府成立调查组，给出报告，认为总价包干合同是帮凶之一，建议地下工程不宜闭口，应据实结算，承包人不可能自掏腰包弥补工程费用不足。

二、其他行业的政府投资管控

投资评审机构主要针对各级政府财政投资项目进行投资管控，除自身积累了大量经验和案例外，也对其他仍实行纵向管理的各行业投资管控进行了全面借鉴。

1. 施工图预算回归

公路工程投资管控创造了零号工程量清单，即初步设计完成后招标；施工图设计完成后招标人召集设计人、咨询方、承包人会商，最终出一份各方认可的工程量清单。这份清单叫零号工程量清单，支付与结算均按照清单量为依据。这种方法的本质是模仿施工图预算，把设计细节做到可施工程度，出工程量清单，按中标单价制定总价，实行总价包干。

2. 三峡投资管控

1992年，三峡工程静态投资概算为900.9亿元，三峡总工期为17年，考虑到物价上涨和利息因素，最终动态投资达到1800亿元。利息执行央行的利率，物价上涨因素则由国家计委（发展改革委）委托咨询公司根据当年的工作内容确定物价篮子的材料品种和权重，根据统计局的物价数据测算一篮子物价指数，乘以当年静态投资计划数即为当年动态投资额，国家据此下拨投资。

3. 高铁投资管控

铁路有两个特殊环节，一个是概算检算，相当于施工图预算，检算不能超概算；另一个是概算清理，相当于竣工结算，两算责任主体均为勘察设计方。概算清理可增加部分包括变更、量差、政策性调整、新增等，如有异议交鉴定中心处理。这种管控依赖定额，所以铁道定额所能获得巨额定额编制补助。这种管控无须咨询机构，勘设人是管控的第三方。

三、政府投资管控的理论问题

1．政府投资管控的柔性

为了应对未来的不确定性，缔约成本很高。为了降低缔约成本，中外均为合同注入柔性，即合同再谈判机制。最容易理解的柔性表现为：暂估价。如材料暂估价和专业工程暂估价都是为了加速缔约而设置的再谈判机制。合同的再谈判又分事件级与项目级两类。变更、调价、索赔均为事件级，和解、调解则属于项目级再谈判。政府投资评审机构掌握柔性则必执专业之牛耳。

2．招标两难

中国的招标早期采用低价中标原则，出现了赢者诅咒现象，即由于投标人的乐观偏见和对招标人套牢产生的"敲竹杠"行为；后来采用综合评估法，又出现合谋与围标现象，即价格卡特尔（垄断合谋）。这就是招标两难，政府投资管控对解决两难问题提出信任解决方案。首先，政府应建立信任规制，其次招标人按信任级别确定招标竞争烈度，配合上相应柔性等级的合同条件。

3．赢者诅咒

低价中标破坏项目价值和市场秩序，这个结论在理论上没有说服力。低价中标损害项目和市场根本利益的现象叫赢者诅咒，它破坏的机理是：招标人的逆向选择，即买方宁愿出低价选择一个反正也信不过的人，造成建筑市场劣币驱逐良币；投标人的道德风险，即卖方机会主义行为利用买方的漏洞获利。解决赢者诅咒的良方就是信任，用多次博弈克服机会主义。

4．政府投资管控的激励

政府投资管控一般沿着监管和激励两条进路设计，监管难度大、成本高，所以20世纪80年代后重视激励进路。项目激励与公司激励不同，因无剩余索取权，所以不能使用产权激励。项目的激励有四种，第一是信任，产生柔性风险分担效应；第二是公平，产生参照点效应；第三是关系，产生声誉效应；第四是权力，产生位势差效应。上述效应均可改善项目管理绩效。

5．政府投资管控的状态补偿

假设合同签订期是状态0，无风险执行是状态1，风险造成偏离是状态2，一般在状态0时就必须预测到状态2，并约定状态2的价格。但纠结于缔约，成本加大。则应在合同中约定再谈判：一旦出现风险导致的状态2，只需确定状态2与状态1的差异并由买方予以补偿即可。工程合同的再谈判包括变更、索赔与调价，由发包人弥补状态差异，承包人完成项目，项目成功。

四、新形势下的政府投资管控

中国经济进入新常态后，经济增长方式由过去的投资拉动需求模式转变为供应侧改革模式。具体改革措施为在基础设施投资领域实施政府与社会资本合作即PPP模式，在发承包模式中实施设计采购施工一体化模式即EPC。新的建设方式要求政府投资管控与时俱进，在观念和手段上全面创新。

1. EPC模式是基于信任的集成范式

三角模式零和博弈色彩太浓，发承包双方对抗。于是出现了EPC设计采购施工集成模式，采用FIDIC银皮书。EPC的基础是合作，合作的前提是信任，信任表现为双方不利用对方的漏洞。因此，EPC也称交钥匙工程，付款与结算按约定总价及程序，一般不再审核。中国推行EPC缺乏信任基础，故用EPC集成之形，施严格管控之实，称为中国特色EPC。

2. PPP模式的投资管控

政府与社会资本合作模式的投资管控为我们提出了新的挑战，第一，PPP模式中项目控制权基本交给社会资本方，社会资本方对投资管控无积极性，但对成本控制有动力；第二，为吸引社会资本中央同意两标并一标，施工不招标，则对概算的精度提出更高要求；第三，PPP一般采用EPC，支付与结算方式改变，政府投资管控无抓手。针对上述三个难题，政府投资评审部门唯有抓住可行性研究不放，提高可研深度，建议采用初步可研和详细可研两阶段可研以提高精度。另外迅速建立已完工程数据库，作为PPP项目投资管控的标杆。

3. 政府投资管控专业人士的格局

政府投资管控专业人士与工程造价咨询企业的领袖一样应具备三种素质，其一是企业管理能力，包括战略、内部控制与激励、经营与市场、质量与成本等；其二是投资管控能力，必须有强烈的为委托人提供投资管控顾问服务的意识；其三是为项目增值的能力，要利用VM、LCC等工具优化项目。具备这三种素质的咨询机构领袖就会有宏大的格局，必然带领团队走向成功。

本书总结广州财政投资评审中心近二十年为政府进行投资管控，当好政府投资顾问的经验；收集了大量实际案例，采用实务与学术结合的写作方法，历时两年形成本书。在征求各方面的意见阶段引起各地政府的高度重视和赞誉，出版后敬请同行关注并提出宝贵意见。

目 录 | CONTENTS

上 篇

财政投资评审基础理论

第一章　财政投资评审概论 | 002

第一节　我国财政投资评审发展历程 | 002

一、计划经济体制下"财银"是一家 | 002

二、经济体制改革使财政投资评审职能回归财政 | 003

三、财政评审中心的成立 | 003

第二节　我国财政投资评审的定位 | 003

一、财政投资评审是财政控制项目投资的技术手段 | 004

二、财政投资评审是提高财政监督能力的主要途径 | 005

三、财政评审是财政科学化、精细化管理的具体表现 | 006

第三节　财政投资评审体系的建立 | 008

一、财政投资评审的组织建设 | 008

二、财政投资评审的制度建设 | 009

三、财政投资评审的操作规程 | 012

四、财政投资评审业务的发展 | 017

第二章　国际与国内的财政投资评审比较与借鉴 | 021

第一节　我国香港特区政府投资项目管理与监督 | 021

一、香港特区政府投资项目管理 | 021

二、香港特区政府投资项目监督 | 023

第二节　英国政府投资项目管理与监督 | 025

一、英国政府投资项目管理 | 025

二、英国政府投资项目监督 | 026

第三节　美国政府投资项目管理与监督 | 028

一、美国政府投资项目管理 | 028

二、美国政府投资项目监督 | 029

第四节　日本政府投资项目管理与监督 | 032

一、日本政府投资项目管理 | 032

二、日本政府投资项目监督 | 033

第五节　政府投资项目财政投资评审的国际比较与借鉴 | 034

一、逐步完善政府投资项目财政投资评审法规监督体系 | 035

二、建立健全政府投资项目财政投资评审独立监督机制 | 035

三、充分发挥政府投资项目中介组织及专业人士评审作用 | 036

四、逐步优化政府投资项目财政投资评审有效运行机制 | 036

中　篇

财政投资评
审实务

第三章　设计概算评审 | 038

第一节　设计概算概述 | 038

一、设计概算的定义及编制内容 | 038

二、设计概算的编制依据和要求 | 040

三、设计概算编制的方法 | 042

第二节　设计概算评审准备工作 | 044

一、预受理阶段的准备工作 | 044

二、评审阶段的准备工作 | 046

第三节　设计概算评审关键点 | 048

一、工程费用概算评审关键点的识别 | 048

二、工程建设其他费用概算评审关键点的识别 | 049

三、预备费和建设期利息等概算评审关键点的识别 | 049

第四节　工程费用的设计概算评审问题 | 050

一、建筑安装工程费用列项与工程量计算的评审问题 | 050

二、建筑安装工程费用计价依据选用的评审问题 | 053

三、建筑安装工程费用取费时的评审问题 | 062

四、设备及工器具购置费用计算时的评审问题 | 065

第五节　工程建设其他费用的设计概算评审问题 | 068

一、建设用地费的相关评审问题 | 068

二、与项目建设有关费用的评审问题 | 074

三、与未来生产经营有关的其他费用的评审问题 | 080

第六节　预备费和建设期利息的设计概算评审常见问题 | 082

一、预备费使用范围的评审问题 | 082

二、建设期利息费用的评审问题 | 083

第七节 "营改增"后对财政投资评审的影响 | 084

　　一、增值税的定义 | 084

　　二、"营改增"后工程计价依据的调整 | 084

第四章　施工图预算评审 | 088

第一节 施工图预算概述 | 088

　　一、施工图预算的定义和编制内容 | 088

　　二、施工图预算的编制依据和要求 | 089

　　三、施工图预算的编制方法 | 090

第二节 施工图预算评审准备工作 | 093

　　一、预受理阶段的准备工作 | 094

　　二、评审阶段的准备工作 | 096

第三节 施工图预算评审关键点 | 100

第四节 工程量清单编制的施工图预算评审常见问题 | 101

　　一、工程项目列项的评审问题 | 102

　　二、项目特征描述的评审问题 | 106

　　三、工程量计算的评审问题 | 108

第五节 综合单价确定的施工图预算评审常见问题 | 109

　　一、计价依据取用的评审问题 | 109

　　二、无计价依据适配的评审问题 | 112

第六节 其他项目费取定的施工图预算评审问题 | 115

　　一、暂列金额范围与计取的评审问题 | 115

　　二、暂估价范围与额度的评审问题 | 118

第五章　竣工结算评审 | 122

第一节 竣工结算概述 | 122

　　一、竣工结算的定义和编制内容 | 122

　　二、竣工结算的编制依据和要求 | 124

第二节 竣工结算评审准备工作 | 126

　　一、预受理阶段的准备工作 | 126

　　二、评审阶段的准备工作 | 129

第三节 竣工结算评审关键点 | 132

　　一、合同条款约定引起的竣工结算评审常见问题 | 133

二、合同价款调整引起的竣工结算评审常见问题 | 133

三、工程计量纠纷引起的竣工结算评审问题 | 133

第四节　合同条款约定引起的竣工结算评审常见问题 | 133

一、合同条款约定引起的竣工结算问题解析 | 133

二、合同条款约定引起的竣工结算问题理论分析 | 134

三、合同条款约定引起竣工结算问题的解决方案 | 135

四、合同条款约定引起的竣工结算问题的案例支持 | 136

第五节　合同价款调整引起的竣工结算评审常见问题 | 144

一、工程变更类引起合同价款调整的评审问题 | 144

二、物价波动引起合同价款调整的评审问题 | 168

三、工程索赔类合同价款调整事项 | 171

四、现场签证不合规引起合同价款调整的评审问题 | 175

五、不平衡报价引起合同价款调整的评审问题 | 183

第六节　工程计量纠纷引起的竣工结算评审常见问题 | 189

一、界面不清导致工程量重复计算的评审问题 | 189

二、工程变更引起工程量调整的评审问题 | 194

三、计量单位引起的工程计量评审问题 | 197

四、工程质量是否合格引起的工程计量评审问题 | 201

第七节　"13清单"对结算案例评审的影响 | 202

一、评审过程中涉及的评审依据差异 | 202

二、结算案例执行"03或08清单"与"13清单"处理意见对比 | 205

下　篇

经济新常态
下财政投资
评审的机遇

第六章　工程总承包模式下的财政投资评审 | 210

第一节　工程总承包模式的发展 | 210

一、工程总承包模式的发展背景 | 210

二、我国工程总承包模式发展势在必行 | 211

三、工程总承包发展政策不断完善 | 212

第二节　工程总承包模式概述 | 212

一、工程总承包模式的类型 | 212

二、不同工程总承包模式的特点对比 | 213

第三节　工程总承包的模式研究 | 214

一、国际模式——基于信任的承包商交钥匙控制 | 214

二、住房城乡建设部模式 | 219

三、交通运输部模式——基于工程量清单计价的投资控制模式 | 221

四、上海模式——基于两阶段审核的投资控制模式 | 223

五、深圳模式——基于两阶段切入的投资控制模式 | 227

六、福建模式——基于预算后审的投资控制模式 | 232

第四节　工程总承包的关键控制点 | 235

一、明确介入时点与各介入时点需完成的基本工作 | 235

二、深化初步设计深度，明确各设计阶段的审查工作 | 235

三、合同价控制：概（预）算后审的方式 | 236

四、计价模式：总价包干合同 | 236

五、支付控制：经评审的预算价 | 237

六、风险分担 | 237

第五节　工程总承包模式下财政投资评审的关键点 | 238

一、工程总承包模式下设计概算的财政投资评审问题 | 238

二、工程总承包模式下结算的财政投资评审问题 | 242

第七章　PPP模式下的财政投资评审 | 248

第一节　PPP模式的概述 | 248

一、PPP模式的概念及内涵界定 | 248

二、我国推进PPP模式的现实原因 | 248

三、PPP项目财政评审的缘由 | 250

第二节　PPP模式五大操作流程解析 | 252

一、PPP项目识别阶段工作流程 | 253

二、PPP项目准备阶段工作流程 | 258

三、PPP项目采购阶段工作流程 | 264

四、PPP项目执行阶段工作流程 | 272

五、PPP项目移交阶段工作流程 | 274

第三节　PPP项目识别阶段评审要点 | 277

一、物有所值评价的财政投资评审关键点 | 277

二、财政承受能力论证的财政投资评审关键点 | 279

第四节　PPP项目准备阶段评审要点 | 280

一、项目运作方式的财政投资评审关键点 | 280

二、项目回报机制的财政投资评审关键点 | 282

第五节　PPP项目采购阶段评审要点 | 283

　　一、概念 | 283

　　二、关键审核点 | 284

　　三、审核依据 | 284

　　四、审核校对 | 284

第六节　PPP项目执行阶段评审要点 | 285

　　一、项目公司设立财政投资评审关键点 | 285

　　二、建设资金筹集与使用的财政投资评审关键点 | 286

　　三、项目概（预）算编制及执行的财政投资评审关键点 | 287

第七节　PPP项目移交阶段评审要点 | 288

　　一、项目移交准备的财政投资评审关键点 | 288

　　二、绩效评价的财政投资评审关键点 | 288

第八章　基于内部控制理论的财政投资评审流程优化 | 290

第一节　财政投资评审流程存在的问题 | 290

　　一、评审内部环境尚须优化 | 290

　　二、风险控制机制仍需健全 | 290

　　三、信息沟通渠道尚存阻碍 | 290

　　四、内部监督机制有待健全 | 291

第二节　基于内部控制理论改善财政投资评审流程的机理 | 291

　　一、基于内部控制理论优化财政投资评审流程的必要性 | 291

　　二、优化财政投资评审流程的内部控制理论框架介绍 | 292

　　三、优化财政投资评审流程的内部牵制理论的适用性分析 | 292

第三节　基于内部控制理论的财政投资评审流程优化 | 293

　　一、内部控制要素的优化 | 293

　　二、财政投资评审流程优化前后对比 | 297

第四节　财政投资评审引入内部控制理论的意义 | 300

附录 | 301

参考文献 | 311

|上 篇|

财政投资评审
基础理论

第一章 财政投资评审概论

第一节 我国财政投资评审发展历程

根据《财政投资评审管理规定》（财建〔2009〕648号），财政投资评审是财政职能的重要组成部分，财政部门通过对财政性资金投资项目预（概）算和竣工决（结）算进行评价与审查，对财政性资金投资项目资金使用情况，以及其他财政专项资金使用情况进行专项核查及追踪问效，这是财政资金规范、安全、有效运行的基本保证。财政投资评审业务由财政部门委托其所属财政投资评审机构或经财政部门认可的有资质的社会中介机构（以下简称"财政投资评审机构"）进行。

财政投资评审经历了计划经济体制下"财银"一家到经济体制改革下财政投资评审职能回归财政，最终确立了财政投资评审制度。

一、计划经济体制下"财银"是一家

财政投资项目评审工作是财政支出管理的一部分，但由于计划经济体制的关系，在1954年9月~1994年9月的40年里，国家用于基本建设项目资金的拨付、使用监管一直由财政部门主管、中国人民建设银行（1996年更名为中国建设银行）代管。

1954年9月9日，国务院决定设立中国人民建设银行。其主要职责是：办理国家用于基本建设项目的拨款结算业务；根据国家批准的信贷计划，对国营及地方国营企业办理短期贷款业务；对建设单位的项目资金运用、财务管理、成本核算以及投资计划完成情况进行检查、监督。在管理体制上，中国人民建设银行总行受国家建设委员会、财政部领导；各省级的建设银行分行受中国人民建设银行总行及省财政厅的双重领导。在计划经济体制下，国家对财政、金融实行全面计划管理，基本建设资金是财政支出预算的一部分，这部分资金由建设银行和由财政管理，实质上没有什么区别。这种体制运行4年后，经济形势发生了变化，1958年建设银行又成建制地合并到财政部。之后，又经历了1962年的划出财政，1969年的并入财政部。1977年11月28日，国务院颁布的《关于整顿和加强银行工作的几项规定》（国发〔1977〕154号），确定中国人民建设银行总行为部委级机构，同财政部分开。中国人民建设银行专门办理国家基本建设的拨款、贷款业务，并决定建设银行总行由财政部和国家建委双重领导。国务院颁布的《关于整顿和加强银行工作的几项规定》，对银行业、信用、保险业工作的整顿与加强做出了具体规定。这个规定标志着我国金融业抛开新中国成立初期建立的单一国家银行体制，向市场经济的金融体系迈出了第一步。

二、经济体制改革使财政投资评审职能回归财政

1979年8月28日，国务院批转国家计划委员会、国家基本建设委员会、财政部《关于基本建设投资试行贷款办法的报告》提出的基本建设投资实行银行贷款，反映了国民经济向市场过渡期的特征，扩大了经济手段和经济组织的作用，有效地提高了资金的经济效果。经过几年的试行后，国家决定从1985年起，凡是由国家预算安排的基本建设投资全部由财政拨款改为银行贷款（简称"拨改贷"）。与此同时，国家对银行信贷资金管理实行"统一计划，划分资金，实存实贷，相互融通"的原则。这些原则的出台标志着一个由中国人民银行、中国工商银行、中国农业银行、中国银行、中国人民建设银行、中国人民保险公司、中国国际信托投资公司和中国投资银行所组成的新的金融体系基本形成。在这个金融体系中，中国人民银行是中央银行，是货币发行机关；中国工商银行、中国农业银行、中国银行、中国人民建设银行是直接办理某个方面银行业务的专业银行。随着经济体制改革的步步深入与金融机构的市场化运作，金融机构之间的业务竞争更加明显。在这种经济环境下，由财政拨付基本建设项目资金给中国人民建设银行作"贷款基金"显然不合适。面对经济体制改革的新形势，1994年9月，财政部、中国人民建设银行联合行文，将财政基本建设投资项目的资金拨付、监管等职能收回。经过几年的过渡，全国各级财政部门设置专司财政投资评审的机构，承担财政投资评审工作。

三、财政评审中心的成立

1998年，财政部开始组建财政投资评审中心，成为对基建项目评审的专职机构。1999年5月，财政部投资评审中心成立。全国各省、地级市财政部门都先后成立了财政投资评审机构。在评审机构内部，根据财政投资项目评审业务的需要，选用工程类相关专业、经济类、会计类等具有高级、中级、初级职称、执业资格的专业人员，开展评审业务活动。

第二节　我国财政投资评审的定位

财政部门是我国政府投资项目的资金监管部门，主要通过审批并下达基建支出预算、分批拨付建设资金等职能行使财政资金控制权与管理权。在履行政府投资项目资金监控职能过程中，财政投资评审机构主要依据国家法律、法规和部门规章的规定，从工程经济和财政管理的角度出发，运用专业技术手段，对项目概算、预算、结算等关键节点进行投资控制，以此来保证政府投资项目的投资控制有效性。

从而可知，财政投资评审是根据国家相关法律法规对国家财政支出可行性、必要性、合理性等各方面通过评价、审核、审查等程序最终审定的过程，是一种财政技术监督形式。由此可见，财政投资评审是财政职能的表现，具有"控制"与"监督"的双重作用。

一、财政投资评审是财政控制项目投资的技术手段

（一）财政投资项目的投资控制体系

1. 发展改革部门年度投资资金计划的下达

发展改革委作为政府投资主管部门，通过对项目立项、下达年度投资资金计划来控制项目投资。发展改革委依据年度经济社会发展目标和工作重点，根据财政资金年度投资总规模，审查汇总各有关行政主管部门编制的年度投资计划，会同财政部门审核，并报市政府常务会议审定后下达财政投资建设项目年度投资计划，实现对政府投资建设项目和资金的管理职能。

2. 建设项目行业主管部门对项目设计方案的技术审查

技术手段是投资控制的保障。建设项目行业主管部门通过对项目设计方案的技术审查来控制项目投资。如为进一步规范建设工程规划设计方案审查工作，通过技术审查来实现财政投资的控制，昆明市规划局规定对于被抽查建设项目的技术审查不合格的建设项目给予警告或者通报，从而促进技术方案整改，促进投资控制。

3. 财政部门对财政支出预算的编制

为提高财政资金的使用效率，加强对于财政投资项目的资金控制，财政部门通过财政支出预算来进行资金分配、安排、支付。首先，在财政支出预算编制过程中，提高项目支出预算精细化水平，将项目绩效管理与项目预算编制相结合，对跨年度项目要根据项目进度分年安排，推动项目的滚动管理。其次，完善预算编制与预算执行相结合的机制，预算编制既要考虑上年支出预算执行情况又要考虑支出预算的结余情况，对预算单位年底形成的结转指标和结余资金统筹安排使用。最后，提高预算到位率，切实把预算细化到部门，细化到基层单位，细化到具体项目。

（二）财政投资评审是财政控制项目投资的重要技术手段

政府投资项目是国家通过内部授权与外部委托兴建的具有公共品性质和公益性目标的固定资产项目。在项目建设过程中，国家与政府职能机构之间形成了以行政授权为基础的内部委托代理关系，政府职能机构与项目管理单位之间形成了以契约为基础的外部委托代理关系。

财政投资评审则是在处理内外部委托代理关系过程中，实现财政部门在行政监督层面与项目管理层面投资控制目标的关键环节。其中，财政投资评审机构在政府投资项目建设中的投资控制职能如图1-1所示。

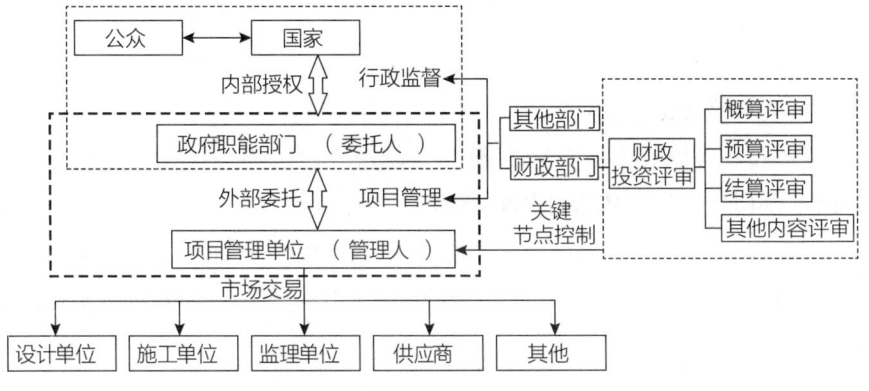

图1-1　财政投资评审机构在政府投资项目中的投资控制职能

二、财政投资评审是提高财政监督能力的主要途径

（一）财政投资项目资金监督体系

在我国，财政监督、预算监督、审计监督、行政监察和其他政府部门经济监督等共同构成了层次清晰、相互补充、不可替代、具有中国特色的经济监督体系。

1. 人大对财政预算的编制、安排和使用情况进行监督

审查监督是人大及其常委会履行财政监督职能的重要组成部分。党的十八大强调"支持人大及其常委会充分发挥国家权力机关作用，加强对政府全口径预算决算的审查和监督"。

人大及常委会注重从重点领域入手，选准切入点，把握重点环节，着力把预算审查监督做实做到位，实现人大对财政预算的编制、安排和使用情况进行监督。首先，人大及常委会通过抽取相关部门预算开展重点审查，发现问题，提出建议，从而促进整个政府预算编制工作。其次，针对财政大额专项切块资金规模大、范围广、灵活性强的特点，人大及常委会加强财政大额专项切块资金安排使用的监督。

2. 监察部门对资金使用部门的行为规范进行监督

监察部门负责政府投资项目的行政监察和廉政监督，依法查处行政职能部门在项目审批、项目监管及行业主管部门、项目单位在组织实施项目中的违法违纪行为，确保政府投资项目有序、有效实施。同时，监察部门对于资金使用部门资金的拨付等行为的规范程度进行审查，查处政府投资项目建设过程中的违法违纪行为，实现对资金使用部门的行为规范进行监督。

3. 审计部门对资金的合规性使用进行监督

审计作为监督部门，是运用一些专业的技术手段，对被审政府投资项目进行前期准备审计、招标标底控制价审计、现场跟踪审计、工程结算审计、竣工决算审计与绩效审计的全过程跟踪审计监督，具有对政府投资评审工作的真实性、完整性进行再监督的权限。同

时，审计部门负责对纳入审计计划的政府投资项目的预（概）算执行情况、工程结算和竣工决算进行审计监督，确保财政资金的合法合理使用。

4．财政部门对资金规范、安全、有效使用进行监督

财政部门负责对政府投资项目资金使用全过程进行监督管理，对政府投资项目年度资金计划编制及执行、建设程序、概算、预算和决算的评审核查，负责变更、签证的确认和项目标底、材料、设备采购标底的编制，负责组织政府投资项目招标，确保资金安全运转，提高资金使用效益，从而实现在项目实施的全过程中，财政部门对财政资金规范、安全、有效使用进行监督。

（二）财政评审是加强财政监督力度的重要手段

财政监督是指财政部门为保障国家财政管理的有序和有效，依法对财政运行相关主体的财政财务行为所实施的监控、检查、稽核、制裁、督促和反映等活动的总称。它是确保财政职能正常发挥的重要手段，是财政工作的重要组成部分。财政监督内容主要包括财政收入监督、财政支出监督、会计监督、金融监督、财政内部监督、财政绩效监督等。其中，财政支出监督主要包括部门预算、国库集中支付、政府采购和转移支付等以及专项支出的监督。财政绩效监督主要是指财政部门以提高财政资金分配与使用绩效为目的，在有效开展财政支出资金合规性监督的基础上，按照绩效管理的要求，运用科学的监督标准和分析方法，对财政支出行为过程及其结果进行客观、公正的评价与监督的活动。

财政投资评审是财政监督中财政支出监督职能的一种反映，是使监督职能更加规范化、科学化的一种手段和工具，从而进一步实现财政绩效监督。

三、财政评审是财政科学化、精细化管理的具体表现

《江苏省财政厅关于推进财政科学化精细化管理的指导意见》（苏财办〔2010〕14号）指出，全面推进财政科学化精细化管理，明确提出全面贯彻落实预算编制、执行、监督、绩效评价"四位一体"的科学化、精细化管理理念。科学化管理是指从实际出发，实事求是，积极探索和掌握财政管理的客观规律，按照财政法律法规要求，建立健全符合经济社会科学发展要求的管理制度和运行机制，运用现代管理方法和信息技术，发挥管理人员积极作用，把握加强管理的方向和途径。财政精细化管理是指树立精益理念，运用信息化、专业化和系统化管理技术，建立健全工作规范、责任制度和评价机制，明确职责分工，完善岗责体系，加强协调配合，按照精准、细致、深入的要求实施管理，抓住管理的薄弱环节，有针对性地采取措施，增强执行力，不断提高财政管理的效能。科学化、精细化管理是有机的整体。科学化管理是精细化管理的前提。精细化是在科学化指导下，按照统筹兼顾的原则，把科学化管理要求落实到财政管理各个环节，落实到财政干部的岗位职责，体现集约管理、注重效益的要求。

在预算编制、执行、监督、绩效评价"四位一体"的科学化、精细化管理理念引导

下，财政投资评审机构遵循合法（规）性、客观性、公正性、审慎性原则，对财政投资项目的立项建议、可研报告、初步设计、概算、决（结）算和投资效益等方面进行评价和审核，形成评审报告，并将评审报告作为预算安排、预算调整和其他财政决策的重要参考依据。财政投资评审是财政科学化、精细化行政的具体表现，主要体现在以下几个方面。

（一）财政投资评审强化了财政投资预算约束

公共财政具有稳定经济、资源配置、收入分配、监督管理等职能作用。从宏观视角考虑，相关财政政策的实施对于地方政府强化预算约束具有重要作用。例如，通过立法明确地方政府的债务上限，并要求地方政府提供全口径财务报告和保证透明度，是市场经济国家硬化地方政府预算约束的法律基础；通过公布编制地方政府资产负债表的威慑力实现对地方政府行为的约束；通过地方政府的财政滚动预算和长期财政预测识别未来的偿债风险，增加对当期的预算约束。基于宏观层面的指导，微观层面多种手段的实施可有效促进政府预算约束的实现，例如，财政投资评审机构通过将专业的投资评审技术服务贯穿于项目的概算、预算、结算与决算全过程的评审中，削减项目中不必要的预算开支，为细化财政预算编制提供参考，为财政支出管理提供量化的基础和实物化的参照，从而解决财政支出管理中因缺乏定量依据而导致财政投资预算约束软化的问题，有效实现预算收支平衡和公共财政保障。有了量化的基础和实物化的参照，从而控制财政投资预算的额度、实现财政投资预算约束。

（二）财政投资评审优化并净化公共财政支出

公共财政支出预算管理要求体现公平、公正和效率的原则。为确保公共财政支出体现公平、公正和效率的原则，要求预算编制和预算执行中要增加评审的环节，特别是部门预算中的基本建设支出经费和专项支出经费，必须建立法定性、规范化的投资评审管理体系。财政投资评审的环节可以有效实现部门预算编制细化和预算执行的刚性，充分体现公共财政预算的公正性和权威性。财政投资评审可以对财政性投资项目从投资预算到预算执行，再到竣工决算实行跟踪评审，做到事前、事中、事后评审并举，可以堵住项目概算中有意甩项、漏项、降低建设标准等漏洞，使腐败分子无机可乘，无漏洞可钻，大大减少腐败的机会。

（三）财政投资评审有利于深化预算管理改革

公共财政体制改革的关键是改革预算编制制度，建立预算绩效评价体系。而财政投资评审建立"事前评审、事中监控、事后评价"的预算绩效评价体系，为预算支出管理"保驾护航"。在财政预算编制和执行中，财政部门可充分利用投资评审这个专业技术手段，建立"先评审后编制、先评审后支付、先评审后招标、先评审后批复"的财政资金评审监督机制。因此，财政投资评审有利于深化预算管理改革，为预算评价绩效体系提供评审手段。

第三节　财政投资评审体系的建立

一、财政投资评审的组织建设

（一）评审队伍不断扩大，保障评审职能作用的有效发挥

财政部预算评审中心2014年更名和调整职责后，有效地促使预算评审成为预算编制过程中的必经程序，进一步引领了财政评审工作的发展方向，推进了各地财政评审工作的深化，有力地促进了财政评审队伍的建设。2015年，云南、河南、辽宁、山西、宁夏5个省级财政投资评审中心也先后更名为预算评审中心，并紧密围绕预算管理调整其评审职能。为适应新职责、新形势的要求，切实完成好不断增长的评审业务量，各级财政部门不断强化财政评审队伍建设。截至2015年底，全国财政评审机构人员编制达14124人，比2014年增加769人，增长5.76%；省级以下设立财政评审机构数达2188个，比2014年增加81个，增长3.84%。同时，许多财政评审机构积极建立和充实专家库、机构库，进一步挖掘利用社会资源。目前，各省级财政评审机构建立的机构库中的中介机构数量已达875家，比2014年增长18.89%，储备的行业技术专家达到12493名，是2014年储备专家总数的1.6倍，初步构建了相对稳定的财政评审后备技术力量。财政在2015年也加大了合理使用专家的力度，积极着手开展财政评审专家库建设，通过向各省级财政评审机构征集、吸收地方专家入库，组织建立了涵盖多领域、多学科专业的专家库，目前已完成1570名入库专家的信息审核工作，同时已建成700人左右的重点专项概预算评审专家库。2015年部预算评审中心在开展评审业务过程中聘请专家参与评审超过500余人次。财政评审队伍建设的全方位发展，为财政评审职能的充分发挥和财政评审工作的健康可持续发展提供了有力的保障。

（二）财政投资评审机构性质与从属关系

虽然对于财政评审机构的定性与从属问题，我国有关部门在有关方面一直存有争议，多年来始终没有达成共识，没有统一、科学地界定财政投资评审机构的性质与从属关系，管理组织方式也各不相同，但是我国大多数财政投资评审中心定性为行政单位或者参照公务员管理的事业单位，大多隶属于财政部管理。我国正处于事业单位改革定性和职能转向的关键时期，也是各级财政评审大发展和大突破的战略机遇期，应尽快对财政投资评审机构进行客观、公正、历史、发展地评判和界定，使财政投资评审中心真正公平、公正地履行其"监督"与"控制"财政职能。

1．财政投资评审机构性质

目前，我国大多数财政部投资评审机构已由原来多年的自收自支事业单位，逐渐改为参照公务员管理的事业单位。我国各个地区的财政投资评审机构的组成大致有以下几种方

式：①公务员管理模式。部分省、市采用公务员管理模式，其工作重点放在评审管理和委托中介机构评审上。②参照公务员管理模式。河南、黑龙江、浙江、安徽、福建、江西、广东、广西、云南、甘肃、新疆等省份或自治区，已将财政投资评审机构改为参照公务员管理的事业单位。③全额事业单位管理模式。一些省、市采用在职人员和聘任专业技术人员相结合模式，经费实行全额拨款，对基本建设项目和专项资金实施评审和核查。④自收自支管理模式。少数省、市实行自收自支管理模式，例如广州市财政投资评审中心、山西省财政厅投资评审中心等。

2．财政投资评审机构的从属关系

目前，关于财政投资评审机构的从属关系，我国有关部门在有关方面未达成统一。大多数财政投资评审中心下属于财政部管辖，部分财政投资评审中心隶属于发展和改革委员会，如深圳市财政投资评审中心是系深圳市发展和改革委员会直属事业单位，部分财政投资评审中心隶属于审计部门，如四川省财政投资评审中心。

二、财政投资评审的制度建设

（一）基本建设投资评审制度

在公共财政下，财政投资的本质属性是公共支出，需在公共财政管理框架之下进行。长期以来，财政部门未能有效参与财政基本建设投资项目的前期审查，后期财政部相继颁发相关文件，逐步建立起基本建设财政投资评审制度。

财政部《财政性基本建设资金项目工程预、决算审查操作规程》（财基字〔1999〕37号）规定：财政部门要参与项目的前期论证，重点了解项目意见书、可行性研究报告、初步设计等资料，对项目可行性提出意见，审查项目概算。财政部《财政性投资基本建设项目工程概、预、决算审查若干规定》（财建〔2000〕43号）规定：评审机构报送的基本建设项目概算审查报告，经财政部门确认后出具的审查结论，作为项目工程预算（标底）审查及下达支出预算的依据。财政部《财政投资评审管理规定》（财建〔2009〕648号）[①]规定：财政投资评审是财政职能的重要组成部分，财政部门通过对财政性资金投资项目预（概）算和竣工决（结）算进行评价与审查，对财政性资金投资项目资金使用情况，以及其他财政专项资金使用情况进行专项核查及追踪问效，是财政资金规范、安全、有效运行的基本保证。

全国各地的评审家机构不拘泥于财建〔2009〕648号文等相关文件，在其基础上相继出台诸多立法机关文件和地方政府文件，努力健全有地域特色的基本建设财政评审制度。如地方人大批准了《广州市政府投资管理条例》（2011），明确规定项目的概算、预算、结算都要财政评审，规定预算评审结果是招标的参考依据，结算评审结果是支付的依据。同

---

① 以下简称"财建〔2009〕648号文。"

时，地方政府出台的《广州市财政投资评审监管管理办法》（穗府办〔2015〕9号）、《福建省省级财性资金建设项目概、预（结）、决算审核和建设资金管理办法》（闽财建〔2002〕98号）、《山东省财政投资评审管理暂行办法》（鲁财办发〔2002〕8号）、《湖南省财政投资评审管理实施办法》（湘财办〔2011〕16号）等政府性文件对基本建设财政投资评审制度进一步地进行了创新。

各级财政部门充分发挥投资管理职能，对拟投资项目是否符合国家的投资方向、投资原则和投资政策，投资金额是否准确合理等进行评审，提出是否将其列入基本建设支出预算，或是否对预算额度进行调整的意见，以对财政投资项目的前期审查审批形成管理机制，从财政投资的源头进行控制，将更有利于发挥财政投资评审的积极作用。

（二）项目支出预算评审制度

2014年，为了规范政府收支行为，强化预算约束，加强对预算的管理和监督，建立健全全面规范、公开透明的预算制度，保障经济社会的健康发展，制定了《中华人民共和国预算法（2014年修正）》。随后，国务院印发《关于深化预算管理制度改革的决定》（国发〔2014〕45号）按照新修订的预算法，改进预算管理，实施全面规范、公开透明的预算制度，深化预算管理制度改革。2015年，财政部办公厅印发了《关于充分发挥预算评审中心职能作用，切实加强预算管理的通知》（财办预〔2015〕21号），充分发挥预算评审中心职能作用，加强和改进部门预算管理。同时，提出"部门司负责指导对口中央部门预算工作，提出纳入预算评审的部门预算项目建议，根据评审结果安排项目支出预算。预算评审中心按预算司要求承担部门预算项目评审工作，配合预算司制定项目支出预算评审制度规章，对纳入评审范围的中央部门预算项目的真实性、合理性、准确性进行评估，提出具体评审意见，对中央部门预算评审工作提供业务指导和技术支持"。

江西省颁发了《江西省省级政府投资建设项目预算评审暂行办法》（赣府厅字〔2013〕65号），加强政府投资建设项目预算管理，提高预算执行效率和财政资金使用效益，推进财政预算管理的科学化、精细化，进一步规范省级财政投资评审工作。

（三）预算绩效管理评审制度

2015年，财政部办公厅印发的《关于充分发挥预算评审中心职能作用，切实加强预算管理的通知》（财办预〔2015〕21号）指出，财政投资评审机构要利用自身优势，积极参与预算绩效管理，从开展绩效目标审核、实施绩效运行监控与开展预算绩效评价三个方面开展预算绩效管理工作。随后，财政部印发了《关于印发〈中央部门预算绩效目标管理办法〉的通知》（财预〔2015〕88号），规定："中央部门及所属单位应按照批复的绩效目标组织预算执行，并根据设定的绩效目标开展绩效监控、绩效自评和绩效评价"，从而全面推进预算绩效管理工作，进一步规范中央部门预算绩效目标管理，提高财政资金使用效益。

预算绩效评审制度的建立实现了对预算绩效目标的完整性、相关性、适当性、可行性进行审核，预算项目执行情况的跟踪绩效监控，项目支出绩效评价、专项转移支付绩效评价、部门整体支出和财政政策等综合绩效评价工作以及对重大专项资金、专项转移支付等进行中期绩效评价。

（四）其他财政投资评审制度

1. 财政专项投资支出预算评审制度

现阶段，部门预算编制的重点是支出预算，而支出预算的难点则是项目支出预算。随着财政预算管理制度的改革，项目支出预算评审的必要性和重要性凸现。由于受客观条件的制约，项目支出预算编审方面还存在一些需要加强和改进的地方，需要尽快建立项目支出预算评审制度，通过明确评审程序，界定评审范围，理顺财政内部关系等措施，对项目储备、项目申报、项目预算等各个环节进行严格审核，使财政评审成为预算审核的重要手段，成为财政预算管理的必要环节，最终实现财政评审服务部门预算管理的程序化、制度化和规范化。其中，财政专项资金项目评审主要包括建设类支出项目、专项支出项目和专项收入项目。专项支出项目评审内容主要包括项目的合规性与合理性、项目预算的编制及执行情况等内容，专项收入项目评审内容主要包括收入的征缴管。

2. 项目政府采购评审制度

《政府采购法》规定：政府采购是指各级国家机关、事业单位和团体组织，使用财政性资金采购依法制定的集中采购目录以内的或者采购限额标准以上的货物、工程和服务的行为。由此可以看出，工程项目是政府采购的重要内容之一。项目采购从拟定计划开始，经历招投标、合同签订、履行合同约定、合同款支付、项目验收等一系列程序，专项性强、工作量大、头绪繁杂。因此，亟需对政府采购项目建立财政评审机制，为批复政府采购预算提供依据，为合理确定政府采购最高限价把关，为签订合同提供具体建议。项目合同签订是对项目采购的具体落实，对项目造价的合理确定和有效控制是对项目招标结果的监督和确认，而对合同管理、招投标管理其重点在于对其造价的管理。

3. 国库集中支付评审制度

为加强项目资金管理，有效控制项目实际支出超概算等问题，对项目资金实行国库集中支付非常必要。但是，项目资金与其他财政资金相比，支付对象多而且分散，如有施工单位、设计单位、监理单位等，工作量极大，迫切需要建立项目资金集中支付评审机制。通过勘察项目现场，查看相关资料，对项目实施过程进行评审，及时遏制不合理变更洽商或协议的发生，为按合同、进度等支付资金提供可支撑的依据，确保每笔支出符合政策、合同等规定。

4. 财政评审的法律支持制度

基于将财政评审定位于财政部门的行政管理职能这个前提和基础，财政评审作为一种政府性的行政行为的组织和实施，迫切需要制定出台相关的法律与法规。这样，才能使财政评审有法可依、有规可循，才能真正走上依法评审、刚性评审、权威评审和规范评审的路子。我国已陆续出台相关法律法规，从法律层面明确财政评审是财政预算管理的职能，将财政评审作为财政预算支出管理的必要环节和不可或缺的重要手段，对项目立项的必要性、技术的可行性、支出的合理性、结果的绩效性等进行评审管理。

（五）财政投资评审成果应用

财政投资评审相关制度的建立为发挥财政投资评审的"技术服务"职能，实现其对财政投资资金的"监督"与"控制"职能具有重要意义。

基本建设投资评审制度有效发挥财政投资管理职能，为控制基本建设支出服务。项目支出预算评审制度有效实现项目资金合理安排、资金计划合理制定，为部门预算服务。项目政府采购评审制度有效监督政府采购与招标限价等程序，为政府采购服务。国库集中支付制度监管项目进度支付资金，确保每笔支出符合政策、合同等规定，为建设项目国库支付服务。预算绩效管理评审制度通过预算项目执行情况的跟踪绩效监控，项目支出等绩效监控，实现绩效评价、项目考核，为建设项目财政监督服务。

三、财政投资评审的操作规程

（一）财政投资评审业务的范围和内容

1．财政投资评审的范围

根据财建〔2009〕648号文，财政投资评审的范围包括：

（1）财政预算内基本建设资金（含国债）安排的建设项目；

（2）财政预算内专项资金安排的建设项目；

（3）政府性基金、预算外资金等安排的建设项目；

（4）政府性融资安排的建设项目；

（5）其他财政性资金安排的建设项目；

（6）需进行专项核查及追踪问效的其他项目或专项资金。

2．财政投资评审的内容

根据财建〔2009〕648号文，财政投资评审的内容包括：

（1）项目预（概）算和竣工决（结）算的真实性、准确性、完整性和时效性等审核；

（2）项目基本建设程序合规性和基本建设管理制度执行情况审核；

（3）项目招标程序、招标方式、招标文件、各项合同等合规性审核；

（4）工程建设各项支付的合理性、准确性审核；

（5）项目财政性资金的使用、管理情况，以及配套资金的筹集、到位情况审核；

（6）项目政府采购情况审核；

（7）项目预（概）算执行情况以及项目实施过程中发生的重大设计变更及索赔情况审核；

（8）实行代建制项目的管理及建设情况审核；

（9）项目建成运行情况或效益情况审核；

（10）财政专项资金安排项目的立项审核、可行性研究报告投资估算和初步设计概算的审核；

（11）对财政性资金使用情况进行专项核查及追踪问效。

（二）财政投资评审业务的基本原则

1. 坚持财政投资评审"七先七后"原则

财政投资评审中心应积极推动财政投资评审对政府投资的"全方位、全过程、全覆盖"评审，坚持"七先七后"原则，实现财政投资的高效率。

全方位指的是建立以预算评审、标底评审、变更评审为主，决算评审、预算项目库建设项目评审为辅的评审体系；全过程即建立事前、事中、事后协调配套的评审机制；全覆盖即财政评审要实现所有政府投资的全覆盖，不管政府投资是预算安排，还是债务投资、融资投资、土地出让投资，凡属政府投资性质就一律纳入财政监管范围，一律使用财政投资评审手段全面覆盖。

针对项目管理的实际需要，把握关键"评审节点"，重点在投资的入口、出口、关口"把关"，不断前移评审关口，变事后评审为事前评审，变被动应对为主动预警，变单项监管为全方位监管，建立"七先七后"全过程评审工作机制。

（1）先评审后立项

结合财政项目库建设，将投资评审制度纳入预算立项环节，评审介入点前置，减少项目立项的盲目性和随意性。

（2）先评审后编制

配合部门预算编制，提供基础性、技术性、专业性服务，有效控制建设规模和建设标准，硬化预算约束，维护预算的严肃性。

（3）先评审后招标

严格审核建设单位编制的项目标底，评审后的标底价作为"最高限价"进行招标。

（4）先评审后采购

合理确定工程造价，为财政部门安排基本建设项目预算支出和为政府采购管理部门控制基本建设项目招标提供依据，使政府工程采购招标工作与国家基本建设项目管理程序相衔接。

（5）先评审后拨款

对财政集中支付范围内的基建投资项目，依据"按计划、按预算、按合同、按进度"的原则对资金使用情况和实施情况进行专业评审，合理控制和调整项目资金的流量、流向。

（6）先评审后审批

通过对财政投资项目竣工财务决算进行评审，合理确定财政投资项目的工程成本和各项费用支出额并据此做出批复。

（7）先评审后移交

项目单位依据评审中心审定的固定资产移交表和竣工决算批复文件，办理固定资产移交和产权登记手续。通过以上各环节的评审，达到对财政投资项目实施事前、事中、事后全过程监督的目的。

2．坚持评审依据的完整性、真实性、有效性原则

在财政投资评审过程中，财政投资评审机构要坚持评审依据的完整性、真实性与有效性原则，切实做到评审工作有理有据，确保评审结果的公平、公正。根据《财政投资项目评审操作规程（试行）》（财办建〔2002〕619号）第四条规定，财政投资评审项目的评审依据为：

（1）国家有关投资计划、财政预算、财务、会计、财政投资评审、经济合同和工程建设的法律、法规及规章制度等与工程项目相关的规定；

（2）国家主管部门及地方有关部门颁布的标准、定额和工程技术经济规范；

（3）与工程项目有关的市场价格信息、同类项目的造价及其他有关的市场信息；

（4）项目立项、可行性研究报告、初步设计概算批复等批准文件，项目设计、招投标、施工合同及施工管理等文件；

（5）项目评审所需的其他有关依据。

3．坚持评审项目建设单位负责制原则

项目建设单位（含代建单位）是指使用财政性资金建设和管理项目的行政事业单位、企业和社会团体。项目建设单位应精心组织项目的管理、建设、维护和资金使用的工作。按照评审的要求，将资料准备充分、齐全，对所提供资料的真实性、合法性和完整性负责。应配合好财政投资评审机构评审工作，对评审意见进行核对并确认评审结果，最后根据财政部门的批复意见，及时进行整改。因项目实施单位（含建设单位）原因予以退审的项目，项目建设单位应重新组织报审工作，根据退审的原因，重新补充完善资料，组织好配合评审的相关人员，协调处理好项目实施各单位的意见，力求尽快完成项目的评审工作，提高项目资金安排和支出的进度和效率。以下是关于项目建设单位在投资评审过程中应履行职责的条款。

依据财建〔2009〕648号文第九条规定：项目建设单位在财政投资评审工作中履行以下义务：

（1）积极配合财政投资评审机构开展工作，及时向财政投资评审机构提供评审工作所需相关资料，并对所提供资料的真实性、合法性负责；

（2）对评审工作涉及需要核实或取证的问题，应积极配合，不得拒绝、隐匿或提供虚假资料；

（3）对财政投资评审机构出具的建设项目投资评审意见，项目建设单位应在收到日起五个工作日内签署意见，并由项目建设单位和项目建设单位负责人盖章签字；逾期不签署

意见，则视同同意评审意见；

（4）根据财政部门对评审报告的批复（批转）意见，及时进行整改。根据《广州市财政投资评审管理试行办法》（穗府办〔2013〕43号）第二十九条规定：项目建设单位及其人员如与其他单位或相关人员互相串通，提供虚假材料，骗取财政资金以及发生其他违法行为的，财政行政主管部门依法追究其责任；涉嫌犯罪的，移送司法机关依法追究刑事责任。

（三）基本建设项目财政投资评审的组织形式与评审方法

1．基本建设项目财政投资评审的组织形式

随着固定资产投资步伐的加快，财政投资评审的工作量也随之加大，财政投资评审为提升财政资金效益做出了很大的贡献，促进了财政管理科学化、精细化管理。现阶段，财政投资评审的组织形式主要为自审、中介审核、专家审核。我国各个地区的财政投资评审机构均根据实际情况选择合适的评审方式。

在各地的评审工作中，部分财政投资评审中心基于政府投资项目组织机构内部专业工作人员开展内部评价，如山西省财政投资评审中心、河北省财政投资评审中心、贵州省财政投资评审中心与广州市财政投资评审中心等主要采用自审的方式。部分地区引进了中介咨询机构力量，充分发挥了资源整合的优势，如北京、杭州、重庆等地区的财政投资评审机构采用中介审核。部分地区一部分业务通过委托中介机构开展审核，一部分依其评审中心人员力量开展审核，在区分自审或委托评审时，主要是根据评审项目的造价规模，如杭州市评审中心投资额800万元以上的委托评审，800万元以下的项目自审，委托中介评审产生的费用由评审中心支付。部分省、市则采用在职人员和聘任专业技术人员相结合模式开展财政投资评审工作。在进行大型项目评审的时候，往往需要聘用社会专业人员进行综合评审，专家在此过程中充当顾问的角色。

2．基本建设项目财政投资项目的评审方法

（1）传统财政投资项目的评审方法

财建〔2009〕648号文指出，我国财政投资评审的方式主要有：①对项目预（概）算和竣工决（结）算的评价与审查，包括对项目建设全过程进行跟踪评审和对项目预（概）算及竣工决（结）算进行单项评审；②对财政性资金使用情况进行专项核查及追踪问效等；③其他方式。其中，对项目概算阶段的评审方法主要有全面评审法、经验评审法和手册评审法；对项目预算阶段的评审方法主要有全面评审法、重点评审法、分解对比评审法、统筹评审法和预算资料评审法；对项目决算阶段的评审方式有技术性评审、政策性评审和实质性评审三种。

（2）创新财政投资项目的评审方法

为进一步提高财政投资评审的质量与效率，则应积极探索创新评审方法，积极利用社会专业技术力量，实现财政投资评审机构本身的组织、管理、协调、把关。

一方面，评审工作应要积极探索运用大数据和云计算等技术手段，加强数据分类整理和信息挖掘，开展预算项目支出标准体系和项目库建设，实现预算的定性管理与定量管理的有机结合，充分发挥评审在现代财政管理的定量基础和技术支撑作用。

另一方面，以建立全国投资评审电子网络为切入点，实现人才和技术资源共享。如果存在全系统的专家人才库，那么就使异地聘用专家成为可能，而技术资源的共享又可以避免地区之间技术壁垒存在，甚至由于网络的存在，可以实现远程评审，这势必大大节约评审成本，最终实现成本最小、效益最大的理想目标。

（四）财政投资评审的程序

根据财建〔2009〕648号文，财政投资评审的程序如下：

（1）财政部门选择确定评审项目，对项目主管部门及财政投资评审机构下达委托评审文件；

（2）项目主管部门通知项目建设单位配合评审工作；

（3）财政投资评审机构按委托评审文件及有关规定实施评审，形成初步评审意见，在与项目建设单位进行充分沟通的基础上形成评审意见；

（4）项目建设单位对评审意见签署书面反馈意见；

（5）财政投资评审机构向委托评审任务的财政部门报送评审报告；

（6）财政部门审核批复（批转）财政投资评审机构报送的评审报告，并会同有关部门对评审意见作出处理决定；

（7）项目主管部门督促项目建设单位按照财政部门的批复（批转）文件及处理决定执行和整改。

（五）财政投资项目的评审业务流程

财政投资评审业务流程是指评审机构从接受评审任务到具体评审过程直至评审报告编制的整个业务流程。规范化的财政投资评审程序是保证评审工作顺利实施、提高评审质量与效率的有效路径。现阶段，各地财政投资评审机构建立了相对完善与规范化的评审流程，在提高财政投资评审准备阶段、实施阶段与完成阶段工作成效显著。根据《财政投资项目评审操作规程（试行）》（财办建〔2002〕619号），财政投资项目评审业务体系评审准备、评审实施和评审完成三个阶段的评审程序如下。

1．评审准备阶段

（1）了解被评审项目的基本情况，收集和整理必要的评审依据，判定项目是否具备评审条件；

（2）确定项目评审负责人，配置相应的评审人员；

（3）通知项目建设单位提供项目评审必需的资料；

（4）根据评审要求，制定项目评审计划。评审计划应包括拟定评审内容、评审重点、评审方法和评审时间等内容。

2．评审实施阶段

（1）查阅并熟悉有关项目的评审依据，审查项目建设单位所提供资料的合法性、真实性、准确性和完整性；

（2）现场踏勘；

（3）核查、取证、计量、分析、汇总；

（4）在评审过程中应及时与项目建设单位进行沟通，重要证据应进行书面取证；

（5）按照规定的格式和内容形成初审意见；

（6）对初审意见进行复核并作出评审结论；

（7）与项目建设单位交换评审意见，并由项目建设单位在评审结论书上签署意见；若项目建设单位不签署意见或在规定时间内未能签署意见的，评审机构在上报评审报告时，应对项目建设单位未签署意见的原因作出详细说明。

3．评审完成阶段

（1）根据评审结论和项目建设单位反馈意见，出具评审报告；

（2）及时整理评审工作底稿、附件，核对取证记录和有关资料，将完整的项目评审资料与项目建设单位意见资料登记归档；

（3）对评审数据、资料进行信息化处理，建立评审项目档案。

四、财政投资评审业务的发展

（一）财政投资评审初期的建设工程结算及决算评审

对建设项目而言，由于项目的系统性，各个阶段的工作相互影响，其成本的概念贯穿于建设项目的全过程，从项目的概念阶段、可行性研究阶段、设计阶段、施工阶段、使用阶段，一直持续到项目寿命终止。但是，财政投资评审初期的工作中心侧重于建设工程结算与竣工决算评审，忽略了成本贯穿于建设项目的全过程的概念，无法有效实现财政投资评审的预算管理、过程追踪与绩效管理，无法保证财政资金使用的合理性、合规性。

（二）全过程项目投资评审、多方位业务技术服务的转变

1．财政投资评审关口前移，由事后控制向全过程控制转变

财政投资评审在我国经历了近20年较为规范的发展之后，其发展历程主要表现为由最初的事后控制（财政投资结算评审）向全过程控制转变。其最突出的表现为财政投资评审初期主要负责财政投资项目竣工结算（决算）评审，随着财政投资评审的逐步规范化，其控制投资的作用逐步显现，财政投资评审的业务范围逐步扩展到项目立项、招标控制价审核、概算审核、预算审核、结算（决算）审核、项目绩效后评价等环节，呈现出对财政投资建设工程项目的全过程的投资控制。财政投资评审职能的转变作用凸显，对于控制财政

支出、提高财政支出的效益起到了重要作用。

近年来，财政投资评审机构配合财政改革，实现从事后审查到事前控制、从事后结果审核到全过程监控的同时，紧紧围绕财政中心工作，以深化财政预算管理改革为目标，使得2010~2015年的6年间，我国全国各级财政评审机构总业务规模继续攀升，全国各级财政投资评审资金总额与预算评审资金基本呈不断增长的趋势，具体见表1-1。

| 2010~2015年全国各级财政投资评审变化情况 | | | | | 表1-1 |
年份	评审资金总额	同比增长率	预算评审资金总计	预算审减额	预算审减率	预算评审业务占总业务比重
2010	23936亿元	16.6%	8441亿元	1056亿元	12.5%	35.3%
2011	27597亿元	15%	16837亿元	2310亿元	13.72%	61%
2012	41987亿元	52.14%	19303亿元	2272亿元	11.77%	46%
2013	35752亿元	−14.8%	23112亿元	3069亿元	13.28%	65%
2014	46969亿元	31%	24388亿元	3134亿元	12.85%	52%
2015	46876亿元	−0.198%	25871亿元	3603亿元	13.93%	55.19%

2．项目全过程财政资金的高效与安全使用评审

政府投资项目大多数是为社会提供公共产品，其产出或服务都是公共品或准公共品。由于政府投资项目大多数涉及的是社会公众文化或生活的各个方面，又需国家或地方的财政资金，关系到社会公众的切身利益。所以政府投资工程项目的资金支付成为政府投资工程项目管理当中的众矢之的。财政投资评审作为政府投资工程项目资金支付的必经环节，

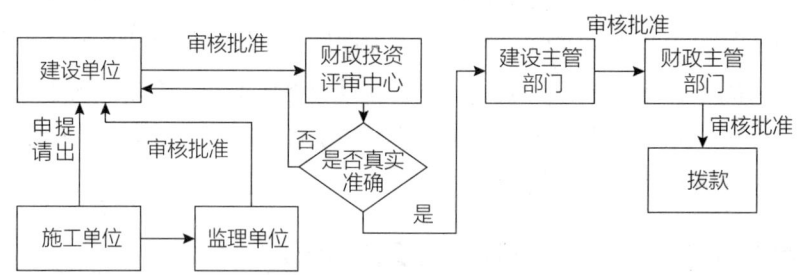

图1-2　合同价款支付审核程序图

是政府投资项目资金支付过程控制的关键环节，具体如图1-2所示。

财政投资评审对政府投资项目资金支付的过程控制作用表现为层层把关、环环相扣，即财政投资评审通过概算、预算、结（决）算的审查，实现概算控制预算、预算控制结算的目标，避免"三超"现象的出现，并通过后期的绩效评价工作，提高财政投资的效益。

（1）概算评审

经审核的概算是确定建设项目全部投资的依据，是编制固定资产投资计划、控制施工

图设计和施工图预算的依据，是衡量设计方案经济合理性和优化设计方案的依据，是考核项目投资效果的依据。

（2）预算评审

经审核的预算是确定工程造价的依据，是编制招标控制价、签订承发包合同的依据，是衡量投标报价合理性的依据，是设计阶段控制工程造价的重要环节，是控制施工图设计不突破设计概算的重要措施。

（3）结算评审

结算评审中主要是审核项目资料，熟悉合同条款、认真勘查现场、审核工程变更、复核工程量、合同外主要材料的价格确定、审核取费与价格文件的执行情况等。做好财政投资建设项目的结算审核工作，关系到财政资金使用效率和项目造价控制的好坏。

（4）竣工财务决算评审

竣工财务决算评审中主要审核基本建设项目进度、质量、安全与造价方面概况、会计账务的处理、财产物资清理及债权债务的清偿情况、基建结余资金等分配情况、概算执行情况、决算与概算的差异情况等，考核投资控制的工作成效，检测财政资金的使用效益，为提高未来工程建设的投资效益提供重要的技术经济方面的基础资料。

（5）绩效评价

主要针对预算绩效目标的完整性、相关性、适当性、可行性进行审核，同时结合部门预算项目评审、部门预算编制流程及相关司局的要求等，对预算项目支出绩效目标、部门整体支出绩效目标、专项转移支付总体绩效目标等进行审核。

3．财政预算的部门支出预算评审

财政投资评审是财政监督中财政支出监督职能的一种反映，是使监督职能更加规范化、科学化的一种手段和工具。其中，财政支出主要包括部门预算支出、国库集中支付、政府采购支出、专项转移支付以及专项支出等。财政支出评审是按照绩效管理的要求，运用科学的评审方法，对财政支出行为过程及其结果进行客观、公正的评价与监督的活动。

其中，财政支出评审的主要内容如下：

（1）部门预算评审

包括对预算编制、预算执行、预算调整和决算过程的评审。

（2）国库集中支付评审

包括对国库资金的拨付、使用及支出的全过程进行的评审。

（3）政府采购评审

包括采购项目的立项、招标、采购合同的有效性及其履行情况，采购资金的拨付，采购商品实际使用及效果评价等诸多环节中采购资金使用合理性、采购方式合法性、采购过程合规性、采购过程透明性、采购结果绩效性等方面全过程、全方位的评审。

（4）转移支付评审

包括一般性财政转移支付的评审和专项财政转移支付评审。具体来讲，财政转移支付评审的重点内容是对专项财政转移支付资金中用于经济建设费用支出与科教文卫等事业费用支出的评审。

（5）专项支出评审

包括专项支出的项目立项监督、预算编制监督、分配和拨付监督、使用监督、财务监督、绩效监督、监督的信息反馈。

4. 多方位业务的技术服务

财政投资评审机构为实现财政投资资金"控制"与"监督"提供技术服务，随着财政投资评审工作规模的不断壮大，财政投资评审的业务也在不断地拓展。随着有关工程总承包管理的政策逐渐完善，PPP项目推行文件的相继发布以及政府部门的大力倡导和支持，工程总承包的模式与PPP项目广阔发展空间对财政投资评审的技术服务提出了新的挑战。

针对工程总承包模式与传统模式之间发承包双方的风险分担格局、变更等重要概念的界定的不同，财政投资评审机构对工程总承包项目进行评审时，评审范围、评审内容、评审依据进行相应的变化。

PPP项目又称为政府和社会资本合作项目，针对其与传统项目的不同，财政投资评审机构的关注点也有所不同。对此，财政投资评审机构根据《政府和社会资本合作模式指南（试行）》（财金〔2014〕113号），对PPP项目的项目识别阶段、项目准备阶段、项目采购阶段、项目执行阶段以及项目移交阶段进行对应评审，在项目立项及项目的可行性研究、采用PPP模式能否实现物有所值、论证财政是否具有承受能力、项目运作模式是否合理、项目回报机制是否合理、项目采购机制是否合规等方面发挥作用。

第二章 国际与国内的财政投资评审比较与借鉴

财政投资评审是实现财政部门在行政监督层面与项目管理层面投资控制目标的关键环节。中国香港特区、英国、美国、日本等发达国家和地区对政府投资项目的监督与管理是通过宏观和微观两个层面实现：宏观层面包括制定相应法律法规及技术标准体系，规范市场各方的行为，建立质量控制体系，提高从业人员资质管理水平等；微观方面，作为政府投资项目的最终业主，政府对政府投资项目建设过程中的决策、资金支付等关键环节进行直接监督和管理。诸多发达国家和地区在国家体制与市场运行机制上和我国存在明显区别，在政府投资项目中也并未设立财政投资评审机构，但其严格的法律、法规以及政策规定同样起到监督和管理财政资金使用质量与效率的作用，对我国深化财政投资评审机制改革具有重要的借鉴意义。同样，对优化我国财政投资行政监督与项目管理体系，发挥财政部门对于政府投资项目的投资控制作用亦大有裨益。

第一节 我国香港特区政府投资项目管理与监督

香港特区财政投资的监督管理职责主要由环境运输及工务局和房屋委员会两个政府机构承担。在具体项目实施过程中，房屋委员会根据政府制定的长期发展计划，对公共房屋建设提出具体政策及计划，具有经营性的项目一般都完全按私人工程的方式操作，非经营性投资项目，则采用政府直接管理的方式。对于财政资金的审查则主要由特区财政司按照"一单一账"的监督机制，进行综合把控，保证的政府投资公共项目资金使用的质量和效率。

一、香港特区政府投资项目管理

（一）香港特区的政府投资项目

香港特区由政府投资兴建的项目（以及有私人股份的铁路项目）称为公共工程项目，用于公用事业，即政府投资工程。香港特区的政府投资工程可分为如下所示的政府工务工程、公共房屋和具有盈利能力的公共工程三大类。

（1）政府工务工程是经立法会批准的政府投资项目，如海港开发、道路、土木工程项目、渠务工程、供水工程、市区建设、学校、社区设施及政府楼宇工程等，这类工程由环境运输、工务局及其下属的6个工务部门负责组织实施。

（2）公共房屋是为低收入居民提供的租房（廉租房）和居屋（廉价房）等公共房屋工程，主要由房屋署负责建设管理。

（3）具有盈利能力的公共工程主要包括铁路、隧道等，大多引入商业机构，这类工程采用BOT的形式进行建设管理，并由环境运输及工务局负责监督管理。

（二）香港特区政府投资项目管理模式

香港政府投资工程建设实行的是高度集权的管理模式，即工务体制。除具有盈利能力的公共工程引入商业运营模式外，香港公共工程的建设管理单位由政府部门如环境运输及工务局等担任，负责具体的建设管理，通过招标选择承建商进行具体的施工任务，建设完成后移交使用单位，是一种由政府部门集中进行代建的模式。加之私人工程由屋宇署根据《建筑物条例》实施监管，构成了香港的建设工程管理体系，如图2-1所示。

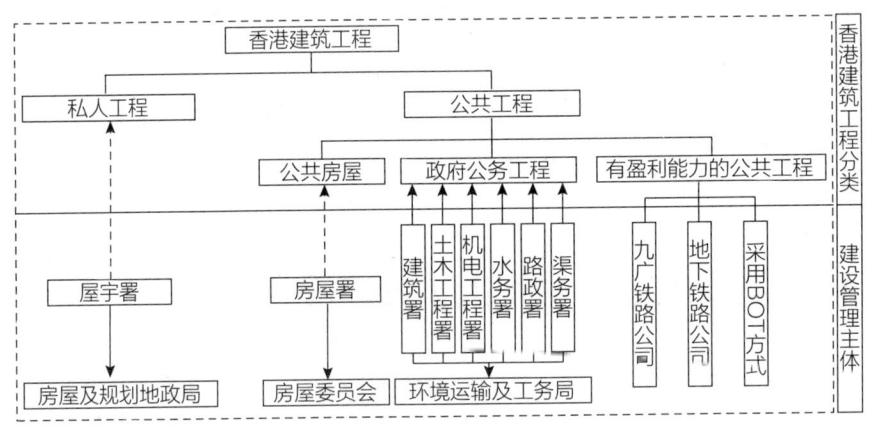

图2-1　香港特区政府投资项目管理体系

香港地区通过政府组建的工务局实现对政府投资项目建设的集中管理。这种由政府设立专门机构进行集中建设管理的模式中，政府仍处于垄断地位，而私人参与程度和市场化程度较低。但是，对政府投资项目的集中建设有利于积累经验，提高管理水平，实现管理的专业化。更重要的是，香港的这种工务局体制的政府投资项目管理模式，能够避免政府投资项目"投资、建设、管理、使用"多位一体的现象，有利于控制投资。

（三）香港特区政府投资项目管理的关键环节

1. 项目招投标机制

香港特区政府投资工程主要由库务局局长、工务局局长、律政署代表、廉政公署代表组成的中央投标委员会负责，实行工程采购员制度，在统一的采购平台上完成政府采购工作。在采购过程中，政府工务局各署负责招标的前期准备工作，如招标文件编制、资格预审、投标文件接收与初步审核等工作，然后工务部门将最合适的竞争投标者推荐到中央投

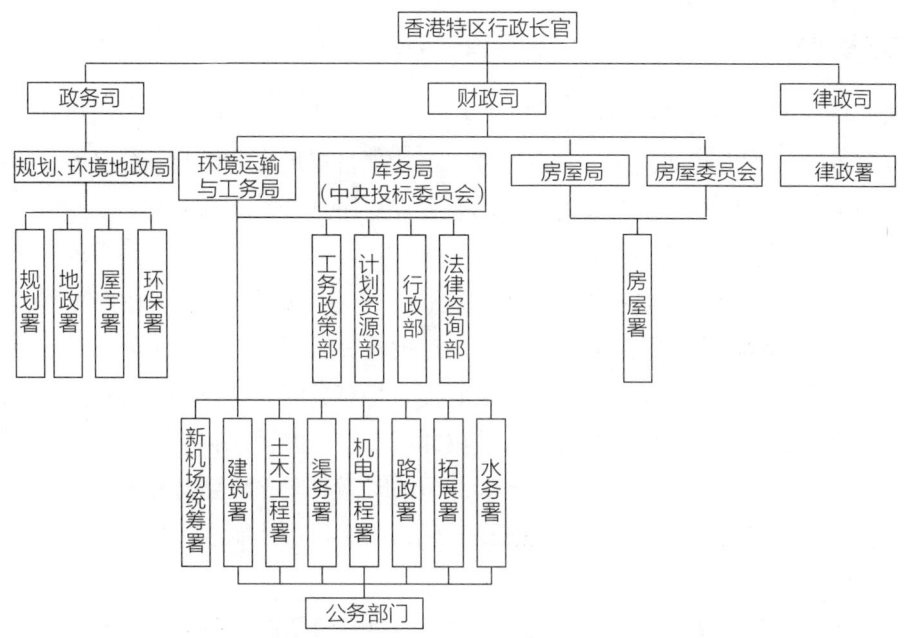

图2-2 香港特区政府投资项目实施机构

标委员会，最终由中央投标委员会通过能力考证、信誉评价及疑难解答确定中标者，从而在组织结构和评审流程上保证了政府投资项目招投标工作的公平性、公开性和公正性。其中，香港特区政府投资项目实施机构示意如图2-2所示。

2．资金审查与拨付程序

香港特区政府投资项目由财政司下属库务局统一安排和拨付，在项目建设过程中，其严格按照世界各国普遍使用的"一单一账"支付管理模式，根据建设单位出具的工程款凭证将资金拨付到承包人账户上。由此减少了资金的流转环节，避免了资金克扣与相关纠纷的产生，减少了建设单位主管部门以及建设单位私自挪用建设资金、扩大建设规模及提高建设标准等现象，为政府资金的合理使用和效益发挥提供了重要保障。

二、香港特区政府投资项目监督

香港特区的政府投资项目分别由不同的部门负责建设和管理。

（一）香港特区政府投资项目的法律监督体系

香港特别行政区的公共项目也是基于政府采购制度进行的。因此，香港政府投资项目除要遵守政府采购法规外，还要遵从香港关于建筑业管理方面的法律、政府各部门规定和行业协会的规定。关于政府采购方面的法律包括WTO的《政府采购协议》、《公共财政条例》以及财政司依据《公共财政条例》制定的《物料供应及采购规例》等。香港特区关于建筑业管理方面的法律，有《建筑物管理条例》、《环境影响评估条例》、《水务设施条例》等。

（二）香港特区政府投资项目的建设管理监督

香港特区政府在政府投资项目管理工作中，不但设置了分工明确的组织机构，还制定了一套完善的建设管理制度，其中主要包括严格的项目报批决策机制、公平的招投标采购制度、有效的工程造价管理模式及完备的动态管理程序。

1. 严格的项目报批决策机制

政府投资公共项目首先由各署作为业主提出"工程计划书"，然后按照工程类别交由工务部门拟定可行性研究提交库务局，库务局审批通过后即将工程项目列入政府工务丙类计划中；项目申请单位的局长会按年度向政府提交将对应丙类计划提升为乙类计划的申请报告，政府决策层同意后，相关各署业主单位即可着手开展设计和招标文件拟定工作；业主单位在开展前期准备工作过程中，工务局部门同时需要向立法会财务委员会申请将工程由乙类计划提升到甲类计划中，只有同意提升后，相应项目才能进一步开展招标工作。

2. 公平的招投标采购制度

香港特区政府投资项目均实行招投标制度，而且有透明的招投标信息监督机制。在香港特区，每星期五在《宪报》上都会刊登所有正在招标的政府公告工程的详情，而且今后数月至半年工务局下属各署将要推出的政府公共工程招标项目均会在香港特区工务局"工务专利"上进行预报，这种透明的招投标信息公开制度有效地保证了竞争的公开性、公平性及公正性。

（三）香港特区政府投资项目的监管机构及运行机制

香港特区对政府投资项目的监管机制是一个由立法机关对政府的监管、审计署对有关政策局和部门的监督、有关政策局对其下属工程部门的监督以及公众舆论的监督等构成的多方位的监管体系，如图2-3所示。

1. 立法会的监督

香港特区的立法会并不是政府机构，而是经直选及间选组成的议会，其作用是监督政

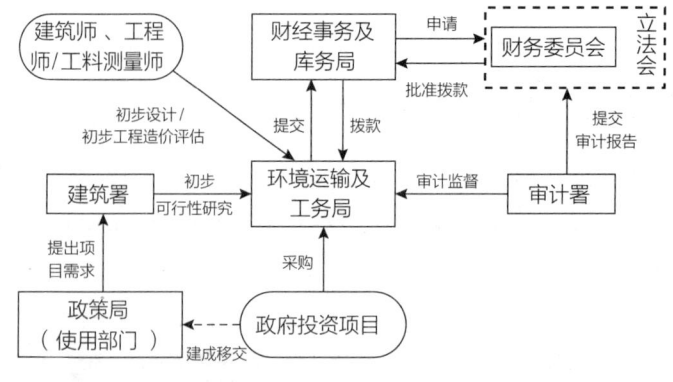

图2-3　香港特区政府投资项目的监管体系

府运作。立法会内设财务委员会，政府投资项目的申请需要经过立法会的财务委员会批准后，才可拨付。

2．审计署的监督

香港特区的政府投资项目的监管机构是审计署，审计署是一个相对独立的机构。根据香港法律《核数条例》（第122章）的规定，审计署署长是香港特别行政区政府账目的外部审计师，在根据该条例执行职责和行使权力时，毋需听命于任何人士或机构或受其控制，有权查阅政府部门的任何记录。审计署署长每年须向立法会主席呈交相关审计报告。

3．环境运输及工务局的监督

香港特区政府工程建设实行的是高度集权的管理模式，即工务体制。除具有盈利能力的公共工程引入商业运营模式外，香港政府投资项目的建设管理单位由政府部门如环境运输及工务局等担任。环境运输及工务局依据决策与执行相分离的原则，在机构设置上分为决策机构——局机关和执行机构——下属部门，部门间职责分工明确。环境运输及工务局负责香港地区政府工务工程相关政策的制订和修订，以及审查项目可行性研究报告、审批项目设计图纸等，同时还负责监督下属部门的工作。

通过分析可知，香港特区在政府投资项目建设中实行的是高度集权的工务体制，是由政府部门环境运输及工务局负责具体的建设管理，通过招标选择承建商进行具体施工，建设完成后移交使用单位的集中代建模式。在政府投资建设项目过程中，香港特区通过发挥立法会、审计署、环境运输及工务局及财政司等各部门的综合监督作用，达到基础设施项目资金使用监督和管理目标，发挥了库务局等资金安排与拨付审查作用，履行了政府职能部门行政监督与项目管理职责。

第二节　英国政府投资项目管理与监督

英国政府投资项目的建设和管理是基于政府采购制度进行的。作为西方发达的资本主义国家，英国具有完善的公共项目管理体制和资金监管体系，尤其是议会预算审批体制，保证了政府部门建设投资资金使用的科学性、规范性与合理性。在完善的行政监督和项目管理体系下，英国还拥有完善的法律法规、成熟的市场管理机制，值得我国财政投资预算管理体制改革进行借鉴。

一、英国政府投资项目管理

英国政府投资项目的管理模式经历了由大集中采购模式到部门自主采购的分散模式的发展变迁。过去政府采购要求通过各种采购中心进行，而现在各部门的权力逐步扩大，可以自由决定是否通过采购中心为各部门和其他公共机构签订采购初步协议。

英国的基础设施及公共建筑项目由相应的政府职能部门分别负责提供和管理。例如，国防部下设的防御基础设施处，主要负责对军事用地和设施进行管理；交通部（Department for Transport，DFT）主要负责航空、铁路、海务、消防工程项目的建设和管理，其下设的高速公路管理局（Highways Agency）负责高速公路项目管理。但目前英国政府在公共项目中引入私人资本，逐步在公共项目的建设管理中采用私人主动融资（Private Finance Initiative，PFI）的管理方式，使许多政府项目都逐渐转化成私人项目，或与私人合作开发。政府不再对工程项目进行具体的管理工作，而是以PFI的模式，通过财政补贴或购买服务的方式，从私人部门获得这些公共工程的使用价值，从而为社会提供公共服务。对于不同性质的公共工程，英国政府采取不同的方式来实现PFI：对于学校、医院、体育设施、公园和博物馆等一般的公益性项目，通过自由竞争的方式由私人部门进行投资、建设和运营管理，建成后向社会收取服务费来回收投资，政府只是承担项目初始计划或按照法定程序帮助项目公司开展前期工作和按照法律进行管理；对于一些市政服务设施，如地铁，政府通过财政补贴的方式对私人部门的建设和运营进行适当资助；对于纯粹为社会服务的建设项目，如监狱等，政府采用购买服务的方式。

二、英国政府投资项目监督

（一）英国政府投资项目的法律监督体系

英国各政府部门对政府投资项目的政府采购要遵循所颁布的各项法律法规，同时还要依据国际性法规，如欧盟采购指令、世界贸易组织的政府采购协议。这体现了政府对公共项目政府采购的宏观管理和指导。英国的法规体系共有三个层次（图2-4），从不同的层次对政府投资项目的投资管理与控制进行规定。

第一层次"法律（Act）"是英国法规体系中的最高层次，具有最高法律效力，一般由议会制定或由议会授权政府或社团机构制定后由议会审议通过，如《国家审计法》、《建筑工程法》、《仲裁法》、《建筑师法》等。

第二层是"实施条例（Regulation）"，一般是政府或社会团体制定，并经议会审定。这些条例是根据法律中的某些条款而制定的更加详细的规定。如《政府项目承包法规2006》

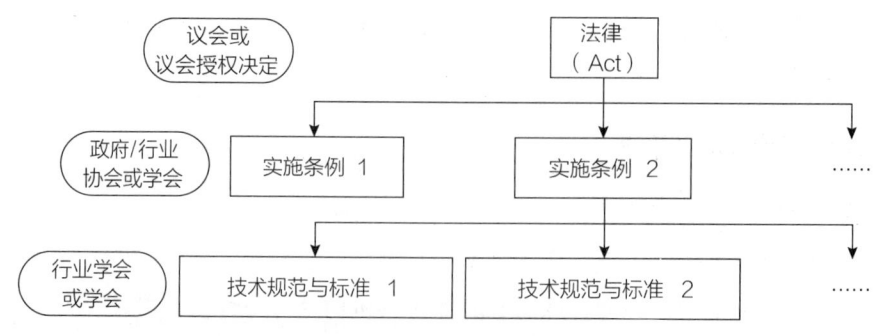

图2-4　英国政府投资项目法规体系

（英格兰、威尔士、北爱尔兰）（The Public Contracts Regulations 2006，2006.1.31）；《公用事业工程承包法规2006》（英格兰、威尔士、北爱尔兰）（The Utility Contracts Regulations 2006，2006.1.31）。

第三层是"技术规范（Guidance）"与"标准（Standard）"，主要由各协会或学会（或受政府委托）编制。另外，政府某些部门也设有固定的专门组织，编制一些专业性不是特别强的规范与标准。这些技术规范与标准并非全部强制遵守的，甚至有些是指南性的，仅供参考。

（二）英国政府投资项目的监管机构及运行机制

在政府采购制度的框架下，英国政府投资项目的政府监管实行的是一套部门决策、预算控制、个人负责、议会监督的模式，具体内容如图2-5所示。

1．部门决策

英国政府投资项目的采购需求由具体的使用单位向相关的政府部门发起或由政府部门直接发起，并由各政府部门对采购方式进行自我决策，在"物有所值"原则的指导下，选择通过本部门的采购小组或非政府部门公共组织（Non-Departmental Public Bodies，NDPBs）或采购代理机构进行公共工程的采购。

2．预算控制

各政府部门的采购行为必须控制在财政授权支出的范围内，所有支出均向议会负责。英国政府财政部通过预算确定收入和借款需要，提出未来3年内每年的公共支出"总额控

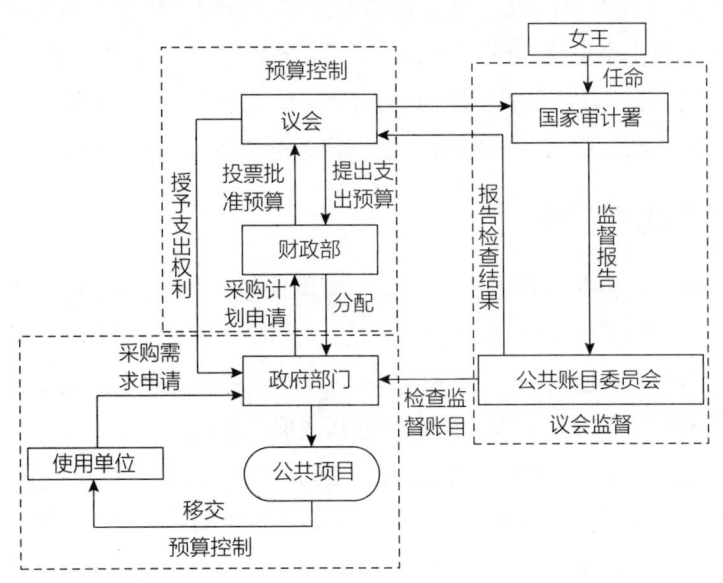

图2-5　英国政府投资项目监管体系[①]

---

① 韦勇球. 国外政府投资项目管理模式分析与启示[J]. 公路交通科技，2009.（6）.

制"预算，并在各部门支出和应急备用资金之间做出总额控制的分配建议（即"供应估算"），报议会审查后在每年的"公共支出咨情"中解决资金。下院通过投票批准预算，议会进一步通过"拨款条例"，并以该条例赋予各部门正式权力；经议会授权后，政府各部门方可支出，如有必要还可以通过"补充预算"安排一定的专用资金。各部门对财政部授权的支出在一定范围内可以支配使用，但对大型项目和特殊项目上的支出通常需要同财政部经费小组协商。

3. 议会监督

议会设公共账目委员会（Public Accounts Committee）对各政府部门的支出账目进行审查和监督，而国家审计署（National Audit Office）又对公共账目委员会进行监督，国家审计署是完全独立于政府部门的，其最高长官由女王亲自任命，其职员也不是公务员，其在财政上和机构上都完全独立于行政部门，对议会直接负责。

通过分析可知，英国政府投资项目管理经历了由大集中采购到部门自主分散采购的变化，并且随着发展，在政府投资项目中逐步采用私人主动融资（PFI）的管理方式。在采购制度框架下，英国政府投资项目实行的是一套部门决策、预算控制、个人负责、议会监督的政府监管模式，有效发挥了政府职能部门独立的行政监督与项目管理作用。

第三节　美国政府投资项目管理与监督

美国是成熟的市场经济国家，项目管理的方法、制度、体制经过多次改革已日益完善。在政府投资项目资金监督与管理方面，美国实行联邦审计总署、主计长分署独立审计监督机制，并配合实施总检察官制度，以保证政府职能部门监管的有效性。同时，行政、立法及司法三权分立与制衡机制的实施，也为政府投资项目规范性建设提供了重要保证。

一、美国政府投资项目管理

美国政府采购主要包括货物采购、工程采购和服务采购三个类别，其中工程采购又称公共项目投资，采购范围一般包括科技、教育、文化、卫生、体育、住宅及城市规划等基础设施工程，同时还包括农业、水利、军事国防及关乎民众生活的众多国家基础性工程。为了实现基础性工程专业化投资管理，联邦政府内专门设置了住宅与城市建设部、交通部、拓垦局、国家公园管理局、后勤总署等专属部门。在项目实施过程中，一般由项目使用单位提出申请，经过同级财政部门和议会的审查后上报支出预算，项目预算由白宫预算办公室审定，经国会批准，总统签字后实施。在工程建设过程中，财政部会依据总统签字法案向后勤总署要求拨付建设资金；后勤总署依据要求在指定工程经理、合同官等特定管理人员的情况下，组织开展项目设计、招投标及施工工作。后勤总署与工程使用单位在工程建设完成后共同进行验收，并由后勤总署负责项目的维修管理工作。因此，美国的政府投资项目是由白宫预算办公室、国会、财政部及工程使用单位等众多参与主体协作完成的，在实施过程中各单位各司其职，有效地保证了项目完成的质量和资金使用的合理性。

二、美国政府投资项目监督

美国是一个法制化程度较高的国家，在政府投资项目上同样具有一套完整的评审监督机制和法律规范，使得政府投资项目监督更加客观化和公开化。

（一）美国政府投资项目的法律监督体系

美国联邦政府并未对建筑工程专门立法，而是将承包工程视为一种商业行为，由合同或契约进行规范，属"一般商业法"管辖。除联邦法外，各州均有"建筑法"对建筑业进行规范管理。美国以国会级立法制定综合性的经济法规来制约各种政府投资行为，如《国会预算法》、《联邦采购条例》、《统一建设管理法规》。美国把各州制定的相对独立的法律，以及国会通过的各种法案和各专业协会发布的法规作为国会级立法的辅助法规，如国际建筑工业联合会发行的《统一建筑法规》、《国际建筑法规》等。联邦各州以这些法规为依据进行一定的修改后制定本州的技术规范和标准。

不仅如此，美国的公共项目都有相应的专门合同条件，例如包括国会1962年颁布实施的《订立政府合同过程中的诚实法律》、1984年颁布实施的《订立政府合同时促进公平竞争的法律》及后来颁布实施的《联邦采购规章》等。在合同条件中，赋予政府业主特殊权力，例如，政府如果确认承包人存在违约、延期严重等现象，可单方面中止合同，且政府还有权力在任何政府认为"符合政府利益"时中止合同。

（二）美国政府投资项目的监管机构及运行机制

美国是一个市场经济高度发达的国家，资源配置主要依靠市场机制作用。但对建设项目特别是政府投资建设项目，美国设有专门的机构对政府投资项目进行监督和管理。美国是联邦制国家，政府结构是由联邦政府、州政府和地方政府三级组成，联邦政府与州及地方政府实行分权管理，对建设项目的监督管理也有明确的分权与分工。这些机构对项目的不同方面进行监管，形成了层次分明的监管体系，即具有"国会—政府部门—公众"的三层监管体系。

1．国会的监管

美国国会负责对联邦政府的规划及执行情况，尤其是政府投资建设项目进行监督、监察与检查。美国国会下设的联邦审计总署（General Accounting Organization，GAO）为美国政府投资项目的外部审计机构，有权处理国家支出情况，并对政府采购活动实施监督。审计总署（GAO）的执行机构为总审计署办公室，有权接触所有的政府采购文件，对行政机关的采购计划进行评估并提出建议，对政府采购活动进行监督并进行审计。同时，各州议会相应地设主计长公署。

审计总署和主计长公署分别向美国国会和各州议会负责，具有较强的独立性。审计总署和各州的主计长公署主要对政府各部门的预算进行核查。政府投资项目批准立项前，审计总署和主计长公署对政府投资工程项目决策（项目可行性）及财政预算投资（建设项目概算总投资）进行审计监督，分析项目风险和审查确定项目财政预算投资额，上报美国国会或州议会，据此列入美国联邦或州政府财政预算。审计机关并不对项目建设进行审计，但会对项目建设过程中发现的重大失误、缺陷或民众反映强烈的营私舞弊现象以及其他举报材料，直接进行专项审计；而对于特大型项目则可直接进行审计。审计结果直接向国会或州议会报告并向社会公布，情节严重的移交司法机关处理。

2. 政府部门监管

美国各政府职能部门在其内部均建立有针对本部门的项目特征相应机构，对政府投资项目建设全过程进行监督管理。例如，加利福尼亚州交通厅不仅对州属公路的规划、资金筹措负责，还对公路设计及审查、招投标组织、施工监督与质量检查、验收等环节进行监督。同时，政府职能部门常常将一些监督检查工作委托给各类社会中介组织，借助社会专业力量强化政府对项目的监督范围和力度，如美国环境保护协会（Environmental Defense Fund，EDF）受委托负责对所有建设项目进行环境方面的严格检查。同时，美国政府部门内部也设有审计机构，负责依据财政预算安排的公共工程项目投资预算对项目建设实施过程进行全过程的审计监督。

不仅如此，为了防止和纠正政府职能部门在对其自身管辖项目监管不到位的问题，美国政府建立了总检察官制度来保证政府职能部门监管工作的有效性。根据总检察官法案，在联邦各部均设总检察官办公室（Office of Inspector-in-Chief，OIC），并在州和地方政府设有该机构的分部办公室。各部门的总检察官由总统直接任命、国会批准。总检察官办公室独立于各部门之外，对政府部门工作包括政府出资项目进行定期或不定期检查，对政府投资建设项目、工作情况进行审核、调查、监督，预防和调查各部门项目中的欺诈、浪费、滥用权利问题。总检察官办公室帮助总统更直接地了解政府各部门工作的同时促进了各部门工作的改进。

3. 公众监督机制

美国政府的公众监督机制主要有以下三种形式：一是专家委员会制度。各州、县、市的行政首脑和各政府职能部门通过设立专家委员会的形式，反映民意，并对政府的项目发展规划、建设方案等提出意见，为政府投资项目的决策提供参考。对于重大建设项目则设立专门委员会来加强监督，以保证建设项目按计划实施。二是公示制度及听证会制度。政府制定的规划、拟投资建设的项目，如若对当地规划、环境、社区有影响一般都要向当地居民公布，征询意见，对一些居民意见分歧较大的要召开听证会，征求民众意见，对公众的任何提问均可做出满意的答复，方可作为法律依据付诸实施。三是舆论监督。通过各种新闻媒体对政府的规划、建设方案及实施中出现的问题及时报道，督促政府加以改进。此外，监管部门的各种监督检查结果、结论，均为公开信息。

对于具体的政府投资项目而言，美国政府对政府投资项目实行全过程监管。美国联邦政府机构根据宪法规定明确划分为行政（由总统管辖）、立法（由议会组成）和司法，三者相互独立、相互制衡，在政府投资项目的预算编制（前期）、执行（实施）和监督方面共同作用，形成美国政府投资项目的监管体系，如图2-6所示。

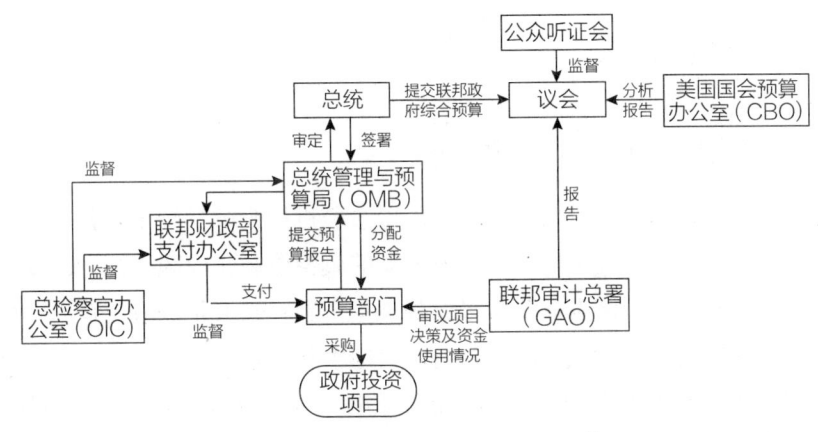

图2-6　美国政府投资项目监管体系[①]

美国政府各部门的项目投资必须首先通过议会的预算决议案。总统管理与预算局（Office of Management and Budget，OMB）根据联邦各部门提交的预算方案编制并审定联邦政府综合预算后，由总统提交议会进行审议。议会审议通过后，联邦政府方可依据预算决议案实施。在议会的审议过程中，不仅通过公众听证会的形式，广泛听取来自各方面专家、学者和大众意见，而且还有美国国会预算办公室（Congressional Budget Office，CBO）向议会提供客观公正的意见。美国国会预算办公室在它的任何分析评价中都不做政策性建议，但其评估的结果，尤其是对那些悬而未决的立法提供的预算分析，对议会预算委员会进行预算案表决影响力很大。

当预算立法程序和拨款法案结束后，根据立法授权负责实施联邦项目的每一个机构，原则上就可以对授权范围内的拨款进行支出。但是，在每一笔支出之前，还要向属于行政序列的总统预算管理办公室提出具体申请，由总统管理与预算局审查核准，并将资金分配到各预算机构后方可最终使用，否则，任何资金支出都不能进行。

通过分析可知，美国政府投资项目实行的是联邦政府、州政府及地方政府分别管理的建设体系，由白宫预算办公室、国会、财政部及工程使用单位等众多参与主体协作完成建设程序。在项目建设过程中，国会、政府部门、公众的三级监管体系保证了项目实施的合法性与规范性，有效发挥了政府职能部门的行政监督与项目管理作用。

---

① 韦勇球. 国外政府投资项目管理模式分析与启示[J]. 公路交通科技，2009（16）.

第四节 日本政府投资项目管理与监督

日本政府各职能部门在开展政府投资项目评审工作过程中，拥有严格的监督机制和规范的管理制度，能够使有限财政资金应用到点子上。而且基础设施部门对项目投资管理和评审权力得以真正发挥，促进了政府投资资金使用效果的提高。

一、日本政府投资项目管理

（一）日本政府投资项目管理模式改革

日本政府投资项目的管理模式在2001年随着政府机构改革发生了变化。日本实行立法（国会）、司法（法院）和行政（内阁）三权分立的政治体制，内阁行使行政权力。日本对工程建设、建筑业管理及招标投标工作采取分工负责制。2001年以前，日本中央政府设建设省全面负责政府机关办公建筑、国家公路、大型水利设施、国家公园和部分公私住宅工程的管理，职能机构是其下设的住宅局。建设省对中央政府投资项目进行直接实施管理，负责从开始调查、计划、完工、交付到设施维护。其余工程项目由有关部门分管，首相府所属的环境厅、国土厅等也对建设活动行使部分指导、监督和管理职能。2001年，日本政府为了提高政府的工作效率，对政府机构进行改革，并精减人员，撤销了曾分管政府投资项目的北海道开发厅、国土厅、运输省、建设省等，将原有的20多个内阁直属部门合并为10多个。其中建设省、运输省、国土厅、北海道开发厅四个部门合并为国土交通省，负责国土规划、河川管理、城市开发和住宅建设的政策制定，以及道路开发、交通政策等方面的事务。国土交通省的定位是政府投资项目的宏观管理机构。日本政府一般不直接参与到经济事务中去，而是通过组建"公团"，代替政府执行政府公共工程的建设、维护与管理。

（二）日本政府投资项目管理模式运行

2001年之后，随着日本政府机构的改革，日本政府投资工程具体的建设管理不再由政府相关部门负责，而是除了公路、治山治水、城市道路等少数建设项目外，其余绝大部分基础设施都是通过成立公团的方式，采取企业化的经营管理模式，如图2-7所示。

在日本，公团是国家或其他公法团体通过设置独立企业介入经济活动的一种方式，介于政府与私人之间，社会地位特殊，具有"国营"性质。公团是由政府或地方公共团体出资组成的经营特定公共事业的"官办自营"式的特殊法人，是日本法中的一种特殊法人，旨在执行国家特殊项目。作为公共企业，公团都是独立核算的经济实体，需要以自己的经营收入补偿自己的支出。公团原则上由政府出资，但也可在民间融资。公团的财务及其预决算通常都受国家监督。其领导干部由政府任命，事业计划、资金计划、预决算、借款和发行债券须经主管大臣批准。公团根据有关特别法设立并受其调整，兼具民事主体和一定

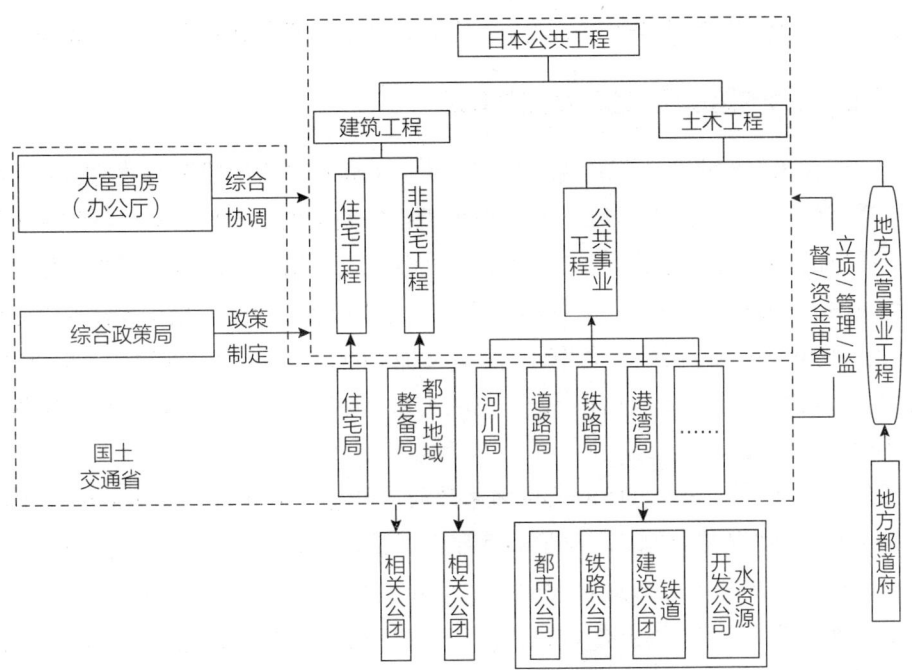

图2-7　日本政府投资项目管理体系

的行政主体地位。

（三）日本政府投资项目管理关键环节

1. 招投标机制

在日本，政府投资项目的招标必须遵守WTO政府采购协定、会计法规、建设业法、民法等各种法规，其适用的法规对工程招标投标活动及其过程进行约束。日本公共工程的招标主要由公团或公社具体负责实施，所采用的招标方式一般有三种，即一般竞争招标、指名竞争招标、随意契约。根据《合同法》日本的政府投资项目原则上采用一般竞争招标。为了确保程序的透明性、公正性和预算效率，决定中标的原则只基于投标的价格，日本的公共工程最低投标价格低于发包者规定的预算价格为合同条件，为防止倾销还设置了低价标调查制度和最低限制价格制度。

2. 工程造价管理

政府对公共工程的投资基本上只负责审核设计、控制规模，不审标底，工程造价由承发包双方确定。从工程造价的确定上来看，日本指定专门机构针对政府公共项目收集劳务、机械、材料单价，作为控制政府公共工程的依据。也就是说，公共工程基本上是由政府掌握预算。国土交通省发布了一整套工程计价标准，作为计算工程造价的依据。

二、日本政府投资项目监督

日本政府投资项目采用的是相对集中型监督管理模式，但是与美国不同，日本是单一制国家，中央政府投资及其监管责任较重，并形成了有特色的政府投资项目监督体系。

（一）日本政府投资项目的法律监督体系

日本政府在第二次世界大战后为了稳定投资，切实保证政府投资有效地为社会经济发展服务，通过建立、健全投资立法，将政府投资行为完全纳入立法的保护与监督之下，发挥了政府投资的宏观调控作用，引导日本经济实现了高速增长。政府投资建设相关的法律包括《财政法》、《地方财政法》、《国有财产法》、《建筑基准法》、《土地取用法》、《道路法》、《河川法》、《城市计划法》、《国土利用计划法》、《地方自治法》、《建设业法》、《会计法》等，这些法律都为政府投资提供了法律依据，也从法制上保证了包括政府投资在内的各项政策的连续性和稳定性。

通过分析可知，日本政府投资项目多由政府或地方公共团体出资组成的公团进行建设，并建立了配套的招投标制度、合同管理制度及造价管理体系。在项目实施过程中，政府投资项目实行中央和地方分级管理的模式，并通过制定严格的法律法规监督项目的实施，实现了政府投资项目资金控制目标，保证了政府投资项目的供给质量与供给效率。

（二）日本政府投资项目的监管机构及运行机制

日本政府投资项目实行中央和地方分级管理的方式。中央政府主要负责全国的产业基础设施、生活基础设施和国土保护设施等公共投资，投资监管体现出集中型的特点。国土交通省是政府投资的监管部门，负责除环境省分管的环境工程以外的所有政府投资工程的计划、建设实施、完工和验收及设施维护的全过程。国会负责对中央的投资计划进行审议。地方性重点工程和一般建设工程由地方行政机构监管。同时，为了保证政府投资项目资金的合理性与规范性，《财政法》规定了日本现行的四种基本财政预算资金形态，包括一般会计预算资金，主要用于产业经济和国土保全与开发等所需的费用；特别会计预算资金，用于国家公共设施、港湾建设、机场建设等专项特别会计项目；政府有关机构的预算资金；地方财政预算资金，包括47个都道府县和下属的3000多个市镇村级的政府预算，由此从源头保证了政府投资项目资金的合法性与规范性。

第五节　政府投资项目财政投资评审的国际比较与借鉴

财政投资评审在政府投资项目建设管理工作中占有举足轻重的地位，是实现国家、政府职能机构及项目管理单位三者之间委托代理管理监督的关键环节，是发挥财政部门在政府投资项目建设过程中行政监督与项目管理作用的中坚力量。通过梳理和学习西方发达国家和地区的政府投资项目监督与管理实践可知，在健全的政府投资项目建设管理体制下，有的国家甚至不惜牺牲效率也要保证依规则办事，在管理上不但设置有独立的管理单位和严格的审批程序，而且在财政资金管理与监督上亦有完善的法律监督体系和评审机制。综观典型发达国家和地区政府投资项目的管理与监管实践，虽然各国在实现方式上存在差异，但仍有一些经验值得我国政府投资项目借鉴。

一、逐步完善政府投资项目财政投资评审法规监督体系

财政投资评审是政府投资项目资金控制的关键环节。政府投资项目是具有高度资产专用性的公共产品，在发达国家和地区普遍设有专门的法律法规和专有合同，以此来避免资金使用与管理随意性引发的各种风险。如此，能够有效避免人为因素，排除政府官员出于不同的个人或部门利益目的的干扰，保证财政投资目标的实现。例如，美国和德国均具有严格的政府预算审批程序和完善的法律监督体系，在严格的行政监督与管理体制下，各部门各司其职，相互补充，形成一个有机整体，为国家的政府资金能够合理使用，基础设施项目能够有效建设创造了条件。相比之下，我国的财政投资评审法制还不健全，虽然《中华人民共和国预算法》、《政府投资评审管理规定》（财建〔2009〕648号）、《基本建设财务管理规定》（财建〔2002〕394号）、《政府投资项目评审操作规程》（财办建〔2002〕619号）等相关法律法规及操作准则在实践工作中发挥重要作用，但目前关于财政投资评审的配套法律法规还不完善，今后在立法工作中，应当加强相关法律法规的出台，以使评审工作进一步标准化、规范化及法制化。

二、建立健全政府投资项目财政投资评审独立监督机制

独立的财政投资评审是保证政府投资项目资金有效监管的重要条件。政府投资项目运行全过程中，只有独立的政府资金监督才可以有效地控制项目实施过程中面临的投资失控风险，保证政府投资项目的资金的合理利用。市场经济发达的国家和地区政府投资工程要接受国会、议会、政府主管部门、公众舆论等多方面的监督。在监督过程中，其设立职责明确的独立监督机构，并以立法的形式对其监督权利和独立地位给予保证，任何部门都不能干涉和限制；针对不同的阶段，设置不同的监督机构，防止一家独大、权力寻租行为的产生，并达到相互牵制的作用，防止监督权力过大。因此，在我国政府投资项目财政评审过程中，应当逐步加强独立评审机构的建设，有效实现政府财政部门的监管职能。

同时，从西方发达国家政府投资管理与监督机制可以看出，多级项目审批与监督机构的设置是财政资金使用合理的重要保证。例如，美国的总检察长办公室、国会审计署、公众监督组成的三级监督管理体系，德国的内部监督机构、审计监督及联邦议会监督的三级监督机制等，均在政府投资管理全过程中发挥重要的作用。因此，我国未来的政府投资监督应当在加强评审机构建设的同时，逐步建立起一套按照财政投资评审工作职能和适合国情的评审监督机制，为我国财政投资评审工作提供重要保障，形成良好的评审生态圈，为财政资金的合理利用尽职尽责。

三、充分发挥政府投资项目中介组织及专业人士评审作用

发达国家和地区的政府投资项目的整个实施过程中，对项目投资决策、项目评估及监督等方面，都非常注重发挥专业人士和专业咨询机构的作用，通过中介组织的活动为政府投资项目，特别是大型项目提供决策和技术支持。因此，我国应重视对专业人士和中介组织的培养和管理，并通过专家委员会、咨询评估等方式充分利用其专业知识及技术，为我国财政投资评审的投资控制尤其是决策和评价等关键环节提供专业支持。目前我国的财政投资评审人员数量少、大多来源于一线项目建设单位，知识文化水平相对较低。而财政投资评审工作政策性、技术性、专业性等较强，不仅要求工作人员具有一定的财政、财务管理知识，同时还要求具备合同管理、风险分担、法律原则等专业性更强的知识。因此，我国各级财政投资评审单位，应当重视专业评审技术人才的培养及引进，加强知识性评审队伍的建设，为财政评审制度改革及政府资金的使用发挥应有的职能。

四、逐步优化政府投资项目财政投资评审有效运行机制

西方发达国家已经建立了一套科学的政府投资项目评审机制。比较和分析以上发达国家的政府投资项目评审工作的开展情况可以知道，我国要建立科学和完整的财政投资评审机制，首先应当正确的定位财政投资评审单位的管理职能，建立合理的评审程序，搜集和明确合理的评审依据，保证财政投资预算中项目支出的评审合规。同时，还应当建立项目立项和建设过程的评审与反馈机制、档案管理方法及复核控制标准，对财政投资评审审减结余资金，应当通过规范化的制度收归财政，保证评审机制在事前、事中、事后均等发挥作用。

和其他发达国家及地区相比，我国的财政投资评审工作开展时间相对较短，专业评审队伍全过程参与项目资金使用监督及审查还未完全实现，诚信规范的多级监督机制还待优化，配套的法律法规还未完全建立，因此，财政投资评审工作仍旧存在众多需要提高的方面。

|中 篇|

财政投资
评审实务

第三章　设计概算评审

　　建设项目设计概算是初步设计文件的重要组成部分，是编制固定资产投资计划、确定和控制建设项目投资的依据，是控制施工图设计和施工图预算的依据，是衡量设计方案技术经济合理性和选择最佳设计方案的依据，是编制招标控制价的依据，是签订建设工程合同、贷款合同的依据，是考核建设工程项目投资效果的依据。

　　建设项目设计概算的评审同时也是一项政策性、技术性及经济性都很强的复杂工作，必须针对具体的建设项目采取切实可行的方法，以规范化、程序化的方式，从不同的侧重点对工程建设项目概算予以审核。新时期加强工程建设项目概算评审工作，是财政投资评审工作重心前移精神的重要举措，同样亦是新常态下实现财政管理体制改革目标的有效途径。将建设项目总投资按照工程费用（一类费用）、工程建设其他费用（二类费用）、预备费和建设期利息（三类费用）（对生产性项目而言，还包括铺底流动资金）的费用分类方式，厘定工程建设项目设计概算评审中的问题，全面分析工程建设项目设计概算评审过程中遇到的各类问题，保证工程建设项目设计概算费用构成完整、计算合理，同时全面总结工程建设项目概算评审工作的相关经验。

第一节　设计概算概述

一、设计概算的定义及编制内容

（一）设计概算的定义

　　设计概算[①]是指以初步设计为依据，按照规定的程序、方法和依据，对建设项目总投资及其构成进行的概略计算。具体而言，设计概算是在投资估算的控制下由设计单位根据初步设计或者扩大初步设计的图纸及说明书，利用国家或地区颁发的概算指标、概算定额综合指标预算定额、各项费用定额或取费标准等资料按照设计要求，对建设项目从筹建至竣工交付使用所需全部费用进行预计。

　　设计概算经批准后，一般不得调整。采用两阶段设计的建设项目，初步设计阶段必须

---

① 《建设项目设计概算编审规程》CECA/GC 2–2015。

编制设计概算；采用三阶段设计的建设项目，扩大初步设计阶段必须编制修正概算。一方面，经批准的概算是基本建设项目投资最高限额，因而在编制年度建设计划时，必须以批准的初步设计概算中的有关指标为依据；另一方面，设计概算能以货币形式直接反映设计方案在经济上是否合理，直观简单。在建设项目设计阶段，当建设项目提出多个设计方案时，可以利用工程概算或总概算的造价指标及主要材料消耗指标，进行技术经济分析，评价设计方案的先进性、合理性，选择最佳设计方案，有利于工程设计质量的提高。

综上所述可见，设计概算对建筑工程的顺利实施有着密切的联系，是国家对建筑工程进行科学管理和监督的重要手段之一，故要求建设单位及时、准确地编制设计概算文件。

（二）设计概算的编制内容

设计概算的编制可采用单位工程概算、单项工程综合概算、建设项目总概算三级概算编制形式。当建设项目为一个单项工程时，也可采用单位工程概算、建设项目总概算两级概算编制形式。三级概算之间的相互关系和费用构成，如图3-1所示。

1．单位工程概算

单位工程是具有独立的设计文件，能够独立组织施工，但不能独立发挥生产能力或使用功能的工程项目。单位工程概算是以初步设计文件为依据，按照规定的程序、方法和依据，计算单位工程费用的成果文件，是编制单位工程综合概算（或项目总概算）的依据，是单项工程综合概算的组成部分。单位工程概算按其性质可分为建筑工程概算和设备及安装工程概算两大类。建筑工程概算包括土建工程概算，排水、采暖工程概算，通风、空调

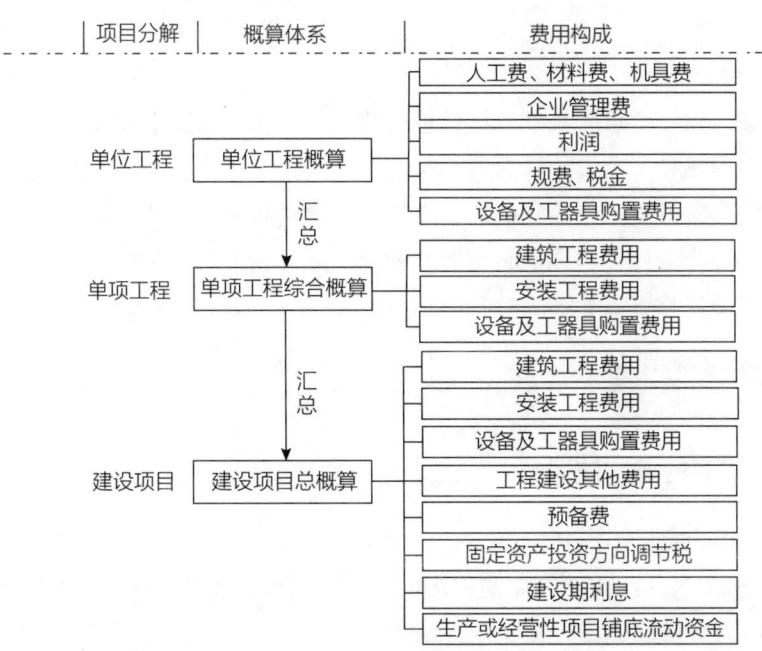

图3-1　三级概算之间的相互关系和费用构成

工程概算，电气照明工程概算，弱电工程概算，特殊构筑物工程概算等；设备及安装工程概算包括机械设备及安装工程概算，电气设备及安装工程概算，热力设备及安装工程概算，工器具及生产家具购置费用概算等。

2．单项工程综合概算

单项工程是指具有独立的设计文件，建成后可以独立发挥生产能力或使用功能的工程项目。它是建设项目的组成部分，如生产车间、办公楼、食堂等。单项工程是一个复杂的综合体，是一个具有独立存在意义的完整工程，如净水厂工程等。单项工程概算是在单位工程概算的基础上汇总单项工程费用的成果文件，由单项工程中的各单位工程概算汇总编制而成的，是建设项目总概算的组成部分。单项工程综合概算的组成内容如图3-2所示。

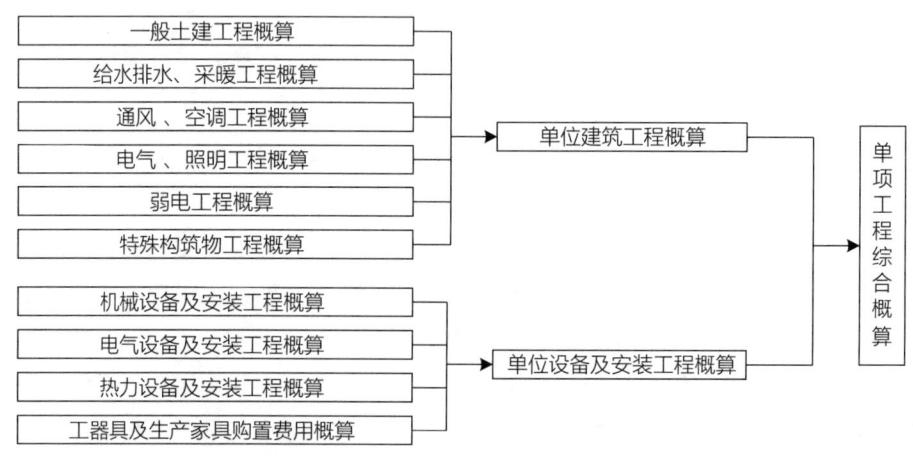

图3-2　单项工程综合概算的组成内容

3．建设项目总概算

建设项目是指按一个总体规划或设计进行建设的，由一个或若干个互有内在联系的单项工程组成的工程总和。建设项目总概算是以初步设计文件为依据，在单项工程综合概算的基础上计算建设项目概算总投资的成果文件，它是由各单项工程费用概算、工程建设其他费用概算、预备费概算、建设期利息概算和生产或经营性项目铺底流动资金概算汇总编制而成的。建设项目总概算如图3-3所示。

二、设计概算的编制依据和要求

（一）设计概算的编制依据

概算编制依据是指编制项目概算所需的一切基础资料。对于不同项目，其概算编制依据不尽相同。根据《建设项目设计概算编审规程》CECA/GC 2-2015，概算编制依据主要包括以下方面：

（1）批准的可行性研究报告；

（2）工程勘察与设计文件或设计工程量；

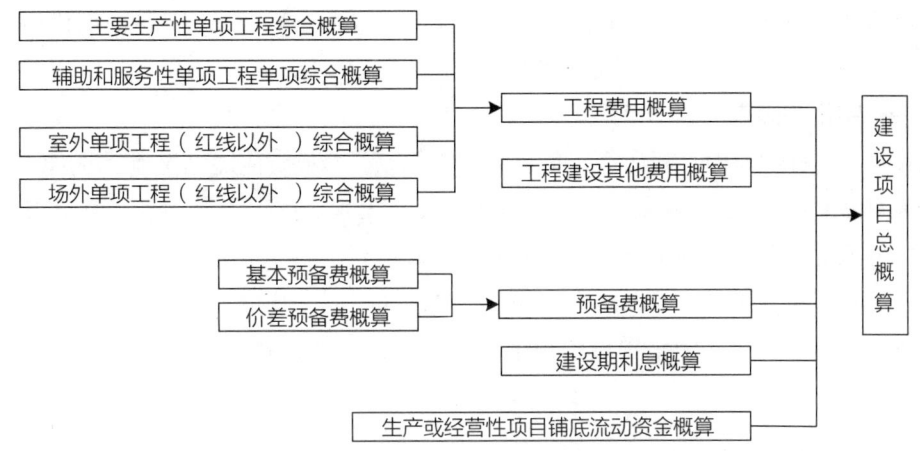

图3-3 建设项目总概算的组成内容

（3）项目涉及的概算指标或定额，以及工程所在地编制同期的人工、材料、机械台班市场价格，相应工程造价管理机构发布的概算定额（或指标）；

（4）国家、行业和地方政府有关法律、法规或规定，政府有关部门、金融机构等发布的价格指数、利率、汇率、税率，以及工程建设其他费用等；

（5）资金筹措方式；

（6）正常的施工组织设计或拟定的施工组织设计和施工方案；

（7）项目设计的设备材料供应方式及价格；

（8）项目的管理（含监理）、施工条件；

（9）项目所在地区有关气候、水文、地质地貌等自然条件；

（10）项目所在地区有关的经济、人文等社会条件；

（11）项目技术复杂程度以及新技术、专利使用情况等；

（12）有关文件、合同、协议等；

（13）委托单位提供的其他技术经济资料；

（14）其他相关资料。

（二）设计概算的编制要求

设计概算由项目设计单位负责编制，并对其编制质量负责。编制设计概算文件必须严格执行国家有关的方针、政策和制度，完整、准确地反映工程项目初步设计内容，实事求是地根据工程所在地的建设条件（包括自然条件、施工条件、市场变化等因素）以及有关要求进行编制。

1．充分的前期准备

设计概算应考虑建设项目施工条件以及能够承担项目施工工程公司情况等因素对投资的影响。设计概算应结合项目所在地设备和材料市场供应情况、建筑安装施工市场变化，设计概算应按项目合理工期预测建设期价格水平，以及资产租赁和贷款的时间价值等动态因素对投资的影响，合理计算各项工程造价和相关费用。

2．掌握相关规定

设计概算应按编制时项目所在地的价格水平编制，总投资应能完整地反映编制时建设项目的实际投资。以房屋建筑为例，根据初步设计工程量按工程所在省（直辖市、自治区）颁发的概算定额（指标）分土石方工程、基础工程、墙壁工程、梁柱工程、楼地面工程、门窗工程、屋面工程、保温防水工程、室外附属工程及装饰工程等编制概算，编制深度宜达到《建设工程工程量清单计价规范》GB 50500—2013要求（以下简称"13清单"）的深度。

三、设计概算编制的方法

单位工程概算应根据单项工程中所属的每个单体按专业分别编制，一般分土建、装饰、采暖通风、给水排水、照明、工艺安装、自控仪表、通信、道路等专业或工程分别编制。总体而言，单位工程概算包括单位建筑工程概算和单位设备及安装工程概算两大类。

（一）单位建筑工程概算的编制方法

单位建筑工程概算的编制方法有概算定额法、概算指标法以及类似工程预算法等，详细编制方法及其适用条件如下。

1．概算定额法

概算定额法又称扩大单价法或扩大结构定额法，是套用概算定额编制建筑工程概算的方法。建筑工程概算表的编制，按构成单位工程的主要分部分项工程编制，根据初步设计工程量按工程所在省、市、自治区颁发的概算定额（指标）或行业概算定额（指标）以及工程费用定额计算。

运用概算定额法，要求初步设计必须达到一定深度，建筑结构尺寸比较明确，能按照初步设计的平面图、立面图、剖面图纸计算出楼地面、墙身、门窗和屋面等扩大分项工程（或扩大结构构件）项目的工程量时，方可采用。

2．概算指标法

概算指标法是用拟建的厂房、住宅的建筑面积（或体积）乘以技术条件相同或基本相同的概算指标得出人工费、材料费、机械费，然后按规定计算企业管理费、利润、规费和税金等。概算指标法适用的情况包括：

（1）在方案设计中，由于设计无详图而只有概念性设计时，或初步设计深度不够，不能准确地计算出工程量，但工程设计采用的技术比较成熟时可以选定与该工程相似类型的概算指标编制概算；

（2）设计方案急需造价估算而又有类似工程概算指标可以利用的情况；

（3）图样设计间隔很久后再来实施，概算造价不适用于当前情况而又急需确定造价的情形下，可按当前概算指标来修正原有概算造价；

（4）通用设计图设计可组织编制通用图设计概算指标。

3．类似工程预算法

类似工程预算法是利用条件技术与设计对象相类似的已完工程的工程造价资料来编制拟建工程设计概算的方法。当拟建工程初步设计与已完工程或在建工程的设计相类似而又没有可用的概算指标时可以采用类似工程预算法。

如果工程设计对象与已编制了设计概算或施工图预算的设计项目相类似，只要结构特征基本相同，就可以参照已编好的工程项目的指标标准，利用类似工程预算资料编制概算，该方法直观、简明。

（二）单位设备及安装工程概算的编制方法

单位设备及安装工程设计概算包括单位设备及工器具购置费概算和单位设备安装工程费概算两大部分。

1．单位设备及工器具购置费概算

单位设备及工器具购置费是根据初步设计的设备清单计算出设备原价，并汇总求出设备总原价，然后按照有关规定的设备运杂费乘以设备总原价，两项相加再考虑工器具及生产家具购置费即为单位设备及工器具购置费概算。

2．单位设备安装工程费概算的编制方法

单位设备安装工程费概算的编制方法应根据初步设计深度和要求所明确的程度而采用，主要编制方法有：

（1）预算单价法

当初步设计较深且有详细的设备清单时，可直接按安装工程预算定额单价编制安装工程概算，概算编制程序与安装工程施工图预算程序基本相同。

该法具有计算比较详细，精确性较高的优点。

（2）扩大单价法

当初步设计深度不够且设备清单不完备，只有主体设备或仅有成套设备重量时，可采用主体设备、成套设备的综合扩大安装单价来编制概算。

上述两种方法的具体操作与建筑工程概算相类似。

（3）设备价值百分比法

设备价值百分比法又称安装设备百分比法。当初步设计深度不够且只有设备出厂价而无详细规格、重量时，安装费可按占设备费的百分比计算。其百分比值（即安装费率）由主管部门制定或由设计单位根据已完类似工程确定。

该法常用于价格波动不大的定型产品和通用设备产品的安装工程概算编制。

（4）综合吨位指标法

当初步设计提供的设备清单有规格和设备重量时，可采用综合吨位指标编制概算，其

综合吨位指标由主管部门或由设计院根据已完类似工程资料确定。

该法常用于设备价格波动较大的非标准设备和引进设备的安装工程概算。

第二节 设计概算评审准备工作

评审单位对建设项目评审的过程中，发现项目建设单位准备的送审资料常出现真实性、有效性、完整性不足的情况，造成评审单位人力物力的浪费。广州市财政投资评审对申请评审的项目采取预受理制度，即市财政局在正式受理项目评审前由市评审中心对送审资料先行审核，把项目按照概算、预算、结算、决算进行分类，针对房建、道桥、园林、土地征拆等不同项目种类，对照文件规定的送审资料要求，由专业工程师审核把关，符合受理条件的由受理窗口出具通知，凭此通知向财政部门提交正式的评审申请。不符合受理条件的，无法办理评审申请。该制度规范了财政投资评审申请和受理行为，实现了管控关口前移，降低了评审风险，提高了评审效率和质量。本文概算、预算、结算评审的准备工作中，以广州市财政投资评审中心采用的预受理制度为例说明预受理阶段准备工作的内容。

一、预受理阶段的准备工作

项目建设单位向市财政投资评审中心进行预受理咨询时，根据《广州市人民政府办公厅关于印发〈广州市财政投资评审监督管理办法〉的通知》（穗府办〔2015〕9号）中有关评审预受理咨询程序，应提供规定的相关材料清单，具体内容如下。

（一）财政投资评审预受理咨询表

评审预受理咨询程序中首先应递交财政投资评审预受理咨询表，详见表3-1。

财政投资评审预受理申请表（概算）　　　　表3-1

建设项目名称	政府投资项目编码															
建设单位	联系方式															
项目性质	1. 新建□　2. 续建□　3. 改扩建□　4. 维修改造□　5. 其他□															
资金来源	1. 财政性资金□　2. 政府性基金□ 3. 政府性融资资金□　4. 其他纳入财政管理资金□															
项目类别	1. 房屋建筑□　2. 市政基础设施□　3. 设备安装□　4. 园林绿化□ 5. 交通水利□　6. 征地拆迁□　7. 其他□															
评审类别	1. 概算□　2. 预算□　3. 结算□　4. 竣工财务决算□　5. 评估□　6. 其他□															

建设项目名称	政府投资项目编码															

评审编码	未有评审编码的项目可不填写	概算评审财政委托编号	概算已经财政评审的项目需填写	预算评审财政委托编号	预算已经财政评审的项目需填写

经批复金额	1. 投资估算（可行性研究批复）__万元（概算、预算、结算、竣工财务决算送审时需填写） 2. 概算__万元，其中工程费__万元（预算、结算、竣工财务决算送审时需填写） 3. 施工图预算__万元，累计已评审预算__万元（结算、竣工财务决算送审时需填写） 4. 结算__万元，其中合同价__万元，累计已评审结算__万元（竣工财务决算送审时需填写） 5. 该项目已批复资金__万元，已累计落实__万元（概算、预算、结算、竣工财务决算送审时需填写）

送审金额	元（保留两位小数），其中：征拆费（不含管线迁移部分）元

项目建设单位意见： 　　负责人：单位（盖章） 　　　　　　　　　　年　月　日	项目主管单位意见： 　　　　　　单位（盖章） 　　　　　　　　　　年　月　日

注：1. 若干项目一起送审时须逐个项目填写此表，在评审申请函中汇总；

　　2. 若一个立项项目分次送审概算评审时，需填写项目概算分次送审情况表，且报市财政局主管部门审核同意；

　　3. 送审项目若是在建或竣工状态，原则上不受理预算评审。

（二）财政投资评审送审资料清单

评审预受理咨询程序中还应递交财政投资评审送审资料清单，详见表3-2。

财政投资评审送审资料清单　　　　　　　　　　　　　　　表3-2

项目名称：　　　　　　　　委托号：

建设单位		联系人		电话	
设计单位		联系人		电话	
评审单位		联系人		电话	
评审中心		联系人		电话	

移交资料情况

序号	资料名称	单位	数量	原件	复印件	备注
1	可行性研究批复文件或其他立项批复文件					
2	初步设计报告及其电子文档（通过相关主管部门审查）					
3	初步设计图纸及其电子文档					
4	初步设计概算书及其电子文档（含造价软件编制版及Excel版）					
5	主要材料、设备标准、价格采用依据					
6	工程量计算书及其电子文档					

移交记录

单位		单位		单位	
签名		签名		签名	
日期		日期		日期	

注：粗体部分为必填项。

（三）送审资料

（1）送审的概算项目，初步设计技术方案通过相关主管部门审查，概算资料按要求准备充分完整；

（2）送审单位应对报送资料中的所有复印件盖章确认。装订成册的，可在封面和骑缝盖章；未装订的，每页盖章；

（3）送审概算书要求送审单位盖章；

（4）送审金额应是项目各方共同认可的；

（5）送审单位应列好交接资料清单（一式两份），注明资料名称、份数、页数，注明送审单位的联系人及联系电话，并提供清单的电子版；

（6）资料移交清单表内粗体部分为必备的基础资料；

（7）送审的概算电子文档必须是相对应计价软件版（注明对应的计价软件及版本）文档及导出的Excel版；

（8）送审的概算项目的项目特征必须按13清单编制；

（9）其他资料；

1）对于专业系统工程，送审单位没有图纸等任何计量依据的情况

可以要求提供总平面示意图及标注规格尺寸、数量或设备清单作为初步图纸或初步设计说明的一部分。

2）对于送审概算超出投资估算的范围的情况

例如送审概算除了常规的水电、空调、消防等系统外，还包含了该工程项目内的专用设备，如医院的医疗设备、工厂的检修设备等时，以可行性研究时投资估算所开列的内容为准，与投资估算的范围相一致。

对于征地拆迁的项目，还应包括征地红线图（规划红线图）、征地拆迁费用标准的依据文件、房屋性质、类型、面积数据资料以及费用组成明细表等内容。此外，如涉及项目基本建设程序或对工程造价有影响的资料，应提供工程地质勘察报告、工程建设其他费用的说明资料以及地方政府对基建费用的有关规定性文件；特殊材料或进口设备，应提供有关证明文件等资料。

二、评审阶段的准备工作

（一）评审工作计划

财政投资评审单位评审建设项目前应依次完成制定评审工作计划、组建项目评审小组、明确评审具体工作等工作。

1．制定评审工作计划

评审工作需要进行周密的计划安排，制定有效的评审计划方案。评审计划方案的内容包括：评审依据资料、评审目的、评审内容与重点、评审人员的分工、评审进度安排、评审的一般方法及评审报告完成时间。

2．组建项目评审小组

评审小组的具体组成，依评审项目的规模和性质而定。小型项目可能只有一名评审人员，所有的评审工作由其独自完成。而大规模的评审项目需要较多的人员和时间，在制订评审计划时，应提前做好安排。评审小组人员可来源于评审单位内部的职能部门，也可以外请相关专家来担任。

3．明确评审具体工作

财政投资项目概算的评审的具体工作主要包括以下内容：

（1）概算是否控制在立项批准的投资估算允许范围内，项目初步设计所涉及的建设规模、建设标准、建设内容是否在立项批准的范围内，项目前期费用是否符合国家有关规定；

（2）初步设计是否通过了有关建设主管单位的审查；

（3）工程量的计算、定额的套用和换算以及费用费率的取定是否准确，材料价差调整是否真实；

（4）设备、工器具的种类、规格和数量是否符合工艺设计要求，价格是否合理；

（5）其他需要评审的内容。

（二）设计概算的评审依据

1．国家政策

国家有关财政预算、财政投资评审、工程建设的法律、法规及规章制度等，国家主管部门及省、市有关部门颁布的标准、定额和工程技术经济规范。

2．项目有关文件

可行性研究报告及批复文件、初步设计文件等，有关工程实施的资料，与工程项目有关的市场价格信息、同类项目的造价及其他有关的市场信息，项目评审所需的其他有关依据，已批准的建设项目估算。

3．类似工程数据库

（三）设计概算的评审方法

设计概算的审核是合理确定工程造价的必要程序及重要组成部分，但由于设计概算的审核对象不同，或要求的进度不同，或投资规模不同，则审核方法不一样。常用评审方法介绍如表3-3所示。

评审方法	方法介绍及适用范围	优点
对比分析法	通过将建设规模、标准与立项批文对比；工程数量与设计图纸对比；综合范围、内容与编制方法、规定对比；各项取费与规定标准对比；材料、人工单价与统一信息对比；引进设备、技术投资与报价要求对比；技术经济指标与同类工程对比等内容	易发现设计概算存在的主要问题和偏差
查询核实法	对一些关键设备和设施、重要装置、引进工程图纸不全、难以核算的较大投资进行多方查询核对，逐项落实。例如重要生产装置、设施向同类企业（工程）查询了解；引进设备价格及有关费税向进出口公司调查落实；复杂的建筑安装工程向同类工程的建设、承包、施工单位征求意见；深度不够或不清楚的问题直接同原概算编制人员、设计者询问清楚。这是对一些关键设备和设施、重要装置、引进工程图纸不全、难以核算的较大投资进行多方查询核对、逐项落实的方法	易发现问题、疑点，及时纠正
联合会审法	联合会审前，可先采取多种形式分头审查，包括设计单位自审，主管、建设、承包单位初审，工程造价咨询公司评审，邀请同行专家预审，审批部门复审等，经层层审查把关后，由有关单位和专家进行联合会审。在会审大会上，由设计单位介绍概算编制情况及有关问题，各有关单位、专家汇报初审、预审意见；然后进行认真分析、讨论，结合对各专业技术方案的审查意见所产生的投资增减，逐一核实原概算出现的问题	专业、有效
全面审查法	按照全部施工图的要求，结合有关预算定额分项工程中的工程细目，逐一、全部地进行审核的方法。此方法一般适用于一些工程量较小、工艺比较简单、编制工程概算力量较薄弱的设计单位所承包的工程	全面、细致，所审核过的工程预算质量高，差错比较少

第三节　设计概算评审关键点

根据《广东省建设工程概算编制办法》（2014版）可知，单位工程概算的内容应全面，费用构成完整、计算合理，建设项目总概算中各项综合指标和单项指标与同类工程技术经济指标对比应合理，具体由工程费用、工程建设其他费用、预备费和建设期利息等费用组成。为保证全面地识别概算评审过程中遇到的各类问题，本节分别以这三类费用为基础全面进行建设项目概算评审关键点的识别。

一、工程费用概算评审关键点的识别

工程费用，即常说的一类费用，主要包括建筑安装工程费用、设备及工器具购置费用，评审中常见的关键点总结如表3-4所示。

费用构成	编制过程	关键点
建筑安装工程费用	列项计算工程量	送审的概算书与初步设计图纸不符的问题
		未按照相关规定计算工程量或单价的问题
	计价依据选用（套定额）	计价依据套用不准确问题
		送审延迟时计价依据的选择问题
		定额子目与项目特征不符时计价依据的调整问题
		以经验评估法为计价依据的评审问题
	取费	取费文件或执行的取费表的效期已过问题
		相关费用计算正确性问题
设备及工器具购置费用	费用的构成与计算	免征营业税的设备计费问题
		设备及工器具购置费用的范畴问题
		部分设备套用进口价格的常见问题

二、工程建设其他费用概算评审关键点的识别

工程建设其他费用，即常说的二类费用，主要包括建设用地费、与项目建设有关的费用、与未来生产经营有关的其他费用，评审中常见的关键点总结如表3-5所示。

工程建设其他费用概算评审关键点的识别　　　　表3-5

费用构成	具体费用	关键点
建设用地费	征地补偿费用	征地拆迁费用补偿标准问题
		征地拆迁类费用单独控制的问题
与项目建设有关的费用	建设管理费	财政部规定与地方文件规定的重复性问题
		地方性文件与财政部标准不统一的问题
		监理费未按照发改委文件规定的问题
	环境影响评价费	建设项目环境影响咨询收费重复计取的问题
	其他	工程建设其他费用分档计费的问题
与未来生产经营有关的其他费用	联合试运转费	联合试运转费用确定问题
	专利及专有技术使用费	专利及专有技术使用费的确定
	生产准备开办费	生产准备及开办费的确定

三、预备费和建设期利息等概算评审关键点的识别

预备费和建设期利息，即常说的三类费用（生产性项目也包括铺底流动资金）。此类费用的评审问题不在于费用的计算，而是费用（尤其是基本预备费）的使用问题，即政府

投资项目基本预备费的使用条件、政府投资项目基本预备费使用程序的建议以及资金的来源。本章第四节到第六节将分别对这些关键评审问题进行具体的理论及案例分析。

第四节 工程费用的设计概算评审问题

建设项目设计概算的工程费用评审时，主要包括两部分：建筑安装工程概算费用和设备及工器具购置费用。建筑安装工程概算费用的评审一般按列项、计算工程量、计价依据选用以及取费过程进行，其中，列项与计算工程量评审应根据初步设计图纸、定额、工程量计算规则的要求进行审查；计价依据的选用必须与相关规定一致；取费评审主要审查各项费用所包含的具体内容有无重复计算或遗漏、取费标准是否符合国家有关部门或地方规定的标准及范围。设备及工器具的评审一般是审查设备及工器具购置费用的范围，具体包括是否属于免计营业税的设备、能否套用进口设备价格等情况。

一、建筑安装工程费用列项与工程量计算的评审问题

建筑安装工程费用的工程量审查应根据初步设计图纸、定额、工程量计算规则等要求进行审查。概算评审时，经常遇到两类情况：一是送审的概算书与初步设计图纸不符；二是工程量计算未按照定额说明及工程量计算规则进行。

（一）与初步设计图纸不符的问题

具体地，送审的概算书与初步设计图纸不符的情况有三类表现形式，分别为送审的概算书中某些项目完全没有设计方案、某些工程项目无法提供图纸依据、初步设计概算书的编制依据与概算书内容不对应。下面分别进行详细分析。

1. 送审的概算书中某项目完全没有设计方案

此类情况常见于某些搭顺风车项目，见案例3-1分析。

2. 某些工程项目无法提供图纸依据

在审核图纸时常常会遇到部分专业系统工程没有图纸等任何计量依据的情况，常见的有初步设计阶段无法落实方案的系统（如外水、外电、煤气等）以及扩声音响设备、网络机房设备等无法用图纸表述，临时配套设施服务项目也多属于这种情况。

未提供图纸依据时，首先应要求送审单位补充图纸，如确实无法提供的，则需提供其估算工程量的依据。如广州亚运会临时配套设施服务项目概算中，无法按照图纸计算的大部分工程量是参考北京奥运会临时设施或按技术要求进行估算的。

3. 初步设计概算书的编制依据与概算书内容不对应

（1）当送审的初步设计图纸与编制的初步设计概算不对应时，应加强与建设单位的沟通，请对方明确所使用的初步设计方案版本是否对应；

（2）当送审概算书为总价概算，但送审编制依据却是详细的设备清单时，那么概算书就应按设备清单所列的参数、型号、工程量来进行编制。

如果概算阶段无法确定详细的设备清单，只是参照类似工程进行估算，那么就应列举参照的类似工程，说明此估算值的依据。

案例3-1　部分项目不在立项批复建设范围内的案例评审

【案例背景】

2009年某亚运建设项目概算，送审概算书中出现游艇泊位项目，但送审资料中没有相关设计方案，经查属搭亚运顺风车项目，并不在经批复的立项建设范围内。

【关键问题】

判断该部分项目是否包含在立项范围内，进而决定是否核减该部分费用。

【评审依据】

建设单位提供工程初步设计报告、工程立项批复文件等。

【评审意见】

评审中心经对建设单位提供的工程初步设计报告、工程立项批复文件等进行审核，取消该项目，该项核减费用423.15万元。

【经验总结】

（1）概算评审时，须认真核对经批复的立项资料内容，明确立项批复的建设范围或建设规模，将立项批复项目内容与送审概算项目内容一一比较，对于超范围超规模的内容或项目，不予计算，并在评审报告中予以注明。

（2）对于立项批复的建设范围内的项目，评审分四个阶段进行，第一阶段：独立审核，出具概算评审初稿及需补充完善资料清单，提出存在的问题送建设单位；第二阶段：建设单位补充资料并答复初稿反映的问题，评审人员与概算编制单位对数；第三阶段：讨论解决问题；第四阶段：出具评审结果。

另外对于在初步设计阶段无法落实方案的系统如外水、外电、煤气等，建设单位可以提供示意图作为此部分估算的依据；对于扩声音响设备、网络机房设备等无法用图纸表述的，可以用设备清单作为初步图纸或初步设计说明的一部分进行表述。

（二）未按照相关规定计算工程量或单价的问题

未按照定额说明及工程量计算规则进行计算是工程量评审时最常见问题，财政投资评审中发现了诸多容易出错的问题见表3-6。

序号	常见问题	正确的计算方法
1	外运土石方工程量按开挖后的松散土石方量计算	土石方工程量除定额注明外，挖、运土石方按天然密实体积考虑
2	预制混凝土桩送桩，人工及机械台班消耗量乘以系数1.20，其他消耗量不变	预制混凝土桩送桩，人工及机械台班消耗量乘以系数1.20；有计算送桩的原打（压）预制混凝土桩项目，子目桩消耗量103.8m改为101m
3	计算砖砌化粪池时，另外计算了化粪池的土方开挖费用	砖砌化粪池、台阶、散水、明沟、砂井均已包括土方用工
4	地下室底板的梁混凝土套用"基础梁"子目计算	地下室底板的梁并入底板混凝土计算
5	金属构件工程量按设计图纸中的工程量表计算铆钉和螺栓的质量	金属构件制作安装工程量，按设计图示尺寸以质量计算，焊条、铆钉、螺栓等不另增加质量
6	地下室顶板面防水工程量按顶板平面面积计算	地下室顶板面防水工程量按顶板平面面积扣减有围护结构的首层面积计算；顶板与首层外墙体交接弯起部分的工程量，并入顶板防水工程量计算
7	楼地面块料工程中，按设计要求计算铺贴石材门槛石	计算石材门槛石后，应扣减相应面积的楼地面块料工程量
8	墙面设计钉挂网部分的抹灰子目人工消耗量未做调整	墙面设计钉（挂）网部分的墙面抹灰人工消耗量乘以系数1.30计算
9	套用定额计算防火门安装费用	防火门综合价格已包含油漆、小五金、安装费
10	另外计算门窗安装后隙缝填补的费用	门窗安装后的隙缝填补工作已包括在门窗相应的安装定额子目内
11	金属构件防锈漆按设计要求遍数套用油漆定额子目计算	金属构件制作子目中，均已包含一遍防锈漆工料

除上表所述之外，通过案例3-2，强调概算编制过程中对定额的说明及工程量计算规则的应用的应充分理解并透彻掌握。

案例3-2 未按定额说明及工程量计算规则计算工程量的案例评审

【案例背景】

2012年某项目送审的概算书中，在计算土方工程中地下水位以下的排水费用时，未按照定额说明及工程量计算规则另行计算。

【关键问题】

对于定额的说明及工程量计算规则理解是否透彻。例如对于地下水位以下施工的排水费用，是单独计算还是其他定额子目已包含。

《广东省建筑与装修工程综合定额（2010年）》。该定额中规定，土方不分干土、湿土，均按定额相应子目执行；定额不包括地下水位以下施工的排水费用，如遇地下水时，排水费用另行计算。

【评审意见】

按照定额说明及工程量计算规则进行工程量的确认，土方工程中地下水位以下的排水费用另行计算。

【经验总结】

工程项目评审前，应熟悉并掌握相应定额的说明及工程量计算规则，充分了解子目所包含的施工内容和费用范畴，并随时掌握并理解相应定额子目所包含的施工内容和费用范畴以及相关定额的补充说明和勘误情况，及时进行调整，才能做到既不重算也不少算。

二、建筑安装工程费用计价依据选用的评审问题

建筑安装工程费用的计价依据审查应根据国家以及行业、地方的相关规定等要求进行审查。概算评审时，经常遇到三类情况：一是计价依据套用不准确；二是送审延迟时计价依据的选择；三是定额子目与项目特征不符时计价依据的调整，除此之外还可以根据相关经验评审项目概算。

（一）计价依据套用准确性问题

工程计价依据是指与计价内容、计价方法和价格标准相关的工程计量计价标准，工程计价定额及工程造价信息等，包括工程造价计价定额、费用定额、工期定额、工程造价指数、工程量计算规则以及政府主管部门发布的有关工程造价的经济法规、政策等文件，其中受地域限制的材料设备的价格可能会有较大差异，所以各地区在套用计价依据时应因地制宜，同时应特别注意规定的内容是否进行调整。

案例3-3 计价依据套用不准确的案例评审

【案例背景】

2010年某项目送审概算的材料设备价格，是按照市建设工程造价管理站定期发布的"广州地区建设工程材料指导价格"计算，未按照市场价格进行下浮。但广州市建设工程造价管理站2009年后的项目要求按照市建设工程造价管理站定期发布的"广州地区建设工程常用材料综合价格"和"广州地区建设过程材料（设备）厂商价格信息"执行，不再发布"广州地区建设工

程材料指导价格"[1]。

计价依据的准确套用问题。

【评审依据】

根据《关于发布广州地区建设工程材料设备价格信息的通知》(穗建筑〔2009〕289号)及《关于发布广州地区建设工程材料设备价格信息有关问题的通知》(穗建造价〔2009〕9号),广州市建设工程造价管理站从2009年起,不再以"广州地区建设工程材料指导价格"的名称发布价格信息,而改为定期发布"广州地区建设工程常用材料综合价格"和"广州地区建设过程材料(设备)厂商价格信息"。

【评审意见】

广州市建设工程造价管理站在2009年8月的《广州建设工程造价信息》上也刊登了"常见问题解答(一)",其中第十一点明确:广州地区建设工程常用材料综合价格是到工地的价格。广州地区建设工程材料(设备)厂商价格信息是一种厂商报价,在市场上厂商报价一般都可以下降一

定的幅度成交,这种价格下降幅度的金额往往大于运输费、路桥费的金额,所以材料(设备)厂商价格信息如果是由一个合理下降幅度形成的价格,就可以视为到工地的价格。综上所述,材料设备价格应执行"广州地区建设工程常用材料综合价格","广州地区建设过程材料(设备)厂商价格"应按市场价下浮后执行。

【经验总结】

"广州地区建设工程常用材料综合价格"是市建设工程造价管理站通过对市场价格信息的收集、分析、整理、综合计算而形成,基本反映了市场价格,是编制工程概算的主要依据,但"广州地区建设过程材料(设备)厂商价格"是收集厂商报价的各种价格信息,仅作为工程概算的参考信息,需要编审人员按照当时的市场行情做出适当的调整之后使用。财政投资评审机构一般通过以下几种方式调整"厂商价格":①市场询价;②参考历史评审的材料、设备价格;③广州市建设工程交易中心中标价;④政府采购中心设备采购合同价;⑤"造价通"、"建材在线"等网站。

(二)送审延迟计价依据的选择问题

设计概算评审的一个关键问题是建设单位工程概算编制依据的时效性,实践中大量存在着由于项目概算事后补报等送审单位自身原因而导致概算的送审时间和评审时间严重滞后的现象,此时若直接以送交评审资料时点的综合价或商家价格信息价格作为概算评审的价格依据,送审单位因自身延迟而得益[2]这一做法显然欠妥当。

---

① 该起因是广州市建设工程造价管理站的规定,问题具有地域性和时效性。
② 英国的《哈德逊论建筑和工程合同》中提出的消极防治原则(Negative Prevention Principal)对违约者不受益解释为:在执行合同期间,一方不能因其自身的错误而获利。

【案例背景】

某概算送审项目，因送审单位自身原因而导致概算的送审时间和评审时间严重滞后，但送审概算却直接以送交评审资料时点的综合价或"广州地区建设工程材料（设备）厂商价格信息"作为概算评审的价格依据。

【关键问题】

因送审单位自身原因而导致概算送审延迟时编制依据选用的时效性问题。

【评审依据】

《财政投资项目评审操作规程》（财办建〔2002〕619号）及相关文件规定，概算编制应依据国家或省、市、自治区现行的各种价格信息和计费标准，包括：国家或省、市、自治区现行的建筑设计概算定额（综合预算定额或概算指标），现行的安装设计概算定额（或概算指标），类似工程概预算及技术经济指标。

【评审意见】

对于直接以送交评审资料时点的综合价或商家价格信息价格作为概算评审的价格依据，评审不予采纳，而是采用初步设计文件经审校和有效签署时期价格进行评审。

【经验总结】

在实际评审工作中，时常会遇到以下情况：①建设项目已进入实施阶段，发包人为完善建设程序，补充报送概算评审的项目；②发包人将立项批复的项目内容拆分成几个概算分别在不同时间段进行报审。对于上述情况，评审时不但要注重依据资料核对与项目相关的各个时间点，同时也要与发包人等相关参与单位及时沟通，了解项目的真实状况，才能确定概算价格采用的计价依据时间范围是否合理。

而对于第②种情况，在每一次评审中，还需充分考虑整个立项项目的总体情况，特别是在计算工程建设其他费用时，需考虑到计算基数计取的不同对于某些费用的影响，如建设单位管理费、设计费、监理费、招投标费用等，并确保最终总的概算评审金额控制在已批复的估算金额的范围内。

（三）定额子目与项目特征不符时计价依据的调整问题

工程计价定额是直接用于工程计价的定额或指标，包括预算定额、概算定额、概算指标和投资估算指标。预算定额是在正常的施工条件下，完成一定计量单位合格分项工程和结构构件所需消耗的人工、材料、施工机械台班数量及其费用标准。概算定额是完成单位合格扩大分项工程，或扩大结构构件所需消耗的人工、材料、施工机械台班数量及其费用标准。概算指标是以扩大分项工程为对象，反映完成规定计量单位的建筑安装工程资源消耗的经济指标。投资估算指标是以建设项目、单项工程、单位工程为对象，反映其建设总投资及其各项费用构成的经济指标。在审核套用定额单价时要注意如下问题。

1. 对直接套用定额单价的审核

首先要注意采用的项目名称和内容与设计图纸标准是否要求一致，如构件名称、断面形式、强度等级（混凝土强度等级、水泥砂浆比例）等。其次工程项目内容是否重复套用，如块料面层下找平层；沥青卷材防水层，沥青隔气层下的冷底子油；预制构件的铁件；属于建筑工程范畴的给水排水设施。除此之外还有定额主材价格套用是否合理，对有最高限价的材料定额套用的规定等，如花岗石、大理石、木地板、外墙装饰板等，主材价格未超过最高限价的，按定额规定，以最新预算价计算人材机费，按实计补价差；主材价格超过最高限价的，则以最高限价进入人材机费，按实计补价差。

2. 对换算的定额单价的审核

在使用基础定额之前，首先了解各册定额项目设置的内容，清楚各册之间的界线划分，有针对性地选择定额子目，熟悉定额子目的内容、说明及规定。为了正确合理地使用基础定额，关键之一是要注意基础定额的册章说明、编制说明及定额交底说明。对其中的编制依据、使用范围、规定、计算规则、调整系数及子目包括的工作内容应熟悉掌握，以免使用时发生错误。

案例3-5　定额子目与项目特征不符时调整计价依据案例评审

【案例背景】

2008年某河段旧堤岸中有一段为浆砌石结构挡墙，由于堤身出现不同程度的塌陷，导致回填料漏失，危及堤防安全。为保证堤岸的安全及美观，市水务局批复同意对堤岸进行加固处理。设计的方案为：在离堤岸前沿约0.5m处钻孔，孔距为0.5m，孔深直达挡墙基底，采用高压封堵灌浆，形成一道帷幕，使得浆砌石间的空隙能在高压下充满浆液，达到加固堤身效果，防止回填料漏失的目的。该堤防加固工程概算评审项目送审金额2897万元，其中注浆加固子目综合单价为444.33元/延米（75.23+369.10=444.33元/延米），单价分析表详见表3-7及表3-8，单价中包括了钻机成孔和帷幕灌浆两方面内容。其中，帷幕灌浆单价套用了《广东省水利水电工程设计概（估）算系列定额和编制规定》（粤水基〔2006〕2号）中编号为60034的坝基岩石帷幕灌浆定额子目，即坝基岩石帷幕灌浆。

钻机成孔单价分析表

表3-7

工程名称	前航道二沙岛南岸段-提防加固和绿化工程				
项目名称	注浆加固			项目编码	010101013002
定额编号	60001 调			定额单位	100m
施工方法	钻机钻岩石层帷幕灌浆孔 自下而上灌浆法 岩石级别 V ~ VIII//改:平均孔深≤30m				

编 号	名 称	单 位	数量	单价（元）	合计（元）
1	直接工程费	元			6475.36
1.1	直接费	元			6051.74
1.1.1	人工费	元			1122.75
S010001	人工	工日	35.49	31.64	1122.75
1.1.2	材料费	元			1968.52
S020203	合金片	kg	0.50	250.00	125.00
S021448	钻杆	m	2.40	70.00	168.00
S021449	钻杆接头	个	2.50	20.00	50.00
S021707	合金钻头	个	6.50	50.00	325.00
S021932	水	m^3	550.00	1.54	847.00
S021938	岩芯管	m	2.60	70.00	182.00
S022001	其他材料费	%	16.00		271.52
1.1.3	机械费	元			2960.48
S036002	地质钻机 150型	台班	13.63	206.86	2819.5
S040011	其他机械费	%	5.00		140.98
1.1.4	其他费用	元			
1.2	其他直接费	%	2.00	6051.74	121.03
1.3	现场经费	%	5.00	6051.74	302.59
2	间接费	%	5.00	6475.36	323.77
3	企业利润	%	7.00	6799.13	475.94
4	主要材料价差	元			
5	未计价材料费	元			
6	税金	%	3.41	7275.07	248.08
	合计	%	100.00	7523.15	7523.15

帷幕灌浆单价分析表　　　　表3-8

工程名称	前航道二沙岛南岸段-提防加固和绿化工程				
项目名称	注浆加固			项目编码	010101013002
定额编号	60034			定额单位	100m
施工方法	坝基岩石帷幕灌浆 自下而上灌浆法 透水率20～50Lu				
编 号	名 称	单 位	数 量	单价（元）	合计（元）
1	直接工程费	元			31702.23
1.1	直接费	元			29628.25
1.1.1	人工费	元			6944.98
S010001	人工	工日	219.50	31.64	6944.98
1.1.2	材料费	元			6444.10
S020401	水泥 32.5（R）	t	12.40	330.00	4092.00
S021932	水	m³	1079.00	1.54	1661.66
S022001	其他材料费	%	12.00		690.44
1.1.3	机械费	元			16239.18
S033040	胶轮车	台班	10.70	5.40	57.78
S036002	地质钻机,150型	台班	3.80	206.86	786.07
S036022	灰浆搅拌机	台班	50.43	83.97	4234.61
S036024	灌浆泵 中低压（泥浆）	台班	54.45	190.77	10387.43
S040011	其他机械费	%	5.00		773.29
1.1.4	其他费用	元			
1.2	其他直接费	%	2.00	29628.25	592.57
1.3	现场经费	%	5.00	29628.25	1481.41
2	间接费	%	5.00	31702.23	1585.11
3	企业利润	%	7.00	33287.34	2330.11
4	主要材料价差	元			75.52
5	未计价材料费	元			
6	税金	%	3.41	35692.97	1217.13
	合计	%	100.00	36910.10	36910.10

【关键问题】

套用60034的坝基岩石帷幕灌浆定额子目是否合理及材料配合比的合理确定问题。

【评审依据】

《广东省水利水电工程设计概（估）算系列定额和编制规定》（粤水基〔2006〕2号）60034定额子目的规定，《广东省水利水电建筑工程概算定额》60048子目规定，以及注浆施工工艺。

【评审意见】

《广东省水利水电工程设计概（估）算系列定额和编制规定》（粤水基〔2006〕2号）60034定额子目适用于终孔孔径大于91mm或孔深超过70m及透水率要求在20~50Lu的灌浆止水工程，而旧堤岸浆砌石结构填充工作仅要求对挡墙基地堤岸进行高压封堵灌浆，评审通过分析对比浆砌石空隙灌浆与坝基岩石帷幕灌浆的施工内容及工作属性，否定了送审概算书套用60034坝基岩石帷幕灌浆定额，应套用《广东省水利水电建筑工程概算定额》60048浅孔基础固结灌浆定额更为合适。

浅孔基础固结灌浆定额60048子目的设计要求水泥浆与水玻璃混合比定为1:1，根据经验数据，水泥浆与水玻璃1:0.65的配合比亦能够满足堤岸空隙注浆凝固的要求。后与设计沟通同意根据水泥浆快速凝固与配合比合理确定的实际需要确定配比，评审最终以1:0.65的水泥浆与水玻璃配合比进行注浆加固工作组价，确定该单项子目综合单价为381.430元/延米，单价分析表详见表3-9，核减概算金额554万元。

帷幕灌浆单价分析表   表3-9

工程名称	前航道二沙岛南岸段堤防加固工程				
项目名称	注浆加固			项目编码	010101013002
定额编号	60001调；b60048换			定额单位	100m
施工方法	1. 钻机钻岩石层帷幕灌浆孔，自下而上灌浆法，岩石级别Ⅴ~Ⅷ//改：终孔孔径大于91mm或孔深超过70m改：平均孔深≤30m²，基础固结灌浆，浅孔，透水率20~50Lu//换：袖阀管D70				
编号	名称	单位	数量	单价（元）	合计（元）
1	直接工程费	元			
1.1	直接费	元			
1.1.1	人工费	元			33.770
S010001	人工	工日	1.067	31.640	33.770
1.1.2	材料费	元			192.490
S020203	合金片	kg	0.005	250.000	1.250
S020401	水泥32.5（R）	t	0.074	330.000	24.320
S020414-1	袖阀管D70	m	1.100	13.000	14.300
S020602-1	水玻璃40度	kg	39.920	2.500	99.800
S021448	钻杆	m	0.024	75.000	1.800
S021449	钻杆接头	个	0.025	25.000	0.630

工程名称	前航道二沙岛南岸段堤防加固工程			
项目名称	注浆加固		项目编码	010101013002
定额编号	60001调；b60048换		定额单位	100m
施工方法	1. 钻机钻岩石层帷幕灌浆孔，自下而上灌浆法，岩石级别Ⅴ～Ⅷ//改：终孔孔径大于91mm或孔深超过70m改：平均孔深≤30m²，基础固结灌浆，浅孔，透水率20～50Lu//换：袖阀管D70			
编号	名 称	单 位	数 量	单价（元）	合计（元）
S021707	合金钻头	个	0.065	50.000	3.250
S021932	水	m³	15.550	1.540	23.950
S021938	岩芯管	m	0.026	75.000	1.950
S022001	其他材料费	%	16.000		21.240
1.1.3	机械费	元			89.550
S033040	胶轮车	台班	0.097	5.400	0.520
S036003	地质钻机300型	台班	0.136	240.420	32.770
S036022	灰浆搅拌机	台班	0.18	83.970	15.110
S036024	灌浆泵 中低压（泥浆）	台班	0.193	190.770	36.880
S040011	其他机械费	%	5.000		0.010
1.1.4	其他费用	元			
1.2	其他直接费	%	2.000		
1.3	现场经费	%			
2	间接费	%			
3	企业利润	%	7.000		
4	主要材料价差	元			
5	未计价材料费	元			
6	税金	%	3.410		
合计		%	100.000	381.430	381.430

【经验总结】

1. 概算定额使用的合理性分析

本案例中，水利工程的注浆加固方式包括帷幕灌浆、固结灌浆、回填灌浆、劈裂灌浆、接缝灌浆、骨料灌浆等，工程设计要求进行帷幕灌浆，而工程实际参数决定其符合采用固结灌浆。因此，在选用定额审查过程中，应当重点考察实际实施工作的特征，通过工程的实施目的与实施条件的对比，确定概算定额选用的合理性，对套用不当的定额给予调整，并在确定施工方案、施工工艺、材料选择的基础上进行合理组价。

2. 组价依据的合理确定

在概算定额修改的情况下，评审小组

人员应该根据实际工作的具体特征，对参考定额的工作内容进行修改，进行实际内容与定额的匹配。在匹配新的定额时，合理的组价是对概算数额确定的重要工作内容，在实际实施过程中，应在材料组成与成分分析中，参考标准数据进行综合确定。

3. 类似项目

对于类似项目，经充分研究论证后，可向建设单位提出优化相关设计方案的建议，以达到在设计阶段造价控制的目的，从而进一步提高投资评审工作在政府投资项目建设中的影响力。

（四）以经验评审法为计价依据的评审问题

当不能准确地计算出工程量，但有类似工程经验指标可以利用时，可采用经验评审法。该方法具有更大的灵活性，原因在于它是一种综合性很强的指标。采用经验评审法进行概算评审的核心在于对概算指标的选择，选定时应使设计对象与所选用的指标在各方面尽量一致或接近。

在采用经验评审法计价时，有可能出现两种不同情况：一种情况是，直接套用所选定的概算指标有较高的可靠度，即所确定的概算指标与拟建工程的结构特征能较全面的吻合；另一种情况是，概算指标与拟建工程在建筑特征、结构特征、市场价格、自然条件和施工条件上不完全一致，此时必须对所拟用的概算指标进行调整后才能套用。

案例3-6 运用经验评审法做计价依据的案例评审

【案例背景】

2010年某保障房项目概算，溶洞处理工程按建筑面积300元/m²报审。评审中心认为，该项目溶洞处理设计方案为注浆，而注浆工程量仅与溶洞的大小有关，与地上建筑物的建筑面积没有关联，送审概算以建筑面积为基数计算溶洞处理造价不合理。溶洞处理工程由于概算阶段没有准确工程量，如果不经审核很容易导致造价失控。

【关键问题】

没有准确工程量又有类似工程时概算的审核方法和审核依据问题。

【评审依据】

类似工程的相关造价数额。拟建工程与类似工程之间在基本结构特征上存在着相似性，便可采用类似工程进行经验评审。

【评审意见】

根据建设单位提供的详细的勘察报告及溶洞处理方案图，溶洞处理方案图纸说明本项目需处理溶洞的深度约6~7m，处理的面积是以需处理溶洞的数量点占总钻洞的比率乘以需处理范围的面积估算。经计算后确定溶洞处理造价为原送审造价的50%，节约投资资金6000万元。

【经验总结】

采用类似工程进行经验评审时，只要拟建工程项目在地质情况、建筑面积、体积、结构特征和经济性方面完全或基本类似，即可利用已建或在建工程的相关数据进行参考。否则没有准确工程量，利用概算定额法等进行概算编制，由于选择计算方法等错误很容易导致造价失控。

另外，对于没有相应定额可供选用、又没有适宜概算指标的项目，可采用指标评审方法。如广州市作为国内率先引入真空垃圾处理系统（该系统由阀门系统、管道系统、分离系统、真空动力系统、压缩系统组成）的城市，并无相应的定额可供选用。而同时国外有芬兰、美国、日本、德国、瑞典等国家采用真空管道垃圾收集系统收运城市垃圾，因此可参考其他国家的信息，采用指标评审方法进行真空垃圾处理系统费用确定问题。

三、建筑安装工程费用取费时的评审问题

建筑安装工程费用取费时应根据当地工程造价管理部门颁发的文件及规定等来确定费率。概算评审时，经常遇到两类情况：一是取费的相关文件已过期；二是取费不正确。

（一）取费文件或执行的取费表的效期问题

随着建设事业的发展，行业主管部门依据市场情况对取费文件或执行的定额等进行修编，尤其是国家对一些工程技术标准、施工技术规范进行了更新，如2009年国家颁布了《建设工程劳动定额》、2008年颁布了《给水排水管道工程施工及验收规范》GB50268—2008、2010年颁布了《混凝土结构设计规范》GB 50010—2010，新定额中会按照新规范对相应项目进行相应的变化。因此，评审时要注意取费文件的修编情况以及执行的取费表时效期限。

以广东省为例，《广东省建筑与装饰工程综合定额（2010年）》与2006版综合定额相比较，除包括2006版综合定额的建筑工程专业、园林建筑专业、装饰装修专业三个专业的内容，还对单独的园林建筑、装饰装修工程的应用做出了明确的规定，使得结构体系更加的合理。表3-10给出建筑与装饰工程综合定额子目变化情况，供送审单位和评审人员参考。

建筑与装饰工程综合定额子目变化情况一览表　　　　　　　表3-10

序号	章节名称	原定额	删除	移入（出）	补充子目	新定额
A.1	土石方工程	135	0	+43	43	224
A.2	桩基础工程	165	0	−40	39	164
A.3	砌筑工程	147	−7	−18	9	131
A.4	混凝土及钢筋混凝土工程	335	−38	−98	12	215

序号	章节名称	原定额	删除	移入（出）	补充子目	新定额
A.5	木结构工程	46	0	-22	52	76
A.6	金属结构工程	106	0	-68	2	31
A.7	屋面及防水工程	197	0	+25	11	233
A.8	保温隔热工程	180	0	-1	35	214
A.9	楼地面工程	198	-38	0	17	177
A.10	墙柱面工程	266	-32	+8	43	285
A.11	天棚工程	222	0	+7	2	231
A.12	门窗工程	271	-2	+31/-26	5	279
A.13	幕墙工程	33	0	-2	4	35
A.14	细部装饰与栏杆工程	158	-3	0	13	168
A.15	家具工程	73	0	0	1	74
A.16	油漆涂料裱糊工程	218	-2	+2	51	269
A.17	广告牌工程	98	0	-17	0	81
A.18	景观工程	72	0	0	3	75
A.19	石作工程	54	0	0	13	67
A.20	其他工程	76	0	0	9	85
A.21	模板工程	147	0	0	21	168
A.22	脚手架工程	99+93	0	0	4	196
A.23	垂直运输	19+99	-47	0	12	83
A.24	材料二次运输	24+32	-18	0	6	44
A.25	成品保护工程	15	0	0	0	15
A.26	泵送混凝土增加费	3	0	0	0	3
	总计	3581	-187		407	3623

因此，各地财政投资评审部门在进行概算评审时，应及时关注取费文件的修编情况以及取费表时效期限，注意比较新旧计价依据中各种费用的构成要素以及计算方法。

（二）相关费用计算正确性问题

建筑安装工程费计算时，送审资料的概、预、结算计量与计价依据、程序错误也很常见。建筑业实行"营改增"政策之后，各省市企业管理费内容构成均发生了改变。绝大部分省市的企业管理费构成中都增加了原附加税的内容，个别省市企业管理费有其他的改变形式，详细见表3-11。

营改增后各省市企业管理费构成内容的增减   表3-11

序号	城市	增加内容								减少内容
		城市维护建设税	教育费附加	地方教育费附加	水利建设基金	河道管理费	防洪工程维护费	营改增增加的管理费	工会经费、职工教育经费	工会经费、职工教育经费
1	安徽	√	√	√	√					
2	北京	√	√	√				√		
3	福建	√	√	√						
4	甘肃	√	√	√						
5	广东	√	√	√						√
6	广西	√	√	√	√					
7	贵州	√	√	√						
8	海南	√	√	√						
9	河北									
10	河南	√	√	√						
11	黑龙江	√	√	√						
12	湖北	√	√	√						
13	湖南									
14	吉林	√	√	√				√		
15	江苏	√	√	√						
16	江西	√	√	√						
17	辽宁	√	√	√						
18	内蒙古	√	√	√						
19	宁夏	√	√	√	√					
20	青海	√	√	√				√		
21	山东	√	√	√						
22	山西	√	√	√						
23	陕西	√	√	√						
24	上海	√	√	√		√			√	
25	四川	√	√	√						
26	天津	√	√	√			√			
27	新疆	√	√	√						
28	云南	√	√	√						
29	浙江	√	√	√						
30	重庆	√	√	√						
31	台湾									
32	西藏	√	√	√						

注：资料来源：《建筑安装工程费用项目组成》（建标〔2013〕44号）以及32个省市有关计价依据的调整文件。

由上表可知，建筑业实行"营改增"政策之后，大部分省市都将城市维护建设税、教育费附加和地方教育费附加列入企业管理费之中。

四、设备及工器具购置费用计算时的评审问题

（一）免征营业税的设备计费问题

对于广州市地方税务局转发《关于纳税人销售自产货物提供增值税劳务并同时提供建筑业劳务征收流转税问题的通知》（穗地税发〔2003〕133号）中的附件一《建设部有关常用设备与材料区分列举名单》以内的设备（含发包人提供设备和承包人提供设备）以及《建设部有关常用设备与材料区分列举名单》以外的设备中仅2009年1月1日之后的发包人提供设备可免计营业税。

案例3-7 免征营业税的设备计费案例评审

【案例背景】

2011年在某水处理厂区的项目送审概算中，没有区分工程设备的类型，所有工程设备均计取了营业税金，但是实际上部分工程设备可以免计营业税。

【关键问题】

可免征营业税的设备类型和设备名单范围。

【评审依据】

《关于明确建筑安装工程计税营业额可减除其价值的设备名单的通知》（粤地税函〔2004〕720号）。

《转发广东省地方税务局关于明确建筑安装工程计税营业额可减除其价值的设备名单的通知》（穗地税函〔2005〕12号）。

《关于纳税人销售自产货物提供增值税劳务并同时提供建筑业劳务征收流转税问

题的通知》（穗地税发〔2003〕133号）。

【评审意见】

根据《关于明确建筑安装工程计税营业额可减除其价值的设备名单的通知》（粤地税函〔2004〕720号）及《转发广东省地方税务局关于明确建筑安装工程计税营业额可减除其价值的设备名单的通知》（穗地税函〔2005〕12号）可知，部分工程设备可以免税，明确了以名单中所列举的设备为准。

该机电安装工程中，安装工程费总送审概算金额为2.43亿元，名单上的工程设备不计取营业税，因工程设备扣税而核减的费用就达约600万元。

【经验总结】

设备分为两部分：

1.《建设部有关常用设备与材料区分

列举名单》上列举的设备不论发包人提供设备还是承包人提供设备，均不计取营业税。

2.《建设部有关常用设备与材料区分列举名单》以外的设备对于名单以外的设备，按承包安装工程的方式又分为两种情况：一种情况是，工程建设单位提供机器设备，安装企业只负责安装，并取得安装费收入，此种设备称之为发包人提供设备；另一情况是，在安装企业承包的安装工程总额中包含了机器设备的价值在内，此种设备称之为承包人提供设备。

（1）对于发包人提供设备，根据新旧不同的《中华人民共和国营业税暂行条例实施细则》，在2009年1月1日前，发包人提供设备应计取营业税，而在2009年1月1日后则所有发包人提供设备均不计取营业税。具体分析如下：

1）根据《中华人民共和国营业税暂行条例实施细则》（财法〔1993〕040号）第十八条"纳税人从事建筑、修缮、装饰工程作业，无论与对方如何结算，其营业额均应包括工程所用原材料及其他物资和动力的价款在内。纳税人从事安装工程作业，凡所安装的设备的价值作为安装工程产值的，其营业额应包括设备的价款在内"。但是这种情况只适用于2009年1月1日前。

2）2008年12月15日，财政部、国家税务总局以财政部和国家税务总局令第52号，发布了新修订的《中华人民共和国营业税暂行条例实施细则》（财政部令〔2008〕52号），并规定与修订后的《中华人民共和国营业税暂行条例》（国务院令〔2008〕540号）一起从2009年1月1日开始实施。

新实施的《中华人民共和国营业税暂行条例实施细则》（财政部令〔2008〕52号）第十六条规定："除本细则第七条规定外，纳税人提供建筑业劳务（不含装饰劳务）的，其营业额应当包括工程所用原材料、设备及其他物资和动力价款在内，但不包括建设方提供的设备的价款。"

（2）对于名单以外的承包人提供设备，应计取税金。

（二）设备及工器具购置费用范畴问题

我国对于政府投资项目继续实行审批制，即在现行投资项目管理体制下，政府投资项目按照严格管理、有效监督的要求，实行审批制度。在进行概算编制时，要注意项目建议书批复文件的范围，尤其对于不属于审批范围以内的工程设备，不可进行计算。

案例3-8 项目建议书批复文件范围外的案例评审

【案例背景】

2013年送审单位在送审某项目概算时，将部分系统设备费用，如交换机、电视线路放大器分配器、电视设备箱、网络调试及试运行费用计入了概算中的设备及工器具购置费用中。

【关键问题】

对于通常不属于审批范围以内的工程设备，如交换机、电视线路放大器分配器、电视设备箱、网络调试及试运行费用等设备，是否应计算概算费用的问题。

【评审依据】

项目建议书批复文件。

【评审意见】

电视系统、网络系统、电话系统的设备一般由相关的运营商负责安装调试，建设单位只需负责预埋管线的费用，所以评审概算时此部分系统的设备费不予计算，只计取预埋管线的费用即可。

【经验总结】

评审概算时，依据项目建议书批复文件的范围，划分清楚建设单位与运营商的责任界限。不属于审批范围以内的工程设备，不可进行计算。

（三）部分设备套用进口价格的常见问题

国家机关、事业单位和团体组织（以下统称"采购人"）使用财政性资金以直接进口或委托的方式采购进口产品（包括已进入中国境内的进口产品）的活动，适用《政府采购进口产品管理办法》（财库〔2007〕119号）。该文件在审核管理部分明确规定采购人采购的产品需是在中国境内无法获取或者无法以合理的商业条件获取，以及法律法规另有规定确需采购进口的产品，应当在获得财政部门核准后，依法开展政府采购活动。

案例3-9 套用进口设备价格的案例评审

【案例背景】

2014年某项目送审概算中，送审单位对进口设备与国产设备的分界并不明确，将虽然属于进口品牌但是在国内生产的设备当作进口设备处理，错将该部分设备单价按进口价格计取。

【关键问题】

按进口价格计算的设备应满足的条件。

【评审依据】

根据《财政部关于印发〈政府采购进口产品管理办法〉的通知》（财库〔2007〕119号）："政府采购应当采购本国产品，确需采购进口产品的，实行审核管理。"在送审概算时如果采购的产品满足在中国境内无法获取或者无法以合理的商业条件获取等特殊原因，都应当在获得财政部门核准后，依法开展政府采购活动。

【评审意见】

本案例中，对于进口品牌国内生产的设备，不应完全算作进口设备，对该类设备应按国产合资价格评审。

【经验总结】

确需使用进口产品的，应当在送审概算前办妥相关的审批手续；对于送审概算前未办妥相关的审批手续但使用进口价格计取的设备，应请送审单位做出相关说明，并提交审批手续。

同时注意这里说的进口设备不包括进口品牌国内生产的设备，是指通过中国海关报关验放进入中国境内且产自关境外的设备。采购人采购进口产品时，应当坚持有利于本国企业自主创新或消化吸收核心技术的原则，优先购买向我方转让技术、提供培训服务及其他补偿贸易措施的产品。

第五节　工程建设其他费用的设计概算评审问题

工程建设其他费用，即常说的二类费用，包括建设用地费、与项目建设有关的费用、与未来生产经营有关的其他费用。工程建设其他费用种类繁多，本节仅就评审过程容易的出现问题进行总结提炼。建设用地费问题集中在征地拆迁费用的标准确定以及是否可采取单独控制方面；与项目建设有关费用的问题集中在建设单位管理费、环境影响咨询收费、监理费及其他分档计费项目方面；与未来生产经营有关其他费用的问题集中在联合试运转费用确定问题以及生产职工培训费标准的确定方面。

一、建设用地费的相关评审问题

建设用地费的评审问题主要集中在征地拆迁费用，原因有二：一是由于拆迁补偿类评审项目的审核工作一般涉及政策制定部门繁多，包括国土房管部门、规划部门、建设部门、林业部门、农业部门、税务部门、财政部门；二是此类项目要求评审人员具备房地产估价行业的专业知识，结合项目自身特点公平、公正、客观地进行评审工作。

（一）征地拆迁费用补偿标准问题

征地拆迁补偿安置工作，关系国家经济建设发展、广大群众切身利益和社会和谐稳定，当前各地在加快发展中，用地需求猛增，土地征收拆迁任务加重。因此，征地拆迁费用补偿标准是否合理、拆迁人与被拆迁人是否能在符合现有的法规、条例的范围内达成一致补偿意见，属于征地拆迁过程中的关键问题，是产生争议的关键所在。农村集体土地征地拆迁补偿往往对征地成本的高低和征地工作的有效开展起决定影响作用。

【案例背景】

2010年某项目用地位于广州市海珠区、黄浦区和天河区交界处的"岛A"和"岛B"，用地面积共2686.34亩。其中"岛A"用地面积为1299.81亩，包括海珠区654.01亩、黄埔区440.076亩及天河区205.724亩农村集体用地；"岛B"为用地面积1386.53亩的黄埔区农村集体用地。

该项目送审金额171027.99万元，主要包括征用农村集体土地补偿及安置费用、青苗补偿费用、地上建（构）筑物补偿费用、苗木及平整场地费用、征地税费、被征地农民养老保险费、征地工作经费、基本预备费。

现以"岛B"为例对征地拆迁补偿费用构成进行分析：

"岛B"征地拆迁总费用为60763.98万元，征地面积为1386.53亩，其中征地拆迁总费用占比（从高至低的顺序）分别是：

（1）征收集体土地补偿费用为39238.80万元，补偿单价约为28.30万元/亩，占总费用的比例为64.58%；

（2）被征地农民养老保险费为5951.40万元，缴费标准约为4.29万元/亩，占总费用的比例为9.79%；

（3）征地税费为5290.45万元，缴费标准约为3.82万元/亩，占总费用的比例为8.71%；

（4）青苗补偿费为4333.81万元，补偿标准约3.13万元/亩，占总费用的比例为7.13%；

（5）基本预备费为2893.52万元，单位用地面积成本约为2.09万元/亩，占总费用的比例为4.76%；

（6）征地工作经费为1685.55万元，单位用地面积成本约为1.22万元/亩，占总费用的比例为2.77%；

（7）地上建、构筑物补偿费用为857.43万元，单位用地补偿标准约为0.62万元/亩，占总费用的比例为1.41%。

由于该项目不涉及宅基地等农村集体房屋补偿，仅包括农业生产设施用房及农田水利设施等费用补偿，故地上建构筑物补偿单价及占比不具有典型性。

【关键问题】

（1）各种征地税费是否应该计算；相应的应税面积是否按全面积计征；

（2）被征地农民养老保险费用是否计算以及如何计算。

【评审依据】

1. 国家有关规定

《中华人民共和国耕地占用税暂行条例》（2008国务院令第511号），财政部、国土资源部和中国人民银行《关于调整新增建设用地土地有偿使用费政策等有关问题的通知》（财综〔2006〕48号），财政部、国家林业局《关于印发〈森林植被恢复费征收使用管理暂行办法〉的通知》（财综〔2002〕73号）。

2. 地方有关规定

《关于核定广州市耕地占用税适用税额

的批复》（粤财法〔2009〕34号）、《广东省非农业建设补充耕地管理办法》（广东省人民政府令第66号），《广州市菜田建设费征收办法》（穗府〔1998〕51号）的有关规定、广州市国土局《关于转发新增建设用地土地有偿使用费征收范围有关问题复函的通知》（穗国房字〔2007〕269号），广州市物价局《关于停止和降低我市审批管理类行政事业性收费的通知》（穗价〔2009〕250号），广州市人民政府《印发广州市被征地农民养老保险试行办法的通知》（穗府〔2008〕12号），以及广州市劳动和社会保障局《转发广东省被征地农民社会养老保障落实情况审核办法的通知》（穗劳社养〔2008〕10号）。

【评审意见】

该项目送审金额171027.99万元，审定金额1264085198.35元，核减金额446194701.65元。具体分析如下：

1. 评审关键点之一：征地税费的评审

本案因不涉及宅基地房屋拆迁，评审的切入点是经常被忽略的征地税费。

（1）耕地占用税的评审

根据广东省财政厅、广东省地方税务和广东省国土资源厅联合发布的《关于核定广州市耕地占用税适用税额的批复》（粤财法〔2009〕34号）的规定，本案黄埔区的适用税率为50元/m²，应税面积根据《建设用地预审意见》的地类数据包括耕地、园地和其他农用地，不包括集体建设用地和未利用地。送审以征地全面积计征，因此相应核减23033m²，核减金额115.17万元。应注意的是：根据《中华人民共和国耕地占用税暂行条例》（2008国务院令第511号）文中，有各

种规定情形可减免耕地占用税，评审中应提示用地单位申请减免报批。

（2）耕地开垦费的评审

根据《广东省非农业建设补充耕地管理办法》（广东省人民政府令第66号），本案耕地缴费标准为20元/m²，应缴费面积根据《建设用地预审意见》明确的耕地面积为12988m²，送审以征地全面积计算，因此相应核减911370m²，核减金额1822.74万元。如果耕地涉及占用基本农田的，缴费标准加收15元/m²。

（3）菜田建设费的评审

根据《广州市菜田建设费征收办法》（穗府〔1998〕51号），本案菜田缴费标准为被征地前3年平均年产值9倍，因此还必须由征地所在区统计局出具相关统计数据。菜田面积暂以测绘公司成果资料确定菜地和鱼塘的面积为72.05亩，送审以征地全面积1386.53亩计算，相差1314.48亩，核减金额10351.17万元。如果属国家兴办的水利、交通、公共福利事业项目的，经市人民政府批准，可减半征收菜田建设费。关于减免税问题应提示征地单位申请减免报批。

（4）新增建设用地土地有偿使用费的评审

根据财政部、国土资源部和中国人民银行《关于调整新增建设用地土地有偿使用费政策等有关问题的通知》（财综〔2006〕48号）和广州市国土局《关于转发新增建设用地土地有偿使用费征收范围有关问题复函的通知》（穗国房字〔2007〕269号）的有关规定，依法以划拨形式供应的不征收新增建设用地土地有偿使用费。本案例用地取得方式为划拨，故不需缴交新增建设用地土地有偿使用费。

所谓新增建设用地是指农用地和未利用地转为建设用地。根据征收等别的不同，广州市涉及三等、五等和六等三类，征收标准分别为100元/m²、64元/m²和56元/m²。若本案需缴纳该部分费用，"岛B"应费面积为923317m²，征收标准为64元/m²，需缴纳新增建设用地土地有偿使用费为5909.2288万元，可见该费用对征地成本有较大影响。

（5）森林植被恢复费的评审

根据财政部、国家林业局《关于印发〈森林植被恢复费征收使用管理暂行办法〉的通知》（财综〔2002〕73号）的有关规定，本案未涉及征用林地，故不需缴交森林植被恢复费。

森林植被恢复费征收标准按照恢复不少于被占用或征用林地面积的森林植被所需要的调查规划设计、造林培育等费用核定。征收标准根据林地的不同种类从2元/m²至10元/m²不等。

（6）征地管理费的评审

根据广州市物价局《关于停止和降低我市审批管理类行政事业性收费的通知》（穗价〔2009〕250号），自2010年1月1日起停止征收的行政事业性收费项目包括征地管理费，故本案不需缴交征地管理费。

2．评审关键点之二：被征地农民养老保险费用的评审

征地项目涉及村（社）应参加养老保险的人数以征收涉及村（社）农用地面积除以该村（社）2002年末人均农用地面积进行确定（即"人土比"）。村（社）2002年末人均农用地面积由征地项目所在地的镇人民政府（街道办事处）提供。征地主体应按第三档以上的缴费标准，将缴纳15

年养老保险费所需费用（含参保人、经济组织缴费和政府资助）一次性预存入劳动保障部门开设的"收缴被征地农民社会保障资金过渡户"。具体缴费档次由征地主体与被征地农民商定，被征地农民养老保险费用对征地成本的影响不容忽视。

以本案"岛A"为例，该岛的征地涉及黄埔区、天河区和海珠区共六个村集体，各区的缴纳社保费用对征地成本的影响差异极大：

（1）黄埔区被征地村加权平均"人土比"为1.345亩/人，按第五档55800元/人×15年的缴费标准换算为4.15万元/亩，缴交费用为1825.74万元，占本案该区征地补偿费用的13.67%。

（2）天河区被征地村加权平均"人土比"为0.098亩/人，按第5档的缴费标准换算为28.80万元/亩，缴交费用为5924.85万元，占本案该区征地补偿费用的50.7%。

（3）海珠区被征地村加权平均"人土比"为0.41亩/人，按第5档的缴费标准换算为13.61万元/亩，缴交费用为8900.95万元，占本案该区征地补偿费用的35.25%。

同时上述三个区缴纳的被征地农民养老保险费用合计为16651.54万元，占该岛总征地费用的25.37%，以全岛征地面积1299.81亩计算，成本达到12.81万元/亩，影响程度可谓惊人。难怪许多用地单位因为早期征地实施时未考虑该养老保险费用，到完善征地报批时须按现行政策要求缴纳而一筹莫展。

【经验总结】

农村集体土地征地拆迁费用概算的组成中，每一项数量或单价的增减都会因可

能产生较大差异而使评审工作陷于停顿和僵局。因此每一个数据的确定都必须有充足的文件依据、严谨的工作态度和良好的沟通渠道作保证。

1. 基本概念了解

《中华人民共和国土地管理法》规定：城市市区的土地属于国家所有；农村和城市郊区的土地，除由法律规定属于国家所有的以外，属于农民集体所有；宅基地和自留地，属于农民集体所有。

农村集体土地征地是指国家为公共利益的需要，依法对集体所有的土地实行征收并转用为国有建设用地。对于农用地，包括耕地、园地、林地、牧草地、其他农用地（农业设施用地、农村道路、坑塘水面、养殖水面等）等。

农村集体建设用地是指乡（镇）村建设用地，乡（镇）村建设用地是指乡（镇）村集体经济组织和农村个人投资或集资，进行各项非农业建设所使用的土地。主要包括：乡（镇）村公益事业用地和公共设施用地，以及农村居民住宅用地。农村居民住宅用地即宅基地是指农村村民合法使用或依法批准，用于建造住宅（包括附属用房或庭院等）的集体所有土地，所有权归集体，个人只有使用权。

农村集体土地征地通常包括征收和转用两个审批程序，即集体农用地征收为国有农用地；国有农用地转用为国有建设用地。

2. 送审资料要求

征地拆迁评审工作执行的政策文件涉及部门复杂，包括：国土房管部门、规划部门、建设部门、林业部门、农业部门、税务部门、财政部门等。评审人员必须自行主动积累大量的各相关主管部门政策性文件并消化理解，而送审单位、征地实施单位或被征地农民对文件理解的不同就容易产生分歧。

另外对送审资料的要求也要有"度"的把握，如果要求深度不够，评审人员没有充足的文件依据确定数量和补偿标准；要求过高，送审单位因无法提供而产生抵触情绪、不配合评审工作开展。对概算阶段送审资料要求总结如下。

（1）用地批复文件：市发改委批复的立项批文（对《建设项目建议书》的批复或对《建设项目可行性研究报告》的批准文件）；市规划局颁发的《建设用地选址意见书》及红线图；市规划局批复的《临时施工用地复函》及红线图；市国土局出具的《建设用地预审意见》和临时用地批复文件等；

（2）被补偿人土地及房屋权属证明：用以确定房屋是否有合法产权及房屋用途，作为补偿单价标准界定的基础依据。若无法提供需送审单位摸查判断并书面说明权属情况；

（3）土地、房屋及地上附着物补偿单价文件依据：县级以上人民政府批准的相关征地拆迁补偿文件；单价构成分析等；

（4）被补偿房屋及地上附着物数量摸查测绘成果资料；

（5）拆迁委托工作合同；

（6）征地拆迁补偿费用的概预算汇总表及明细表电子版及纸质材料等。

如果送审单位不能按要求提供相关资料，必须提交书面解释、说明送审的依据和理由，而不应由评审人员主观判断。实际操作时确实因项目用地报批进度的快慢不同，送审单位在概算阶段可能提交不同深度的送审资料，但是用地批复文件是必须提交的，否则就不具备评审基本条件。

3. 整体经验提炼

因该项目评审时间为2010年12月，故上述适用文件依据具有实效性限制。评审人员不断积累、整理、更新各相关行政主管部门出台的政策文件是一项持续性工作，不可随便规定一个模板套用公式、照抄照画。一个案例可供分析的角度很多，深度也可以不断拓展，农村集体土地上房屋的补偿就是当前征地拆迁工作中亟待解决的主要矛盾，在此案中未涉及，需单独另案分析。该案阐述的送审资料要求、征地缴纳税费和被征地农民养老保险等三个评审关键点，在现行农村集体土地征地拆迁项目评审中仍具有普遍意义，不要只着眼农村集体土地及地上附着物补偿这一主要矛盾而忽略其他费用的影响。

综上所述，正确地理解、适用征地拆迁补偿标准是解决和预防征地拆迁补偿纠纷的前提，确定补偿标准的原则是换位思考、等价有偿。

（二）征地拆迁费用单独控制的问题

征地拆迁类费用另一个核心问题在于是否可将征地拆迁费用从建设项目总概算中划出，单独另行编制和报批。就现实情况来看，建设用地费用在项目总概算费用中的占比呈不断扩大趋势，特别是在建设周期较长的地铁项目中表现尤为突出。项目建议书和可行性研究阶段，因投入精力和编制人力的制约性，设计公司对项目建议书和可行性研究报告中建设用地费用的内容编制深度相对不足，易造成建设用地费在建设阶段投资控制中陷入近乎失控的状态。其主要原因在于征地拆迁费用的"量"和"价"两个方面的测算控制问题，同时也涉及国有土地及地上附着物拆迁补偿和农村集体土地及地上附着物拆迁补偿两个方面。

就"量"而言，在概算阶段，由于现场勘察和资料收集缺乏专业机构参与，用地审批程序未完善，造成房屋固化和方案制定相对滞后，带来不同时期测量结果差异较大（主要指农村集体土地上的房屋）的问题，从而引起征地拆迁成本的不断增大，投资控制出现结算超概算、概算超估算的现象。

就"价"而言，一是国有土地及地上附着物补偿价格。该类补偿适用相对明确的市场价格评估的原则。但是概算阶段是否委托评估，评估价格是否能使拆迁人与被拆迁人达成协商一致的意见也存在较大的变数，从而影响征地成本甚至影响整个项目概算费用。二是集体土地及地上附着物补偿。该类补偿费用的确定相对复杂，不同行政区域有不同的补偿标准，因为各区（县级市）行政区域内集体土地上房屋征收与补偿工作由各区（县级市）人民政府依法做出决定，而各区（县）补偿标准文件是不定期颁发的，这就造成了用旧文件指导编制概算，用新文件指导征地拆迁补偿标准的问题，即政府指导性文件相对滞后的问题。

综上所述，多种原因导致征地拆迁费用难以确定，目前财政评审将征地拆迁费用纳入总概算控制中，控制难度极大，建议可分项单独编制建设用地费概算和报批。

二、与项目建设有关费用的评审问题

与项目建设有关费用主要包括建设管理费、可行性研究费、研究试验费、勘察设计费、环境影响咨询费、劳动安全卫生评价费、场地准备及临时设施费、引进技术和引进设备其他费、工程保险费、特殊设备安全监督检验费以及市政公用设施费。

（一）财政部规定与地方性文件规定重复性问题

建设管理费主要包括建设单位管理费和工程监理费。建设单位管理费是指建设单位从项目开工之日起至办理竣工财务决算之日止发生的管理性质的开支，包括：不在原单位发工资的工作人员工资、基本养老保险费、基本医疗保险费、失业保险费、办公费、差旅交通费、劳动保护费、工具用具使用费、固定资产使用费、零星购置费、招募生产工人费、技术图书资料费、印花税、业务招待费、施工现场津贴、竣工验收费和其他管理性质开支。工程监理费是指建设单位委托工程监理单位实施工程监理的费用。此项费用应按《国家发展改革委、建设部〈建设工程监理与相关服务收费管理规定〉的通知》（发改价格〔2007〕670号）计算。

案例3-11 建设单位管理费的案例评审

【案例背景】

某送审概算在征地拆迁费用中已包含了劳务费，并且将征地拆迁费纳入建设单位管理费的计费基数进行计算。但是《财政部关于印发〈基本建设财务管理规定〉的通知》（财建〔2002〕394号）（以下简称"财建394号文"）明确了建设单位管理费的内容、限额标准，同时《广州市本级城建财政投资项目征地拆迁劳务费标准（试行）》（穗财建〔2010〕151号）规定了受建设单位委托的征地拆迁的实施单位可计取征地拆迁劳务费，该项费用列入总概算。

【关键问题】

在总概算中是否将征地拆迁费用（已计算征地拆迁劳务费）纳入建设单位管理费计费基数。

【评审依据】

1. 地方相关文件

《广州市本级城建财政投资项目征地拆迁劳务费标准（试行）》（穗财建〔2010〕151号）第五条规定：从筹备征地拆迁工作之日起至完成征地拆迁工作之日止发生的劳务费开支，主要包括：工作人员工资、基本养老保险费、基本医疗保险费、失业保险费、办公费、差旅交通费、劳动保护费、工具用具使用费、固定资产使用费、零星购置费、招募施工人员费用、技术图书资料费、印花税、业务招待费、施工现场津贴、竣工验收费和其他开支。征地拆迁劳务费和建设单位管理费的内涵几乎完全一样。

2. 国家相关文件

财政部《关于切实加强政府投资项目代建制财政财务管理有关问题的指导意见》（财建〔2004〕300号）第四条规定：建设项目实行代建制，除使用单位前期工作发生必要的费用经批准可列支外，任何单位不得再列支建设单位管理费。

参照以上处理原则，委托征地拆迁实施单位的项目计算征地拆迁劳务费后，不应再列支该部分的建设单位管理费。

【评审意见】

征地拆迁劳务费即为征地拆迁部分的建设单位管理费，若在征地拆迁费用中已计算劳务费，则征地拆迁费用不应纳入建设单位管理费的计费基数。

【经验总结】

财建394号文对建设单位管理费的开支范围和限额标准是明确的，地方性规范文件不能与部门规章相冲突。《广州市本级城建财政投资项目征地拆迁劳务费标准（试行）》（穗财建〔2010〕151号）虽未在文中明确规定征地拆迁部分的劳务费和建设单位管理费不能同时计算，但从开支范围重叠和不能重复计取费用的原则来分析，在概算中只能计取其中一项费用。

【温馨提示】

本案例中财建394号文现已作废，由《关于印发〈基本建设项目建设成本管理规定〉的通知》（财建〔2016〕504号）替代，从2016年9月1日起执行。

（二）地方性文件与财政部文件标准不统一的问题

建设单位管理费的计算依据有财建〔2002〕394号文和《关于印发〈广州市政府投资建设项目代建制管理试行办法〉的通知》（穗发改投资〔2005〕30号），评审时发现按后者计取的代建费用往往比按前者计取的建设单位管理费高。

案例3-12 建设单位管理费与代建费用的取费范围案例评审

【案例背景】

某些项目的送审概算中建设单位管理费按《关于印发〈广州市政府投资建设项目代建制管理试行办法〉的通知》（穗发改投资〔2005〕30号）（以下简称"穗发改30号文"）中的代建费用标准计取，但是按照穗发改30号文计取的代建费用往往比按《财政部关于印发〈基本建设财务管理规定〉的通知》

（财建〔2002〕394号）计取的建设单位管理费高。

【关键问题】

评审时按规定计取的建设单位管理费，其计取标准是按财建394号文计取还是按穗发改30号文计取。

【评审依据】

（1）财建〔2002〕394号文。

（2）《关于印发〈广州市政府投资建设项目代建制管理试行办法〉的通知》（穗发改投资〔2005〕30号）。

【评审意见】

根据穗发改30号文第十六条："通过直接委托方式确定代建单位的，代建费用应按财政部门有关基建财务管理规定的建设单位管理费标准即按财建394号文取费；通过招标选定代建单位的，代建费用才可按

穗发改30号文计取"，所以计取建设单位管理费的标准，除了通过招标选定代建单位的项目是穗发改30号文计取外，其余项目均按财建394号文计取。

【经验总结】

财建394号文中关于建设单位管理费与穗发改30号文中关于代建费用的计取标准不一致时的处理，需要引起评审单位相关人员注意。当地方性文件规定的费用计算标准与财政部规定的费用计算标准不统一时，需要深刻理解每个文件适用的条件和范围，根据具体评审项目的性质，选择最适宜的文件标准。

【温馨提示】

本案例中财建394号文现已作废，由《基本建设财务规则》（财政部令81号）替代，从2016年9月1日起执行。

（三）监理费未按发展改革委文件的规定计算的问题

监理费的计算依据是《国家发展改革委收费管理规定〉的通知》（发改价格〔2007〕670号）中规定，在计算监理费的时候，编制人很容易出现算错计费额、忘记计算专业调整系数、工程复杂系数等问题。依法必须实行监理的建设工程施工阶段的监理收费实行政府指导价；其他建设工程施工阶段的监理收费和其他阶段的监理与相关服务收费实行市场调节价。

案例3-13 未按发展改革委文件规定计算监理费的案例评审

【案例背景】

以甲乙丙丁项目为例，计算施工监理费的概算投资额如表3-12所示。

项目概算	工程概算投资额 （万元）	其中建筑安装工程费 （万元）	其中设备购置费和联合试运转费 之和（万元）
甲	1000	800	200
乙	1000	600	400
丙	1200	600	600
丁	1200	400	800

甲、乙项目工程概算投资额相同，且计费基数也相同。但是对于丙、丁项目，虽然工程概算投资额相同，由于设备购置费和联合试运转费之和不同，最后所计算的计费基数也不尽相同。

【关键问题】

当设备购置费和联合试运转费之和占工程概算投资额比例不同时，监理费计取的基数取定问题。丙、丁项目监理费的是否将工程概算投资额1200万元作为计费基数。

【评审依据】

根据发改价格670号文中，第1.0.8条：施工监理服务收费以建设项目工程概算投资额分档定额计费方式收费的，其计费额为工程概算中的建筑安装工程费、设备购置费和联合试运转费之和，即工程概算投资额。对设备购置费和联合试运转费占工程概算投资额40%以上的工程项目，其建筑安装工程费全部计入计费额，设备购置费和联合试运转费按40%的比例计入计费额。但其计费额不应小于建筑安装工程费与其相同且设备购置费和联合试运转费等于工程概算投资额40%的工程项目的计费额。

【评审意见】

甲乙项目，由于设备购置费和联合试运转费占工程概算投资额40%以内，计费额等于工程概算中的建筑安装工程费、设备购置费和联合试运转费之和，而丙丁项目，由于设备购置费和联合试运转费占工程概算投资额40%以上，按照规定其建筑安装工程费全部计入计费额，设备购置费和联合试运转费按40%的比例计入计费额，其计费额不应小于建筑安装工程费与其相同且设备购置费和联合试运转费等于工程概算投资额40%的工程项目的计费额，即取两种计算方式的大值。

1. 丙项目的计费过程

计费额：①=600万（建筑安装工程费）+600万（设备购置费和联合试运转费之和）×0.4=840万元；

计费额：②=600（建筑安装工程费）/（1-0.4）=1000万元；

两者取大值即丙项目计费额为1000万元。

2. 丁项目的计费过程

计费额：①=400万（建筑安装工程费）+800万（设备购置费和联合试运转费之和）×0.4=720万元；

计费额：②=400万（建筑安装工程）/（1-0.4）=667万元；

两者取大值即丁项目计费额为720万元。

具体计算过程及结果见表3-13。

项目概算	工程概算投资额（万元）	其中建筑安装工程费（万元）	其中设备购置费和联合试运转费之和（万元）	设备购置费和联合试运转费占工程概算投资额比例	计费额（万元）	施工监理服务收费基价（万元）
甲	1000	800	200	20%	1000	30.1
乙	1000	600	400	40%	1000	30.1
丙	1200	600	600	50%	1000	30.1
丁	1200	400	800	67%	720	22.484

【经验总结】

监理费计算时，不能仅简单地以工程概算投资额为基数，注意识别设备购置费和联合试运转费之和占工程概算投资额比例，进而采取相适宜的计费基数。

（四）建设项目环境影响咨询收费标准的计取问题

《国家计委环境保护部关于规范环境影响咨询收费有关问题的通知》（计价格〔2002〕125号）对环境影响书和环境影响表使用项目作如下规定：在编写环境影响报告书的项目时，新建或扩建工程对环境可能造成重大的不利影响，这些影响可能是敏感的、不可逆的、综合的或以往未有过的；在编写环境影响报告表的项目时，新建或扩建工程对环境可能造成有限的不利影响，这些影响是较小的或者减缓影响的补救措施是很容易找到的，通过规定控制或补救措施可以减缓对环境的影响。

案例3-14　环境影响书和环境影响表重复计取的案例评审

【案例背景】

2011年某送审项目概算书中，环境影响咨询费计取时，按照环境影响书和环境影响表规定的计取费率重复进行计算。

【关键问题】

具体项目在进行环境影响咨询费计算时，计费费率的准确取定问题。

【评审依据】

原国家计委《关于规范环境影响咨询收费有关问题的通知》（计价格〔2002〕125号）。

【评审意见】

环境影响书和环境影响表属于同一费用，不能同时计算。环境影响咨询费按照国家计委《关于规范环境影响咨询收费有关问题的通知》（计价格〔2002〕125号）的规定计取，一般情况下采取按投资估算额分档定额计费，即按建设项目行业特点和所在区域的环境敏感程度，乘以调整系数。建设项目环境影响咨询收费标准见表3-14。

建设项目环境影响咨询收费标准　　　　　　　表3-14

估算投资额（亿元） 咨询服务项目	0.3以下	0.3~2	2~10	10~50	50~100	100以上
编制环境影响报告书（含大纲）（万元）	5~6	6~15	15~35	35~75	75~110	110
编制环境影响报告表（万元）	1~2	2~4	4~7	7以上		
评估环境影响报告书（含大纲）（万元）	0.8~1.5	1.5~3	3~7	7~9	9~13	13以上
评估环境影响报告表（万元）	0.5~0.8	0.8~1.5	1.5~2	2以上		

【经验总结】

具体项目在进行环境影响咨询费计算时，需分清业务的类型，是编制还是评估环境影响报告，是环境影响书还是环境影响表，进而选取相应的费率。同时需要注意的是，根据国家环境保护总局的规定，环境影响书和环境影响表是不能同时计算的。

（五）工程建设其他费用分档计费问题

由于建设单位管理费、设计费、监理费等工程建设其他费是按投资额的大小分级套用不同的费率计算，项目划分的粗细程度将影响费率的取定，划分范围的不同将影响工程建设其他费用的计取。

案例3-15 工程建设其他费用分档计费的案例评审

【案例背景】

2014年某项目工程概算审核中，工程建设其他费用的计算按送审的五个标段分别来计算工程建设其他费为3400万元。但如果按立项时一个完整项目的工程费用为计算基础，计算的工程建设其他费为3000万元，两者相差400万元。

【关键问题】

送审概算计取工程建设其他费用时是按立项时一个完整项目的工程费用为计算基础，还是按实际招标的标段或交付不同使用管理单位的各个工程费用分别计取工程建设其他费用。

【评审依据】

中华人民共和国发展和改革委员会的立项批复文件。

【评审意见】

根据中华人民共和国发展和改革委员会的立项批文，本案例对送审概算计取工程建设其他费用时按立项时一个完整项目的工程费用为计算基础，最终审定的概算总金额为2.18亿元，其中工程建设其他费约3000万元。

【经验总结】

由于建设单位管理费、设计费、监理费等是按投资额的大小分级套用不同的费率计算，那么项目划分的越详细则可作为计算基础的工程费用越小，计取费率则越高；反之则越低。划分范围的不同对工程建设其他费用的影响很大，划分的标准根据项目实施的不同而不同。在概算审核时工程建设其他费用的计取是按立项时一个完整项目的工程费用为计算基础，还是按实际招标的标段或交付不同使用管理单位的各个工程费用分别计取，可以根据中华人民共和国发展和改革委员会的立项批文是否有划分来确定。

三、与未来生产经营有关的其他费用的评审问题

（一）联合试运转费用的确定

联合试运转费是指新建或新增加生产能力的工程项目，在交付使用前按照设计文件规定的工程质量标准和技术要求，对整个生产线或装置进行负荷联合试运转所发生的费用净支出。其中试运转支出包括试运转所需的原料、燃料及动力消耗、低值易耗品、其他物料消耗、工具用具使用费、机械使用费、保险金、施工单位参加试运转人员工资以及专家指导费等；试运转期间的产品销售收入和其他收入。联合试运转费不应包括应由设备安装工程费用开支的调试及试车费用，以及在试运转中暴露出来的因施工原因或设备缺陷等发生的处理费用。

（二）专利及专有技术使用费的确定

1．专利及专有技术使用费的主要内容

（1）国外设计及技术资料费、引进有效专利、专有技术使用费和技术保密费；

（2）国内有效专利、专有技术使用费用；

（3）商标权、商誉和特许经营权费等。

2．专利及专有技术使用费的计算

在专利及专有技术使用费计算时应注意以下问题：

（1）按专利使用许可协议和专有技术使用合同的规定计列；

（2）专有技术的界定应以省、部级鉴定批准为依据；

（3）项目投资中只计算需在建设期支付的专利及专有技术使用费；协议或合同规定在生产期支付的使用费应在生产成本中核算；

（4）一次性支付的商标权、商誉及特许经营权费按协议或合同规定计列；协议或合同规定在生产期支付的商标权或特许经营权费应在生产成本中核算；

（5）为项目配套的专用设施投资，包括专用铁路线、专用公路、专用通信设施、送变电站、地下管道、专用码头等，如由项目发包人负责投资但产权不归属本单位的，应作无形资产处理。

（三）生产准备及开办费的确定

1. 生产准备及开办费的内容

在建设期内，建设单位为保证项目正常生产而发生的人员培训费、提前进厂费以及投产使用必备的办公、生活家具用具及工器具等的购置费用。主要依据国家计委、中国人民银行印发《关于改进工程建设概预算定额管理工作的若干规定》（计标〔85〕352号）。主要包括以下内容：

（1）人员培训费及提前进厂费，包括自行组织培训或委托其他单位培训的人员工资、工资性补贴、职工福利费、差旅交通费、劳动保护费、学习资料费等。

（2）为保证初期正常生产（或营业、使用）所必需的生产办公、生活家具用具购置费。

（3）为保证初期正常生产（或营业、使用）必需的第一套不够固定资产标准的生产工具、器具、用具购置费。不包括备品备件费。

2. 生产准备及开办费的计算

（1）新建项目按设计定员为基数计算，改扩建项目按新增设计定员为基数计算：

生产准备费=设计定员×生产准备费指标（元/人）

（2）可采用综合的生产准备费指标进行计算，也可以按费用内容的分类指标计算。

①按费用内容分类指标计算：

生产人员培训费=设计定员×比例×培训期×培训费指标

提前进厂费=设计定员×比例×提前进厂期×提前进厂费指标

生产准备费=生产人员培训费+提前进厂费

②采用综合的生产准备费指标进行计算。

【举例】某石油项目生产职工培训费包括生产人员培训费和提前进厂费两项，培训费平均每人每月200元，培训人员一般按设计定额人数的60%内考虑，培训费3～6个月。如到外地培训；另加住宿、差旅等补贴费700元/（人·月）；提前进场费平均每人每月500元。

生产人员培训费=设计定员×比例×培训期×培训费指标=设计定额人数×60%×培训期（月）×200元/·月+外地培训人员×培训期（月）×外地补贴费700元/（人·月）；

提前进厂费=设计定员×比例×提前进厂期×提前进厂费指标=提前进厂人员×提前

进厂期（月）×500元/（人·月）

生产准备费=生产人员培训费+提前进厂费

第六节 预备费和建设期利息的设计概算评审常见问题

一、预备费使用范围的评审问题

预备费是在建设内因各种不可预见因素的变化而预留的可能增加的费用，包括基本预备费和价差预备费。其中，价差预备费是为在建设期内利率、汇率或价格等因素的变化而预留的可能增加的费用，主要内容包括人工、设备、材料、施工机械的价差费，建筑安装工程费及工程建设其他费用调整，利率、汇率调整等增加的费用。基本预备费是指投资估算或工程概算阶段预留的，由于项目实施中不可预见的工程变更及洽商、一般自然灾害处理、地下障碍物处理、超规超限设备运输等可能增加的费用，主要内容包括在批准的初步设计范围内，技术设计、施工图设计及施工过程中所增加的工程费用；设计变更、工程变更、材料代用、局部地基处理等增加的费用；一般自然灾害造成的损失和预防自然灾害所采取的措施费用。实行工程保险的工程项目，该费用应适当降低；竣工验收时为鉴定工程质量对隐蔽工程进行必要的挖掘和修复费用；超规超限设备运输增加的费用。

案例3-16 基本预备费计取要求的案例评审

【案例背景】

2009年某植物基地的建设项目在评审其概算时，发现没有进行预备费用的编制，其理由是建设目标准确，设计也比较完善。

【关键问题】

对于没有计取基本预备费的项目，是否需要按规定补计取该部分费用。

【评审依据】

《建设部关于印发<市政工程投资估算编制办法>的通知》（建标〔2007〕164号）中规定：目前市政工程基本预备费按工程费与工程建设其他费之和的8%~10%，其取值按工程具体情况在规定的幅度内确定。

【评审意见】

评审中心要求概算编制单位予以书面澄清，如没有明确支持材料应按规定予以计算，并在评审报告中对此情况进行说明。

【经验总结】

对于某些建设目标准确、设计也比较完善的项目，在概算的编制过程中往往忽略了预备费用的计算。评审机构应要求建设单位或概算编制单位予以书面澄清，如有明确支持材料，可以不予计算；如果没有明确支持材料应按规定予以计算。两种情况均需在评审报告中对该情况进行说明。

案例3-17 基本预备费用途合规性的案例评审

【案例背景】

对项目的评审过程中，基本预备费如何动用、动用的审批主体、审批手续方面都存在一些问题。由于尚未有文件明确基本预备费动用的报批程序、监督与检查制度，政府投资项目存在着基本预备费的动用条件及程序不明确问题。项目法人未向主管部门批准或备案，不可擅自使用预备费。

【关键问题】

基本预备费动用的审批主体和动用手续问题。

【评审依据】

《财政部、水利部关于印发〈水利基本建设资金管理办法〉的通知》（财基〔1999〕139号）中有关基本预备费动用相关规定。

【评审意见】

借鉴《财政部、水利部关于印发〈水利基本建设资金管理办法〉的通知》（财基〔1999〕139号）基本预备费动用的相关规定，可由发包人提出申请，报经上级有关部门批准。其额度应严格控制在估算所列金额之内。动用预备费项目要及时上报，应按照先批准后实施的原则执行。

【经验总结】

预备费的批准方式一般有两种，一是主管部门直接批准，明确批复动用预备费多少，主要用于什么开支；二是主管部门在批准设计变更时，明确变更增加投资从工程预备费中列支，或明确在工程投资中调剂解决，在基本建设项目竣工决算审定性时，也可以视为主管部门同意动用预备费。

二、建设期利息费用的评审问题

建设期利息是在建设期内发生的为工程项目筹措资金的融资费用及债务资金利息。在建设投资分年计划的基础上可设定初步融资方案，对采用债务融资的项目应估算建设期利息。建设期利息是在筹措债务资金时在建设期内发生并按规定允许在投产后计入固定资产原值的利息，即资本化利息。当总贷款是分年均衡发放时，建设期利息的计算可按当年借款在年中支用考虑，即当年贷款按半年计息，上年贷款按全年计息。

国外贷款利息的计算中，还应包括国外贷款银行根据贷款协议向贷款方以年利率的方式收取的手续费、管理费、承诺费，以及国内代理机构经国家主管部门批准的以年利率的方式向贷款单位收取的转贷费、担保费、管理费等。

第七节 "营改增"后对财政投资评审的影响

自2016年5月1日起，中国全面实施营业税改增值税（以下简称"营改增"），"营改增"是我国实施结构性减税的一项重要举措，也是一项非常重大的税制改革，预示着营业税将退出历史舞台。推行"营改增"政策后，势必会造成我国传统建设项目工程造价体系的改变，从而影响到设计阶段的设计概算的确定。这就要求送审单位和财政投资评审机构重点关注"营改增"之后对建设项目工程造价造成的影响。

一、增值税的定义

增值税以增值额为计税依据，只对商品、劳务、服务在流转过程中产生的未征过税的新增价值部分征税，避免了其他流转税对销售额全额征税所带来的重复征税问题。

增值税税制，实行"价税分离"工程计价规则，即增值税下工程计价的各项费用要素均应以不含税可抵扣进项税额的"不含税金额"计价。对于不涉及进项税额的部分费用，不需要调整。

二、"营改增"后工程计价依据的调整

（一）相关国家政策

根据财政部和国家税务总局经国务院同意印发的《关于全面推开营业税改征增值税试点通知》（财税〔2016〕36号）可知：增值税下的人工费、利润、规费与营业税下的计算方法不变，不存在可抵扣的进项税额，不需要调整，但由于计算基础的变化，企业管理费费率、利润费率及规费费率要做相应的调整。

1. "营改增"后材料费的计算

增值税下的材料费与营业税下组成内容及计算方法不变，但各项费用应为除税价格，详细调整方法及适用税率见表3-15。

"营改增"后材料费的计算方法 表3-15

序号	组成内容	调整方法及适用税率
1	材料原价	以购进货物适用的税率（17%、13%）或征收率（3%）扣减
2	运杂费	以交通运输业服务适用税率11%扣减

序号	组成内容	调整方法及适用税率
3	运输损耗费	所发生损耗增加费，以运输损耗率计算，根据材料原价和运杂费的扣减而扣减
4	采购及保管费	含进项税额，费用水平（发生额）也不会因为"营改增"而发生变化，但由于采购及保管费的计算基础——材料原价、运杂费和运输损耗费受扣减的影响，采购保管费费率应增加

2. "营改增"后施工机具使用费的计算

增值税下的施工机具使用费与营业税下组成内容及计算方法不变，但各项费用应为不含税价款，详细调整方法及适用税率见表3-16。

"营改增"后施工机具使用费的计算方法 表3-16

序号	组成内容	调整方法及适用税率
1	台班折旧费	以购进货物适用的税率17%扣减或相应征收率扣减
2	台班大修费	以接受修理修配劳务适用的税率17%扣减
3	台班经常修理费	外修和购买零配件费用，以接受修理修配劳务和购进货物适用的税率17%扣减；自修部分不考虑扣减
4	台班安拆费	按自行安拆费考虑，一般不予扣减
5	台班场外运输费	以交通运输业服务适用税率11%扣减
6	台班人工费	组成内容为工资总额，不予扣减
7	台班燃料动力费	以购进货物适用的相应税率或征收率扣减，其中自来水税率13%或征收率3%，县级及县级以下小型水力发电单位生产的电力征收率3%，其他燃料动力的适用税率一般为17%
8	台班车船税费	税收费用，不予扣减

3. "营改增"后企业管理费的计算

相比营业税下企业管理费的组成内容增加了城市维护建设税、教育费附加和地方教育附加等附加税费，办公费、固定资产使用费、工具用具使用费、检验试验费等4项内容所包含的进项税额应予扣除，详细见表3-17。

"营改增"后企业管理费的计算方法 表3-17

序号	可扣减费用内容	调整方法及适用税率
1	办公费：企业管理办公用的文具、纸张、账表、印刷、邮电、书报、办公软件、现场监控、会议、水电等费用	以购进货物适用的相应税率扣减，其中购进图书、报纸、杂志适用的税率13%，其他一般为17%

序号	可扣减费用内容	调整方法及适用税率
2	固定资产使用费：管理和试验部门及附属生产单位使用的属于固定资产的房屋、设备、仪器等的折旧、大修、维修或租赁费	除房屋的折旧、大修、维修或租赁费不予扣减外，设备、仪器的折旧、大修、维修或租赁费以购进货物或接受修理修配劳务和租赁有形动产服务适用的税率扣减，均为17%
3	工具用具使用费：企业施工生产和管理使用的不属于固定资产的工具、器具、家具、交通用具和检验、试验、测绘、消防用具等的购置、维修和摊销费	以购进货物或接受修理修配劳务适用的税率扣减，均为17%
4	检验试验费	以接受试点营改增的部分现代服务业适用的税率6%扣减

（二）地方规定

由于区域的差异性，各省市在响应"营改增"政策的同时，纷纷制定了符合本地区要求的工程计价依据调整方法，如广东省采用综合扣税率调整除税后的各种要素价格。根据《关于营业税改征增值税后调整广东省建设工程计价依据的通知》（粤建市函〔2016〕1113号）可知：按费用构成要素划分的建筑安装工程费中，人工费中不存在进项税额，"营改增"后不需要调整。材料费、施工机具使用费、企业管理费由于其构成内容中部分费用中包含进项税，故应调整价格以满足计价要求。

1. "营改增"后材料费的计算

营改增后不含税材料价格=材料价格/（1+综合扣税率），综合折税率详细见表3-18。

材料综合折税率　　　　　　　　　　　　　　　表3-18

序号	材料名称	综合折税率
1	建筑用和生产建筑材料所用的砂、土、石料、自来水、商品混凝土（仅限于以水泥为原料生产的水泥混凝土）；以自己采掘的砂、土、石料或其他矿物连续生产的砖、瓦、石灰（不含黏土实心砖、瓦）	2.92%
2	人工种植和天然生长的各种植物（乔木、灌木、苗木和花卉、草、竹、藻类植物，及棕榈衣、树枝、树叶、树皮、藤条、麦秸、稻草、天然树脂、天然橡胶等）；煤炭、煤气、石油液化气、天然气	12.63%
3	序号1和序号2以外的材料、设备	16.52%
4	其他材料费（定额以"元"为单位）	0

2. "营改增"后施工机具台班单价的计算

除税机械台班单价应按照《广东省施工机械台班定额（2010年）》结合表3-19，按下式进行调整：除税机械台班单价=∑[机械台班费用构成项目金额/（1+税率）]；除税仪器仪表台班单价＝（仪器仪表摊销费＋维修费）/（1+综合折税率）；仪器仪表按综合折税率16.32%计算。

各类机械单价构成项目适用税率　　　　　表3-19

序号	费用构成项目	调整方法及适用税率	税率
1	第一类费用		
1.1	折旧费	以购进货物适用的税率扣税	17%
1.2	大修费	以接受修理修配劳务适用的税率扣税	17%
1.3	经常修理费	以接受修理修配劳务适用的税率扣税	17%
1.4	安拆费及场外运输费	按自行安拆运输考虑，一般不予扣税	0
2	第二类费用		
2.1	人工费	不予扣税	0
2.2	燃料动力费	以购进货物适用的相应税率或征收率扣税	17%
3	车船税费	税收费率，不予扣税	0
4	其他费用	定额以元为单位，以购进货物适用的税率扣税	0
5	停滞费	以接受服务的税率扣税	6%

3. "营改增"后企业管理费的计算

广东省将企业管理费中的工会经费、职工教育经费改列入人工费，将城市维护建设税、教育费附加和地方教育附加等附加税费并入企业管理费中，采用综合调整系数按下式计算：

除税管理费率＝定额管理费率×综合调整系数

其中以人工费、机械费之和为计费基础的，综合调整系数为1.14；以人工费为计费基础的，综合调整系数为1.09。

4. "营改增"后措施项目费的计算

（1）以定额子目计算的安全文明施工措施费和其他措施项目费用调整方法同上述材料费调整规则。

（2）以费率计算的安全文明施工措施费，结合内含的进项税额与计费基数的变化，按下式调整：除税安全文明施工措施费率＝定额安全文明施工措施费率×综合调整系数；以分部分项费用为计费基础的，综合调整系数为1.22；以人工费为计费基础的，综合调整系数为1.09。

（3）以费率、"元"计算的其他措施项目，不作调整。

"营改增"后，相关费用应计取不含税的价格，不同地区采用的调价方法不同导致最终形成的工程造价不同。财政投资评审中心需事先了解"营改增"的相关政策，掌握扣税原则，及时准确的审核项目。

第四章的"施工图预算评审"以及第五章的"竣工结算评审"中有关增值税的计算详见本章节，本书就不再一一赘述。

第四章 施工图预算评审

    建设项目施工图预算是施工设计阶段合理确定和有效控制工程造价的重要依据，是建设单位资金合理使用的依据，是确定工程招标控制价的依据，是确定合同价款、拨付工程进度款及办理工程结算的基础。对于政府投资建设项目，加强施工图预算评审，是落实限额设计，控制工程造价，防止预算超概算及规范招标投标报价的重要手段。如《广州市政府投资管理条例实施细则（试行）》（穗府办〔2014〕15号）第三十八条规定："政府投资项目预算应送市财政部门进行财政投资评审，项目预算的评审结果作为项目采购、招标及签订合同的依据之一"；第三十九条规定："施工图预算经评审后方可开展施工、设备采购及材料采购招标，招标控制价不得超过经财政评审的相对应内容的预算价"，施工图预算评审已成为政府投资项目建设工程管理中的不可或缺的环节，对投资控制起了举足轻重的作用。

    本章以广州市政府投资项目施工图预算评审为例，从预算评审关键点、预算评审中工程量清单问题、预算评审中综合单价问题、预算评审中暂估价或暂列金额问题四个方面进行施工图预算评审的经验总结供业界参考。

第一节 施工图预算概述

一、施工图预算的定义和编制内容

（一）施工图预算的定义

    施工图预算是以施工图设计文件为依据，按照规定的程序、方法和依据，在工程施工前对工程项目的工程费用进行的预测与计算。施工图预算的成果文件称作施工图预算书，也简称施工图预算，它是在施工图设计阶段对工程建设所需资金做出较精确计算的设计文件。

    施工图预算编制的核心及关键是"量"、"价"、"费"三要素，即工程量要计算准确、定额及基价确定水平要合理、取费标准要符合实际，这样才能综合反映工程产品价格确定的合理性。施工图预算反映工程建设项目所需的人力、物力、财力及全部费用的文件，是施工图设计文件的重要组成部分，是控制施工图设计不突破设计概算的重要措施。

（二）施工图预算的编制内容

1．施工图预算文件的组成

施工图预算由建设项目总预算、单项工程综合预算和单位工程预算组成。建设项目总预算由单项工程综合预算汇总而成，单项工程综合预算由组成本单项工程的各单位工程预算汇总而成，单位工程预算包括建筑工程预算和设备及安装工程预算。

施工图预算根据建设项目实际情况可采用三级预算编制或二级预算编制形式。当建设项目有多个单项工程时，应采用三级预算编制形式，三级预算编制形式由建设项目总预算、单项工程综合预算、单位工程预算组成。当建设项目只有一个单项工程时，应采用二级预算编制形式，二级预算编制形式由建设项目总预算和单位工程预算组成。

采用三级预算编制形式的工程预算文件包括：封面、签署页及目录、编制说明、总预算表、综合预算表、单位工程预算表、附件等内容。采用二级预算编制形式的工程预算文件包括：封面、签署页及目录、编制说明、总预算表、单位工程预算表、附件等内容。

2．施工图预算的内容

按照预算文件的不同，施工图预算的内容有所不同。建设项目总预算是反映施工图设计阶段建设项目投资总额的造价文件，是施工图预算文件的主要组成部分。由组成该建设项目的各个单项工程综合预算和相关费用组成。具体包括：建筑安装工程费、设备及工器具购置费、工程建设其他费用、预备费、建设期利息及铺底流动资金。施工图总预算应控制在已批准的设计总概算投资范围以内。

单项工程综合预算是反映施工图设计阶段一个单项工程（设计单元）造价的文件，是总预算的组成部分，由构成该单项工程的各个单位工程施工图预算组成。其编制的费用项目是各单项工程的建筑安装工程费总和。

单位工程预算是依据单位工程施工图设计文件、现行预算定额以及人工、材料和施工机械台班价格等内容，按照规定的计价方法编制的工程造价文件，包括单位建筑工程预算和单位设备及安装工程预算。单位建筑工程预算是建筑工程各专业单位工程施工图预算的总称，按其工程性质分为建筑工程预算、安装工程预算、构筑物工程预算等方面。安装工程预算是安装工程各专业单位工程预算的总称，安装工程预算按其工程性质分为机械设备安装工程预算、电气设备安装工程预算、工业管道工程预算和热力设备安装工程预算等方面。

二、施工图预算的编制依据和要求

（一）施工图预算的编制依据

施工图预算的编制依据是指建设项目施工图预算所需的一切基础资料，建设项目施工图预算的编制依据主要有以下方面：

（1）国家、行业、地方政府发布的计价依据、有关法律法规或规定；

（2）建设项目有关文件、合同、协议等；

（3）批准的设计概算；

（4）批准的施工图设计图纸及相关标准图集和规范；

（5）国家或省级、行业建设主管部门颁发的计价定额和办法；

（6）合理的施工组织设计和施工方案等文件；

（7）项目有关的设备、材料供应合同、价格及相关说明书；

（8）项目的技术复杂程度，以及新技术、专利使用情况等；

（9）项目所在地区有关的气候、水文、地质地貌等的自然条件；

（10）项目所在地区有关的经济、人文等社会条件；

（11）其他资料。

（二）施工图预算的编制要求

在编制施工图预算时应满足下列要求：

1．严格执行国家的建设方针和经济政策的原则

施工图预算要严格按照党和国家的方针、政策办事，坚决执行勤俭节约的方针，严格执行规定的设计和建设标准。

2．完整、准确地反映设计内容的原则

编制施工图预算时，要认真了解设计意图，根据设计文件、图纸准确计算工程量，避免重复和漏算。

3．坚持结合拟建工程的实际，反映工程所在地当时价格水平的原则

编制施工图预算时，要求实事求是地对工程所在地的建设条件、可能影响造价的各种因素进行认真的调查研究。在此基础上，正确使用定额、费率和价格等各项编制依据，按照现行工程造价的构成，根据有关部门发布的价格信息及价格调整指数，考虑建设期的价格变化因素，使施工图预算尽可能地反映设计内容、施工条件和实际价格。

4．施工图预算的编制

应保证编制依据合法性、全面性和有效性，以及预算编制成果文件的准确性、完整性。

三、施工图预算的编制方法

单位工程施工图预算包括建筑工程费、安装工程费和设备及工器具购置费。单位工程施工图预算中的建筑安装工程费应根据施工图设计文件、预算定额以及人工、材料及施工机械台班等价格资料进行计算。施工图预算的编制方法主要有单价法和实物量法，其中单价法分为定额单价法和工程量清单单价法。

定额单价法是用事先编制好的分项工程的单位估价表来编制施工图预算的方法。工程量清单单价法是指根据招标人按照国家统一的工程量计算规则计算工程数量，采用综合单价的形式计算工程造价的方法。实物量法是依据施工图纸和预算定额的项目划分及工程量

计算规则，先计算出分部分项工程量，然后套用预算定额（实物量定额）来编制施工图预算的方法。

1．单位工程施工图预算的编制

单位工程施工图预算包括单位建筑工程预算和单位设备及安装工程预算。运用工程量清单单价法，按照国家统一的工程量计算规则提供工程数量，采用综合单价的形式计算工程造价。单位工程预算书则主要由分部分项和单位措施项目清单与计价表（表4-1），规费、税金项目计价表（表4-2），其他项目清单与计价汇总表（表4-3）及单位工程预算汇总表（表4-4）组成。

分部分项工程和单位措施项目清单与计价表 表4-1

工程名称：

序号	项目编码	项目名称	项目特征描述	计量单位	工程量	金　　额（元）		
						综合单价	合价	其中
								暂估价
本页小计								
合　　计								

规费、税金项目计价表 表4-2

工程名称：

序号	项目名称	计算基础	计算基数	计算费率（%）	金额（元）
1	规费	定额人工费			
1.1	社会保险费	定额人工费			
（1）	养老保险费	定额人工费			
（2）	失业保险费	定额人工费			
（3）	医疗保险费	定额人工费			
（4）	工伤保险费	定额人工费			
（5）	生育保险费	定额人工费			
1.2	住房公积金	定额人工费			
1.3	工程排污费	按工程所在地环境保护部门收取标准，按实计人			

序号	项目名称	计算基础	计算基数	计算费率（%）	金额（元）
2	税金	分部分项工程费+措施项目费+其他项目费+规费−按规定不计税的工程设备金额			
		合　计			

其他项目清单与计价汇总表　　　　　　　　　　表4-3

工程总称：　　　　　　　　　　　　　　　　　　　　　　　　　　　　　第 页 共 页

序号	项目名称	金额（元）	结算金额（元）	备注
1	暂列金额			
2	暂估价			
2.1	材料（工程设备）暂估价/结算价			
2.2	专业工程暂估价/结算价			
3	计日工			
4	总承包服务费			
5	索赔与现场签证			
	合　计			—

单位工程预算汇总表　　　　　　　　　　　表4-4

工程总称：　　　　　　　　　　　　　　　　　　　　　　　　　　　　　第 页 共 页

序号	汇总内容	金　额（元）
1	分部分项工程	
1.1		
1.2		
1.3		
1.4		
1.5		
2	措施项目	
2.1	其中：安全文明施工费	
3	其他项目	
3.1	其中：专业工程结算价	
3.2	其中：计日工	
3.3	其中:总承包服务费	
3.4	其中：索赔与现场签证	
4	规费	
5	税金	
预算总价合计=1+2+3+4+5		

注：如无单位工程划分，单项工程也使用本表汇总。

2．单项工程综合预算的编制

单项工程综合预算造价由组成该单项工程的各个单位工程预算造价汇总而成。其计算公式如下：

单项工程施工图预算=Σ单位建筑工程费用+Σ单位设备及安装工程费用

3．建设项目总预算的编制

建设项目总预算的编制根据建设项目的实际情况可采用三级预算编制或二级预算编制。当建设项目有多个单项工程时，应采用三级预算编制形式，由建设项目施工图预算、单位工程综合预算（表4-5）、单位工程施工图预算组成。当建设项目只有一个单位工程时，应采用二级预算编制形式，由建设项目施工图总预算和单位工程施工图预算组成。

综合预算表

表4-5

综合预算编号：　　　　工程名称（单位工程）：　　　　　　　　　　单位：万元　共页 第 页

序号	预算编号	工程项目或费用名称	设计规模或主要工程量	建筑工程费	设备及工器具购置费	安装工程费	合价（元）	其中：引进部分	
								美元	折合人民币
一		主要工程							
1	×××	×××							
2	×××	×××							
二		辅助工程							
1	×××	×××							
2	×××	×××							
三		配套工程							
1	×××	×××							
2	×××	×××							
		单项工程预算费用合计							

编制人：　　　　　　审核人：　　　　　项目负责人：

第二节　施工图预算评审准备工作

为实现高质量、高效率的财政投资预算评审工作，送审单位与财政投资评审中心需要做好前期准备工作。送审单位需要办理财政投资评审的预受理及送审资料的准备工作。财政投资评审中心需要根据项目情况初步确定项目评审的重点和难点。

一、预受理阶段的准备工作

项目建设单位向财政投资评审中心进行预受理咨询时，根据《广州市财政投资评审监督管理办法》（穗府办法〔2015〕9号）中有关评审预受理咨询程序，应提供规定的相关材料清单，具体内容如下。

（一）财政投资评审预受理咨询表

评审预受理咨询程序中首先应递交财政投资评审预受理咨询表，详见表4-6。

财政投资评审预受理申请表（预算）　　　　　　　　　　　　　　表4-6

建设项目名称		政府投资项目编码													
建设单位		联系方式													
项目性质	1. 新建□2.续建□3.改扩建□4.维修改造□5.其他□														
资金来源	1. 财政性资金□2.政府性基金□ 3. 政府性融资资金□4.其他纳入财政管理资金□														
项目类别	1. 房屋建筑□2.市政基础设施□3.设备安装□4.园林绿化□ 5. 交通水利□6.征地拆迁□7.其他□														
评审类别	1. 概算□2.预算□3.结算□4.竣工财务决算□5.评估□6.其他□														
评审编码	未有评审编码的项目可不填写	概算评审财政委托编号	概算已经财政评审的项目需填写	预算评审财政委托编号	预算已经财政评审的项目需填写										
经批复金额	1. 投资估算（可行性研究批复）　万元（概算、预算、结算、竣工财务决算送审时需填写） 2. 概算万元，其中工程费　万元（预算、结算、竣工财务决算送审时需填写） 3. 施工图预算万元，累计已评审预算　万元（结算、竣工财务决算送审时需填写） 4. 结算万元，其中合同价　万元，累计已评审结算　万元（竣工财务决算送审时需填写） 5. 该项目已批复资金　万元，已累计落实　万元（概算、预算、结算、竣工财务决算送审时需填写）														
送审金额	元（保留两位小数），其中：征拆费（不含管线迁移部分）元														
项目建设单位意见： 负责人：单位（盖章） 　　　　　　　　　　　年 月 日		项目主管单位意见： 单位（盖章） 　　　　　　　　　　年 月 日														

注：1. 若干项目一起送审时须逐个项目填写此表，在评审申请函中汇总；
　　2. 若一个立项项目分次送审概算评审时，需填写项目概算分次送审情况表，且报市财政局主管部门审核同意；
　　3. 送审项目若是在建或竣工状态，原则上不受理预算评审。

（二）财政投资评审送审资料清单

评审预受理咨询程序中还应递交财政投资评审送审资料清单，详见表4-7。

财政投资评审送审资料清单 　　　　　　　　　　　　表4-7

项目名称			委托号		
建设单位		联系人		电话	
设计单位		联系人		电话	
评审单位		联系人		电话	
评审中心		联系人		电话	

移交资料情况

序号	资料名称	单位	数量	原件	复印件	备注
1	概算批复文件或项目支出预算批复文件					
2	施工图设计图纸及其电子文档（通过相关技术部门审查）					
3	工程预算书及其电子文档（含造价软件编制版及Excel版）					
4	工程量计算书及其电子文档					
5	主要材料、设备标准、价格采用依据					

移交记录

单位		单位		单位	
签名		签名		签名	
日期		日期		日期	

注：加粗部分为必填项。

（三）送审资料要求

送审单位的送审资料包括必备的基础资料及其他成果性资料。具体内容如表4-8所示。

资料类型	资料明细
必备的基础资料	工程立项批复文件或其他证明文件（如年度资金计划、各级财政预算等）
	工程施工图纸及其电子文档（CAD版），要求送审单位对图纸盖章确认，装订成册的，可盖封面或骑缝；未装订的，须按图纸目录整理后每页盖章
	工程预算书及其电子文档（应用计价软件版和导出Excel版），预算书应有编制单位及送审单位盖章（封面和骑缝）
	工程量计算书及其电子文档（Excel版）；计算的工程量应注明计算索引
其他成果性资料	工程地质勘查报告
	经审批的设计概算
	其他与工程预算费用相关的资料：指特殊材料或进口设备价的有关证明文件；工程所在地因交通、资源等因素影响产生的费用资料等

二、评审阶段的准备工作

（一）评审工作计划

满足项目评审要求的应在以下时限内出具评审初步意见的要求：对于送审资料齐备的，应完成制定评审工作计划、组建项目评审小组、明确评审具体工作等工作。

1．制定评审工作计划

评审工作需要进行周密的计划安排，制定有效的评审方案。评审方案的内容包括：评审依据资料、评审目的、评审内容与重点、评审人员的分工、评审进度安排、评审的一般方法及评审报告完成时间。

2．组建项目评审小组

评审小组的具体组成，依评审项目的规模和性质而定。小型项目可能只有一名评审人员，所有的评审工作由其独自完成。而大规模的评审项目需要较多的人员和时间，在制订评审计划时，应提前做好安排。评审小组人员可来源于公司职能部门，也可以外请相关专家来担任。

3．明确评审具体工作

财政投资项目预算的评审，主要是对工程量、设备、材料的预算价格、预算单价的套用、有关费用项目及其计取等方面进行评审，具体包括以下几点：

（1）预算是否控制在立项批准的设计概算允许范围内，项目初步设计所涉及的建设规模、建设标准、建设内容是否在立项批准的范围内；

（2）施工图设计是否通过了有关设计主管单位的审查；

（3）工程量的计算、定额的套用和换算以及费用费率的取定是否准确，材料价差调整是否真实；

（4）设备、工器具的价格是否合理；

（5）其他需要评审的内容。

（二）施工图预算的评审依据

（1）国家有关财政投资评审、经济合同和工程建设的法律、法规及规章制度等；

（2）国家主管部门及省、市有关部门颁布的标准、定额和工程技术经济规范等；

（3）有关工程实施的资料，例如：施工图纸设计资料、施工组织设计等；

（4）与工程项目有关的市场价格信息、同类项目的造价及其他有关的市场信息；

（5）项目评审所需的其他有关依据；

（6）类似工程数据库。

（三）施工图预算的评审内容

对于施工图预算的评审需要根据国家有关法规和政策，依据国家建设行政主管部门或省级、行业建设主管部门颁发的工程定额、取费标准、计价依据、施工设计图纸和工程实物量，对预算进行全面、系统的检查和复核，及时纠正所存在的错误和问题，合理确定工程造价。

在进行施工图预算评审中主要包括对于工程量、设备、材料的预算价格、预算单价的套用、有关费用项目及其计取等方面进行详细的审查。重点评审内容如表4-9所示。

施工图预算评审内容　　　　　　　　　　　　　　　表4-9

评审内容划分		评审详细内容
审核工程量	土方工程	平整场地、地槽与地坑等土方工程量的计算是否符合定额的计算规定；施工图纸标识尺寸、土壤类别是否与勘查资料一致；地槽与地坑放坡、挡土板是否符合设计要求，有无重算或漏算等
		地槽、地坑回填土的体积是否扣除了基础所占的体积；地面和室内填土的厚度是否符合设计要求；运土距离、运土数量、回填土土方的扣除是否符合规定等
		审核运土距离，还要注意运土数量是否扣除了就地回填的土方
	打桩工程	审核各种不同桩料，分别计算工程量，施工方法必须符合设计要求
		桩料长度是否符合设计要求；需要接桩时的接头数是否正确
	砖石工程	墙基与墙身的划分是否符合规定
		不同厚度的内墙和外墙是否分别计算；是否扣除门窗洞口及埋入墙体各种钢筋混凝土梁、柱等所占用的体积
		不同砂浆强度等级的墙和定额规定按立方米或平方米计算的墙是否有混淆、错算或漏算等
	混凝土及钢筋混凝土工程	现浇构件与预制构件是否分别计算；是否有混淆
		现浇柱与梁，主梁与次梁及各种构件计算是否符合规定；有无重算或漏算

评审内容划分		评审详细内容
审核工程量	木结构工程	门窗是否按不同种类，按框外面积或扇外面积计算
		木装修的工程量是否按规定分别以延长米或平方米进行计算
	楼地面工程	楼梯抹面是否按踏步和休息平台部分的水平投影面积进行计算
		当细石混凝土地面找平层的设计厚度与定额厚度不同时，是否按其厚度进行换算
	屋面工程	屋面保温层的工程量是否按屋面层的建筑面积乘保温层平均厚度计算；不作保温层的挑檐部分是否按规定不作计算
	构筑物工程	烟囱、水塔脚手架，区别不同搭设高度，以座计算
	装饰工程	内墙抹灰的工程量是否按墙面的净高和净宽计算，有无重算或漏算。
	金属构件制作工程	各种类型钢、钢板等金属构件制作工程量是否以吨为单位，其形状尺寸计算是否正确，是否符合现行规定
	水暖工程	室内外排水管道、暖气管道的划分是否符合规定
		各种管道的长度、口径是否按设计规定计算
		接头零件所占长度是否多扣（对室内给水管道不应扣除阀门），应扣除卫生设备本身所附带管道长度的是否漏扣
		室内排水采用的插铸铁管是否将异形管及检查口所占长度错误的漏扣，有无漏算
		室外排水管道是否已扣除检查井与连接井所占的长度
		暖气片的数量是否与设计相一致
	电气照明工程	灯具的种类、型号、数量是否与设计图一致
		线路的敷设方法、线材品种是否达到设计标准，有无重复计算预留线的工程量
	设备及安装工程	设备的种类、规格、数量是否与设计相一致
		需要安装的设备和不需要安装的设备是否分清，有无把不需安装的设备作为需要安装的设备多计工程量
审核设备、材料的预算价格		审核设备，材料的预算价格是否符合工程所在地的真实价格及价格水平。若是采用市场价，要核实其真实性、可靠性；若是采用有关部门公布的信息价，要注意信息价的时间、地点是否符合要求，是否要按规定调整
		设备、材料的原价确定方法是否正确。非标准设备的原价的计价依据、方法是否正确、合理
		设备的运杂费率及其运杂费的计算是否正确，材料预算价格的各项费用的计算是否符合规定、正确
审核预算单价的套用		预算中所列各分项工程预算单价是否与现行预算定额的预算单价相符，其名称、规格、计量单位和所包括的工程内容是否与单位估价表一致
		审核换算的单价，首先要审查换算的分项工程是否允许换算，其次审查换算是否正确
		审核补充定额和单位估价表的编制是否符合编制原则；单位估价表计算是否正确；补充定额的资料数据是否符合实际情况
		审核人工、材料、机械台班价格的确定是否符合造价管理机构规定或有关规定

评审内容划分	评审详细内容
审核有关费用项目及其计取	有关费用计算是否符合有关的规定标准；企业管理费、规费和利润的计取基础是否符合现行规定；有无不能作为计费基础的费用列入计费的基础
	调增的材料差价是否计取了企业管理费、规费；人、材、机费用或人工费增减后，有关费用是否相应做了调整

（四）施工图预算的评审方法

施工图预算的审核是合理确定工程造价的必要程序及重要组成部分。但由于施工图预算的审核对象不同，或要求的进度不同，或投资规模不同，则审核方法不一样。常用评审方法介绍如表4-10所示。

施工图预算评审方法介绍　　　　　　　　　　　　　表4-10

评审方法	方法介绍及适用范围	优点
全面审查法	首先根据施工图预算全面计算工程量，然后将计算的工程量与审查对象的工程量逐一进行对比，同时，根据定额或者单位估价表逐项对审核对象的单价进行核实。 此法适用于一些工程量较小、工艺比较简单的工程	全面、细致，审查质量较高，审核效果较好
标准预算审查法	首先将相邻且有一定内在联系的分部分项工程量进行编组，利用同组分项工程按相邻且有一定内在联系的项目进行编组，由此判断同组中其他几个分项工程的准确程序。 分组计算审核法就是将预算中有关项目按类别划分为若干组，利用同组中一组数据审核分项工程量的一种做法。 按标准图纸设计或通用图纸施工的工程，预算编制和造价基本相同，可集中力量细审一份预算或编制一份预算，作为这种标准图纸的标准预算，或用这种标准图纸的工程量为标准，对照审查，而对局部不同部分作单独审查即可	优点是时间短、效果好；缺点是只适应按标准图纸设计的工程，适用范围小，具有局限性
分组计算审查法	把预算中的项目划分为若干组，并把相邻且有一定内在联系的项目编为一组，审查或计算同一组中某个分项工程量，利用工程量之间具有相同或相似计算基础的关系，判断同组中其他几个分项工程量计算的准确程度的方法，是一种加快审查工程量速度的方法	此种方案审核速度快、工作量小
对比审查法	用已建成工程的预算或虽未建成但已审查修正的工程预算对比审查拟建的类似工程预算的一种方法。一般有以下几种情况，应根据工程的不同条件，区别对待。 （1）两个工程采用同一套施工图纸，但基础部分和现场条件不同。其新建工程基础以上部分可采用对比审查法；不同部分可分别采用相应的审查方法进行审查。 （2）两个工程设计相同，但建筑面积不同。根据两个工程建筑面积之比与两个工程分部分项工程量之比例基本一致的特点，可审查新建工程各分部分项工程的工程量。或者用两个工程每平方米建筑面积造价及每平方米建筑面积的各分部分项工程量，进行对比审查，如果基本相同时，说明新建工程预算是正确的，反之，说明新建工程预算有问题，找出差错原因，加以更正。 （3）两个工程的面积相同，但设计图纸不完全相同时，可把相同的部分，如厂房中的柱子、屋架、屋面、砖墙等，进行工程量的对比审查，不能对比的分部分项工程按图纸计算	准确率较高，审查速度快

评审方法	方法介绍及适用范围	优点
筛选审查法	建筑工程虽然有建筑面积和高度的不同，但是它们的各个分部分项工程的工程量、造价、用工量在每个单位面积上的数值变化不大，把这些数据加以汇集、优选，归纳为工程量、造价（价值）、用工三个单方基本值表，并注明其适用的建筑标准，用来筛选各分部分项工程，筛下去的就不审查了，没有筛下去的就意味着此分部分项的单位建筑面积数值不在基本值范围之内，应对该分部分项工程详细审查	简单易懂，便于掌握，审查速度快，便于发现问题，但不易发现问题产生的原因
重点抽查审查法	重点抽查审查法是抓住工程预算中的重点进行审查的方法。审查的重点一般是工程量大或者造价较高、工程结构复杂的工程，补充单位估价表，计取得各项费用（计取基础、取费标准等）	优点是重点突出，审查时间短、效果好
分解对比审查法	分解对比审查法是把一个单位工程按人工费、材料费、施工机具使用费、措施费之和与企业管理费和规费进行分解，然后再把人工费、材料费、施工机具使用费、措施费之和按工种和分部工程进行分解，分别与审定的标准预算进行对比分析的方法	准确率较高，审查速度快

第三节 施工图预算评审关键点

施工图预算属于施工图设计阶段工程造价的预测，不涉及动态情况的调整。施工图预算的评审关键点在于施工图预算的编制过程，建筑安装工程费按造价形成划分为分部分项工程费、措施费、其他项目费、规费以及税金，其中规费税金作为不可竞争性费用。

在涉及财政支出与民生福利的问题上，预算评审应该如何定位、如何进行项目优化并与项目价值匹配，实现技术合理与经济适用是财政评审需要考虑的问题。表4-11总结归纳广州市财政投资评审中心在施工图预算评审中常见的诸多问题，主要表现为工程量清单编制问题、综合单价确定问题、暂列金额计算基数及比例问题、暂估价的范围及额度问题。

工程量清单编制费用构成及计算　　　　　　　　　表4-11

费用名称		计价内容	预算评审常见问题
分部分项工程费		分部分项工程费 =Σ（分部分项工程量×综合单价）	1. 工程量清单编制的预算评审问题； 2. 综合单价的预算评审问题
措施项目费	单价措施项目费	单价措施项目费 =Σ（措施项目工程量×综合单价）	
	总价措施项目费	总价措施项目费 =计算基数×措施项目费费率（%）	财政投资评审过程中问题不显著

费用名称	计价内容			预算评审常见问题
其他项目费	暂列金额		根据工程特点，按照有关计价规定进行估算，用于尚未确定或不可预见的所需材料、设备、服务的采购	暂列金额计算基数及比例问题
	暂估价	材料/工程设备暂估价	根据工程造价信息或参照市场价格估算	暂估价的范围及额度问题
		专业工程暂估价	分不同专业按有关计价规定计算	
	计日工		数量暂估	财政投资评审过程中问题不显著
	总承包服务费		根据总承包服务范围和有关计价规定编制	
规费	工程排污费		按工程所在地环境保护部门收取标注、按时计入	规费和税金作为不可竞争性费用，目前财政评审中问题不突出
	社会保险费		计算基数×计算费率	
	住房公积金			
税金	增值税		增值税=税前造价×增值税税率	

注：根据《住房城乡建设部　财政部关于印发<建筑安装工程费用项目组成>的通知》（建标〔2013〕44号）编制上表，个别省市将规费中的社会保险费与住房公积金并入"人工费"中，例如广东省。

第四节　工程量清单编制的施工图预算评审常见问题

"13清单"第2.0.1条规定：工程量清单是指载明建设工程分部分项工程项目、措施项目和其他项目的名称和相应数量以及规费和税金项目等内容的明细清单。建设项目预算评审中有关分部分项工程费的问题主要表现在两个方面，一方面为"量"的问题（即分部分项工程工程量清单的编制问题），另一方面为"价"的问题（即综合单价确定问题）。根据"13清单"的要求，分部分项工程量清单和单价措施清单中必须载明项目编码、项目名称、项目特征、计量单位和工程量。其中项目名称、项目特征、工程量三部分是分部分项工程量清单和单价措施清单编制中最容易出现问题的部分。项目名称的常见问题表现为工程量清单缺项（漏项）、重复列项以及与建设项目内容不符等问题；项目特征的常见问题表现为项目特征描述不准确导致的增加列项及费用计取问题；工程量的常见问题表现为工程量计算规则选用不正确等问题，上述常见问题将通过案例详细解析。

一、工程项目列项的评审问题

工程量清单缺项是指招标工程量清单没有很好地反映工程内容，与招标文件、施工图纸相脱节，造成招标过程中补遗工作量的增加，从而引起项目费用增加，进而会影响工程工期、质量。工程量清单缺项除了包括实体项目缺项外，还包括措施项目的缺项。如果施工图纸表达出的工程内容在计价规范的附录中有相应的项目编码和项目名称，但工程量清单中并没有项目反映出来，则认定为工程量清单缺项；另一种情况，如果施工图纸表达出来的工程内容在计价规范附录中没有反映出来，却是应该由工程量清单编制者进行补充的清单项目，也属于工程量清单缺项问题。

在财政投资评审的过程中，工程量清单缺项问题较为常见。主要表现为工程量清单缺项（漏项）、重复列项等问题。

案例4-1 工程量清单重复列项的案例评审

【案例背景】

2011年某旧楼给水排水管道维修改造工程，要求按《建设工程工程量清单计价规范》GB 50500—2008（以下称"08清单"）以及广东省相关定额的规定编制工程量清单。

送审预算书按"08清单"分别开列"UPVC排水管清单项"、"伸缩节"以及"穿楼板套管"的清单，但UPVC排水管清单列项未注明包含的具体内容。

【关键问题】

（1）送审预算书清单开项中不仅开列了"UPVC排水管清单"项同时又开列了"伸缩节"和"穿楼板塑料套管"两条清单。

（2）"UPVC排水管道"的清单项目特征并未明确要包括穿楼板塑料套管、伸缩节这两项内容。

【评审依据】

（1）"08清单"。

（2）《广东省安装工程综合定额》（2010）。

【评审意见】

（1）虽然清单排水管道的项目特征未明确要求包含"伸缩节"和"穿楼板塑料套管"的内容，但在"08清单"中编码为030801005的项目已明确规定清单应包含"套管（包括防水套管）制作、安装及管件制作安装"等内容；因此，排水管道的项目特征应增加"套管（包括防水套管）制作、安装及管件制作安装"内容，在计算UPVC管道综合单价均应计算伸缩节和套管的价格。

（2）管道伸缩节是为补偿直线管段线性膨胀的特别机构，因其种类多，价格差别大，其计价办法也不同。本项目中的UPVC管道伸缩节以其价格低廉、使用普遍而一直被《广东省安装工程综合定额》（2010）作为辅助材料的管件综合处理。因此必须在UPVC管道安装清单列项的备注栏中注明已含伸缩节，以规范综合单价的计算。

【经验总结】

（1）工程清单列项准确的前提是熟悉工程量清单规范的相关规定及各专业综合定额中定额子目的工作内容及子目包含的辅助材料组成。工程量清单项目特征应按规范附录中规定的项目特征，结合拟建工程项目的实际予以描述。若有工程项目或设计图纸有特殊要求则需在编制工程量清单时加以备注说明。

（2）作为财政资金投资评审单位，应严格执行清单规范要求，编制相应符合工程特点的工程量清单，必要时在备注中注明特殊情况，减少漏计、重复计算的错误，降低对项目实施中的影响。

（3）针对维修改造工程，如果工作内容只涉及伸缩节、穿楼板套管等工作内容时，可以将"伸缩节"和"穿楼板套管"清单单列，可以减少在项目在招标、投标、实施、结算环节中的争议，但应注明使用条件及与排水管道安装工作内容的关系。

案例4-2　**工程量清单列项与建设项目内容不符的案例评审**

【案例背景】

某项目为广州市某校区装修改造项目。改造面积为30035m²，新增建筑面积为583.2m²。此项目包括教学大楼主体装修、电梯加装、给水排水洁具、消防喷淋管道及设备、强电、防雷、自动报警、通风空调改造；门楼、职工食堂、入口广场景观、改造等。此项目按动力照明、给水排水、消防喷淋、暖通管网编制了该项目工程量清单预算书，并分别开列了投影机安装、冷媒铜管安装工程量清单。

【关键问题】

投影机安装、冷媒铜管安装内容是否属本次改造范围。

【评审依据】

（1）"13清单"及相关配套文件；

（2）改造项目施工图；

（3）该项目《新校区信息化系统建设项目备案稿》。

【评审意见】

未有设计图纸或不属编制范围而编入工程量清单内容予以扣除。

【经验总结】

1. 熟悉智能化专业系统构成及施工工艺

虽然开列了投影机工程量清单，但在评审过程中发现并无与投影机设备配套安装的线槽、线管、线缆等项目清单。经向建设单位了解，此新校区信息化系统建设已单独立项，从建设单位提供的《新校区信息化系统建设项目备案稿》核实投影机的相关费用已计入信息化系统建设项目中，此内容不在本次改造的范围，若计价则属重复计算。

2. 熟悉空调制冷系统的构成

多联机空调系统包括室内空调机、室外空调机、冷媒铜管等。此项目只开列了冷媒铜管工程量清单项目，并无其他相关的设备内容。经查阅图纸，此教学楼原空调系统为中央集中供冷系统，装修改造并不涉及整个空调制冷系统改造，只是部分教室加装分体空调，但不在本次的评审范围。因此冷媒铜管工程量清单列项与项目建设的实际内容不符。

3. 对于改造项目的施工图预算评审方法

既可以按传统方法依据施工图进行评审，也可从核实工程改造内容、各专业工程清单列项的关联性入手，找出问题，逐一核实，提高评审质量，加快评审进度，降低工程造价的偏差。

案例4-3 工程量清单列项与现行规范要求不符的案例评审

【案例背景】

某人民医院住院楼位于医院西南侧，高度37.2m，地上8层，地下2层，建筑基底面积1989m²，总建筑面积25621m²，其中地上建筑面积为14695m²，地下建筑面积为10926m²；二期扩建医技楼位于一期医技楼东南侧，高度23.7m，地上5层，地下2层，建筑基底面积1217m²，总建筑面积8625m²，其中地上建筑面积6359m²，地下建筑面积2266m²；室外配套工程：铺装、道路及室外停车场工程，室外照明工程，室外给水排水工程，污水处理站工程，管道煤气工程；其他工程：医疗学术培训楼报告厅幕墙工程、一期后勤楼增设厨房餐厅、连廊改造等工程。此工程预算于2015年9月送审，评审过程中发现清单列项存在较大的问题，如水喷淋管钢管DN50的工程量清单见表4-12。

水喷淋管钢管DN50的工程量清单   表4-12

编码	项目	内容	单位
030901001004	水喷淋钢管DN50	1. 安装部位:室内; 2. 材质:热浸镀锌钢管; 3. 规格:DN50; 4. 连接形式:螺纹连接; 5. 管件安装; 6. 除锈、刷油、防腐设计要求:依据图纸规定; 7. 水冲洗、水压试验设计要求:依据图纸规定; 8. 管道支架制作、安装、防腐; 9. 刚性防水套管、柔性防水套管、钢制套管制作、安装; 10. 本体安装; 11. 其他	m

【关键问题】

送审项目的工程量清单执行"08清单"内容，未按相关文件执行"13清单"。

（4）《自动喷水灭火系统施工及验收规范》GB50261—2005。

【评审依据】

（1）项目施工图；
（2）"13清单"；
（3）《自动喷水灭火系统设计规范》

【评审意见】

依据"13清单"，本项目水喷淋管钢管工程量清单列项应按表4-13分别列项。

水喷淋管钢管工程量清单
表4-13

项目编码	项目名称	项目特征	计量单位
030901001	水喷淋钢管	1. 安装部位； 2. 材质、规格； 3. 连接形式； 4. 钢管镀锌设计要求； 5. 压力试验及冲洗设计要求； 6. 管道标识设计要求；	m
031201001	管道刷油	1. 除锈级别； 2. 油漆品种； 3. 涂刷遍数、漆膜厚度； 4. 标志色方式、品种；	m²
031002001	管道支架	1. 材质； 2. 管架形式；	kg
031201003	管道支架刷油	1. 除锈级别； 2. 油漆品种； 3. 涂刷遍数、漆膜厚度； 4. 涂刷遍数、漆蜡厚度；	kg
031002003	套管	1. 名称、类型； 2. 材质； 3. 规格； 4. 填料材质；	个

【经验总结】

（1）按"13清单"的要求，修正送审的工程量清单内容。依据项目施工图纸及《广东省安装工程综合定额（2010年）》规定的工程量计算规则计算DN50镀锌钢管工程量，依据《自动喷水灭火系统设计规范》GB 50084—2001、《自动喷水灭火系统施工及验收规范》GB 50261—2005计算管道支架重量及管道刷油、支架刷油工程量。

（2）当行业执行新的标准、规范时，

应认真学习相关的文件、交底资料，学习新旧标准、规范相同与变化之处，认真执行相关文件的规定。在评审工作中则重点审核易出错的工程量清单列项、综合单价的计算，降低工程造价偏差率。减少招标、投标、建设项目实施工过程中的纠纷。

二、项目特征描述的评审问题

"13清单"术语第2.0.7款对项目特征的概念做了明确规定，即项目特征是构成分部分项工程量清单项目、措施项目自身价值的本质特征。工程量清单项目特征描述是确定项目综合单价的重要依据。项目特征是相对于工程量清单计价而言，对构成实体的分部分项工程量清单项目和不构成实体的措施清单项目，反映其自身价值的特征进行描述，便于准确地确定综合单价。由于项目特征决定着工程实体的实质内容以及自身的价值，因此准确、全面地描述工程量清单的项目特征对清单计价尤其重要。发包人应根据"13清单"附录中规定的内容、相应施工图纸、适用规范、标准图集，以及工程实际情况，按照工程结构、使用材质及规格等，对项目特征进行详细的表述和说明。施工图预算编制时综合单价确定的核心在于项目特征描述，如图4-1所示。

在财政投资评审的过程中，施工图预算中项目特征描述的问题主要表现为项目特征不准确及项目特征描述不准确导致的增加列项及费用计取问题。

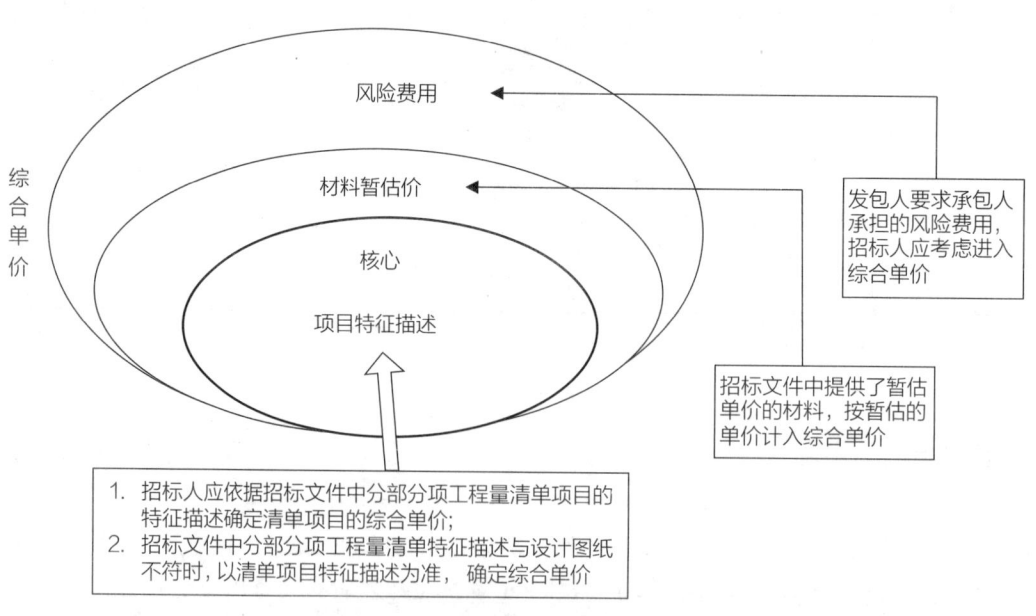

图4-1 招标人综合单价确定时考虑的因素分析

【案例背景】

广州某大学新校区装修改造项目预算，改造面积为30035m²；新增建筑面积为583.2m²；包括教学大楼改造、门楼、职工食堂、入口广场景观及标识工程。

其中圆柱干挂大理石报价1951.67元/m²，项目特征描述为：（1）干挂大理石（钢骨架上）独立梁柱面；（2）干挂大理石骨架钢骨架。这种项目特征描述未能准确地表达施工图纸中关于圆柱干挂大理石的实际施工方法，更无法按图纸要求准确计算圆柱干挂大理石综合单价，龙骨材料的种类、规格、中距的参数决定龙骨的价格；大理石的品种、规格、颜色不同，价格千差万别，所采用的材料价格是影响圆柱干挂大理石综合单价的主要因素。

【关键问题】

对施工图纸理解不透，未按图纸设计要求、施工工艺对工程量清单中的项目特征进行详细描述，继而在进行综合单价计算时造成与实际价格偏差较大。

【评审依据】

（1）项目施工图；

（2）"13清单"；

（3）《广东省建筑与装修饰工程综合定额》（2010）。

【评审意见】

依据设计图纸重新完善项目特征描述，例如：骨架描述为："∠30×30×3"角钢，横距为40cm，纵距为50cm；大理石面层描述为：西班牙米黄（圆柱形）30mm厚大理石，并根据设计图纸按清单组价的原则套用《广东省建筑与装修饰工程综合定额（2010年）》计算出圆柱干挂大理石综合单价为1367.56元/m²。

【经验总结】

（1）在本案例中，由于工程量清单项目特征描述模糊、不准确，导致无法反映真实的综合单价水平。

（2）工程量清单项目特征应结合工程项目的实际予以描述，描述的清晰程度要能满足招标人和投标人可进行合理价格确定的详细程度。

（3）在建筑工程中的装修工程，装修材料的价格在综合单价中所占比重较大。因此对采用的装修材料的描述越清晰、越具体，所计算的综合单价就越准确，对工程项目的综合单价、总价的控制效果越好。

（4）在建设工程实施过程中，装修面层的品种、规格、颜色的变更的概率较大，若不涉及施工工艺的变化，只需调整面层材料价格就可构成新项目的综合单价，减少发承包双方对新增单价的争议，保证项目建设及结算的顺利进行。

三、工程量计算的评审问题

工程量计算的准确与否，直接影响工程造价的准确性，以及工程建设的投资控制。计算工程量的依据如下。

1．施工图纸及配套的标准图集

施工图纸及配套的标准图集，是工程量计算的基础资料和基本依据。因为，施工图纸全面反映建筑物（或构筑物）的结构构造、各部位的尺寸及工程做法。

2．预算定额、工程量清单计价规范

根据工程计价的方式不同（定额计价或工程量清单计价），计算工程量应选择相应的工程量计算规则，编制施工图预算，应按预算定额及其工程量计算规则算量；如果工程招标投标编制工程量清单，应按"13清单"附录中的工程量计算规则算量。

3．施工组织设计或施工方案

施工图纸主要表现拟建工程的实体项目，分项工程的具体施工方法及措施，应按施工组织设计或施工方案确定。如计算开挖基础土方，施工方法是采用人工开挖，还是采用机械开挖，基坑周围是否需要放坡、预留工作面或做支撑防护等，应以施工组织设计或施工方案为计算依据。

计算工程量时，按施工图中列出的分项工程必须与预算定额中相应的分项工程一致。如水磨石楼梯面层，预算定额中已包含水泥砂浆结合层，则计算时就不应再另列项目。因此，在计算工程量时，除了熟悉施工图纸及工程量计算规则外，还应掌握预算定额中每个分项工程的工作内容和范围，避免重复列项及漏项。

案例4-5 工程量清单计算规则与定额的计算规则不一致的案例评审

【案例背景】

某保障性住房项目施工用电工程，评审范围为箱式变电站安装、箱式高压室安装、电缆线路敷设及相关的土建工程。

电缆管长按工程量清单计算规则从井中到井中计算，但在对清单单价计算套用定额子目时，依据定额计算规则应扣减工井长度。

【关键问题】

分部分项工程量清单编制过程中，清单的工程量计算规则与定额的工程量计算规则不同时，应如何处理？

【评审依据】

（1）《市政工程工程量计算规范》GB 50857—2013。该规范中"管道铺设工程量计算规则"为：按设计图示中心线长度以延长米计算。不扣除附属构筑物、管件及阀门等所占长度。

（2）《广东省市政工程综合定额（2010

年）》。该定额中"管道铺设工程量计算规则"为：各种管道基础及铺设按设计图示井中至井中的中心线长度以延长米计算，并按以下原则扣除井所占的长度：①每座圆形井扣除长度为井内径减0.3m；②每座矩形井扣除长度为顺管线方向井内净空尺寸。

程量应执行当地定额计算规则，即执行《广东省市政工程综合定额（2010年）》的计算规则，扣除井所占的长度。

【经验总结】

在工程量清单编制时，注意清单工程量和定额工程量计算规则不一致的项目，正确计算工程量和综合单价。类似子目有高压旋喷桩、深层搅拌桩工程量清单只计算实桩（含桩尖）长度，而在定额子目套算时则需将空桩、实桩（含桩尖）长度分别套算。

【评审意见】

清单的工程量按清单计算规则计算，不扣除附属构筑物、管件及阀门等所占长度，而在清单计价中所套用定额子目的工

第五节 综合单价确定的施工图预算评审常见问题

建设项目的预算评审在分部分项工程费中另一个主要问题为综合单价确定问题，主要表现在三个方面：有计价依据时如何正确套用问题、无计价依据但有类似项目时的计价依据选用问题以及无计价依据且无类似项目时的计价依据选用问题。

一、计价依据取用的评审问题

预算定额是指完成规定计量单位质量标准的分部分项工程项目的人工、材料、机械台班消耗量的标准，是编制施工图预算的主要依据，是由国家行政主管部门根据社会平均生产力发展水平，综合考虑施工企业的现状，以施工定额为基础编制的一种社会平均消耗量标准。编制预算的主要依据是各级、各类预算定额。预算定额中的人、材、机指标如表4-14所示。

预算定额编制指标 　　　　　　　　　　　　　　　　　表4-14

指标	指标内容	详细内容
人工消耗量指标	以工日为单位表示，包括基本用工、超运距用工、辅助用工和人工幅度差等内容	基本用工是指完成定额计量单位分项工程的各工序所需的主要用工量
		超运距用工是指编制预算定额时考虑的场内运距超过劳动定额考虑的相应运距所需要增加的用工量
		辅助用工是指在施工过程中对材料进行加工整理所需的用工量
		人工幅度差是指在编制预算定额时加算的、劳动定额中没有包括的、在实际施工过程中必然发生的零星用工量，这部分用工按前三项用工量之和的一定百分比计算确定

指标	指标内容	详细内容
材料消耗量指标	以不同的物理计量单位或自然计量单位为单位表示，包括净用量和损耗量	净用量是指实际构成某定额计量单位分项工程所需要的材料用量，按不同分项工程的工程特征和相应的计算公式计算确定
		损耗量是指在施工现场发生的材料运输和施工操作的损耗，损耗量在净用量的基础上按一定的损耗率计算确定
		用量不多、价值不大的材料，在预算定额中不列出数量，合并为"其他材料费"项目，以金额表示，或者以占主要材料的一定百分比表示
机械消耗量指标	以台班为单位，包括基本台班数和机械幅度差	基本台班数是指完成定额计量单位分项工程所需的机械台班用量，基本台班数以劳动定额中不同机械的台班产量为基础计算确定
		机械幅度差是指在编制预算定额时加算的零星机械台班用量，这部分机械台班用量按基本台班数的一定百分比计算确定

在实践中，预算的编制过程中经常出现预算定额套用有误的现象，这也是财政投资评审中需重点审核的内容之一。

案例4-6 计价依据选用错误的案例评审

【案例背景】

某单位地形地籍成果更新项目，该项目是通过地形地籍修补测量，对全市1690km²1∶500地形地籍测绘调查成果进行更新。主要工作范围为城镇的建成区、开发园区、连片的农村居民点、大型工矿用地（一般面积不小于0.1km²）及零星调查作业内容。

送审金额1894万元（其中：中心城区1∶500地形地籍修补测绘1785万元，全市1∶500地籍数据库更新建库109万元）。

【关键问题】

（1）城镇地形地籍更新工作及地形地籍数据库所需经费是否财政全额拨款；

（2）城镇地形地籍更新工作及地形地

籍数据库每年更新一次的合理性及必要性；

（3）现申报的地形地籍更新工作及地形地籍数据库每幅0.05km²、地形地籍测绘价格为每幅15369.5元及地形地籍数据库每幅214.33元的依据。

【评审依据】

1.《广州市人民政府办公厅文件呈批表》（〔2010〕1026号）

根据该文件，城镇地形地籍更新经费根据土地出让金收取的方式分别由市级财政和区级财政负责，即市级财政负责中心城区（越秀、海珠、荔湾、天河、白云、黄埔）1∶500地形地籍修补测绘和全市1∶500地形地籍数据库更新建库。自行收取土地出让金的区（番禺、花都、萝岗、南沙、增城、从化）由区自行负责。

2.《土地调查条例》

该条例第六条："国家根据国民经济和社会发展需要，每10年进行一次全国土地调查，根据土地管理工作的需要，每年进行土地变更调查。"

3.《基础测绘条例》

该条例第十四条："设区的市、县级人民政府依法组织实施1：2000～1：500比例尺地图和数字化产品的测绘和更新。"第二十二条："县级人民政府区域界线、地名、水系、交通、居民点植被等地理信息的变化情况，定期更新基础测绘成果。"

4.《广州市测绘管理办法》

该办法第十三条："本市建立基础测绘成果更新制度。本市建成区和重点建设地区的1：500地形图至少每年更新一次，其他建设地区的1：500地形图至少每两年更新一次"的规定，城镇地形地籍更新工作及地形地籍数据库必须每年更新一次。

5. 其他

《测绘生产成本费用定额》（2009）、《测绘生产成本费用定额计算规则》（2009）、《测绘生产困难类别细则》及《测绘生产成本费用定额及有关细则的通知》（财建〔2009〕17号）。

【评审意见】

根据《测绘生产困难类别细则》将困难系数分为Ⅰ、Ⅱ、Ⅲ三类困难系数及费用依次增加，综合广州市工业厂房、房屋面积及其规律性、地形地貌等情况，测绘生产困难类别为Ⅱ类，即1：500城镇地形地籍测绘价格为15369.50元/幅，但城镇地形地籍修补测量是以二调城镇地籍调查成果为底图，对地形地貌发生变化的区域进行修测或对遗漏的区域进行修补，根据《关于城镇地形地籍成果更新项目立项及经费问题的请示》（穗国房字〔2010〕1551号文）按6折计，即单价为9221.7元/幅。地形地籍数据库单价为214.33元/幅，每幅0.0625km²。

根据《广州市第二次全国土地调查中心城区城镇（村庄）土地调查作业面积统计表》及从高分辨卫星遥感影像图叠加地形地籍数据及权属发证数据分析，我市中心城区地形、地籍每年变化量约15%。即中心城区修补测绘面积约648km²×15%。

根据以上几方面意见，该项目最终由送审1894.00万元调整为1518.32万元，核减375.68万元，核减率19.84%。

【经验总结】

（1）财政项目评审应从政策、技术、经济方面综合把关；

（2）建立评审数据库、材价库及指标库、法规库；

（3）财政应积累项目单位每年投入费用的经验数据资料，包括招标投标中标资料；

（4）送审单位要对依据资料作充分准备；

（5）应严格按照《测绘生产成本费用定额》（2009版）标准计算，并注意避免与其他方面开支重复计算。

总之，基础测绘是市场经济体制下公共财政改革和建立健全的一项新课题，需要在探索和实践中不断进化和完善。我们必须牢固树立科学发展观，以改革创新的精神和理念，勇于探索基础测绘评审的新路子、新领域，让财政投资评审真正成为发挥财政职能的重要一环。

案例4-7 有关定额材料消耗量系数的案例评审

【案例背景】

某动物园升级改造工程，总规划用地面积约71038.6m²（用地红线面积），其中绿化面积39569.4m²，园建面积17555.1m²，水体面积4140.7m²，建筑面积4386.8m²，桥梁面积344m²。套用公共绿化种植工程定额时，种植乔、灌木采用袋苗或假植苗，苗木消耗量按定额110株。

【关键问题】

套用公共绿化种植工程定额时，种植乔、灌木采用袋苗或假植苗，苗木消耗量是否全额按定额消耗量计算问题。

【评审依据】

《广东省园林绿化工程综合定额（2010

年）》，定额中E.2公共绿化种植工程章中说明第2.8条：种植乔灌木按地苗考虑，如采用盆苗、假植苗、袋苗，定额苗木消耗量乘以系数0.95计算。

【评审意见】

在套用定额计算清单综合单价时，将定额苗木消耗量乘以系数0.95，相应调整综合单价。

【经验总结】

套用定额必须充分了解并理解定额的相关说明。类似如高压旋喷桩、深层搅拌桩单位水泥用量不同时，可以换算，其他不变；打灌注桩、钻（冲）孔桩含量按1.2扩散系数考虑，实际出槽量不同时可以调整等。

二、无计价依据适配的评审问题

随着建筑业的不断发展，新工艺的不断出现，计价定额可能在某些子目上不完整，有缺失。在施工图纸和施工说明中遇到定额缺项时，首先确定是否有类似项目可以作为参考，再做细微调整即可；若无类似项目且定额缺失，则可根据市场价格及相关规定，合理确定，并向有关部门备案。

案例4-8 无适用计价依据的案例评审

【案例背景】

某快速路全长约22km。路灯设施管养包含：高杆灯、功能灯、架空悬挑灯共

2740盏，箱式变配电站25座，照明配电箱29台；沿线设主线站2个，匝道站8个，收费监控中心1个，共145条车道，出口85条

收费车道（含14条复式收费，2个ETC自动缴费车道），入口60条发卡车道（含1条ETC车道）。

其中：（1）收费系统：收费系统分别由收费计算机系统、收费CCTV系统、对讲系统、报警系统和供配电系统等5个部分构成。

（2）通信系统：通信设备包括业务电话、指令对讲机、光纤数字传输设备、数字程控交换机设备、数字程控调度设备、背景音乐广播设备和通信电源等构成。

（3）道路监控系统：二期路段及延长线已建成18套（9对）VD系统（视频车辆检测器摄像机）及16套道路实时监控摄像机、4个道路信息情报板。

本预算送审金额约2173万元，送审时间为2013年8月，属于该快速路路灯设施及收费三大系统机电设备的日常维护费用。

财政投资评审中心在复核过程发现：

1. 关于动态人工单价的计价依据存在争议

送审项目人工、材料及机械台班价格参照广州市建设工程造价管理站颁布的《关于2013年第二季度广州市建设工程结算及有关问题的通知》（穗建造价〔2013〕66号）套用，其中人工费按102元/工日计取。

2. 收费三大系统机电设备管养费用

由于《市政工程设施养护维修估算指标》HGZ—120—2011及广东省广州市建设工程造价管理部门相关指标中均没有该类型子目可以参照。送审按系统机电设备费10%计取本项目的管养费用。

【关键问题】

（1）当存在多个与人工单价相似的定额、造价信息等计价依据时，动态人工单价的取定依据问题；

（2）无适宜定额子目的费用计价依据的取定问题。

【评审依据】

（1）住房城乡建设部发布《市政工程设施养护维修估算指标》HGZ-120-2011；

（2）广州市建设工程造价管理站发布《关于2013年第二季度广州市建设工程结算及有关问题的通知》（穗建造价〔2013〕66号）；

（3）《广州市房屋修缮工程修缮定额》（1998）；

（4）《广州市市政设施维修养护工程年度费用估算指标》（2011）。

【评审意见】

1. 关于动态人工单价如何定价问题

经查阅发现广东省及广州市建设工程造价管理部门尚未出台该类型（路灯设施管养）计价依据，可参照《市政工程设施养护维修估算指标》HGZ-120-2011及计费程序评审。但经对比2011年《市政工程设施养护维修估算指标》举例中的人工、材料及机械台班单价（其中人工为44元/工日）计算的工程项目综合单价比按《广州市市政设施维修养护工程年度费用估算指标》（2011）中的同类工程项目子目人工工日消耗量高出1.5～3倍，若动态人工单价按102元/工日执行，审定费用将明显高出市场价格，不合理。

通过计算比较及市场调研，动态人工单价参照广州市建设工程造价管理站颁布的《关于2013年第二季度广州市建设工程结算及有关问题的通知》（穗建造价

〔2013〕66号）规定的《广州市房屋修缮工程修缮定额》（1998）计取，其中人工费（含机上人工）为55.00元/工日，材料及机械台班价格参照同期信息价计算。结果贴近市场价，比较合理。

2. 关于收费三大系统机电设备管养费用如何计算问题

通过对《市政工程设施养护维修估算指标》HGZ-120-2011中子目反推算，结合类似项目的实际发生费用，经比较，管养费按设备费5%计算较合理，设备单价参照发包人提供的设备台账价格计算。

经过评审中心复核后，预算调整偏差金额约409万元。

【经验总结】

（1）需了解《市政工程设施养护维修估算指标》HGZ-120-2011及计费程序的使用范围。通常住房城乡建设部发布的行业标准可作为全国各省参考执行的基础标准，其中人工工日、材料、机械台班消耗量是全国平均水平。每个省在编制适用的专业定额时会结合本省的自然条件、常用施工技术、施工工艺、最低人工工资确定符合本省实际的各种估算指标、相关综合定额的人工工日、材料、机械台班消耗量。

（2）人工单价的取定是一个很复杂的问题，由于定额人工单价所包含的内容与一般市场价格所包含的费用内容不同，因此既不能完全照搬市场价，又要考虑实际情况，选取合适的计价依据。经对《市政工程设施养护维修估算指标》HGZ-120-2011、《广东省安装工程综合定额（2010年）》、《广州市房屋修缮工程修缮定额（1998年）》中类似定额子目的施工内容、人工消耗量水平进行对比、分析，发现相同项目的人工工日消耗量偏差大，动态人工工日单价采用应根据"贴近市场且合理"的原则成为项目评审的重点。

案例4-9 **工程措施费的案例评审**

【案例背景】

广州大道（天河北路～洛溪大桥）快捷化改造系统工程——金穗路～洛溪大桥北工程位于广州大道，北起广州大道金穗路，南至洛溪大桥北，全长7.6km。改造的主要范围为金穗路、寺右新马路段渠化改造以及客村立交改造、海珠区政府段改造（新建下穿隧道一座）、南洲北路立交（新建跨线桥一座）、南洲路立交改造四个节点工程。本次评审范围：绿化工程、绿化喷灌工程、临时道路及交通疏解工程、环保设施工程、外水外电工程等项目。财政投资评审中心在复核过程中发现：临时道路及交通疏解工程计算了安全文明施工措施项目费、暂列金额及预算包干费。

【关键问题】

临时道路及交通疏解工程是否计算安全文明施工措施项目费、暂列金额及预算包干费。

【评审分析】

（1）依据广东省建设厅《广东省建设工程计价依据（2010）》、《广东省市政工程综合定额（2010年）》、《广东省安装工程综合定额（2010年）》等定额套算分部分项工程和单价措施项目费清单计价；按费率计算措施项目费时，建设管理单位认为临时道路及交通疏解工程分别按单个项目报价，应计算安全文明施工措施项目费、暂列金额及预算包干费。

（2）评审单位认为，在本案例中临时道路及交通疏解工程均为广州大道（天河北路～洛溪大桥）快捷化改造系统工程——金穗路～洛溪大桥北工程的措施工程，不是一个独立的单项工程；而安全文明施工措施项目费、暂列金额及预算包干费等的计费基数是分部分项工程费，临时道路及交通疏解工程作为措施项目不应计算安全文明施工措施项目费、暂列金额及预算包干费等。

【评审意见】

该项目中临时道路及交通疏解工程作为措施项目工程则不应计算安全文明施工措施项目费、暂列金额及预算包干费，应予扣减。

【经验总结】

项目审核，除了要了解定额的适用范围、定额说明等，还必须了解项目的功能作用，才能合理、准确、有效地完成项目的评审工作。

第六节　其他项目费取定的施工图预算评审问题

一、暂列金额范围与计取的评审问题

（一）暂列金额的范围

"13清单"第2.0.18条规定：暂列金额是指招标人在工程量清单中暂定并包括在合同价款中的一笔款项。用于工程合同签订时尚未确定或者不可预见的所需材料、工程设备、服务的采购，施工中可能发生的工程变更、合同约定调整因素出现时的合同价款调整以及发生的索赔、现场签证确认等的费用。

从"13清单"中对暂列金额的概念可以看出，暂列金额主要用于三个方面：提供一些工程设备、材料以及服务等内容的费用；作为一些突发事件或者意外事件的费用；用于施工过程中对合同价款调整以及现场签证确认、索赔等确认的费用。

1．工程设备、材料以及服务等内容的费用

暂列金额中所指的工程设备、材料以及服务的费用，是指发生了合同中约定以外的工作内容时产生的，是在招投标阶段不能确定或不可预见的工作内容。一般可预见的构成建筑实体的一般性材料都是包括在合同范围之内的，如混凝土、钢筋等。

一般暂列金额中的工程设备、材料以及服务主要用于三方面。第一方面，当采用特殊工艺或者是新兴材料，不能确定其具体所需材料或设备时，需要在暂列金额中进行估算；第二方面，当建筑物本身具有其独特性，没有相似工程或者可参考标准时，只能在暂列金额中对其不确定是否发生的工程设备、材料以及服务等进行估算；第三方面，当项目的范围发生变化时，工程内容增加所导致的工程设备、材料以及服务等的费用。

2．突发事件或者意外事件的费用

突发事件或意外事件是指包括化石、文物，不利物质条件，异常恶劣的气候天气及不可抗力等即使一个有经验的承包人都无法预测的事件。由此类事件导致的费用都是由发包人承担的，属于发包人的暂列金额范畴之内。

（1）化石、文物

在施工过程中发掘的所有文物、古迹以及具有地质研究或考古价值的其他遗迹、化石、钱币或物品，当发现时承包人应采取有效合理的保护措施，由此产生的费用增加或工期延误是由发包人承担的，是发包人暂列金额中的内容。

（2）不利物质条件

通常指承包人在施工现场遇到的不可预见的自然物质条件、非自然的物质障碍和污染物，包括地下和水文条件但不包括气候条件。承包人在施工过程中遇到不利物质条件时，应采取适应不利物质条件的合理措施保证施工，因采取合理措施而增加的费用和（或）工期延误由发包人承担。

（3）异常恶劣的气候条件

异常恶劣的气候条件是指在专用合同中约定的程度范围内的情况。但一定不是季节性的气候条件，比如南方梅雨季节、冬天下雪以及当地经常出现的下雨量等都不属于异常恶劣的气候条件。只有符合专用合同条款中规定的范畴所产生的费用才由发包人负责，包括在发包人暂列金额的范围。

（4）不可抗力

不可抗力是指发包人和承包人在订立合同时不可预见，在工程施工过程中不可避免发生且不能克服的自然灾害和社会性突发事件，如地震、海啸、瘟疫、水灾、骚乱、暴动、战争和专用合同条款约定的其他情形。当不可抗力发生时造成的工程损失由发包人承担，是发包人暂列金额的内容。

3．合同价款调整以及现场签证确认、索赔等确认的费用

暂列金额中的价款调整主要包括施工中可能发生的工程变更、合同约定调整因素出现时的价款调整。在工程实践过程中工程变更是难免的，因而合同价款的调整也是不可避免的。工程变更主要包括设计变更和其他变更两类。如果是经发包人同意可以变更的项目，发包人应该向承包人支付因工程变更增加的这部分费用，在暂列金额中进行支付。

（二）暂列金额的计取

在"13清单"计价规范发布之后，某些省市地区也对其做出了相应的响应，相继出台了与之相配套的规定来指导暂列金额的确定。表4-15就对部分省市暂列金额计取方式的相关规定进行了归纳总结。

部分省市暂列金额相关规定　　　　　　　　　　表4-15

序号	省市地区	计取方式（参考）	有关规定
1	北京	暂估价+暂定项目的≤预计合同金额30%	关于贯彻落实《关于进一步加强和规范建设工程招标投标工作的通知》（京建法〔2011〕12号）有关规定的实施细则
2	天津	分部分项工程费的10%～15%	天津市建筑工程定额计价方式介绍及计价办法解读
3	四川		2015年《四川省建设工程工程量清单计价定额——建筑安装工程费用》说明及费用计算说明。
4	广东		《广东省实施〈建设工程工程量清单计价规范〉（GB50500-2013）若干意见》
5	广西		《建设工程工程量清单计价规范》GB 50500—2013广西壮族自治区实施细则
6	上海		上海市建设工程工程量清单计价应用规则
7	山东		山东省建设工程工程量清单计价规则（2011版）
8	宁夏	分部分项工程费的5%～15%	2013年宁夏建设工程工程量清单计价规范实施细则
9	新疆	分部分项工程费5%～10%	自治区建设工程招标控制价编制指导意见（新建总造字〔2010〕7号）
10	江苏	<分部分项工程费的10%	江苏省住房和城乡建设厅文件（苏建价〔2014〕448号）
11	浙江	<招标项目预算造价5%	杭州市建设委员会《杭州市建设工程工程量清单计价实施细则》（杭建市发〔2009〕396号）

由表4-15可以看出，大部分省市对暂列金额都是以分部分项工程费为基数的，只有部分省市是以预算造价或者预计合同金额为基数的；在计取比例方面，均为15%以下，最多不超过基数的30%。不过，除此之外，有些省市并未对规范做出及时的响应，没有出台相应的规定来规范适应自己地区的暂定金额的取定，如重庆、湖南、湖北、河南、甘肃等地。这些均未对暂列金额进行特殊要求的地区，均以国家建议的分部分项工程费的10%～15%计取。

二、暂估价范围与额度的评审问题

（一）暂估价的设置范围

"13清单"第2.0.19条规定：暂估价为招标人在工程量清单中提供的用于支付必然发生但暂时不能确定价格的材料的单价以及专业工程的金额。该条文与国家发展改革委、财政部、住房城乡建设部等九部委第56号令发布的《标准施工招标文件》（2007版）施工合同通用条款中的定义一致。"暂估价"是在招标阶段预见肯定要发生，只是因为标准不明确或者需要由专业承包人完成，暂时又无法确定具体价格时采用，其内容包括材料暂估价和专业工程暂估价。

1．材料、工程设备暂估价

材料包括原材料、燃料、构配件以及按规定应计入建筑安装工程造价的设备，一般是指材料（设备）含采购保管费、损耗及运输费的价格。

2．专业工程暂估价

专业工程的暂估价一般应是综合暂估价，应当包括除规费和税金以外的管理费、利润等取费。

材料设备暂估价、专业工程暂估价确定应合理，不宜太高，也不应太低，且暂估的内容应明确。不计入建筑安装工程造价的设备，不应计入工程量清单中，更不应作为暂估价。工程实践中，为解决设备安装工程与施工总承包单位的工作界面交接，常将设备的安装工程费用作为暂估价，计入工程量清单。

（二）暂估价的额度

暂估价从在《标准施工招标文件》（2007版）中出现至今，只有短短几年的时间，对于暂估价的设置，尤其是对专业工程暂估价的设置，行业内还未形成一套较为成熟的监管体系。各地区为了优化分包市场招投标行为，对暂估价设置出台了适用本地区的相关文件，其中部分省级地区及直辖市对暂估价的规定见表4-16。

部分省及直辖市对暂估价的相关规定   表4-16

序号	省市	发布机构	发布时间	文件名称	条款号	规定内容
1	安徽省	安徽省招标局	2012	《关于印发黄山市黄山区工程建设项目招标投标监督管理暂行办法的通知》（黄政办〔2012〕126号）	第九条	招标控制价中的暂估价一般不得超过招标控制价的百分之十，如特殊项目需要超过该标准的，必须经有关监管部门审批同意。以暂估价形式包括在总承包范围内的工程、货物、服务达到本暂行规定第五条标准的，应当进行招标

序号	省市	发布机构	发布时间	文件名称	条款号	规定内容
2	四川省	四川省发改委	2008	《关于印发四川省国家投资工程建设项目招标人使用标准文件进一步要求的通知》（川发改政策〔2008〕666号）	第五章工程量清单第2.9条	暂列金额和暂估价的金额不得超过该项目（合同段）最高限价的5%
3	浙江省	浙江省人民政府	2009	《浙江省人民政府关于严格规范国有投资工程建设项目招标投标活动的意见》（浙政发〔2009〕22号）	（七）	严格控制招标文件中设立材料、设备的暂估价。确需设立暂估价的材料、设备必须由业主方供应，估价材料或设备的总价值应达到规定的必须进行依法招标的额度，且保证今后能够通过依法招标的方式确定供应商，否则视同肢解发包、规避监督行为。原则上不得设立专业工程、分部分项工程等的暂估价
4	江西省	江西省住房和城乡建设厅	2010	《关于印发《江西省房屋建筑和市政基础设施工程施工招标投标评标办法》的通知》（赣建字〔2010〕1号）	第七条	暂列金额和暂估价大于等于招标项目总价20%或合计超过50万元的，由招标人和中标人双方依法共同组织对暂列金额和暂估价项目的招标（招标人供料除外）
5	北京市	北京市住房和城乡建设委员会	2011	《北京市住房和城乡建设委员会关于进一步规范北京市房屋建筑和市政基础设施工程施工发包承包活动的通知》（京建发〔2011〕130号）	第十条	暂估价和暂定项目的合计金额占合同金额的比例不得超过30%
6	上海市	上海市建设工程评标专家管理委员会	2013	《关于招收建设工程稀缺专业及暂估价招标评标专家有关事宜的通告》	附件三	暂估价招标所需专业列表；勘察：物探、工程测量、水文；设计、施工、监理：消防、照明、幕墙、装饰装修；其他专业：标志标线、通信及信号、脱硝

从表4-16中可以看出，省级部门以及直辖市对暂估价设置范围规定比较宽泛，暂估价占招标控制价的比重的设置一般限制在10%～30%以内，只有四川省对暂估价所占比重限定值较小，仅为5%。地级市对暂估价的规定如表4-17所示。

部分地级市对暂估价的规定 表4-17

序号	省市	发布机构	发布时间	文件名称	条款号	规定内容
1	江苏省南通市	南通市城乡建设局	2011	《关于印发〈建设工程暂估价及发包人供应材料和设备采购管理办法（试行）〉的通知》（通建工〔2011〕37号）	第六条	（1）建设工程部分专业工程建筑设计有特定艺术或特定技术要求需二次深化设计，且该部分造价占招标控制价较大；（2）建设工程部分专业工程技术复杂或者有特殊专业要求，仅有少数专业施工队伍可供选择的

序号	省市	发布机构	发布时间	文件名称	条款号	规定内容
2	湖南省岳阳市	岳阳市财政局	2011	《岳阳市财政局关于印发〈岳阳市财政投资项目暂估价预算评审管理办法〉的通知》（岳市财审〔2011〕2号）	第二条	暂估价设定原则：尽可能少设，且有利于质量与成本控制、有利于建设项目管理。工程量清单编制时，经测算确认的暂估价，应在其他项目清单中列项计入综合单价与总造价
3	浙江省温岭市	温岭市招投标管理委员会	2009	《建设工程招投标有关政策调整问题协调会议纪要》（温招委纪要〔2009〕3号）	（八）	对温招委〔2008〕6号规定上限价相对预算价下浮率A（％），按不得低于8%的规定进行调整：即房建工程由5～6改为8，市政保持8～11，水利工程、港口、交通工程由6～8改为8，装修装饰、建筑幕墙保持8～12，园林绿化、智能化、城市及道路照明工程保持12～15

从表4-17中可以看出，地级市相较于省级部门对暂估价设置范围以及暂估价所占招标控制价比重更为具体，例如浙江省温岭市《建设工程招投标有关政策调整问题协调会议纪要》对暂估价的设置范围已按《建设工程工程量清单计价规范》GB 50500—2013附录中工程量计量规范中所列专业工程进行了具体划分。

（三）财政投资评审中暂估价注意事项

1．慎重确定以暂估价进行计取的项目范围

暂估价格是招标人在施工招标阶段针对那些必然发生的但暂时不能确定价格的材料、设备及专业分包工程项目所采取的计取方式，并不是所有的工程量清单项目都适合用暂估价格进行计取。符合下列条件之一的项目可以采用暂估价格的方式进行计取：

（1）材料设备以暂估价计取的项目

在施工招标阶段无法确定的品牌、规格及型号，且同类产品在品质、性能及价格等要素上存在较大差异，招标人出于保证所建工程的质量及使用效果考虑，需要对上述要素进行控制的材料及设备。

（2）专业工程以暂估价计取项目

在施工招标阶段，施工图的局部设计深度还不能完全满足施工需要，需要由专业单位对原图纸进行深化设计后，才能确定其规格、型号和价格的成套设备或分包工程；某些总承包单位无法自行完成，需要通过分包的方式委托专业公司完成的分包工程。

对于不符合上述条件的材料、设备，如果招标人确需对其品质、性能等要素进行控制的，还是应当在充分市场调研的基础上，在招标文件中明确指定其品牌、型号等内容。

2．要根据实际情况，确定合理的暂估价格计取方式

招标人在确定暂估价格的计取方式时，应当结合所建工程的实际情况、暂估价格的结

算调整办法等方面因素，本着鼓励投标人之间进行公平、有序竞争的原则，确定最为合理的计取方式。

最常用的暂估价格的计取方式有以下几种：

（1）仅以单纯的材料价格进行计取的暂估价格

适用于为了方便投标施工企业组价，需要纳入分部分项工程量清单项目综合单价中的材料价格。

（2）以综合单价进行计取的暂估价格

适用于在施工招标阶段图纸设计深度不够，需要进行专业深化设计，但是可以准确计算其工程量的专业分包工程。

（3）以综合总价进行计取的暂估价格

适用于在施工招标阶段图纸设计深度不够，需要进行专业深化设计，并且不能准确计算其工程量的专业分包工程，以及大型设备的采购及安装工程。

第五章　竣工结算评审

竣工结算不仅是确定工程造价的重要阶段，也是建设项目竣工验收、编制竣工决算和核定新增固定资产价值的依据。根据《广州市政府投资管理条例实施细则（试行）》（穗府办〔2014〕15号）第四十四条："政府投资项目结算应送市财政部门进行投资评审，市财政评审意见作为拨付项目工程款总额的依据"，加强建设项目的结算评审是合理控制政府投资项目工程造价的有效途径。本章以广州市政府投资项目竣工图结算评审为例，从合同条款约定、合同价款调整、工程计量三方面详细阐述结算评审中的问题。竣工结算评审是一项综合而复杂的工作，需要在实践工作中不断学习理论知识、正确应用和总结经验。

第一节　竣工结算概述

一、竣工结算的定义和编制内容

（一）竣工结算的定义

按照《建设工程价款结算暂行办法》（财建〔2004〕369号）的规定，工程完工后，发承包双方应按照约定的合同价款及合同价款调整内容以及索赔事项，进行工程竣工结算。

《建设项目工程结算编审规程》CECA—GC3—2010中第2.0.2条明确规定：竣工结算是指承包人按照合同约定的内容完成全部工作，经发包人或有关机构验收合格后，发承包双方依据约定的合同价款的确定和调整以及索赔等事项，最终计算和确定竣工项目工程价款的文件。

（二）竣工结算的编制内容

按照合同类型不同，竣工结算编制的内容也略有不同。

1．单价合同竣工结算的编制

在采用工程量清单计价的方式下，工程竣工结算编制时，单价合同的竣工结算的编制内容应包括：分部分项工程费、措施项目费、其他项目费、规费和税金。依据"13清单"，应从四个方面进行竣工结算的编制。

（1）分部分项工程费的编制

分部分项工程的项目单价应依据双方确认的工程量与已标价工程量清单的综合单价计算；如发生调整的，以发承包双方确认调整的综合单价计算。

（2）措施项目费的编制

按照有关专业计量规范规定，措施项目分为应予计量的措施项目和不宜计量的措施项目两类。

1）以单价计价的措施项目费的编制

措施项目中的单价项目应依据双方确认的工程量与已标价工程量清单的综合单价计算；如发生调整的，以发承包双方确认调整的综合单价计算。

计算公式为：措施项目费=∑（措施项目工程量×综合单价）

2）以总价计价的措施项目费的编制

措施项目中的总价项目应依据合同约定的项目和金额计算；如发生调整的，以发承包双方确认调整的金额计算，其中，安全文明施工费必须按国家或省级、行业建设主管部门的规定计算。施工过程中，国家或省级、行业建设主管部门对安全文明施工费进行调整的，措施项目费中的安全文明施工费应作相应调整。

总价措施项目可以分为：非竞争性和可竞争性项目。非竞争性的项目有：安全文明施工费等;竞争性项目有：夜间施工费、二次搬运费、冬雨期施工费等。

若施工合同中未约定措施项目费结算方法，可按以下方法结算：

对于非竞争性的总价措施项目，通常用计算基数乘以费率的方法予以计算。

①安全文明施工费

计算公式为：安全文明施工费=计算基数×安全文明施工费费率（%）

计算基数应为定额基价（定额分部分项工程费+定额中可以计量的措施费、定额人工费或定额人工费与机械费之和，其费率由工程造价管理机构根据各专业工程的特点综合确定）。

②其余不宜计量的措施项目。包括夜间施工增加费、非夜间施工照明费、二次搬运费、冬雨期施工增加费、地上地下设施、建筑物的临时保护设施费，已完工程及设备保护费。计算公式如下：

措施项目费=计算基数×措施项目费费率（%）

计算基数为定额人工费或定额人工费与机械费之和，其费率由工程造价管理机构根据各专业工程的特点和调查资料综合分析后确定。

（3）其他项目费的编制

其他项目应按下列规定计价：

1）计日工应按发包人实际签证确认的事项计算；

2）暂估价应按合同约定或"13清单"中暂估价的相应规定计算；

3）总承包服务费应依据合同约定方法计算；

4）施工索赔费用应依据发承包双方确认的索赔事项和金额计算；

5）现场签证费用应依据发承包双方签证资料确认的金额计算；

6）暂列金额应减去工程价款调整（包括索赔、现场签证）金额计算，如有余额归发包人。

（4）规费和税金的编制

规费和税金必须按国家或省级、行业建设主管部门的规定计算。规费中的工程排污费应按工程所在地环境保护部门规定标准缴纳后按实列入。

2．总价合同竣工结算的编制

采用总价合同的工程结算编制，应在合同价基础上对设计变更、工程洽商①以及工程索赔等合同约定可以调整的内容进行调整。

二、竣工结算的编制依据和要求

（一）竣工结算的编制依据

1.《建设工程价款结算暂行办法》（财建〔2004〕396号）

《建设工程价款结算暂行办法》（财建〔2004〕396号）第十一条明确规定：工程价款结算应按合同约定办理，合同未作约定或约定不明的，发、承包双方应依照下列规定与文件协商处理。

（1）国家有关法律、法规和规章制度；

（2）国务院建设行政主管部门、省、自治区、直辖市或有关部门发布的工程造价计价标准、计价办法等有关规定；

（3）建设项目的合同、补充协议、变更签证和现场签证，以及经发、承包人认可的其他有效文件；

（4）其他可依据的材料。

2.《建设项目工程结算编审规程》CECA—GC3—2010

《建设项目工程结算编审规程》CECA—GC3—2010中4.2.2条规定竣工结算的编制依据包括：

（1）建设期内影响合同价格的法律、法规和规范性文件；

（2）施工合同、专业分包合同及补充合同，有关材料、设备采购合同；

（3）与工程结算编制相关的国务院建设行政主管部门以及各省、自治区、直辖有关

---

① 工程洽商，主要是指施工企业就施工图纸、设计变更所确定的工程内容以外，施工图预算或预算定额取费中未包含的，而施工中又实际发生费用的施工内容所办理的书面说明。工程洽商也是参建各方就项目实施过程中的未尽事宜，提出洽谈商量。在取得一致意见后，或经相关审批确认后的洽商，可作为合同文件的组成部分之一。并且是施工设计图纸的补充，与施工图纸同等重要作用。

部门发布的建设工程造价计价标准、计价方法以及计价定额、价格信息、相关规定等计价依据；

（4）招标文件、投标文件；

（5）工程施工图或竣工图、经批准的施工组织设计、设计变更、工程洽商、索赔与现场签证，以及相关的会议纪要；

（6）工程材料及设备中标价、认价单；

（7）双方确认追加（减）的工程价款；

（8）经批准的开、竣工报告或停、复工报告；

（9）影响工造价的其他相关资料。

3.《建设工程工程量清单计价规范》GB50500—2013

依据"13清单"，工程竣工结算的编制依据如下：

（1）本规范；

（2）工程合同；

（3）发承包双方实施过程中已确认的工程量及其结算的合同价款；

（4）发承包双方实施过程中已确认调整后追加（减）的合同价款；

（5）建设工程设计文件及相关资料；

（6）投标文件；

（7）其他依据。

对比"08清单""13清单"，"13清单"对竣工结算的编制依据进行了质的变化，强调了将历次计量结果计入竣工结算和强调历次支付的重要性，并规定：发承包双方实施过程中已确认的工程量及其结算的合同价款和发承包双方实施过程中已确认调整后追加（减）的合同价款作为竣工结算编制的依据，强化了工程价款的中间管理环节。具体体现在：①竣工结算依据不再局限于索赔、现场签证等，在施工过程中发承包双方确认的合同价款的调整都应该作为竣工结算的依据；②不再将竣工图纸单独列入竣工结算的编制与审核依据中，避免了工程量清单计价模式下竣工图重算法结算方式导致的大量争议；③不再将招标文件单独列入竣工结算的编制与审核依据中，却将投标文件也作为编制依据之一，这既是对发包人的约束和行为规范，也是对承包人的一种保护。

（二）竣工结算的编制要求

工程竣工结算编制是竣工阶段承包人结清工程合同价款之前的重要工作，无论是承包人自行编制，还是委托工程造价咨询人进行编制，一般应满足如下基本要求：

（1）工程竣工结算应以施工发、承包合同为基础，按合同约定的工程价款调整方式对原合同价款进行调整。

（2）工程竣工结算应核查设计变更、工程洽商等工程资料的合法性、有效性、真实性和完整性。对有疑义的工程实体项目，应视现场条件和实际需要核查隐蔽工程。

（3）建设项目由多个单项工程或单位工程构成的，应按建设项目划分标准的规定，将各单项工程或单位工程竣工结算汇总，编制相应的工程竣工结算书，并撰写编制说明。

（4）实行分阶段结算的工程，应将各阶段工程结算汇总，编制工程竣工结算书，并撰写编制说明。

（5）实行专业分包结算的工程，应将各专业分包结算汇总在相应的单项工程或单位工程竣工结算内，并撰写编制说明。

（6）工程竣工结算编制应采用书面形式，有电子文本要求的应一并报送与书面形式内容一致的电子版本。

（7）工程竣工结算应严格按工程竣工结算编制程序进行编制，做到程序化、规范化，竣工结算资料必须完整。

第二节　竣工结算评审准备工作

竣工结算评审是复杂且耗时较长的工作，前期评审工作准备充分、送审资料完整、评审工作计划细致、评审方法合适，将起到事半功倍的效果。

一、预受理阶段的准备工作

（一）送审单位的准备工作

《广州市财政投资评审监督管理办法》（穗府办法〔2015〕9号）中有关评审预受理咨询程序如下。

1．财政投资评审预受理咨询表

财政投资评审预受理咨询见表5-1。

财政投资评审预受理咨询表（结算）　　　　　　　　　　　表5-1

建设项目名称		政府投资项目编码												
建设单位		联系方式												
项目性质	1. 新建□　2.续建□　3.改扩建□　4.维修改造□　5.其他□													
资金来源	1. 财政性资金□　2.政府性基金□ 3. 政府性融资资金□　4.其他纳入财政管理资金□													
项目类别	1. 房屋建筑□　2.市政基础设施□　3.设备安装□　4.园林绿化□ 5. 交通水利□　6.征地拆迁□　7.其他□													

建设项目名称		政府投资项目编码										
评审类别	1. 概算□ 2.预算□ 3.结算☑ 4.竣工财务决算□ 5. 评估□ 6.其他□											
评审编码	未有评审编码的项目可不填写	概算评审财政委托编号		概算已经财政评审的项目需填写	预算评审财政委托编号		预算已经财政评审的项目需填写					
经批复金额	1. 投资估算（可行性研究批复）__万元（概算、预算、结算、竣工财务决算送审时需填写）; 2. 概算__万元，其中工程费__万元（预算、结算、竣工财务决算送审时需填写）; 3. 施工图预算__万元，累计已评审预算__万元（结算、竣工财务决算送审时需填写）; 4. 结算__万元，其中合同价__万元，累计已评审结算__万元（竣工财务决算送审时需填写）; 5. 该项目已批复资金__万元，已累计落实__万元（概算、预算、结算、竣工财务决算送审时需填写）											
送审金额	__元（保留两位小数），其中征拆费（不含管线迁移部分）__元											
项目建设单位意见： 负责人：单位（盖章） 　　　　　　　　　　　年　月　日					项目主管单位意见： 单位（盖章） 　　　　　　　　　年　月　日							

注: 1. 若干项目一起送审时须逐个项目填写此表，在评审申请函中汇总;

　　2. 若一个立项项目分次送审概算评审时，需填写项目概算分次送审情况表，且报市财政局主管部门审核同意;

　　3. 送审项目若是在建或竣工状态，原则上不受理预算评审。

2. 财政投资评审送审资料清单

送审单位的准备工作主要内容就是送审资料的准备。工程结算送审时，送审单位应出具工程结算送审意见书，建设单位应对送审项目资料的完整性、真实性做出书面承诺。施工单位应就评审过程中配合工作出具愿意配合评审函。建设单位出具的结算送审意见书、评审承诺书，施工单位出具的愿意配合评审函及建设单位、施工单位签定的评审约定书应作为项目送审必需资料一并送评审单位，详见表5-2。

财政投资评审竣工结算送审资料清单　　　　　　　　　　　表5-2

项目名称：		委托号：				
建设单位		联系人		电话		
设计单位		联系人		电话		
评审单位		联系人		电话		
评审中心		联系人		电话		

移交资料情况

序号	资料名称	单位	数量	原件	复印件	备注
1	工程结算书及其电子文档					
2	合同文件					
3	工程竣工图纸（及其电子文档）					

项目名称：		委托号：				
建设单位		联系人		电话		
设计单位		联系人		电话		
评审单位		联系人		电话		
评审中心		联系人		电话		

移交资料情况

序号	资料名称	单位	数量	原件	复印件	备注
4	招标文件（及招标答疑）					
5	投标文件					
6	中标通知书					
7	工程开工报告					
8	竣工验收报告					
9	工程设计变更					
10	工程签证					
11	工程量计算书（含钢筋抽料表）及其电子文档					
12	工程预（概）算批复文件					
13	相关资金安排（批复）文件					
14	招标图					
15	图纸会审记录					
16	工程洽商记录					
17	监理合同					
18	监理工程师通知或发包人施工指令					
19	会议纪要					
20	材料、设备单价呈批审核单					
21	综合单价呈批审核单及电子版					
22	甲供材料证明					
23	施工组织设计					
24	工程地质勘察报告及水文资料					
25	城建档案					
26	工期逾期情况说明					
27	合同条款修改说明					
28	隐蔽工程验收记录					
29	工程质量验收评定证书					
30	涉及税金等调整的工程款支付明细					
31	其他结算资料					

移交记录

单位		单位		单位		
签名		签名		签名		
日期		日期		日期		

注：粗体部分为必填项。

3．明确送审资料要求

送审单位（包括项目主管部门、项目建设单位、建设管理单位、代建单位）应根据项目类别按以下要求整理送审资料：

（1）项目结算资料必须由建设单位人员（应持有建设单位授权书及本人身份证）送审，不得由施工单位代替。

（2）送审资料的真实性、合法性、完整性由送审单位负责。

（3）送审单位应对报送资料中的所有复印件盖章确认；装订成册的，可在封面和骑缝盖章；未装订的，每页盖章。

（4）各阶段的设计图纸应保证其合规性（签字、盖章手续齐备）。

（5）送审图纸、送审结算书（概算书、预算书、补偿预案等）要求送审单位盖章；送审金额应是项目各方（发包人、监理、承包人）共同认可的。

（6）送审单位应列好交接资料清单（一式两份），注明资料名称、份数、页数，注明送审单位的联系人及联系电话，并提供清单的电子版。

（7）资料交接时，必须当场清点完毕，填制送审项目资料移交清单，并由交接双方签字，各自留存备查。送审资料中工程联系单未编号的，应在编号后，按要求填制具体工程联系单目录清单，由交接双方签字确认。

（8）各资料移交清单表内粗体部分为必备的基础资料，基础资料不齐备的评审受理窗口可不予受理。

（9）电子文档：送审的概、预、结算电子文档必须是相对应计价软件版（注明对应的计价软件及版本）文档及导出的Excel版；送审的图纸电子文档必须是对应的CAD版（注明版本）。不接受盗版计价软件编制的电子文档。

（10）工程量计算书：工程量计算书应有详细计算过程，分专业、楼层、部位、回路，用Excel格式编制，可修改并能自动合并、汇总。

（二）评审单位的准备工作

财政投资评审受理机构应自收到送审资料之日起5个工作日内审核完毕，符合受理条件的出具预受理通知。不符合受理条件的，书面一次性告知不受理的原因，退回补充完善。

二、评审阶段的准备工作

（一）竣工结算评审工作计划

对于送审资料齐备的，完成制定评审工作计划、组建项目评审小组、明确评审具体工作等。

1．制订评审工作计划

评审工作需要进行周密的计划安排，制定有效的评审方案。评审方案的内容包括：评审依据资料、评审目的、评审内容与重点、评审人员的分工、评审进度安排、评审的一般方法及评审报告完成时间。

2．组建项目评审小组

评审小组的具体组成，依评审项目的规模和性质而定。小型项目可能只有一名评审人员，所有的评审工作由其独自完成。而大规模的评审项目需要较多的人员和时间，在制订评审计划时，应提前做好安排。评审小组人员可来源于公司内职能部门，也可以外请相关专家来担任。

3．明确评审具体工作

财政投资项目结算的评审，具体主要包括以下几方面：

（1）项目结算是否控制在批复预算范围内；

（2）项目招标方式、招标程序、招标文件、各项合同的合规性；

（3）项目结算范围、内容与合同约定的项目范围、内容是否一致；

（4）分部分项综合单价、措施项目或其他项目、规费、税金的计价原则、方法是否严格执行合同约定；

（5）其他需要评审的内容。

（二）竣工结算评审依据

（1）相关法律法规：

国家有关财政投资评审、经济合同和工程建设的法律、法规及规章制度等，主要包括：《中华人民共和国预算法》、《中华人民共和国建筑法》、《中华人民共和国招标投标法》、《中华人民共和国合同法》、《建筑工程施工发包与承包计价管理办法》、"13清单"、《建筑工程质量管理条例》等。

（2）相关技术经济规范：

国家主管部门及省、市有关部门颁布的标准、定额和工程技术经济规范，包括：《广东省综合定额》（2010）、广州市建委各个季度发布的材料文件价、指导价格、定额和与其相配套的取费文件、定额解释等。

（3）项目有关文件：

项目有关文件包括：概算批复文件、部门预算批复文件、招标文件、投标文件、中标通知书、招标答疑、招标澄清、建设单位在工程实际过程中与各有关单位签订的施工合同、材料供货合同、勘测设计合同、监理合同、各种技术合同及其相关的补充合同等。

（4）相关工程实施资料：

有关工程实施的资料包括：施工图纸、竣工图纸、竣工验收表、地质勘测资料、施工过程中有关的会议纪要、甲乙双方确认的有关材料价格计算依据、有完善手续的现场签证、工程洽商、监理通知书和其他在工程实施过程中甲乙双方形成的有关计价依据等。

（5）相关市场信息：

与工程项目有关的市场价格信息、同类项目的造价及其他有关的市场信息。

（6）项目评审所需的其他有关依据。

（三）竣工结算评审内容

财政投资结算评审是对建设项目过程评价的重要阶段。根据《建设项目工程结算编审规程》CECA—GC3—2010，财政投资结算评审的内容如下：

（1）审查工程结算的项目范围、内容与合同约定的项目范围、内容一致性；

（2）审查分部分项工程项目、措施项目或其他项目工程量计算准确性，工程量计算规则与计价规范保持一致性；

（3）审查分部分项综合单价、措施项目或其他项目时应严格执行合同约定或现行的计价规则、方法；

（4）对于工程量清单或定额缺项以及新材料、新工艺，应根据施工过程中合理消耗和市场价格，审核结算综合单价或单位估价分析表。

（5）审查变更签证凭据真实性、有效性，核准变更工程费用；

（6）审查索赔是否依据合同约定的索赔处理原则、程序和计算方法以及索赔费用的真实性、合法性、准确性；

（7）审查分部分项工程费、措施项目费、其他项目费或定额直接费、措施费、规费、企业管理费、利润和税金等结算价格时，应严格执行合同约定或相关费用计取标准及有关规定，并审查费用计取的时效性、相符性；

（8）提交工程结算审查初步成果文件，包括编制与工程结算相对应的工程结算审查对比表，待校对、复核。

（四）竣工结算评审方法

竣工结算的评审方法如表5-3所示。

竣工结算评审方法 表5-3

评审方法	方法介绍及适用范围	优点
全面审查法	对于一些工作量较小、工艺比较简单的一般民用建筑工程，编制结算的技术力量比较薄弱，可采用此法	全面、细致，经审查的工程结算差错小、质量较高
重点审查法	这是抓住工程结算中重点进行审查的方法。选择工程量较大、单价较高和工程结构复杂的工程，如一般土建工程中的基础、墙、柱、门窗、钢筋混凝土梁板等	应用比较广，既适用工程量大的工程，也适用工程量小的项目，速度快
筛选审查法	此法适用于住宅工程或不具备全面审查条件的工程	简单易懂，便于掌握，审查速度和发现问题快
市场调查法	针对价格高，用量多的材料进行市场调查测算价格，防止施工单位故意抬高材料价格	及时掌握市场动态
用标准预算审查法	对于全部采用标准图纸或通用图纸施工的工程，以事先编制预算为参考审查结算的一种方法	审查时间短、效果好

第三节　竣工结算评审关键点

竣工结算时引发争议的因素具有多样性与不确定性特点。然而，通过梳理已有结算评审案例可以发现，争议主要包括合同条款的约定、合同价款的调整以及工程量的计量等关键控制点。发承包双方之间合同的约定不明与补充协议约定不一致是引发评审争议的根源；设计变更和签证的发生，使得价款调整成为合同执行的必然；实施边界的改变与计量依据的调整加大了履行义务工程量准确计算的难度。结合实践中结算评审争议存在的具体问题及引发争议的关键控制点分布，本章将对合同条款约定引起的结算问题、合同价款调整引起的结算问题、工程计量引起的结算问题等进行详细阐述，如图5-1所示。

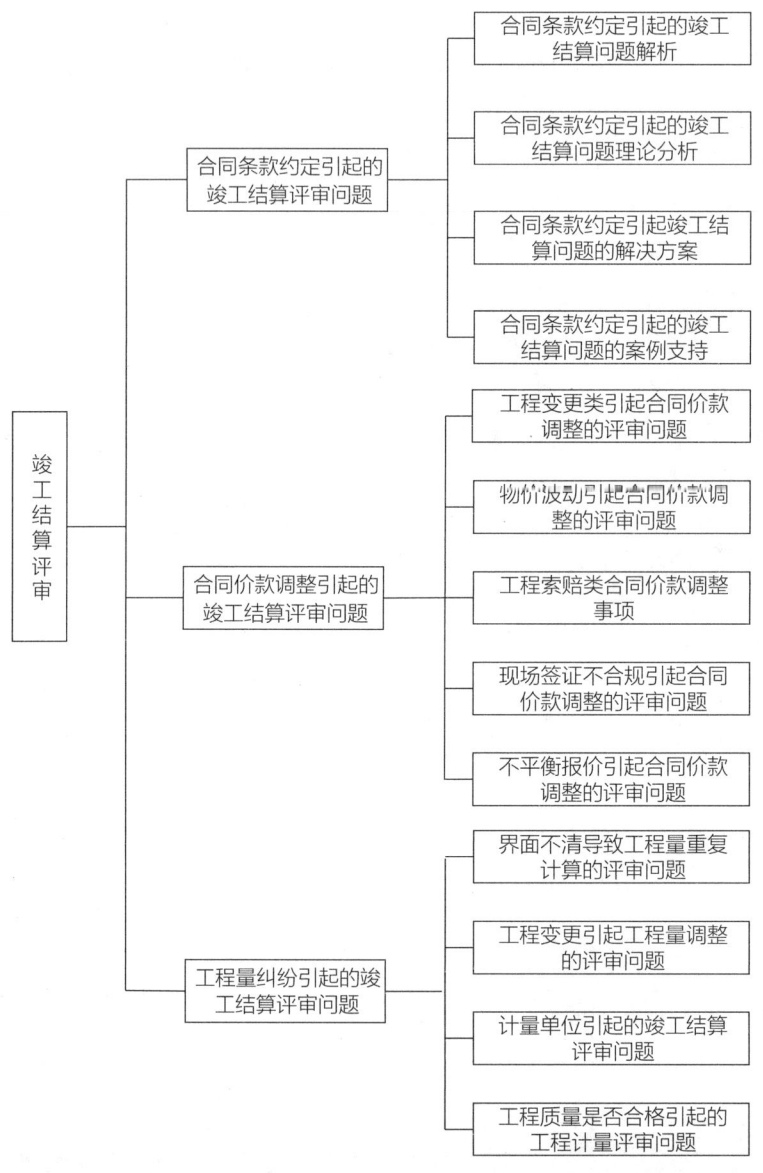

图5-1　结算评审关键问题

一、合同条款约定引起的竣工结算评审常见问题

合同的拟定需要经过要约邀请、要约与承诺三个阶段（其中要约与承诺是必经的两大阶段），而合同双方在合同签订过程中，合同条款的约定出现争议主要体现在合同条款未约定、合同条款约定不明、合同条款约定不一致三大方面。工程实践中基于合同条款前后约定不一致产生纠纷较多。因此，此部分着重讨论合同条款前后约定不一致的问题以及相应应对策略。

二、合同价款调整引起的竣工结算评审常见问题

在工程实施阶段合同价款调整难以避免，由于引起价款调整多是发生于合同执行过程中的独立事件，对于该类事件一般要求其界限明晰、描述完整。其中主要包括工程变更、物价波动、现场签证与其他类等，此类独立事件作为合同条款的补充与修正内容，需要详细阐释发生事件的边界属性与费用组成。

三、工程计量纠纷引起的竣工结算评审问题

工程量计量的矛盾争议点主要体现在应予计量的工程量的确定上。此类因素的影响贯穿合同执行的全过程，因此应当在财政投资评审过程中特别关注工程量的准确性问题。

第四节　合同条款约定引起的竣工结算评审常见问题

合同条款的拟定是承包人与发包人意思表示一致的体现，是合同各方履行义务和行使权力的基本准则。然而，在工程实践过程中合同条款约定引起的竣工结算评审问题主要表现在三个方面：一是合同中对价款如何调整没有约定；二是合同约定了价款调整办法，但仍存在合同条款约定不明、描述不清、叙述不详、理解歧义等问题，导致在合同价款调整工作中发承包双方的调价纠纷；三是合同条款对工程价款的调整做出了相应的详细的规定，但是合同范本以及相关文件中约定不一致，例如招标文件与所附的合同条款不一致、施工合同与补充协议约定不一致等。在工程竣工结算过程中，第三种情况常导致工程实施纠纷层出不穷，为结算评审工作的正常进行埋下隐患。因此，厘清合同条款约定引发项目争端的原因以及实施合同之间、招标文件与合同之间不一致所引起纠纷的措施对合理评审就显得十分重要，也是本节重点讨论的内容。

一、合同条款约定引起的竣工结算问题解析

合同条款的约定应当明确而具体，真正做到表达意思一致，起到规范签订合同相关方行为的作用，同时其合同条款内容应当与招投标文件保持一致，同时后续合同补充协议不

能违背前合同条款的实质性内容。但是，工程实践过程中，承发包双方在进行合同签订时，由于信息掌握的不完全性及项目不确定因素的存在性，发包人或招标代理机构在招标文件的编制过程中，由于时间紧、任务急、工作量大，往往在招标文件内容描述与合同条款拟定中出现前后矛盾的情况，或导致所签订的合同条款背离招投标文件的实质性内容，后续合同补充协议与前合同条款前后调整规定不一致，为合同的执行埋下了隐患，使得合同在执行过程中出现部分条款无效的情形，导致双方当事人在合同履行过程中产生歧义而发生合同纠纷。

二、合同条款约定引起的竣工结算问题理论分析

（一）合同条款无效的界定

《民法通则》第六十条民事行为部分无效，不影响其他部分的效力的，其他部分仍然有效。

《合同法》第五十六条无效的合同或者被撤销的合同自始没有法律约束力。合同部分无效，不影响其他部分效力的，其他部分仍然有效。

根据我国法律的规定，民事行为无效包括部分无效和全部无效两种。部分无效的合同就是指有些合同条款虽然违反法律规定，但并不影响其他条款效力的合同。如某一买卖合同标的物超过了国家限制性的规定，则超过的部分无效，但整个合同效力继续存在。合同的部分无效可以是量上的部分无效，也可以是质上的部分无效。所谓量上的部分无效是指合同有一部分是在法律许可的范围之内的，可以将范围之外的部分确认为无效。如买卖合同的标的数量超过了国家规定的数量，则超过部分无效，在法律范围内的部分仍然有效。所谓合同质上的部分无效是指合同的内容是由各种不同的条款组成的，而可以将其中的一个条款或者数个条款确认为无效。如当事人约定的法律适用条款违反了中国法律的规定，那么该法律适用条款无效，但其他条款仍然有效。合同部分无效，不影响其他部分效力的，其他部分仍然有效。这规定包含了以下两层意思：

1. 合同部分条款无效的情形

如果认定合同的某些条款无效，该部分内容与合同的其他内容相比较，应当是相对独立的，该部分与合同的其他部分具有可分性，也就是本条所说的，合同的无效部分不影响其他部分的效力。如果部分无效的条款与其他条款具有不可分性，或者当事人约定某合同条款为合同成立生效的必要条款，那么该合同的部分无效就会导致整个合同的无效，而不能确认该部分无效时，另一部分合同内容又保持其效力。

2. 合同目的违法的情形

如果合同的目的是违法的，或者根据交易习惯或者诚实信用和公平原则，剩余部分的合同内容的效力对当事人已没有任何意义或者不公平合理的，合同应全部确认为无效。

（二）相关文件的强制规定

在确定合同条款效力时，主要根据招标投标对承发包双方行为规范的规定及合同法对合同文件约定的规定。

1.《招投标法》

（1）根据《招投标法》第二十七条，投标人应当按照招标文件的要求编制投标文件，投标文件应当对招标文件提出的实质性要求和条件作出响应。

（2）根据《招投标法》第五十九条规定，招标人与中标人不按招标文件和中标人的投标文件订立合同的，或者招标人、中标人订立背离合同实质性内容的协议的，责令改正并处以罚款。

（3）根据《招投标法》第四十六条，招标人和中标人应当自中标通知书发出之日起三十日内，按照招标文件和中标人的投标文件订立书面合同。招标人和中标人不得再行订立背离合同实质性内容的其他协议。

2.《合同法》

根据《合同法》第五十二条（五）违反法律、行政法规的强制性规定，合同条款无效。

三、合同条款约定引起竣工结算问题的解决方案

合同行为（契约行为），即双方民事法律行为，是指合同双方当事人作出相对应的一致意思表示而成立的民事法律行为。此法律行为的特点是各方当事人所作出的意思表示意义并不相同，但彼此相适应，其意思表示包含相反方向的要约与承诺。当事人就合同的权利和义务达成一致意思表示后，合同即告成立，但合同的成立仅是民法意思自治的体现，为维护社会公共利益与国家利益，法律行为的有效成立还应当体现在不违反社会公共利益和国家利益等方面。根据我国《民法通则》第55条的规定，民事法律行为的有效应当具备三个条件：其一，订立合同的主体应当具有相应的民事行为能力；其二，合同双方当事人意思表示真实；其三，合同的内容不得违反法律、行政法规的效力性、强制性规定或社会公共利益。合同订立出现欠缺有效要件的情形，并非导致合同必然、完全的无效，这时因为违反了不同的效力要件，则可能产生不同结果的法律评价。

在工程实践中，应当避免导致合同条款无效的工程行为出现。导致合同条款无效的情形有：合同条款约定违背招标文件；补充协议约定违背主合同，即"阴阳合同"；合同条款违背交易双方真实意思表示，如笔误、逻辑错误等。

前两种情况均违反《招投标法》对于合同实质性要求的相关规定，属于合同法中规定的违反法律、行政法规的强制性规定的情形，因此该类条款无效，评审时应执行原招标文件或经备案的合同。

四、合同条款约定引起的竣工结算问题的案例支持

案例5-1 合同条款约定与招标文件不一致的案例评审一

【案例背景】

某职业学院综合教学楼工程项目，在结算评审过程中，发现了以下问题：

合同条款对计价等实质性内容的约定与招标文件不一致，关于价款调整问题，招标文件约定主材价差涨落超过10%（不含10%）时才调整，合同双方各承担50%价差；但是实际签订合同约定主材价差涨落超过5%（不含5%）时进行调整，合同双方各承担50%价差；并且补充规定人工价差调整内容，发包人承担30%价差，承包人承担70%价差。

该项目承包方式为招标施工图纸总价包干，而送审结算书将投标清单项目特征描述不完整，以及工程量与招标施工图纸的差异作为结算价款调整理由，不符合招标文件及合同协议书的相关约定。

【关键问题】

招标文件与合同条款计价实质性内容约定不一致，该如何处理以及招标施工图纸总价包干形势下如何调整设计变更的问题。

【评审依据】

1.《招投标法实施条例》

该条例第五十七条规定：招标人和中标人应当依照招标投标法和本条例的规定签订书面合同，合同的标的、价款、质量、履行期限等主要条款应当与招标文件和中标人的投标文件的内容一致。招标人和中标人不得再行订立背离合同实质性内容的其他协议。

2. 其他

（1）合同条款中总价包干价款调整约定，以及相应的主材与人工单价的调整规定；

（2）竣工图、设计变更通知单和招标施工图纸。

【评审意见】

1. 合同约定背离招标文件的评审意见

工程实施过程中，承发包双方通过签订合同约定背离招标文件实质性约定的内容的条款，在评审过程中应当严格按照国家法律法规的规定判断其无效。

该项目签订的合同规定改变了招标文件实质性的计价内容，根据招投标法的有关规定，根据《招投标法》第四十六条、第五十九条以及《合同法》第五十二条（五）规定，建设单位和施工单位签订的合同条款背离招标文件实质性内容，属于违反招投标法的行为；违反法律、行政法规的强制性规定，合同条款无效。

由于该项目招标文件与合同条款计价实质性内容约定不一致，所以结算评审中主要材料调差幅度以及合同双方各自承担

风险范围均应执行招标文件，且人工价差不调整。

2. 施工图纸总价包干的设计变更

招标施工图纸总价包干形势下如何调整设计变更的问题。由于该项目执行招标施工图纸总价包干的承包方式，在没有发生任何设计变更的情况下，合同价（不含预留金）就是结算价；所以设计变更的计价应以招标施工图纸作为对比的调整基准。

【经验总结】

背离招标文件实质性规定的施工合同内容与补充协议无效，应当严格按照我国招标投标法与合同法的规定执行。

【温馨提示】

本案例合同签订及实施期适用"08清单"的相关规定。其中部分专业术语和相关规定与现行的"13清单"有差异可能导致不同的评审结论。详见本章第七节"13清单"对结算案例评审的影响。

案例5-2　合同条款约定与招标文件不一致的案例评审二

【案例背景】

某河涌联合补水一期工程，建设内容包括一级泵站、管理房及防洪闸等。泵站引水流量$5.775m^3/s$。工程级别为Ⅲ等，永久性建筑物的主要建筑物为3级，次要建筑物为4级，临时性水工建筑物为5级。泵站主厂房为地下室厂房，钢筋混凝土整体式结构，翼墙为钢筋混凝土悬臂挡墙结构，闸底及翼墙为水泥搅拌桩基础。该工程于2007年7月招标，合同金额约4180万元。

本工程采用固定总价承包方式，因现场地形和地质情况的改变，导致工程出现较多的设计变更情况，累计调整金额5190831.89元，超过合同价的3%。

招标文件对设计变更价款调整的约定为：任何原因导致的变更引起本工程合同价格增减的金额累计不超过合同价格的3%时，均按合同价结算。当变更引起合同价格增减的金额总和超过合同价格的3%时，发包人只对超出部分进行调整。

施工合同对设计变更价款调整的约定为：本工程合同价格增减的金额累计不超过合同价格的3%时，均按合同价结算。当变更引起合同价格增减的金额总和超过合同价格的3%时，发包人对超出合同价的部分进行调整。

【关键问题】

固定总价合同设计变更价款调整的计算规则是按照招标文件规定还是按照施工合同规定。

【评审依据】

合同条款的约定：本工程合同价格增减的金额累计不超过合同价格的3%时，均按合同价结算。当变更引起合同价格增减的金额总和超过合同价格的3%时，发包人对超出合同价的部分进行调整。

【评审意见】

送审按照"结算价＝合同价＋设计变更价格"进行计算评审,评审中心则按照"结算价＝合同价＋设计变更价格－合同价×3%"进行评审,评审中心认为设计变更部分应当按照招标文件中合同条款的规定执行,即当变更引起合同价格增减的金额总和超过合同价格的3%时,发包人对超出合同价的3%部分进行调整。

在设计变更引起价款调整超过原合同价3%时,施工合同与招标文件调整方法在字面表述上存在不同,而且在施工合同中"发包人对超出合同价的部分进行调整"也存两种理解,一种可认为此处的合同价是指含3%调增部分的合同价,另一种可认为此处合同价就是合同价。评审认为如果按第二种理解将导致两合同与招标文件实质性条款不一致,而按第一种理解则一致。

【经验总结】

合同条款约定明细的情况下,应当严格按照合同的约定进行结算评审,有约定按约定,没约定按法定。当合同未作约定或约定不明的应当按财政部、建设部《建设工程价款结算暂行办法》(财建〔2004〕369号)第十一条规定处理:工程价款结算应按合同约定办理,合同未作约定或约定不明的,发、承包双方应依照下列规定与文件协商处理:

(1)国家有关法律、法规和规章制度;

(2)国务院建设行政主管部门、省、自治区、直辖市或有关部门发布的工程造价计价标准、计价办法等有关规定;

(3)建设项目的合同、补充协议、变更签证和现场签证,以及经发、承包人认可的其他有效文件;

(4)其他可依据的材料。

【温馨提示】

本案例的工程招标期为2007年,适用《建设工程工程量清单计价规范》GB 50500-2003(简称"03清单")的相关规定。其中部分专业术语如固定总价及相关规定与现行的"13清单"有差异。详见本章第七节"13清单"对结算案例评审的影响中评审过程中涉及的评审依据差异部分内容。

案例5-3 合同条款约定与招标文件不一致的案例评审三

【案例背景】

某结算项目,总建筑面积约1500㎡、铁塔25.4t、上山护林通道2068m,宽度6m。此工程项目机房房屋建筑工程(包括土建、装修、安装、给水排水、消防报警、场地绿化)、铁塔及基础安装、防雷接地、上山护林道路。该工程于2006年10月招标,合同金额约510万元,合同约定工期120天,实际2009年7月竣工,实际工期744天。

该工程招标文件规定"投标后综合单价不因市场价格、人工费以及其他政策性文件变化而调整",即结算时工程量清单内项目要执行清单综合单价;但发承包双方签订的合同则规定,本着一定程度上风险分担的原则,如果施工期间和投标时(2006年第二季度)的《广州地区建设工程材料指导价格》相比,其材料价差超过5%,则可以调整材料价差。针对合同为何设定此材料调价办法的质疑,建设单位解释由于没有项目管理经验,工程招标后适逢材料价格上涨,较大的涨价压力导致施工单位迟迟不同意签订合同,经过反复沟通,本着双方风险共担的原则,对原招标文件的有关条款进行了修改并签订合同,合同的有关条款修改为"如材料价差超过5%涨落幅度的情况下"可以进行调整;结算评审时根据此约定调整材料价差约60万元。核查相关资料,发现建设单位对合同材料调价事项没有任何报批手续。

【关键问题】

政府投资项目施工合同约定与招标文件规定不一致情况下发生物价波动时,物价是否调整问题。

【评审依据】

1.《招投标法》

《招投标法》第二十七条,投标人应当按照招标文件的要求编制投标文件,投标文件应当对招标文件提出的实质性要求和条件作出响应。该工程招标文件既然已明确规定投标后综合单价不因市场价格、人工费以及其他政策性文件变化而调整,投标人在投标时则应综合考虑市场因素,而对价格变化把握不足的过失不能由招标人来承担。

《招投标法》第五十九条规定,招标人与中标人不按招标文件和中标人的投标文件订立合同的,或者招标人、中标人订立背离合同实质性内容的协议的,责令改正并处以罚款。中标单位以材料价格上涨为由拒绝签合同,招标单位却为此而擅自更改合同主要计价条款,此做法已违背招标文件实质性内容,属于违反招投标法的行为。

《招投标法》第四十六条:招标人和中标人应当自中标通知书发出之日起三十日内,按照招标文件和中标人的投标文件订立书面合同。招标人和中标人不得再行订立背离合同实质性内容的其他协议。

根据《合同法》第五十二条第五点"违反法律、行政法规的强制性规定的合同属于无效合同"和第五十六条规定该约定材料调整价款属于无效条款。

2.《转发〈广东省建设厅关于工料机涨落调整与确定工程造价的意见〉的通知》

针对当时工程材料价格出现大幅度涨落的情况,市建委《转发〈广东省建设厅关于工料机涨落调整与确定工程造价的意见〉的通知》(穗建筑〔2008〕1120号文)(简称《通知》),《通知》规定:"工程公开招标时已明确并在合同中约定不允许调整工程造价或造价包干的工程,不作调整,工程公开招标时未明确不能调整的工程,当工料机价格涨落幅度超过10%时,可以调价。"并且"调价超过10%的部分,应经项目主管部门审核后,并经市建委、发改委和财政局联合核准方可追加合同价款。"该工程条件不符合文件要求,签订的调整幅度也超过了文件规定,同时,建设单位并没有完善相关的报批程序。

3. 中标通知书发出后的法律效力

中标通知书一旦发出即已生效,并具备合同成立的法律效力。因此,双方应在30日内签订施工合同,如投标人以材料价格上涨为由拒绝签合同的,招标人可据此没收其投标保证金并选择下一中标候选人。

【评审意见】

该项目评审结算书材料调整价款60万元不予支持。

【经验总结】

在工程实施过程中，产生物价涨落的具体情况多种多样，大多数与工期、索赔等有着密切的联系，评审中心在结算中遇到物价涨落事件，需要判断是正常施工期间的事件还是工期延期期间发生的事件，根据事件的性质查找合同中关于工期、物件涨落、索赔、合同金额调整等相关条款，如果合同没有具体约定的，可在合同当事人协商一致后签订补充协议或合同，财政性投资的项目按有关文件规定的处理，详见表5-4。

物价涨落的常见处理办法   表5-4

物价涨落的处理				
事件	签订合同时部分材料以暂定价格出现	正常施工期间，物价涨落	因为非承包人的原因，工期顺延，顺延期间材料涨价	因为承包人的原因，工期延误，延误期间材料涨落
处理方式	按暂定价和结算价的差异进行调整	1. 合同约定不调整的，则不得调整； 2. 合同对于施工期间的物价涨落如何处理作了明确的约定，则按照合同处理； 3. 合同对正常施工期间物价涨落没有约定如何处理，合同当事人可协商一致解决，财政性投资的建设项目需有权部门批准	物价上涨费用由发包人承担	物价上涨费用由承包人承担
事件性质	非索赔	非索赔	发包人对承包人的经济赔偿	承包人因自身原因承担损失

【温馨提示】

本案例工程招标期为2006年，竣工期为2009年，适用"03清单"的相关规定。其中部分专业术语和相关规定与现行的"13清单"有差异，可能导致不同的评审结论。详见本章第七节"13清单"对结算案例评审的影响。

案例5-4 施工合同及补充合同与招标文件是否一致的案例评审

【案例背景】

某市政道路给水排水工程，在结算评审过程中发现招标文件约定"新增项目计价"内容与施工合同的约定前后不一致，经核对相关资料如下：

1. 招标文件中计价说明

招标文件中计价说明对新增工程定价内容约定为："增加工程项目，如清单内有此项目单价的，按清单单价计量支付，清单内无此项目单价的，按清单中的类似项目单价计量支付，如清单中仍无类似项目，则沿用清单报价中的人工、材料、机械等单价和费率按现行国家或省、市有关规定计算单价计量支付"。另在招标文件目录中显示有"合同文件（另卷）"，但由于送审单位未有送审此项资料，尚需核实所附合同范本的约定情况。

2. 承发包双方签订的施工合同

承发包双方签订施工合同对新增工程定价内容约定为："新增工程在原招标工程量清单中无相同或相近项目，或其造价不能得到造价工程师认可，则双方对其计价方式约定按省定额下浮（/）%计算"。

3. 承发包双方签订的补充合同

在施工过程中因设计变更增加工程项目及材料调差等情况，双方直接协商并签订了补充合同，其中补充合同对新增工程定价内容约定为："2007年起新增工程套用《广东省市政工程综合定额（2006年）》计价，新增工程的人工、材料及机械台班价格按照施工期间广州市建设工程造价管理站发布的价格文件执行"。

【关键问题】

合同及补充合同约定新增工程计价条款是否背离招标文件实质性内容，属无效条款吗？

【评审依据】

1.《合同法》

《合同法》第四十六条规定：招标人和中标人应当自中标通知书发出之日起三十日内，按照招标文件和中标人的投标文件订立书面合同。招标人和中标人不得再行订立背离合同实质性内容的其他协议。

2.《招投标法实施条例》

该条例第五十七条规定：招标人和中标人应当依照招标投标法和本条例的规定签订书面合同，合同的标的、价款、质量、履行期限等主要条款应当与招标文件和中标人的投标文件的内容一致。招标人和中标人不得再行订立背离合同实质性内容的其他协议。

【评审意见】

一般情况下，评审针对上述资料依据《合同法》、《招投标法》就可以判断合同该条款是无效的，应当按照招标文件的本意约定进行处理，以保证工程施工合同竞争市场的公平稳定性。但是，为了确保评审意见考虑得更全面，而且由于送审单位漏送了招标文件目录中显示的"合同文件（另卷）"，所以评审应待补充资料作进一步核实招标文件所附合同范本后，最终再明确评审意见。

在评审过程中，首先要求发包人补充提供了招标文件目录中的"合同文件（另卷）"，经核实比较，关于"新增项目计价"的约定内容，发现招标文件中前面的《计价说明》与后附《合同范本》的陈述有偏差；但是招标文件中所附《合同范本》与签订《合同》的内容约定是一致的。《补充合同》对新增项目计价的约定与合同的约定并不矛盾，是对原合同新增项目计价办法约定不清晰的情况下作了进一步明确。

综上所述，该项目评审焦点问题应集中在"招标文件前后约定不一致的情况"，评审认为应由发包人对此进一步澄清说明。

后来发包人来函澄清：对于招标文件前后不同地方存在对新增项目计价约定不一致的，明确以招标所附合同范本约定为准。其实发包人在招标阶段已获悉此事，但由于工作疏忽未能及时在招标答疑文件中予以澄清，以为按双方签订的合同执行即可。

经过梳理核实，发现合同约定新增工程计价条款没有背离招标文件实质性内容，不属无效条款。最终该结算评审中新增项目的计价执行合同和补充协议的相关规定。

【经验总结】

在结算项目评审过程中，当招标文件、合同文件相应的计价条款出现描述不清、前后约定不一致或存在多种理解的情况下，评审应就此要求合同双方作进一步澄清说明，合同及补充合同约定条款不得背离招标文件实质性内容。

案例5-5 补充合同与合同约定计价条款不一致的案例评审

【案例背景】

某单位业务大楼安装工程，总建筑面积24572m²，其中地上20层，地下2层，总建筑高度72.6m。该项目采用公开招标方式，合同招标范围包括电气、给水排水、通风空调以及消防工程等，合同价约为3932万元，其中暂定项目2325万元，包括电梯工程、人防设备工程、高压系统、发电机系统及环保、气体灭火系统以及弱电工程等。工程开工2005年7月5日，竣工2006年8月30日。

该项目采用综合单价包干方式，合同和补充合同文件约定价款调整如下：

1. 合同专用条款规定

2005年5月18日发承包双方签订的合同专用条款规定，合同价款调整方法为：

（1）工程清单内的项目，按投标报价单价、行政事业收费及税金等费用调整工程造价，工程量按实结算。

（2）工程量清单外的工程项目（含暂定价项目或因图纸修改变更等情况出现的工程变更），按以下方法处理：①《工程量清单及投标报价表》中有工作内容同类相似的，以该清单项目编码的投标单价为基础，调整主材价格后按本施工合同的相应规定，报监理工程师和发包人确认其结算单价，主材暂定价项目及清单项目编码中主要材料价格变更项目也可适用本办法。②如《工程量清单及投标报价表》中没有工作内容同类相似的，承包人应在得到现场监理工程师和发包人的书面确认后，依据本工程招标文件中所规定的标价编制范围、主要依据及原则，采用定额计价办法模式，按《广东省安装工程综合定额（2003年）》及相关文件编制工程结算。符合合同规定的设计变更引起工程量变化时，其工程量需经建设单位和驻场监理工程师确认为准，利润按25%计算，相应结算浮动率按投标总价与最高限价对比的下浮率，其他费率按下限计算。主要材料价差参考施工同期材料指导价计算，报监理工程师和发包人确认其结算单价及合同价款的增加额度，作为变更工程价款的依据。《工程量清单及投标报价表》中漏项的工程项目及项目暂定价工程均可适用本办法。

2. 补充合同

2006年2月25日发承包双方签定的补充合同工程计价方式约定为"原施工合同有的子目工程按原合同执行，原施工合同中没有的子目工程（含因图纸修改、变更等情况增加的工程和暂定价项目）按《广东省安装工程综合定额（2006年）》、《广东省安装工程计价办法（2006年）》的内容以及施工同期政府相关部门颁布的指导价及有关文件规定执行。"

【关键问题】

在结算评审过程中，因补充合同与合同对价款调整的约定前后不一致，导致与送审单位产生了"关于因设计变更增加的工程以及暂定价项目应如何计价"的争议问题。

【评审依据】

1.《招投标法》及《合同法》

根据招投标法的有关规定，根据《招投标法》第四十六条、第五十九条以及《合同法》第五十二条（五）规定，建设单位和施工单位签订的合同条款背离招标文件实质性内容，工程实施过程中发承包双方通过补充签订合同约定背离招标文件、合同实质性约定的内容的条款，在评审过程中应当严格按照国家法律法规的规定判断其无效。

2.《招投标法实施条例》

依据《招投标法实施条例》第五十七条规定：招标人和中标人应当依照招标投标法和本条例的规定签订书面合同，合同的标的、价款、质量、履行期限等主要条款应当与招标文件和中标人的投标文件的内容一致。招标人和中标人不得再行订立背离合同实质性内容的其他协议。

3. 相关合同约定

原合同专用条款已明确了"该工程发生工程量清单外的项目（含暂定价项目或因图纸修改变更等情况出现的工程变更）"的相应计价方式，要求执行《广东省安装工程综合定额（2003年）》及相关文件；但是补充合同的相关约定却执行《广东省安装工程综合定额（2006年）》，与原合同的内容不一致。

4. "03清单"

5.《广东省安装工程计价办法》及《广东省安装工程综合定额（2006年）》

根据《广东省安装工程计价办法》（粤建价〔2005〕147号）和《广东省安装工程综合定额（2006年）》的通知，凡在2006年4月1日起经过招标管理机构批准招标或非招标未签订合同的工程，均执行国家标准"03清单"和本计价依据计价。2006年4月1日前已发出招标文件或已签订合同的工程，有约定的按原约定处理，没有约定的则不作改变。

【评审意见】

送审单位认为，该项目由于实施过程中图纸发生修改，设计变更较多，同时也增加了暂定价项目的内容，于是双方签订了补充合同。补充合同中规定：补充合同与原《建设工程施工合同》及其补充协议有同等的法律效力。所以对于因设计变更增加的工程以及暂定价项目应按补充合同计价方式结算。

评审中，与送审单位进行了多次的沟通协商并达成共识，该工程因设计变更增加的项目以及暂定价项目的计价方式严格执行原合同专用条款约定。

【经验总结】

建设工程施工合同即建筑安装工程承包合同，是发包人与承包人之间为完成商定的建设工程项目，确定双方权利和义务的协议。目前，我国的建筑市场尚不发达，合同意识淡薄、合同条款不明确或相互矛盾等问题引发纠纷，导致在施工过程中处于被动的局面，甚至产生严重违约，同时索赔又无据可依，承受了不必要的经济损失。

【温馨提示】

本案例合同签订期为2005年，竣工期为2006年，适用"03清单"的相关规定。其中部分专业术语和相关规定与现行的"13清单"有差异，可能导致不同的评审结论。详见本章第七节"13清单"对结算案例评审的影响。

第五节　合同价款调整引起的竣工结算评审常见问题

工程量清单计价模式下，由于招标工程量清单编制工作量大，编制信息无法全面准确，建设工程投资数额巨大，使得合同价款调整普遍存在于建设项目整个过程中。合同价款调整是项目结算的关键性工作，其产生争端的实质体现在发承包双方对调整利益分配存在分歧，同时争端造成合同执行困难，也增加了发承包双方的交易成本，最终导致项目在评审过程中难以协调。

一、工程变更类引起合同价款调整的评审问题

工程变更可以理解为是合同实施过程中由发包人提出或由承包人提出经发包人批准的合同工程的任何改变。工程变更类事件在项目施工过程中不可避免，其中主要包括招标工程量清单中项目特征不符、工程量清单缺项、工程量偏差、其他等几大类。发承包双方在合同执行过程中合理处理工程变更引起的价款调整是合同有效执行的关键所在，同样该问题也是财政投资评审过程中需要处理和解决的关键问题。

（一）项目特征不符导致的价款调整问题

1．问题解析

"13清单"将项目特征描述纳入分部分项工程量清单的构成要件中，并指出项目特征构成分部分项工程项目、措施项目自身价值的本质特征。作为区分清单子目依据的项目特

征，也是综合单价确定的前提条件之一，综合单价的准确性必将影响到工程价款的结算。"13清单"规定分部分项工程量清单与单价措施项目清单的综合单价确定的根据为项目特征，并与附录中"项目特征"栏对应。但是在工程实践中，由于工程量清单特征描述不清引发纠纷的原因众多，结合评审工作者实践经验及观点，对工程工程量清单项目特征描述不准确的原因进行总结，如图5-2所示。

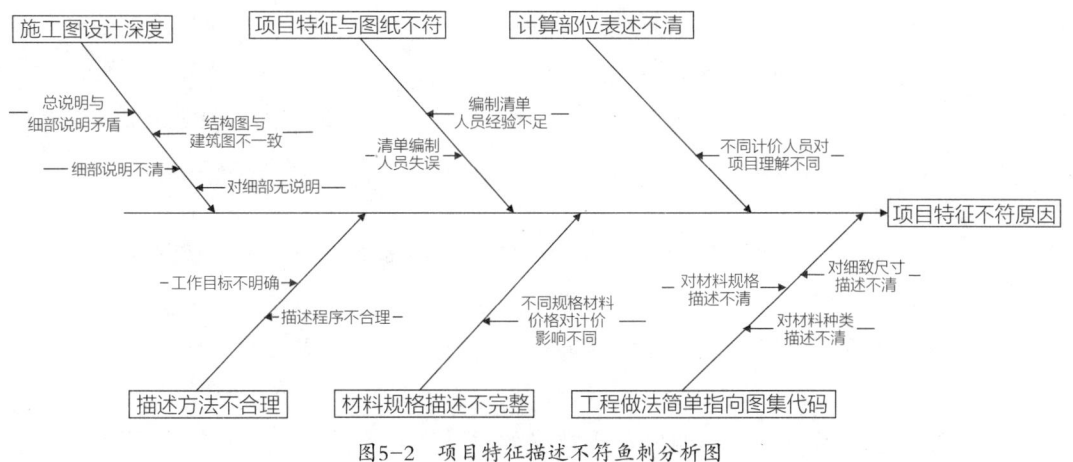

图5-2 项目特征描述不符鱼刺分析图

对于工程量清单项目特征描述不准确的常见情况进行如下详细的阐述。

（1）项目特征描述与设计图纸不相符

工程量清单编制人员对于项目特征的描述不是完全依照设计图纸，既可能出现特征描述遗漏，也可能出现特征描述不符，这既可能是由于清单编制人员的失误造成的，也可能因编制人员的现场经验不足，对于施工工艺和流程不了解造成的遗漏。

（2）计算部位表述不清晰

虽然"13清单"对项目特征描述没有要求明确标注出计算部位，但计价工作人员对于项目的理解可能会存在偏差。因此工程量清单编制人员应尽可能把计算部位突显出来，便于投标人理解以准确报价。否则，在合同履行过程中，承包人提出质疑，发包人及现场监理也很难准确答复，可能引发竣工结算纠纷或造价调整偏差。

（3）材料特征描述不完整

例如在编制工程量清单时对于采用的混凝土没有明确是现场搅拌混凝土还是商品混凝土。两种不同特征的混凝土对于工程计价的影响较大。因此，发包人必须对材料设备进行市场调查，掌握价格信息，防止承包人不平衡报价。

（4）工程做法简单指向图集代码

没有详细列出工程的具体做法而是将其简单描述而指向图集编号。施工图集不一定能全部满足项目特征描述的要求，施工图集表达的只是施工构造层次，并没有明确涉及的材料种类、规格以及细致尺寸，若清单编制人员将工程做法简单指向施工图集，投标人就可能无法进行准确报价。

由以上内容可以看出，因项目特征描述不准确引发项目争端的情况诸多，同样也是财政投资评审时较难处理的事件。因此，为了有效避免项目特征描述不清引发的项目争端，今后应当避免以上情形的出现。

2．理论分析

项目特征描述是确定综合单价的重要依据之一，承包人在投标报价时应依据发包人提供的招标工程量清单中的项目特征描述，确定其清单项目的综合单价。发包人在招标工程量清单中对项目特征的描述，应被认为是准确和全面的，并且与实际施工要求相符合。承包人应按照发包人提供的招标工程量清单，根据其项目特征描述的内容及有关要求实施合同工程，直到其被改变为止。

3．解决方案

根据"13清单"第4.1条规定，发包人在招标工程量清单中对项目特征的描述，应该被认为是准确的和全面的，并且与实际施工要求相符合。承包人应按照发包人提供的招标工程量清单，根据项目特征描述的内容及有关要求实施合同工程，直到项目被改变为止。

9.4.2条规定，承包人应按照发包人提供的设计图纸实施合同工程，若在合同履行期间出现设计图纸（含设计变更）与招标工程量清单任一项目的特征描述不符，且该变化引起该项目工程造价增减变化的，应按照实际施工的项目特征，按本规范第9.3节工程变更的相关条款的规定重新确定相应工程量清单项目的综合单价，并调整合同价款。

"13清单"中项目特征描述的准确性是确定一个清单项目综合单价不可缺少的重要依据，是区分清单项目的依据，是履行合同义务的基础，应按"13清单"附录中规定的项目特征，结合技术规范、标准图集、施工图纸、工程结构、使用材质及规格或安装位置等，予以详细而准确地表述和说明。但有些项目特征用文字往往又难以准确和全面地描述。为达到规范、简洁、准确、全面地描述项目特征的要求，在描述工程量清单项目特征时应按以下原则进行：

（1）项目特征描述的内容应按附录中的规定，结合拟建工程的实际，满足确定综合单价的需要。

（2）若采用标准图集或施工图纸能够全部或部分满足项目特征描述的要求，项目特征描述可直接采用详见××图集或××图号的方式。对不能满足项目特征描述要求的部分，仍应采用文字描述。

4．案例支持

【案例背景】

某工程合同约定结算方式采用综合单价包干，送审结算书《钢结构防火涂料变更》的内容如下：取消钢管柱的防火涂料施工，同时钢梁的防火涂料由薄型5mm涂料变更为厚型20mm涂料。变更调整费用＝扣减原招标范围的钢管柱、钢梁的防火漆费用＋钢梁变更防火涂料费用，计算变更调整费用时，施工方采用的是"钢管柱"和"钢梁"项目综合单价分析中的"金属防火漆"子目，该清单项目按综合单价9.29元/m²来计算，扣减钢管柱、钢梁的防火漆费用2.5万元，同时新增钢梁的防火涂料单价套用现行《广东省建筑与装饰工程综合定额2010》定额子目"A16-146防火涂料耐火极限2小时/厚度20mm"得出210.45元/m²，计算出钢梁防火涂料费用约45.63万元，最后此项变更调整费用约43万元。

【关键问题】

该项目发生设计变更，取消钢管柱的防火涂料施工，同时钢梁的防火涂料由原招标的薄型涂料变更为厚型涂料，在投标报价有偏差或有不平衡报价的情况下，如何合理计算此项工程变更调整费用。

【评审依据】

经核实，与该变更项目相关的文件如下：

1．招、投标清单"钢梁"的项目特征

招、投标清单"钢梁"的项目特征描述为"（1）钢梁制作；（2）钢梁安装；（3）金属面油漆：环氧富锌底漆；（4）金属面油漆：环氧云铁中间漆；（5）金属面油漆：防火涂料；（6）金属面油漆：聚硅氧烷面漆"。投标"钢梁"清单综合单价11914.60元/t。

2．招、投标清单"钢管柱"项目特征

招、投标清单"钢管柱"项目特征描述为：（1）钢管柱制作；（2）钢管柱安装；（3）金属面油漆：环氧富锌底漆；（4）金属面油漆：环氧云铁中间漆；（5）金属面油漆：防火涂料；（6）金属面油漆：聚硅氧烷面漆。投标"钢管柱"清单综合单价11821.79元/t。

3．投标"钢梁"、"钢管柱"清单的综合单价分析表

投标清单的综合单价分析表显示有"A16-141金属面防火漆2遍"的防火漆子目，防火漆子目的单价费用为9.29元/m²，没有防火涂料组成子目。

4．招标图纸

招标图纸中《钢结构设计说明及安装技术要求》（图号G-1-2）第4点显示设计要求钢梁、钢柱采用薄型防火涂料，耐火极限1.5小时/厚度5mm。

5．竣工图纸及设计变更单

钢梁防火涂料设计要求为"厚型防火涂料，耐火极限1.5小时，厚度为20mm"，

取消钢管柱的防火涂料施工。

【评审意见】

综上所述，该项变更内容是清晰的，即取消了钢管柱的防火涂料施工，同时钢梁的防火涂料由薄型涂料变更为厚型涂料。计算此项变更费用时，评审的思路理应先扣减原招标设计（招标清单项目特征）所对应的钢柱、钢梁的薄型防火涂料费用，再计算钢梁的厚型防火涂料费用。

根据工程量清单综合单价包干的结算原则，投标报价清单包含的工作内容以清单项目特征的要求为准；但评审过程中发现送审结算书扣减的却是"钢管柱"和"钢梁"项目综合单价分析中"防火漆"的费用，显然没有弄清防火漆、防火涂料的区别，而且此两项施工工艺的定额计价标准是完全不同的。经与施工单位沟通得知，其认为"投标综合单价分析中的金属防火漆报价就是项目特征要求的防火涂料报价，应该报多少扣除多少"，即直接将该"钢管柱"和"钢梁"项目综合单价分析中的"金属防火漆"9.29元/m^2扣除就可以了。

评审意见认为，综合单价的调整以招标清单项目特征描述为基准，招标时钢结构采用薄型防火涂料，耐火时限为1.5小时，防火涂料厚度为5mm，并且在无类似项目的报价情况下，应套用现行《广东省建筑与装饰工程综合定额（2003年）》定额子目"建筑与装饰防火涂料薄型耐火极限1.5小时/厚度5mm子目，来确定其综合单价为130.27元/m^2，并以此为基准价格扣减

钢结构原投标的防火涂料费用。"

按照评审上述意见，最终此项变更费用为11.72万元，调整偏差金额31.28万元。

【经验总结】

1. 项目特征描述是清单综合单价定价的基础

清单项目特征是构成清单项目自身价值的本质特征，单价高低与其具有必然联系。根据工程量清单综合单价包干的结算原则，投标报价清单包含的工作内容以清单项目特征的要求为准，而不是依据投标的综合单价分析表，投标综合单价分析表中投标单位无论是错算（如本项目防火涂料按防火漆报价）、漏算、多计或少计，都不能影响工程量清单报价所应包含的工作内容。

2. 该工程的招标图纸、招标清单项目特征均明确钢结构（钢柱及钢梁）施工中需做一道"防火涂料"的工序，相应投标报价理应考虑防火涂料的费用。至于投标报价没有按照项目特征描述，偏离设计要求或技术规范要求，而造成投标综合单价偏高或偏低的话，应归结到投标失误风险或投标策略的问题。

【温馨提示】

本案例合同签订及实施期适用"08清单"的相关规定。其中部分专业术语和相关规定与现行的"13清单"有差异，可能导致不同的评审结论。详见本章第七节"13清单"对结算案例评审的影响。

【案例背景】

某堤防加固工程于2010年1月11日招标，工程不同之处在于一方面投标单价是招标人编制并且规定不可调整，另一方面招标中双液注浆综合单价明显低于招标图理论测算单价。2010年2月26日签订合同，工程工期4.5个月，采用固定总价方式承包。招标时该工程砌石堤岸加固采用双液（水泥浆和水玻璃）前后两排注浆充填方案，前排混合浆液比（水泥浆：水玻璃）为1：0.7~1，水泥用量150~200kg/m；后排混合浆液比（水泥浆：水玻璃）为0.7~1，水泥用量200~300kg/m。施工时通过设计变更减少了水泥用量和水玻璃用量，设计配比变更为前排混合浆液比（水泥浆：水玻璃）为1：0.7~1，水泥用量70~150kg/m；后排混合浆液比（水泥浆：水玻璃）为1：0.4~0.7，水泥用量100~200kg/m。

【关键问题】

关键问题：上述工程费用调整方案的选择

方案一：直接根据设计变更配比计算换算单价，此种方法计算出结算价应在合同价基础上减少59万元；

方案二：先根据招标图配比计算招标图理论综合单价，再根据设计变更后的配比计算变更理论单价，后者减前者之差乘以招标工程量计算出结算价应在合同价基础减少144万元；

方案三：在方案二的基础上考虑招标下浮率，下浮率=1-招标单价/招标理论单价，上述计算的结算价为在合同价基础减少130万元。

如何在三个方案中进行选择。

【评审依据】

（1）"08清单"4.7.2指出，若施工中出现施工图纸（含设计变更）与工程量清单项目特征描述不符的，发、承包双方应按新的项目特征确定相应工程量清单的综合单价。

（2）"08清单"4.7.3因分部分项工程量清单漏项或非承包人原因的工程变更，造成增加新的工程量清单项目，其对应的综合单价按下列方法确定：

1）合同中已有适用的综合单价，按合同中已有的综合单价确定；

2）合同中有类似的综合单价，参照类似的综合单价确定；

3）合同中没有适用或类似的综合单价，由承包人提出综合单价，经发包人确认后执行。

（3）合同条款对于设计变更的约定

首先合同约定变更的范围：

1）增加或减少合同中任何一项工作内容；

2）增加或减少合同中关键项目的工程量超过专用合同条款规定的百分比为10%；

3）取消合同中任何一项工作；

4）改变合同中任何一项工程的性质或标准；

5）改变工程建筑物的形式、基线、标高、位置或尺寸；

6）改变合同中任何一项工程的完工日期或改变已批准的施工顺序；

7）追加为完成工程所需的任何额外工作。

同时还约定范围内的变更项目未引起工程施工组织和进度计划发生实质性变动和不影响其原定的价格的，不予调整该项目的单价。

（4）其次约定变更的处理原则：

1）本合同工程量清单中有适用于变更工作的项目时，应采用该项目的单价；

2）本合同工程量清单中无适用于变更工作的项目时，则可在合理的范围内参考类似项目的单价或合价作为变更估价的基础，由监理人与承包人协商确定变更后的单价或合价；

3）变更中如出现原清单项目中无类似项目的单价可参考，其变更调整按以下定额的先后顺序进行计算后下浮12%，增减引起的变化按39.6条执行。

【评审意见】

先根据招标图配比计算招标理论综合单价，再根据设计变更后的配比计算变更理论单价，后者减前者之差乘以招标工程量计算出结算价，在此基础上考虑承包人报价浮动率，承包人报价浮动率=1-招标单价/招标理论单价。

排除方案一：假设根据设计变更配比计算的换算单价大于投标单价（如编制水平低于实际水平，这种可能性存在），换算后就需要增加造价，这显然与设计变更减少水泥和水玻璃用量，理论上费用应减少

不符；其次由于招标方式的特殊性，增加的费用并非由中标人不平衡报价所产生的利润，通过招标人综合单价编制失误获取利润实属不当，由此可见方案一存在明显缺陷不能应用；

排除方案二：该方案是一种理论的调整方式，未考虑招标人单价编制失误应承担的风险。若设计变更减少配比，不考虑当时招标情况中标人造价会减少更多；同样设计变更增加配比时中标人造价会增加更多。显然这样的调整方式也有失偏颇。

选定方案三：在方案二基础上考虑投标下浮率，一则体现了与投标时价格水平一致，二则也体现招标人与中标人风险共同承担的原则，较大程度体现合同双方公平公正的初衷。

【经验总结】

（1）严格按合同约定的变更范围、处理原则、计价方式对设计变更项目的综合单价进行评审。

（2）考虑承包人报价浮动率，一则体现了与投标时价格水平一致，二则体现招标人与中标人风险共同承担的原则，较大程度体现合同双方公平公正的初衷。

（3）招标人指定价格的招标方式也值得商榷，首先招标人要充分考虑存在的风险，要确保所编制的工程量清单质量，其次要在合同条款中尽量规避由工程量清单编制的指定价格所产生风险。

根据关于印发《某市建设工程招标投标管理办法》（以下简称《办法》）的通知（×建筑〔2010〕××号）"第二十五条 禁止招标人以指定价格等形式限制投

标人自主报价"，并于2010年1月13日印发执行。该堤防加固工程是2010年1月11日招标的，不受《办法》限制，若招标人的招标时间晚于发文时间，该招标方式将违反《办法》，相关主管部门应追究招标人责任。

【温馨提示】

本案例合同签订期与合同实施期为2010年，适用"08清单"的相关规定。其中部分专业术语如"固定总价"与现行的"13清单"有差异。详见本章第七节"13清单"对结算案例评审的影响中评审过程中涉及的评审依据差异部分内容。

案例5-8 设计变更引起项目特征不符的价款调整案例评审二

【案例背景】

某地铁车站公共区天然石材采购及安装工程项目，发现送审结算书中关于疏散标识（指示箭头）的单价确定存在如下情况：

（1）原招标时为普通粘贴型指示箭头，投标单位（施工单位）投标报价为9.81元/个（在此案例中为相对低值）。

（2）在评标过程中，指示箭头的材料和形状均发生较大改变，修改为2厚发纹不锈钢底盘10厚钢化玻璃盖镶嵌型指示箭头，实际造价大幅增加，其综合单价约300元/个（在此案例中为相对高值），投标单位（施工单位）向评标委员会承诺，如果中标，同意按发包人修改后的产品设计形状和材料技术要求供货，不变更投标价。

（3）实际施工过程中，地面疏散指示箭头的间距设置、规格及样式按发包人指示要求进行了修改，变更为不锈钢蓄光型疏散指示箭头，且新增了楼梯踢面疏散指示箭头。实施过程发包人审批了相应综合单价：地面疏散指示箭头为128.19元/个（首通段）和142.51元/个（后通段及支线段），楼梯疏散指示箭头为87.01元/个（在

此案例中为相对中值）。

【关键问题】

让利项目设计变更的重新定价问题（该项目定价的具体方案，即让利承诺如何体现在变更的单价中），是否存在不平衡报价？

【评审依据】

（1）《招投标法》、《合同法》。

（2）招标文件、合同的承包条款。

（3）承包人的投标文件。

【评审意见】

（1）评审经核查相关资料发现：

1）此项目在评标委员会评标时，发包人提出"实施过程指示箭头的材料和形状将会发生变化"，需请各投标单位重新调整报价。

2）针对发包人在评标过程提出"项目实施过程指示箭头的材料和形状将会发生变化"的情况，承包人在其投标文件的《承诺书》中明确：该指示箭头实际造价远大于投标报价，承包人承诺投标优惠让利，

并确认此项指标箭头按发包人修改后的产品设计形状和材料技术要求实施，保持原投标报价不变。

3）确定中标后，发承包双方按招标文件和中标人的投标文件订立了书面合同。

（2）由于指示箭头在实施过程中又发生了变更，所以送审单位认为此指示箭头结算价应该执行发包人的审批单价。

（3）评审过程中经与发承包人进行沟通协商，评审认为考虑到招投标的公平性及竞争性，承包人投标时承诺的优惠让利在工程结算中应得以体现；并致函发包人，要求其合同双方对此问题尽快协商达成共识。

（4）随后发包人复函明确合同双方经协商达成共识，同意指示箭头原投标工程量清单内部分按原投标报价计算，投标工程量清单外新增部分按建设单位批复的相关单价计算。

（5）评审认为，为了体现建筑市场交易的公平性，实行风险共担和合理分摊原则，该工程结算中"指示箭头"项目的计价可按合同双方的上述协商意见。

【经验总结】

注意识别承包人不平衡报价或让利项目，对招投标时的让利承诺是否到位应重点评审。

在实际工程中，变更型不平衡报价可分为基于工程量变化的不平衡报价和基于施工方案改变的不平衡报价两种主要形式。

1. 基于工程量变化的不平衡报价

基于工程量变化的不平衡报价往往是由于招标文件错误所造成的，主要针对施工图设计不深，招标工程量与实际发生工程量存在差异的情况。承包人通过预测施工阶段实际发生的工程量并与清单工程量作对比，针对性地调整工程量清单中分项工程的综合单价。对工程量有增加趋势的分部分项工程的提高报价，同时降低工程量减少趋势的分部分项工程的综合单价，并保持投标总价不变，当工程量变化情况与预测一致时，承包人利用发包人工程变更的风险获得额外收益。

2. 基于施工方案改变的不平衡报价

基于施工方案改变的不平衡报价实质是利用施工阶段中的诸多不确定因素，如施工配合比、施工条件、施工方法、施工材料、施工措施等的变化导致的分部分项工程施工方案的改变，利用工程变更把低价项目的价格抬高，高价的项目工程量增多。常见情形是由地质勘查资料与实际地质情形不符所造成的。有经验的承包人，通过研究施工图纸、勘察资料、并亲临现场踏勘后，对实际可能遇到的施工条件以及施工方案与招标文件中的施工条件以及施工方案之间的变化做出预测，预测施工方案或措施项目的变化来适当调高或降低清单分部分项工程的综合单价，并保持投标总价不变，最终在竣工结算时取更高收益。

【温馨提示】

本案例合同签订及实施期适用"08清单"的相关规定。其中部分专业术语和相关规定与现行的"13清单"有差异，可能导致不同的评审结论。详见本章第七节"13清单"对结算案例评审的影响。

（二）工程量清单缺项导致的合同价款调整问题

1．问题解析

建设工程施工合同履约过程中，存在大量的工程变更，由于工程变更的复杂性，工程变更的定价方法也是复杂的，在施工合同中变更的定价管理过程中，应贯彻合理定价和有效控制的基本原则，即工程变更的结算一方面要有合同依据，另一方面又要公平合理，即客观地反映施工成本以及竞争、供求等因素对价格的影响，且总造价原则上应控制在概算或投资估算的范围之内。在变更的定价管理实践中，由工程变更引起的工程量清单缺项导致的新增分部分项工程费用与新增分部分项工程费用所引起的措施项目费会引起发承包双方的结算纠纷，因此竣工结算要根据工程实际情况综合运用各种定价方法，综合考虑双方利益，使竣工结算公平合理。

招标工程量清单作为招标文件的必要组成部分，其准确性和完整性由招标人负责。因此，招标工程量清单是否准确和完整，其责任应由提供工程量清单的发包人负责，作为投标人的承包人不应承担因工程量清单的缺项、漏项以及计算错误带来的风险与损失。

2．解决方案

根据"13清单"规定，工程量清单缺项导致的分部分项工程费与措施项目费的调整规定如下：

（1）分部分项工程费的调整。施工合同履行期间，由于招标工程量清单中分部分项工程出现漏项缺项，造成新增工程清单项目的，应按照工程变更事件中关于分部分项工程费的调整方法，调整合同价款。

工程变更引起分部分项工程项目发生变化的，应按照下列规定调整：

1）已标价工程量清单中有适用于变更工程项目的，且工程变更导致的该清单项目的工程数量变化不足15%时，采用该项目的单价。

2）已标价工程量清单中没有适用，但有类似于变更工程项目的，可在合理范围内参照类似项目的单价调整。

3）已标价工程量清单中没有适用也没有类似于变更工程项目的，由承包人根据变更工程资料、计量规则和计价办法、工程造价管理机构发布的信息价格和承包人报价浮动率，提出变更工程项目的单价或总价，报发包人确认后调整；已标价工程量清单中没有适用也没有类似于变更工程项目，且工程造价管理机构发布的信息价格缺价的，由承包人根据变更工程资料、计量规则、计价办法和通过市场调查等的有合法依据的市场价格提出变更工程项目的单价，报发包人确认后调整。

4）合同中无适用或类似计价项目时，变更工程定价的具体方法基本可归结为：

①以计日工为依据定价

这种方式仅适用于一些小型的变更工作。此时可对这些小型变更工作进行分解，并分别估算出人工、材料以及机械台班消耗的数量，然后由监理或合同工程师发出指示，最后按计日工形式并根据工程量清单中计日工的有关单价计价。对大型变更工作而言，这种计价方式是不适用的，因为一方面它不利于施工效率的提高，另一方面，发生的计日工数量的准确确定会有一定难度。

②协商确定新单价

这是合同中无相应计价依据时的常见做法，协商确定新单价的方法通常有两种：一种是以合同单价为基础的新单价确定法；另一种是以概预算方法为基础的新单价确定方法。

（2）措施项目费的调整。由于招标工程量清单中分部分项工程出现缺项漏项，引起措施项目发生变化，应当按照工程变更事件中关于措施项目费的调整方法，在承包人提交的实施方案被发包人批准后，调整合同价款；由于招标工程量清单中措施项目缺项，承包人应将新增措施项目实施方案提交发包人批准后，按照工程变更事件中的有关规定调整合同价款。

工程变更事件中关于措施项目费的调整方法如下：工程变更引起施工方案改变并使措施项目发生变化的，承包人提出调整措施项目费的，应事先将拟实施的方案提交发包人确认，并详细说明与原方案措施项目相比的变化情况。拟实施的方案经发承包双方确认后执行。并应按照下列规定调整措施项目费：

①安全文明施工费按照实际发生变化的措施项目依据国家或省级、行业建设主管部门的规定计算，不得作为竞争性费用。

②采用单价计算的措施项目费，按照实际发生变化的措施项目按上述工程变更引起分部分项工程项目发生变化规定确定单价。

③按总价（或系数）计算的措施项目费，按照实际发生变化的措施项目调整，但应考虑承包人报价浮动因素，即调整金额按照实际调整金额乘以承包人报价浮动率计算。

如果承包人未事先将拟实施的方案提交给发包人确认，则视为工程变更不引起措施项目费的调整或承包人放弃调整措施项目费的权利。

3．案例支持

案例5-9 工程量清单缺项的案例评审

【案例背景】

某中学足球运动场改造工程，地面面积17000m²；工程内容包括新建混凝土看台、足球运动场、围护网、金属扶手栏杆、跑道、沙池、排水沟、水池、水泵房等项目。该项目为招标投标工程，合同约定以施工图总价包干（±0.00以下及"暂定项目"为综合单价包干，按实结算）的计价方式，合同金额约550万元。由于招标工程量清单是由建设单位提供的，招标工程量清单中没有"双杠、木架、链球铁饼笼、移动器械房"项目，并且投标报价中也没有这些项目。因此承包人认为"双杠、木架、链球铁饼笼、移动器械房"不属于施工图总价包干范围，应属于新增项目，按实结算，对此双方出现争议。

【关键问题】

招标图纸上标注的"双杠、木架、链球铁饼笼、移动器械房"属于施工图总价包干范围还是新增的项目问题。

【评审依据】

1. 招标文件、合同的承包条款约定

招标文件、合同的承包条款约定为：除±0.00以下及"暂定项目"按设计和招标文件的要求投标，在结算时按照实际发生数量结算外，其余工程项目根据建设单位所提供的招标文件、图纸、资料，进行施工图总价包干（除±0.00以下及"暂定项目"外），即整个项目包工包料，包图纸、包工程量清单以及承包工程的质量、工期与安全，其投标报价由投标单位根据招标文件、施工图纸、自身企业综合实力、工程实际情况及市场因素，自行计算投标价。投标后，工程造价（除±0.00以下及"暂定项目"外）不因市场价格、人工费以及其他政策性文件的变化而调整，按总造价包干。

2. 招标文件

招标文件中同时还强调："工程量清单"内项目和工程量，各投标单位必须根据招标图纸认真复核，如有偏差必须在答疑会上以书面形式提出，建设单位核实后，对各投标人作出统一的修改。对"工程量清单"或修改后的"工程量清单"内的项目和工程量没有疑问的，将认为各投标单位已认同"工程量清单"提供的工程量与招

标图纸相符，并进行标价计算，对项目实行施工图总价包干（除±0.00以下及"暂定项目"外），建设单位将不再对招标范围内清单漏项或偏差项目增加造价；同时，各投标单位如果对已经确认的"工程量清单"中的某一项目不进行报价，建设单位有权认为该项目的报价已经包含在其他项目中，结算时不再调整。

【评审意见】

（1）该项目约定除±0.00以下及"暂定项目"外，其余项目按招标图纸总价包干；经核对招标图纸，招标范围并没有发生变化，其中"双杠、木架、链球铁饼笼、移动器械房"等项目内容属于原招标范围。

（2）虽然招标人提供了工程量清单，但是招标文件强调该工程量清单仅供参考，各投标单位必须根据招标图纸认真复核，如有偏差必须在答疑会上以书面形式提出，经核实后可作出统一的修改。经核对招标答疑文件，各投标人均没有提出相关工程量清单的问题，即视为投标人提供参考的工程量清单与招标图纸显示内容是相符的，结算时不作调整。

（3）经过与建设单位、承包人多次讨论协调达成共识，招标图纸上标注的"双杠、木架、链球铁饼笼、移动器械房等"属于施工图总价包干范围，不是新增项目。

【经验总结】

评审结算过程中，评审员不仅要仔细查看招标工程量清单，还要对招、投标文件与合同、招标图纸与竣工图纸进行详细分析和核对比较，对于送审单位提出的争议问题，须认真审查是否符合招标文件和合同的相关

规定，才能有效地做好结算评审工作。

【温馨提示】

本案例合同签订及实施期适用"08

清单"的相关规定。其中部分专业术语和相关规定与现行的"13清单"有差异，可能导致不同的评审结论。详见本章第七节"13清单"对结算案例评审的影响。

（三）工程量偏差导致的合同价款调整问题

1．问题解析

由于建设工程的复杂性，工程量偏差普遍存在于项目建设过程中，由于发承包双方的利益分配，工程实践中大幅度的工程量偏差将导致合同价款调整，增加了合同执行的难度，也增加了发承包双方的交易成本，从而造成工程结算阶段的结算纠纷。究其原因，是由"13清单"仅给出工程量偏差引起合同价款调整的基本原则，而不具备可操作性。

2．理论分析

工程量偏差主要是通过影响综合单价来调整合同价款。工程量偏差发生时，会引起合同价款状态发生变化，此时，施工合同价款就需要做出调整以使新的合同价款状态趋于一种新的平衡状态，其实质体现在某一合同价款状态因素对合同价款基数产生了影响，从而导致合同价款产生改变，这也意味着工程量偏差对于合同价款状态的作用改变了合同签订时的初始合同价款状态，双方的权利与义务需要做出调整。

3．解决方案

（1）调整条件

合同履行期间，如若实际工程量与招标工程量清单出现偏差，应满足以下两个条件，发承包双方才能调整合同价款：

第一，实际工程量应为予以计量的工程量。合同履约过程中，诱发工程量偏差的因素众多，但承包人完成的合同工程数量并非全部予以计算和确认，因承包人原因造成的超出合同工程范围施工或返工的工程量，发包人则不予计量。因此，将诱发工程量偏差的原因进行合理风险分担，是合同价款调整的前提。

第二，工程量偏差超过合同约定幅度。合同对工程量偏差的处理原则常常做出下述规定：发承包双方应在合同签订过程中协商约定一个工程量偏差幅度，如工程量偏差在约定幅度内，则执行原有的综合单价；如工程量偏差超过合同约定幅度，则由承包人提出新的综合单价，经发包人予以确认后作为新的综合单价。这些规定均是为了降低发承包双方可能发生的风险，最终目的是形成帕累托效率，使至少有合同一方当事人利益得到改善的同时而不使合同双方当事人的利益恶化。关于幅度的确定可以理解为：当工程量偏差发生过大幅度变化时，会影响施工成本的分摊，如果工程量偏差增加过多，仍按清单中原综合单价进行计价，对发包人相对而言不公平；减少过多，仍按清单中原综合单价进行计价，对承包人也是不公平的。因此，为了维护合同发承包双方的权益，应约定工程量偏差幅度，及时对合同价款做出相应调整，与分部分项工程而言，即对综合单价做出相应调整。如果在合同中没有规定或者规定不明的，可以按照"13清单"计价规范中的幅度来处理，即工程量偏差超过15%时，可以对合同价款进行调整。

（2）合同价款的调整方法

施工合同履行期间，若应予计算的实际工程量与招标工程量清单列出的工程量出现偏差，或者因工程变更等非承包人原因导致工程量偏差，该偏差对工程量清单项目的综合单价将产生影响，是否调整综合单价以及如何调整，发承包双方应在施工合同中约定。如果合同中没有约定或者约定不明，可以按照如下原则办理：

1）分部分项工程与单价措施项目的综合单价的调整原则

当应予计算的实际工程量与招标工程量清单出现偏差（包括因工程变更等原因导致的工程量偏差）超过15%时，对分部分项工程与单价措施项目综合单价的调整原则为：当工程量增加15%以上时，其增加部分的工程量的综合单价应予调低；当工程量减少15%以上时，减少后剩余部分的工程量的综合单价应予调高。至于具体的调整方法，则应由双方当事人在合同专用条款中约定。

根据工程量变动、施工成本以及综合单价三者的内在关系，可从施工成本角度提出工程量偏差下综合单价的调整方法。由于工程量的增加，单位可变成本不发生改变，而分摊到每一单位工程量的单位固定成本减少，由单位固定成本与单位可变成本之和组成的总的单位施工成本也随着工程量的增加而与单位固定成本呈现同样的下降趋势。此时若不改变原先的综合单价，单位工程量所获得的利润在综合单价中所占的比率逐渐增大，最终超过承包人的合理利润范围，最终形成超额利润，损害发包人的利益。因而对综合单价调整的思路可按图5-3所示调整。

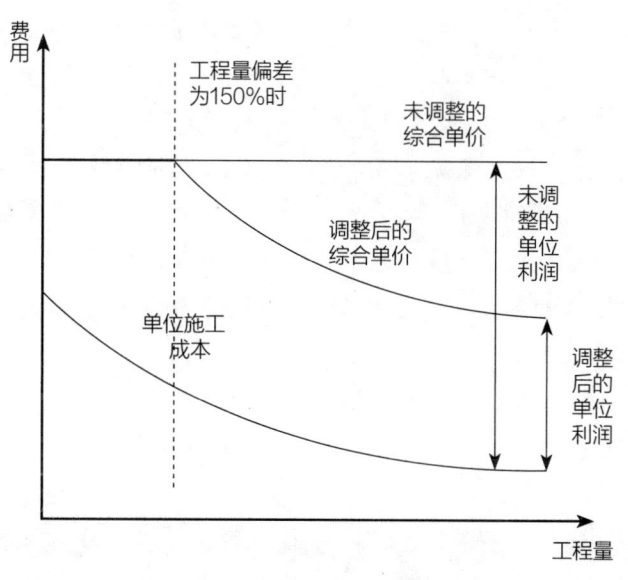

图5-3 综合单价调整与利润率变化

如图5-3所示，鉴于超额利润产生的原因，则合同价款的调整，或者说对综合单价的调整就应当以利润率为主要调整目标，将超过规定范围的工程量部分所对应的综合单价中单位工程量获得的利润率维持为工程量变化成原先的15%时的利润率不变，按照下式进行调整：

$$综合单价 = \frac{超出部分总固定成本 + 超出部分总可变成本 + 超出部分利润}{超出范围的工程量}$$

其中：超出部分的利润=工程量偏差达到15%的利润率×综合单价×超出部分

2）总价措施项目费的调整

当应予计算的实际工程量与招标工程量清单出现偏差（包括因工程变更等原因导致的工程量偏差）超过15%时，且该变化引起措施项目相应发生变化，如该措施项目是按系数或单一总价方式计价的，对措施项目费的调整原则为：工程量增加的，措施项目费调增；工程量减少的，措施项目费调减。至于具体的调整方法，则应由双方当事人在合同专用条款中约定。

4．案例支持

案例5-10　工程量存在偏差时的案例评审

【案例背景】

广州市某水厂安装DN2200原水管工程（××标段），施工合同为总价合同，合同总包价为2375.18万元（已扣除工程暂定金额）。根据送审的施工合同、招投标文件、答疑、招标施工设计图、设计变更、现场签证、送审结算书等资料进行复核。

根据送审资料显示，在实施过程中由于工程局部发生了变更，工程部分项目实际完成的工程量比合同清单工程量有所增加。根据送审资料显示，"水平弯角加固支墩"项目，在招标工程量清单里的工程量为6座、根据招标施工设计图计算结果为13座、投标（中标）工程量清单为6座、根据竣工图计算实际完成了16座（其中变更增加3座）。

【关键问题】

总价合同因招标图纸与投标（中标）工程量清单不一致引起的结算争议问题。

【评审依据】

（1）合同条款。根据合同新增项目计价条款规定，工程量增加项目的计价按照原合同约定的单价计算。

（2）竣工图、设计变更通知单和招标施工设计图。

【评审意见】

针对本评审案例采取的合同类型为总价合同，投标人应对投标工程量清单的准确性负责（"招标文件中是否规定投标人必须对投标工程量的准确性负责；如招标人提供的清单工程量仅是招标人规定投标报价清单项目报价的共同格式，无论清单里面是否含有工程量，投标人都应按招标施工设计图、投标拟定的施工方案为依据重新计算工程量，而且如果发现有漏项的还可以增加清单项目；或者相关文件是否有类似约定：招标文件中已明确投标报价是对整个图纸项目的总价包干"）。基于此，该评审意见如下：根据竣工图、设计变更通知单对比招标施工设计图对应部位的差异分析，在基于招标施工设计图的基础上仅增加3座"水平弯角加固支墩"，故因工程变更而增加的合同价款为6.60万元（3×2.20万元/座）。

【经验总结】

1. 总价合同结算规则

总价合同在结算价计算时，应以"结算价=签约合同价（扣除暂定金额）+变更增加（或减少）的造价+合同外签证索赔增加（或减少）的造价"三大部分展开计价及汇总。从该公式可知道，计价的重点应

放在"变更增加或减少的造价"和"合同外签证索赔增加或减少的造价"。

2. 单价合同与合同价款调整

施工合同对因工程量增减导致合同价款调整有约定的，应当采取约定优先的原则，依照约定进行处理。同时，应当区分实际工程量调整的原因。因发包人原因和客观原因导致的工程量变化，如工程变更导致的工程量增减变化，合同价款可作相应调整；因承包人自身原因导致工程量增加的，无权主张增加合同价款。

对于总价合同，清单工程量只作为投标报价的共同基础，并不一定反映全部承包范围内的工作内容。固定总价合同工程量增减依据应是图纸而不是工程量清单。

【温馨提示】

本案例合同签订及实施期适用"08清单"的相关规定。其中部分专业术语和相关规定与现行的"13清单"有差异，可能导致不同的评审结论。详见本章第七节"13清单"对结算案例评审的影响。

案例5-11　**工程量偏差引起项目措施费调整的案例评审**

【案例背景】

某工程招标文件中注明建筑面积约为33600m²，送审结算的竣工图建筑面积为7254m²，建筑规模变化较大。送审结算书的"综合合价包干项目"除"混凝土泵送包干费"及"混凝土、钢筋混凝土模板及支架费"调整外，其余项目不作调整。

工程量清单的量是按建筑面积33600m²计算。工程量清单分为综合单价和综合合价两部分，招标人给出综合合价项目的组成包括临时设施、脚手架包干费、垂直运输包干费、混凝土泵送包干费、混凝土模板及支架费等约17项，综合合价的计量单位为"宗"。投标报价的编制范围是以招标

人发出的招标文件、招标图纸、资料、说明及工程量报价清单为准。招标人不限定投标人以何种方式报价，但工程量清单应包括由承包人完成工程施工的全部项目，投标人须对承揽工程的招标文件仔细阅读正确理解，特别是对工程量清单及相应费用的正确齐全感到满意，并在确保工程能保质保量按期完成的情况下报价。

本工程合同对"综合合价包干项目"的定义为：根据招标文件及图纸内容，采取综合合价包干方式计费的项目。综合合价是指完成该子目全部工作内容所需的费用（含人工费、材料费、机械费、综合管理费、规费、不可预见费、预算包干费、除工程一切险及第三者保险之外的所有保险费、利润及税金等一切费用）。此费用经发包人确认后为此子目中标合价，综合合价包干项目在合同执行期内除招标文件约定项目之外，综合合价固定不变。

招标文件规定：项目综合合价部分属于包干项目，如实际施工的建筑面积与工程量清单中提供的建筑面积相差超过±10%，则按增减建筑面积与工程量清单中提供的建筑面积之比相应增减综合合价包干项目中"混凝土泵送包干费"及"混凝土、钢筋混凝土模板及支架费"，其余项目不因实际施工过程中工程量的变化和工作内容的改变而调整。

【关键问题】

投标文件注明建筑面积33600m²，由于项目在实际施工时建筑形式有所调整，从而导致建筑面积相应发生变化，送审结算的竣工图建筑面积为7254m²，建筑规模变化较大。除"混凝土泵送包干费"及"混凝土、钢筋混凝土模板及支架费"外的"综合合价包干项目"是否应调整？

【评审依据】

1. 法律法规

（1）《合同法》第二百七十一条规定："建设工程的招标投标活动，应当依照有关法律的规定公开、公平、公正进行。"

（2）《招投标法》第四十六条规定："招标人和中标人应当自中标通知书发出之日起三十日内，按照招标文件和中标人的投标文件订立书面合同。招标人和中标人不得再行订立背离合同实质性内容的其他协议。"

（3）《合同法》第八条规定："依法成立的合同，对当事人具有法律约束力。当事人应当按照约定履行自己的义务，不得擅自变更或者解除合同。依法成立的合同，受法律保护。"

第三十二条规定："当事人采用合同书形式订立合同的，自双方当事人签字或者盖章时合同成立。"

第四十四条规定："依法成立的合同，自成立时生效。法律、行政法规规定应当办理批准、登记等手续生效的，依照其规定。"

第六十条规定："当事人应当按照约定全面履行自己的义务。当事人应当遵循诚实信用原则，根据合同的性质、目的和交易习惯履行通知、协助、保密等义务。"

2. 合同约定

施工合同第1.27条款规定，根据招标文件及图纸的内容，采取综合合价包干方式计费项目，是指完成该子目全部工作内容所需的费用。在合同执行期内除招标文件约定项目之外，综合合价固定不变。

招标文件第18.5之（5）款规定，对于实际施工的建筑面积与工程量清单中提供的建筑面积相差超过±10%的，除"混凝土泵送包干费"及"混凝土、钢筋混凝土模板及支架费"可以按差异面积之比相应调整外，其余项目不因工作量或工作内容的变化而调整。

3. 广东省建设工程标准施工合同（2010年1月1日实施）

其72.3款规定：工程变更引起措施项目发生变化的，合同双方当事人不利一方当事人有权提出调整措施项目费。提出调整措施项目费的，应事先将拟实施的方案提交另一方当事人确认，并详细说明与原方案措施项目相比的变化情况。拟实施的方案，经合同双方当事人确认后执行。当事人未按本款规定事先将拟实施的方案提交给另一方当事人，则认为工程变更不引起措施项目费的调整或不利一方当事人放弃调整措施项目费。

【评审意见】

本工程实际施工的建筑面积只有工程量清单提供的建筑面积的1/5，"综合合价包干项目"实际完成的工程量或需要完成的工作量会比工程量清单的工作量少，"综合合价包干项目"中的"脚手架包干费"及"垂直运输包干费"按一定比例减小，其余项目实际的投入也会减小。根据"综合合价包干项目"的定义，"综合合价包干项目"的费用是相对于招标文件及图纸内容的，即施工单位在完成招标文件及图纸的工作内容才能全部计算"综合合价包干项目"费用，实际完成的工作量只有招标文件规定的1/5。根据公平原则应该可以调

整，但合同和招标文件规定不能调整。

（1）关于工程项目的基本事实

本项目施工单位与建设单位签订了施工合同。招标文件对"综合合价部分"制定的计费原则是综合合价包干，施工合同对综合合价包干项目定义及综合合价变更条件都作出明确的约定，该约定内容与招标文件同类条款的内容相符。

由于建设单位调整工程的建筑形式，以至于工程项目的实际建筑面积与施工合同约定的建筑面积发生了变化。在工程建筑形式调整后，施工合同原约定的建筑面积就从33600m²变更为7254m²，工程量大幅降低，工作内容也有相应改变，但建设单位与施工单位没有达成对综合合价包干项目的工程费用进行调整的共识，也没有就此签订补充合同。

在工程项目调整建筑形式，在施工过程中，建设单位没有提出施工单位在主观或客观方面施加不当的影响，或施工单位有合同违约行为的质疑。

（2）关于综合合价包干条款法律效力的问题

根据《合同法》第二百七十一条规定："建设工程的招标投标活动，应当依照有关法律的规定公开、公平、公正进行。"及《招投标法》第四十六条规定："招标人和中标人应当自中标通知书发出之日起三十日内，按照招标文件和中标人的投标文件订立书面合同。招标人和中标人不得再行订立背离合同实质性内容的其他协议。"因此，工程项目在招投标工作完成后，建设单位与施工单位在遵守招标文件各项原则的基础上签订的施工合同，形式要件合法。

根据《中华人民共和国合同法》第八

条、第三十二条、第四十四条规定：当事人采用合同书形式订立合同的，自双方当事人签字或者盖章时合同成立。依法成立的合同，自成立时生效，对当事人具有法律约束力。因此，工程项目的《招标文件》及《施工合同》同属法律意义上的合同形式，并经建设单位及施工单位签字盖章后成立，既然没有出现合同法第五十二条关于无效合同的几种法定情形，施工合同及其中的综合合价包干项目等条款就属于有效的合同条款，对合同双方当事人均具有同等的法律效力。

（3）关于合法性问题

招标文件第18.5之（5）款规定，对于实际施工的建筑面积与工程量清单中提供的建筑面积相差超过±10%的，除"混凝土泵送包干费"及"混凝土、钢筋混凝土模板及支架费"可以按差异面积之比相应调整外，其余项目不因工作量或工作内容的变化而调整。

施工合同第1.27条款规定，根据招标文件及图纸的内容，采取综合合价包干方式计费项目，是指完成该子目全部工作内容所需的费用。在合同执行期内除招标文件约定项目之外，综合合价固定不变。

《中华人民共和国合同法》第八条、第六十条规定，当事人应当按照约定全面履行自己的义务，不得擅自变更或者解除合同。

（4）关于合理性问题

施工合同第25.4.1条款规定，发包人原则上每个季度统计并计算一次工程变更或签证。工程建设规模与招标时相比发生较大的变动，发包人可给予签订补充合同。

当项目调整建筑形式，建筑规模发生较大变化时，双方根据公平原则可按施工合同第25.4.1条款规定签订补充合同，重新约定综合合价包干项目的计算原则，避免给对方造成重大损失，但本项目工程没有对综合合价包干项目进行协商重新约定如何调整。

（5）评审过程中，就此问题评审发函致发包人，要求发包人明确其处理意见。随后发包人函复明确：涉及此信息廊工程的全部结算书已按要求送审，由于信息廊项目在实际施工时建筑形式有所调整，从而导致建筑面积相应发生变化。建议评审结算中信息廊工程的"综合合价包干项目"计价原则依旧按该项目合同及招标文件有关规定执行。最终综合合价包干项目的结算以评审审核意见为准。

（6）综合上述分析以及发包人书面明确意见，最后评审该信息廊工程的"综合合价包干项目"计价原则按该项目合同及招标文件有关规定执行。

【经验总结】

（1）按该项目合同及招标文件有关规定执行合法、合理

在与工程项目有关的招标文件、施工合同中，对于该项目为综合合价包干项目的属性，合同双方当事人是十分明确的。从合同条款来看，综合合价包干项目的计费方式在特定条件下也是可以调整的，施工合同中对哪些子项目可以调整，如何调整，已经有相应的合同条款作出了明确的约定。因此，尽管该项目的实际建筑面积减少远超过10%的幅度，但从依法履行合同义务的角度而言，除符合施工合同约定的"混凝土泵送包干费"及"混凝土、钢筋混凝土模板及支架费"可以按差异面积之比

相应调整外，在评审中的确没有调整其他子项目工程费用的依据。

尽管施工合同中设定了工程建设规模与招标时相比发生较大变动后，发包人可签订补充合同的条款，但在工程建筑形式调整前，建设单位及施工单位并没有就除"混凝土泵送包干费"及"混凝土、钢筋混凝土模板及支架费"之外的其他子项目计费方式的调整问题订立协议。

对于施工合同执行中因建筑形式调整导致工程量大幅减少的客观事实发生之后，建设单位及施工单位不能或没有就降低综合合价其他子项目的计费方式达成共识，或签订改变调整计价原则的补充合同，这并不背离施工合同关于综合合价包干的实质性内容。因此，工程综合合价计价原则依旧按该项目合同及招标文件有关规定执行合法、合理。

（2）当工程项目发生较大变化时，依靠补充合同去修正合同条款，避免损失。

本工程招标时建筑面积约为33600m²，竣工面积为7254m²，减少了78%。既然"合同法有当事人协商一致，可以变更合同的相关规定，只要是在确保该协商一致的补充协议不损害国家、集体或者第三人利益，不损害社会公共利益，不违反法律、行政法规的强制性规定的，还是可以合理合法地调整计价原则的"，作为建设单位根据变更情况有权提出调整包干项目的费用，签订补充协议，作为结算依据。

（3）招标文件编制时，设置条款及规定应严谨，避免引起合同争议。

本案例项目招标文件对综合合价包干项目的规定不严谨、不全面。当建筑面积发生变化超过±10%时，为什么只调整"混

凝土泵送包干费"及"混凝土、钢筋混凝土模板及支架费"？如果是因为这两项的量与建筑面积有关而调整，不应只约定调整"混凝土泵送包干费"及"混凝土、钢筋混凝土模板支架费"，还应当考虑调整"脚手架包干费"及"垂直运输包干费"。

（4）措施项目费不能一竿子包死。

目前，建筑行业普遍存在为了结算省事或转移风险，在编制招标文件时将措施费包干，规定在合同执行期内不能调整。招标图纸往往达不到施工要求，存在着变更，从而使措施项目发生变数，增加风险。

广东省建设工程标准施工合同（2010年1月1日实施）72.3款规定：工程变更引起措施项目发生变化的，合同双方当事人不利一方当事人有权提出调整措施项目费。提出调整措施项目费的，应事先将拟实施的方案提交另一方当事人确认，并详细说明与原方案措施项目相比的变化情况。拟实施的方案，经合同双方当事人确认后执行。当事人未按本款规定事先将拟实施的方案提交给另一方当事人，则认为工程变更不引起措施项目费的调整或不利一方当事人放弃调整措施项目费，避免一方负担全部风险。

（5）现行建设法规否定价格包含原则，提倡合理风险分担。

"13清单"4.1.2规定：招标工程量清单必须作为招标文件的组成部分，其准确性和完整性应由招标人负责。

"13清单"3.4.1规定：建设工程发承包，必须在招标文件、合同中明确计价中的风险内容及其范围，不得采用无限风险、所有风险或类似语句规定计价中的风险内容及其范围。

"13清单"在内容约定上否认了价格包含原则，但是发包人却出于自己利益在合同中体现价格包含原则的内容，并通过合同法保护、市场经济自愿原则的外衣来实现风险转移的目的。但是"13清单的效力高于业主在合同中约定的效力"否定了价格包含原则的实现基础。

（6）《广东省建设工程标准施工合同2006年版》（简称"06版合同"）规定"如果工程量的偏差使分部分项工程项目费的变化超过了10%，则分部分项工程项目费超过10%部分的措施项目费应予调整"。

"13清单"及其关联的计价办法和合同出台后，发包人没有吃透政策，也没有设置前置条件，对措施项目实行"一揽子包干"办法，在招标文件及合同中约定"措施项目以'综合合价包干'，不因施工期间人工、材料及机械价格变化、施工条件的变化和政府造价管理部门等调整各项目收费而调整，措施项目费在工程结算时不予调整"。这段时期的招标工程因合同中明确了措施费不可调整，承包人不仅无限承担人工、材料、机械价格及工程量变化的风险、还要承担政策变化的风险，结算矛盾及焦点集中在了"措施项目费用是否能调整"问题上。直至"09版合同"出台后，措施项目有了调整的契机，在合同中可约定"当分部分项工程量变化超过10%以外部分可以调整措施费"。总的来说"03规范"中措施项目费的计价规定存在指引不清（如发生设计变更措施费如何调整）、风险不明（合同双方应承担何种内容及范围的风险）、无操作性等缺陷。

【温馨提示】

本案例合同签订及实施期适用"08清单"的相关规定。其中部分专业术语和相关规定与现行的"13清单"有差异，可能导致不同的评审结论。详见本章第七节"13清单"对结算案例评审的影响。

（四）其他类导致的价款调整问题

1．问题解析

在竣工结算办理过程中，发承包双方常因施工过程中的变化属于深化设计还是设计变更产生纠纷。对于设计变更与深化设计，若二者概念界定不清，发承包双方会基于二者的范畴问题产生结算纠纷，同时承包人也会为获得更多的工程款，将深化设计与设计变更混淆，向发包人提出设计变更申请。因此，在评审工作人员应熟知深化设计与设计变更的概念、目的以及程序，对于不属于工程变更增加的财政费用应予以审减。

2．理论分析

（1）工程变更范畴

1）工程变更的定义

工程变更可以理解为是合同实施过程中由发包人提出或由承包人提出经发包人批准的合同工程的任何改变。工程变更指令发出后，应当迅速落实指令，全面修改相关的各种文件。承包人也应当抓紧落实，如果承包人不能全面落实变更指令，则扩大的损失应当由承包人承担。

2）工程变更的范围

根据《标准施工招标文件》（2007版）中的通用合同条款，工程变更的范围和内容包括：

①取消合同中任何一项工作，但被取消的工作不能转由发包人或其他人实施；

②改变合同中任何一项工作的质量或其他特性；

③改变合同工程的基线、标高、位置或者尺寸；

④改变合同中任何一项工作的施工时间或改变已批准的施工工艺或顺序。

（2）设计变更范畴

1）设计变更的定义

设计变更属于工程变更的范畴。设计变更是工程施工过程中保证设计和施工质量，完善工程设计、纠正设计错误以及满足现场条件变化，设计单位对原施工图纸和设计文件中所表达的设计标准状态的改变和修改工作。

2）设计变更的内容

设计变更包含由于设计工作本身的漏项、错误等原因而修改、补充原设计的技术资料，包括由建设单位、设计单位、监理单位、施工单位及其他单位提出的设计变更。

①业主单位提出的设计变更

业主单位提出的设计变更主要涉及：已经批准的建设规模、基本原则、主要技术标准、主要功能体系、主要部位，对外部群体景观、主要使用功能和主要施工方案有重大影响，如建筑物整体布局，道路、河涌、管线总体走向或高程，大面积地基处理，大面积路基路面结构，群体建筑立面效果，房屋建筑、桥涵的主要基础形式，设备系统主要工艺及主要参数、主要材料和设备等。

②设计单位提出的设计变更

应本着对工程技术、工期、投资等三大控制相结合的原则，对设计过程中的错、漏及优化问题，及时提出变更申请。对变更理由、内容及相关专业影响等，应从全局考虑并详细说明，按程序报批。

③监理单位提出的设计变更

监理单位提出的设计变更，主要是在施工过程中，发现现场情况与设计图纸不符合，或为了减少投资，缩短工期，确保质量和安全生产，更好地推进工程建设，根据规范合理提出变更要求。

④施工单位提出的设计变更

施工单位在施工过程中，遇到一些原设计未预料到的具体情况需要进行处理而发生的设计变更。如工程管道安装过程中遇到未考虑到的设备和管墩在原设计标高处无安装位置，或是由于资源市场的原因，如材料供应或施工条件不成熟需改用其他材料代替等。

（3）深化设计范畴

1）深化设计概念

"深化设计"是指在业主或设计顾问提供的条件图或原理图的基础上，结合施工现场实际情况,对图纸进行细化、补充和完善。深化设计后的图纸满足业主或设计顾问的技术要求,符合相关地域的设计规范和施工规范,并通过审查,图形合一,能直接指导现场施工。

2)深化设计的内容

建筑装饰深化设计根据不同设计深度可分为三个层面:

①在方案设计单位完成方案设计的情况下,由施工单位完成施工图设计。

②已有施工图但不完备,如节点大样图只给出所用材料而未给出具体做法等,由施工单位完成补充设计。

③设计图纸已达到施工图要求,但具体实施过程中仍需继续施工细化,主要体现在精装施工方面,如建筑装饰材料排版方案、家具工艺设计、水电空调等安装专业定位设计等。

3)深化设计目的

①深化后图纸具备可实施性,满足现场施工,以控制工程进度。深化后图纸更详细,准备调整招标后工程预算。

②深化后图纸更完善,明确装饰与土建及相关单位的工作范围,为配合交叉施工提供有利条件。

③深化后图纸形成系统化,立足于设计单位与施工图单位之间的介质,加快推动项目的进展。

4)深化设计目标

①通过对施工招标图的继续深化,对具体的构造方式、工艺做法和工序安排进行优化调整,使深化设计后的施工图完全具备可实施性,满足装饰工程精确按图施工的严格要求。

②通过深化设计对施工招标图中未能表达详细的工艺性节点、剖面进行优化补充,对工程量清单中未包括的施工内容进行补漏拾遗,准确调整施工预算。

③通过深化设计对施工图纸的补充、完善及优化,进一步明确装饰与土建、幕墙等其他专业的施工界面,明确彼此可能交叉施工的内容,为各专业顺利配合施工创造有利条件。

3.解决方案

(1)注重深化设计

建设单位在招标过程中要注重深化设计,强化事前控制,编写招标文件应与设计文件及工程量清单设置相一致,防止图纸不具有可实施性,也减少施工过程中因深化设计或设计变更所造成的人力、财力与物力的浪费。

(2)贯彻按图施工原则

要严格贯彻按图施工的原则,设计单位与施工单位不得随意申请修改施工图。设计文件一经审查通过,任何单位和个人不得随意更改。由于项目建设条件的改变或施工实际需要更改原设计,必须经过深入的调查研究并充分论证,还必须遵守项目合同中的全部规定。

4.案例支持

深化设计与设计变更区分不清的案例评审

【案例背景】

某办公大楼外表面采用双层玻璃幕墙设计，其主楼南北立面均为双层被动式呼吸玻璃幕墙。根据招标图纸工程总价大包干原则，招标文件着重增加条款如下：

（1）幕墙招标范围和承包人：包括幕墙的深化设计、制作及安装工程，采用按招标图纸工程总价大包干的形式，除非发生工程设计变更，否则中标价即为工程结算价。由承包人包设计方案、深化设计、包制作、包运输与安装；包质量、包工期、包安全及文明施工等。

（2）虽然招标图纸已就本工程提供了具体设计方案，但承包人须按发包人提供的现设计方案的基础上对整个工程及其一切附带工程进行深化及完善，然后出具整套施工图纸。

（3）在深化设计过程中，所有幕墙的材料（如：铝材、钢骨架、点件及玻璃等）规格型号需发生变化时，不能作设计变更处理，均属深化设计的包干范围，而且玻璃（包括中空玻璃、夹胶玻璃等）的规格型号均不能小于招标设计方案图纸所标示的规格型号。

施工单位曾就北附楼单层幕墙及南北面双层幕墙翼缘加固和连接件等项目多次向建设单位发出关于拨付超合同价部分约480多万元进度款的催办函。在评审过程中，对北附楼单层幕墙及南北面双层幕墙翼缘加固和连接件是否属于深化设计范围进行审核。

【关键问题】

深化设计与设计变更的区分问题。

【评审依据】

深化设计指投资单位、设计单位委托第三方在原设计方案基础上，结合现场实际情况，对图纸进行完善、补充、绘制成具有可实施性的施工图纸，深化设计后的图纸满足原方案设计技术要求，符合相关地域设计规范和施工规范，并通过审查，图形合一，能直接指导现场施工。

设计变更是指设计单位依据建设单位要求调整，或对原设计内容进行修改、完善、优化。设计变更应以图纸或设计变更通知单的形式发出。

【评审意见】

关于北附楼单层幕墙及南北面双层幕墙翼缘加固，从现有资料无法判断该加固是否属深化设计范围，应从翼缘加固的实际原因进行分析，由建设单位、代建单位、监理单位及施工单位根据实际情况进行协商。最终经各方协商一致，翼缘加固及幕墙连接件均属深化设计，评审根据协商结果，调整155.5万元。

【经验总结】

（1）工程招标需注重深化设计，强化事前控制，编写招标文件应与设计文件及工程量清单设置相一致。

编写招标文件时，在充分调查研究的基础上，尽最大限度考虑到项目各个实施阶段可能会出现的情况及其对策，做好各种预案，使整个项目的每一个实施环节均能做到有章可依。工程量清单的设置要求满足科学、合理原则，能明确的一定要明确，如果建设单位在招标阶段尚未能明确的内容必须先约定好工程结算原则。深化设计方案尽可能地贴近施工实际，而且要有完整的设计文件及设计计算依据，避免以后出现技术盲区，导致变更。

（2）要严格贯彻按图施工的原则，设计单位与施工单位不得随意申请修改施工图。

二、物价波动引起合同价款调整的评审问题

（一）问题解析

由于建设工程特定的"先销售，后生产"的交易方式，并深受建设周期长等固有特性的影响，物价的变化和波动不可避免的大幅变化使得工程造价结算出现了很多问题。为了合理地应对物价波动，使工程能够顺利进行，各地建设行政主管部门一般都会及时出台有关工程价款调整办法的规范性文件，长期的工程结算习惯就是遵照这些红头文件来办理。基本围绕物价波动引起的合同价款调整，基本围绕调整范围、调整幅度和调整方法三大问题展开。

物价波动是市场经济条件下的正常现象，但波动幅度超出正常范围会严重影响建设工程的造价。要想合理地应对物价波动，使工程能够顺利进行，发承包双方在签订合同时就应做到"有言在先，风险分担"，在专用条款中对价格调整方式、调整原则、计算方法等进行详细、明确的约定。

（二）理论分析

1．可调人材机范围如何确定

明确人材机中哪些部分是在调整范围中的。在调整人材机费用时并不是每一项都需要调整的，例如材料中一般只调整主要材料。只有明确可调人材机的范围，才能以此为基础进一步进行价款的调整。

2．人材机调整幅度如何确定

明确人材机的价格变动的整体幅度中有哪一部分是需要调价的，即风险分担幅度。承发包双方确定调整幅度，分析分摊比重，有利于减少合同纠纷，使得双方合同更为完善，体现公平公正原则。

3．物价变化引起的合同价款怎样调整

明确人材机价格变化引起的合同价款的调整的具体方法。不同的调整方法调整的价款

不同，根据不同的情况选择合理的价款调整方法才能更好地进行价款调整。

（三）解决方案

因物价波动引起的工程风险是无法预见的，采用合理的价格调整方法是解决争议、确保工程顺利进行的重要手段。

1．可调人材机范围的确定

不同地区对于调整的范围不同，但是都主要集中在对可调材料范围的规定上，例如钢材、水泥等。各省市规定的类型可分为三种：1）根据费用占总造价比重来确定，例如：江苏省，浙江省等。2）根据不同工程类型来确定，例如上海市等。3）直接规定调差内容，例如：湖北省等。

2．人材机调整幅度的确定

各省市对于人材机调整幅度的范围没有一个统一的规定，不同省市对于价格调整幅度的规定不同，有的风险幅度为5%，有的为10%，有的甚至达到了20%。"13清单"规定的材料价格的风险宜控制在5%以内，施工机具使用费的风险可控制在10%以内，超过者予以调整。

在实际工程中，承发包双方可参考各省市出台的造价文件或清单规定确定价格的调整幅度范围，约定合同条款中关于人材机价格调整幅度的内容。

3．物价变化引起的合同价款调整方法

国际通用的价格调整方法概括起来大致分为3类：一是根据人工或材料价格指数调整，二是根据实际的人工或材料成本调整，三是根据约定价格调整。

（1）价格指数调整法

价格指数调整法又称调价公式法，即根据在合同中列明的标准或指数的变化进行调整。使用价格指数法的前提是，需要得到合适且完备的价格指数，通常需要在合同中约定发布价格指数的机构名称和资料来源，以此作为调价基础。

（2）实际价格调整法

实际价格调整法又称基本价格调整法、文件证据法。即根据承包人在履约期间实际的人工或材料成本调整。成本信息通常需要承包人提供采购各种材料的实际支付原始发票，经负责管理合同的咨询工程师对基本价格进行审核和比较后予以调价。

（3）约定价格调整法

约定价格调整法，即根据颁布或约定的价格水平增减。究其实质，约定价格调整法仍是价格指数调整法或实际价格调整法。

这3种价格调整方法在工程实践中都有使用。在能够获得合适的价格指数的情况下，运用价格指数法依据公式经过计算进行调整；若采用实际价格调整法，则需提供材料购买单据，相对来说单据搜集及价格调整计算复杂；约定价格调整法较为简便，但需合同约定或双方协商一致。价格指数调整法、实际价格调整法是FIDIC合同条件中明确规定且推荐采用的方法，约定价格调整法在我国工程实践中应用较为广泛。

（四）案例支持

案例5-13 物价波动引起合同价款调整的案例评审

【案例背景】

（1）某改造二期工程于2005年11月公开招标，同年12月18日签订了三方（业主、代建和承包人）施工合同，合同金额1.862亿元，结算方式约定为综合单价包干、项目措施费包干。

（2）合同约定于2005年12月20日开工、2008年4月28日竣工，总工期858d。实际于2006年2月6日开工，2009年11月11日通过竣工验收，实际工期1374d。

（3）该工程招标文件规定工程量清单综合单价包干，并且限定除钢筋涨落幅度超过投标期指导价5%时可以调整其"指导价与投标价的材料价差"外（利润、措施项目费、其他项目费、规费等不予调整），其他不再因市场价格变化及其他政策性文件下达而调整。

（4）2008年6月2日三方依据地方部门调差文件"粤建价函〔2007〕402号"签订了关于工料机调整的补充协议。根据该工程《建设工程补充协议》及其附件"可调价差材料（设备）清单"约定，除钢筋、钢材按原合同执行外，人工、机械以及主材设备可以调整价差：按合同履行期间广州市工程造价管理站发布《建设工程材料指导价格》、人工日工资、《广州地区建设工程机械台班指导价格》与2005年第三季度《建设工程材料指导价格》、人工日工资、《广州地区建设工程机械台班指导价格》的价格对比相差超过±10%时，可以计算上述两者价格的价差。

【关键问题】

送审单位认为，施工期内工料机涨幅超出施工单位的承受范围，按"粤建价函〔2007〕402号文"进行调差是有据可依的。评审的焦点问题可归纳为：该结算项目能否执行《建设工程补充协议》约定，全面调整工机料价差。

【评审意见】

（1）即使满足规定调整价差的条件，承包人需承担工料机涨幅10%以内的风险，超出10%的部分由业主承担可以调价；另外，价差调整总额超过100万元，应经项目主管部门审核后，并经三部委联合核准后方可追加合同价款，但送结算资料中没有相关资料。

（2）业主组织各方经过梳理、核查相关资料后，明确因业主未及时移交场地、实施过程发生了较多的设计变更等非承包人原因，导致合同工期延误一年半左右，适逢物价波动较大，经过与施工单位多次协商，同意只补偿在原合同约定的竣工日期后施工的人材机（钢筋、钢材按原合同）涨落超过10%部分的调价，以给予补偿工期延误（2008年4月29～2009年11月11日）的相关费用。

（3）评审意见认为，由于业主未及时移交场地、实施过程也发生了较多的设计变更以及增加了工作范围等非承包人的原因，直接对施工进度计划的关键路线造成了影响，即原合同的物理边界、时间边界均发生了变化，合同约定竣工日期后施工的工作内容，应不属于原招标条件下约定的实施内容，理应可以按实予以调价；具体在合同约定竣工日期后完成的工作内容及其工程量，应由合同发承包人和监理落实确认，评审再结合竣工技术资料进一步核对人材机价涨落应调整金额。

【经验总结】

（1）非承包人原因造成工期延长及费用增加，发包人应通过补充协议方式确认，承包人可以通过索赔方式获取补偿和顺延工期。

（2）合同内风险根据合同已明确方式处理，合同外风险本着风险共担原则办理。

（3）执行政策文件规定做到有理有据，本案调整处理意见参照了粤建价函〔2007〕402号文"第五条、在施工合同履行期间，当工程造价管理机构发布的人工、材料（设备）、施工机械台班价格涨落超过合同工程基准期（招标工程为递交投标文件截止日期前28d；非招标工程为订立合同前28d）价格10％时，发包人、承包人应秉着实事求是的原则调整工程价款，并签订补充协议，作为追加（减）合同价款和支付工程进度款的依据。具体的调整方法，应按照《广东省建设工程施工合同范本（2006）》第61.1款的要求办理。"

【温馨提示】

本案例合同开工期为2005年12月，实施期为2008年4月，适用"03清单"的相关规定。其中部分专业术语和相关规定与现行的"13清单"有差异，可能导致不同的评审结论。详见本章第七节"13清单"对结算案例评审的影响。

三、工程索赔类合同价款调整事项

（一）问题分析

在工程项目中，工程索赔类事项常常贯穿于工程项目的全过程中，常引起发承包双方的结算纠纷。工程索赔类合同价款调整事项包括不可抗力引起的索赔、提前竣工（赶工补偿）与误期赔偿引起的索赔、费用索赔与工期索赔等。其中，提前竣工（赶工补偿）与误期赔偿引起的索赔常引起纠纷，因此将围绕此问题展开讨论。

（二）理论分析

1．工程索赔类事项成立的依据

（1）工程施工合同文件。工程施工合同是工程索赔中最关键和最主要的依据，工程施工期间，发承包双方关于工程的洽商、变更等书面协议或文件，也是索赔的重要依据。

（2）国家法律、法规。国家制定的相关法律、行政法规，是工程的法律依据。工程项目所在地的地方性法规或地方政府规章，也可以作为工程索赔的依据，但应当在施工合同专用条款中约定为工程合同的适用法律。

（3）国家、部门和地方有关的标准、规范和定额。对于工程建设的强制性标准，是合同双方必须严格执行的；对于非强制性标准，必须在合同中有明确规定的情况下，才能作为索赔的依据。

（4）工程施工合同履行过程中与索赔事件有关的各种凭证。这是承包人因索赔事件所遭受费用或工期损失的事实依据，它反映了工程的计划情况和实际情况。

2．工程索赔类事项成立的要件

承包人工程索赔成立的基本条件包括：

（1）索赔事件已造成了承包人直接经济损失或工期延误；

（2）造成费用增加或工期延误的索赔事件是非承包人的原因发生的；

（3）承包人已经按照工程施工合同规定的期限或程序提交了索赔意向通知、索赔报告及相关证明材料。

（三）解决方案

1．提前竣工（赶工补偿）

（1）赶工费用。发包人应当依据相关工程的工期定额合理计算工期，压缩的工期天数不得超过定额工期的20%，超过的，应在招标文件中明示增加赶工费用。

（2）提前竣工奖励。发承包双方可以在合同约定中约定提前竣工的奖励条款，明确每日历天应奖励额度。约定提前竣工奖励的，如果承包人的实际竣工日期早于计划竣工日期，承包人有权向发包人提出并得到提前竣工天数与合同约定的每日历天应奖励额度的乘积计算的提前竣工奖励。一般来说，双方还应在合同中约定提前竣工奖励的最高限额（如合同价款的5%）。提前竣工奖励列入竣工结算文件中，与结算一并支付。

2．误期赔偿

发承包双方可以在合同中约定误期赔偿费，明确每日历天应赔偿额度。如果承包人的实际进度迟于计划进度，发包人有权向承包人索取并得到实际延误天数与合同约定的每日历天应赔偿额度的乘积计算的误期赔偿费。一般来说，双方还应当在合同中约定误期的最高限额（如合同价款的5%）。误期赔偿费列入竣工结算文件中，并应在结算款中扣除。

合同工程发生误期的，承包人应当按照合同的约定向发包人支付误期赔偿费，如果约定的误期赔偿费低于发包人由此造成的损失，承包人还应继续赔偿。即使承包人支付误期赔偿费，也不能免除承包人按照合同约定应承担的任何责任和义务。如果在工程竣工之前，合同工程内的某单项（或单位）工程已通过了竣工验收，且该单项（或单位）工程接收证书中表明的竣工日期并未延误，而是合同工程的其他部分产生了工期延误，则误期赔偿费应按照已颁发工程接收证书的单项（或单位）工程造价占合同价款的比例幅度予以扣减。

（四）案例支持

案例5-14 赶工引起措施费调整的案例评审

【案例背景】

某整治工程施工，工程内容包括八个桥梁段、周边道路和排水渠施工。工程于2010年1月公开招标，同年4月签订合同，5月进场开工，合同金额1.2亿元，工期360日历天。合同约定工程结算方式为综合单价包干、项目措施费综合合价包干。

招标工程量清单对于桥梁段的钢板桩措施项目，只开列了项目名称"打拔钢板桩"和计量单位"吨"，工程量和价格由投标单位确定。中标文件对此填报了工程量28t，单价8000.00元，合价约22.4万元。

在工程施工过程之中，监理单位于2010年9月召开专题会议，根据上级政府对发包人的指示，要求承包人在2010年"10月18日之前必须完成"根据此会议纪要所做的要求，其中有五个桥梁段属于发包人要求10月18日前竣工的范畴。会议纪要后附有五个桥梁段拉森钢板桩的简图和合计数量，说明预计增加拉森钢板桩180万元，但没有附上相关拉森钢板桩的来由明细等说明。

评审过程中，承包人要求按某监理会议纪要中提到的五个桥梁段实际发生的180万元拉森钢板桩费用作为结算价。

【关键问题】

双方争议焦点就是工程中的五个桥梁段的措施项目费是按中标价结算还是按实际发生结算，即概括为措施项目费在何种情况下结算时应进行调整。

【评审依据】

根据"08清单"第4.7.4条："因分部分项工程量清单漏项或非承包人原因的工程变更，引起措施项目发生变化，造成施工组织设计或施工方案变更，原措施费中已有的措施项目，按原措施费的组价方法调整；原措施费中没有的措施项目，由承包人根据措施项目变更情况，提出适当的措施费变更，经发包人确认后调整。"

【评审意见】

（1）本项目的特殊情况是要求工程的局部在一个特定的时间段竣工，对局部项目提出具体的工期要求算不算工程变更呢？施工合同中一般只会对整个工程的工期做出约定，对局部工程的工期该如何认定呢？根据《广东省建设工程标准施工合同》（2009年版）通用条款第2.2条："承包人投标文件及其附件是合同文件的一个组成部分"。

（2）技术标中的施工组织设计有工程形象进度计划的。对于监理会议纪要提出要求在10月18日完工的五个桥梁段，如果其对应的形象进度计划在此时间之前的，则属于承包人合同内承诺的部分，有义务按时竣工；如果其对应的形象进度计划在此时间之后的，则应是按发包人要求赶工的，不属于承包人原因的工程变更。

（3）经核查承包人的技术标书，此五个桥梁工程的形象进度计划中有一个桥梁段是在10月18日之后，而且经查在10月18日之前也没有因发包人原因延误另四个桥梁段工期的行为，故其中的四个桥梁段在10月18日前竣工属于承包人的承诺，是合同内的义务，承包人不论采取何种措施保证按时竣工都是一种义务行为，发包人不需为此承担任何增加的费用。

而按承包人承诺在10月18日之后竣工的一个桥梁段，发包人要求承包人在10月18日前竣工应属于非承包人原因引起的工程变更，如果此变更引起了措施项目的变化则需要调整中标的措施项目费。经核查资料该桥梁段确实于10月18日前已经竣工，承包人完成了发包人提出的赶工要求。

经评审单位核查，桥梁段原支护措施设计为打拔钢板桩，为了能在10月18日前竣工，承包人对此五个桥梁段均采用了拉森钢板桩施工。对此可以这样理解，对于其中的四个桥梁段是承包人投标承诺的，不论采用何种措施项目保证按时竣工均属合同义务范畴，发包人不需为此承担任何费用。而另一个桥梁段投标承诺是在10月18日后竣工的，现按照发包人指令要求提前至10月18日前完成，应该计算此桥梁段因赶工引起的措施项目费变更费用。

（4）根据监理会议纪要和发包人确认的《施工现场签证单》，此五个桥梁段施工现场实际发生打拔拉森钢板桩150t，要求提前竣工的桥梁段实际约30t。拉森钢板桩新增单价是12000.00元/t，即可算出实际所发生的措施项目费约36万元，将此36万元

减去招标条件下此桥梁段的措施项目费即为结算的措施项目变更调整费用。

评审单位对招标图纸进行了计算，确认招标图中打拔钢板桩的工程量是6t。故此，此桥梁段的措施项目变更增加费用=30t（拉森钢板桩数量）×12000（拉森钢板桩的新增单价）-6（招标图纸计算打拔钢板桩的工程量）×8000（打拔钢板桩的投标单价）。

【经验总结】

（1）对于总价包干合同项目与单价包干合同项目中的合价包干部分遭遇工程变更时的工程价款调整问题，一直有很多专业人员都存在一个误区，将中标总价等同于招标条件下的价格。在正常情况之下，两者是等同，碍于招标文件编制、中标文件评审和投标的不平衡报价等诸多情况，这两者在相当多的情况下并不等同，所以评审中心将两者进行区分。

（2）工程变更是指因施工条件改变、业主要求、监理工程师指令或设计原因使工程或其任何部分的形式、质量或数量发生变更。在合同仍然有效的前提下，经监理工程师审查和发包人同意，合同中某些权利义务做出相应修改。既然是对招标条件的变更，当然是减去招标条件下的费用。

（3）2013年7月1日开始实施的"13清单"第1.0.6条提到："建设工程发承包及实施阶段的计价活动应遵循客观、公正、公平的原则"。另外，"13清单"第9.11.2条提到："发包人要求合同工程提前竣工的，应征得承包人同意后与承包人商定采取加快工程进度的措施，并应修订合同工程进度计划。发包人应承担承包人由此增加的提前竣工（赶工补偿）费用。"本项目虽是

适用于2008年的清单计价规范，但"13清单"特别强调客观、公正、公平依然有指导意义。

【温馨提示】

本案例工程开工期为2010年，竣工期为2011年，适用"08清单"的相关规定。其中部分专业术语，如"总价包干合同"与"单价包干合同"等与现行的"13清单"有差异。详见本章第七节"13清单"对结算案例评审的影响中评审过程中涉及的评审依据差异部分内容。

四、现场签证不合规引起合同价款调整的评审问题

现场签证常见的评审问题有两类，一是重复签证，二是签证不实或者签证做假。下面首先分析现场签证的内容及效力高低，然后分别从重复签证和签证不实两大方面分别进行理论解读和案例分析。

（一）现场签证的内容及特点

1．现场签证的内容

现场签证是发包人现场代表与承包人就施工过程中涉及的责任事件所作的签认证明。由于建设项目建设周期长，不确定因素多，在施工过程中会发生现场签证，并最终以价款的方式体现在工程价款的结算过程中。现场签证是施工阶段影响工程价款结算的主要因素之一，业主应熟悉现场签证编制的依据与原则，以做好施工现场签证的工作。对现场签证进行规范化管理，避免管理不当影响投资控制。现场工程签证是指在施工现场由业主单位、造价咨询单位、监理单位和施工单位共同签署的，必要时需使用单位签认，用以证实在施工过程中已发生的某些特殊情况的一种书面证明材料。现场签证的管理必须坚持"先签证、后施工"的原则。

现场工程签证主要涉及工程技术、工程隐蔽、工程经济、工程进度等方面内容，这些内容均会直接或间接地发生现场签证价款，从而影响工程造价。工程签证的主要内容见表5-5。

工程签证主要内容	表5-5

签证类型	具体内容
工程技术	施工条件的变化或非承包单位原因所引起工程量的变化 工程材料替换或代用等 更改施工措施和技术方案导致工作面过于狭小、作业超过一定高度，采取为保证工程的顺利进行必要措施 合同约定范围外的，承包单位对发包人供应的设备、材料进行运输、拆装、检验、修复、增加配件等 发包人借用承包单位的工人进行与工程无关的工作 施工前障碍物的拆除与迁移，及跨越障碍物施工

签证类型	具体内容
隐蔽工程	监理人某种原因未能按时到位，随后要求的剥离检查 在某工序被下一道工序覆盖前的检验，如基础土石方工程、钢筋绑扎工程
工程经济	非承包单位原因导致的停工、窝工、返工等任何经济损失 合同价格所包含工作内容以外的项目 没有正规的施工图纸的建设项目，例如大检修工程、零星维修项目，由承包单位提出一套技术方案，经审批完毕后实施；实施完毕后办理工程签证，依据工程签证办理竣工结算 合同中约定的可调材差的材料价格
工程进度	设计变更造成的工期拖延 非承包单位原因造成分部分项工程拆除或返工 非施工单位原因停工造成的工期拖延
其他方面	不可预见因素，包括不可预见的地质变化、文物、古迹等 不可抗力因素

2. 现场签证的特点

现场工程签证具体内容具有不确定、无规律的特征，也是施工单位获取额外利润的重要手段。做好现场签证管理审核，是财政投资评审中心的一项极其重要的工作，也是影响项目投资控制的关键因素之一。国内数个文件的相关条款提到了现场签证，具体规定如下：

中国建设工程造价管理协会2002年发布的《工程造价咨询业务操作指导规程》中，将现场签证解释和定义为"按承发包合同约定，一般由承发包双方代表就施工过程中涉及合同价款之外的责任事件所作的签认证明"。

《最高人民法院关于审理建设工程施工合同纠纷案件适用法律问题的解释》（法释〔2004〕14号）第19条规定当事人对工程量有争议的，按照施工过程中形成的签证等书面文件确认。承包人能够证明发包人同意其施工，但未能提供签证文件证明工程量发生的，可以按照当事人提供的其他证据确认实际发生的工程量。

《建设工程价款结算暂行办法》（财建〔2004〕369号）第14条第6款规定发包人要求承包人完成合同以外零星项目，承包人应在接受发包人要求的7d内就用工数量和单价、机械台班数量和单价、使用材料和金额等向发包人提出施工签证，发包人签证后施工。如发包人未签证，承包人施工后发生争议的，责任由承包人自负。

"13清单"第2.0.23条规定，发包人现场代表（或其授权的监理人、工程造价咨询人）与承包人现场代表就施工过程中涉及的事件所做的签证说明。

综上可知，国内的文件对现场签证的条款规定强调的共同点是现场签证的要件如下3条：①签证主体；②签证事项；③签证形式。现场签证的效力是承发包双方对工程相关事项的确认，是确定工程相关事项的有力证明文件，以上三项缺一不可。

3. 现场签证的效力分析

国内的文件对现场签证的条款规定侧重点不同的是，《工程造价咨询业务操作指导规程》及"13清单"均是侧重于现场签证的签证主体及签证事项;《最高人民法院关于审理建设工程施工合同纠纷案件适用法律问题的解释》(法释〔2004〕14号)强调签证是作为一种证据;《建设工程价款结算暂行办法》(财建〔2004〕369号)对签证的时间做出了具体的规定。所以当实际施工过程中发生现场签证事项时应参照各合同文件予以有效解决,但对其效力,基本可以得到以下一些共识的结论。

(1)现场签证是双方协商一致的结果,是具有法律效力的行为

现场签证是合同双方就合同履行过程中的变更及实际施工活动的变动引起的权利义务关系变化重新予以确认并达成一致意见的结果,是建设工程施工合同中出现的新的补充合同,是整个建设工程施工合同的组成部分。

(2)现场签证涉及的利益已经确定,可直接作为工程结算的凭证,具有可执行性

就现场签证在索赔程序中等同于已经审批的详细索赔报告的实质而言,在工程结算时,凡已获得双方确认的签证,均可直接在工程形象进度结算或工程最终造价结算中作为计算工程量及工程价款的依据,具有直接的可执行性。若对此提起诉讼,不属于确认之诉,而是返还之诉。

(3)现场签证是工程施工过程中的例行工作,一般不依赖于证据

工程施工过程中往往会因出现不同于原设计、原计划安排的变化而对原合同进行相应的调整,是项目经理施工管理中的例行工作。由于现场签证是合同双方就工期、费用等意思表示一致而达成的补充协议,是施工合同履行结果和变化确认的事实,它与施工合同的履行结果和变化具有客观性、关联性和合法性,诉讼中只要现场签证经双方签字,手续齐全,一般都被人民法院直接认定,并作为工程款支付的依据,不需要证据来证明。

(二)重复签证引起的合同价款调整问题

1.问题解析

此类问题主要有两种情况:

(1)承包人将原合同中的工作内容进行签证,并非是非承包人责任事件或零星工程。

(2)承包人将同一项目分批多次签证,以达到虚增工程量的目的。

2.理论分析

《最高人民法院关于审理建设工程施工合同纠纷案件适用法律问题的解释》(法释〔2004〕14号)[①]第十九条规定:"当事人对工程量有争议的,按照施工过程中形成的签证等书面文件确认。承包人能够证明发包人同意其施工,但未能提供签证文件证明工程量发生的,可以按照当事人提供的其他证据确认实际发生的工程量。"该项规定赋予现场签证无限的法律效力,并依此将签证作为结算依据。但合同体系中尚未出现现场签证一词,现场签证能否作为合同的有力补充,成为合同体系的组成部分,需要研究。其次,法释

---

① 下文简称"法释〔2014〕14号文"。

〔2004〕14文号第十九条给重复签证和虚假签证以空间，使得现场签证可不依赖于证据而存在，即签证如果相互之间没有冲突矛盾即合理。

3．解决方案

注意同一工作内容的重复签证。这类问题在土方挖运、障碍清除、工程拆迁等工程中较为常见。

4．案例支持

案例5-15 签证计价的案例评审

【案例背景】

某装修改造工程，改造总面积约2250m²，合同内容为室内装修、电气、给水排水等项目。合同价款采用固定价格合同的方式，合同价款在风险范围内不再调整。合同价款中包括的风险范围：承包人根据发包人提供的招标文件、图纸、有关资料，结合工程现场实际情况、工程性质、工程特点等要求，采取包工、包料、包工期、包质量、包安全、包文明施工。按招标施工图纸及现场实际情况，以综合单价和综合合价及措施费包干的形式进行施工图投标总价包干。

送审结算书发现其中一份现场签证内容显示："送配电系统调试"在招标清单中没有开项的，现已完成送配电系统调试工作，需业主确认增加相应费用。

【关键问题】

按招标施工图纸总价包干的项目，"送配电系统调试"在招标清单中没有开项的，结算时能否按确认的施工签证单计算送配电系统调试费？

【评审意见】

（1）依据合同约定，该项目按招标施工图纸及现场实际情况，以综合单价和综合合价及措施费包干的形式进行施工图投标总价包干；虽然"送配电系统调试"在招标清单中没有开项的，但"系统调试"工作应是完成合同安装工程必不可少的环节。

（2）依据工程招标文件第七章工程量清单总说明，投标人应对招标人提供的工程量清单的完整性和准确性进行复核，如发现工程量清单与招标图纸的工程内容存在不符，须按招标程序向招标人提出，招标人将作答疑。如投标人对工程量清单没有异议，即视为投标人认可招标人提供的工程量清单和招标图纸已具备完整性和准确性，实际施工中若发现少算、漏算的情况，结算时一律不作调整。

在投标过程中各投标人对招标工程量清单未提出任何异议，按招标文件约定即视为工程量清单和招标图纸已具备完整性和准确性，结算时不作任何调整。

（3）综合上所述，虽然此项签证建设单位、监理单位确认承包人完成了送配电系统调试属于事实，但依据合同约定应为合同范围内容，该项签证费用已在投标报价中综合考虑，不另计价。

【经验总结】

由于签证申请的事项，现场确实已经实施，容易造成现场工程师忽略招标文件与施工合同的约定，把本应属于合同包括的内容在签证中给予了确认，而引发重复计价的现象。因此结算评审过程中应重点审查签证单是否与合同条款、工程计价说明存在不符合的情况。

【温馨提示】

本案例合同签订及实施期为适用"08清单"的相关规定。其中部分专业术语和相关规定与现行的"13清单"有差异，可能导致不同的评审结论。详见本章第七节"13清单"对结算案例评审的影响。

案例5-16 合同项目中工作重复签证的案例评审

【案例背景】

某工程为综合性体育场馆工程，建筑面积约16090m²，包含体育场、体育馆、室外游泳池及附属用房、田径运动场等的设施、给水排水、电气管线等。该工程为招投标项目，合同采用固定单价合同，合同价款调整方法为："综合单价包干合同价款部分在合同执行期内综合单价均不作任何调整"。该工程开工日期为2005年12月1日，竣工日期为2006年12月30日，合同工期总日历天数394d。

在送审结算书中发现，其中一张施工签证单内容中显示："根据业主要求，施工单位安装电动流量调节阀上部的电动执行机构，共计工程费用31192.76元。"监理和业主审核意见："该控制装置由施工单位安装，情况属实。"

【关键问题】

工程结算中此施工签证单是否可以另行计价？

【评审意见】

（1）经核查招标文件，有相关计量计价规定："投标人必须按施工规范和竣工验收规范完成工程量清单每一子目的工作内容，并对每一子目所包含的工序和项目考虑完整并报价。给水排水系统（包括空调水系统工作内容水管阀门及附件：阀门及附件（包括阀门配带的电动执行器、压力表、传感器、法兰等全部配件）安装分不同用途、材质、规格、型号、安装方式，以'个'为计量单位"。

（2）依据该项目的计量计价规定，电动执行机构应已含在电动调节阀的价格内，此签证工作内容属于合同项目工作内容。因此，该施工签证单不应另行计价。

【经验总结】

项目结算评审中，应加大对施工签证的审查力度。现场签证是确认施工过程中对合同范围外工作实际发生的普遍做法。施工单位为尽可能争取更多的利润，任意把合同内完成的工程量在签证中做文章，诸如肢解或衍生项目的现象屡见不鲜。由于签证申请的事项，现场确实已经实施，容易造成现场工程师忽略招标文件与施工合同的约定，将属于合同包括的工作内容也同时在签证中予以确认，从而引发重复计价的现象。

【温馨提示】

本案例开工期为2005年，竣工期为2006年，适用"03清单"的相关规定。其中部分专业术语和相关规定与现行的"13清单"有差异，可能导致不同的评审结论。详见本章第七节"13清单"对结算案例评审的影响。

（三）签证不实引起的合同价款调整问题

1．问题解析

签证不实的问题在财政评审过程中经常发生。承包人作假、业主审核不严、监理未尽职审查是签证不实的主要原因。对于有疑点的签证应召集签字人当面澄清，对于澄清后仍坚持真实的签证，在评审报告中予以客观披露。

2．理论分析

现场签证如果能够生效必须满足以下要件：

（1）现场签证必须是双方的意思表示。承包人提出签证要约，另一方给予承诺，是双方的法律行为，任何单方的意思表示都无法构成现场签证。

（2）现场签证必须有双方有权签字的人员进行签字。现场签证是双方的意思表示，那么就应当以双方人员的签字确认。现场签证是对合同的补充，那么它也具备合同的性质。如果签字人员是无权人员，那么依照《合同法》的有关条款，现场签证的效力就会受到质疑。

（3）现场签证的内容必须注明此项现场签证所做的变化的内容。现场签证的作用本身就是现场变化的认定，所以现场签证内容这一要件不容有失。现场签证不仅要写明签证内容，还需要考量签证内容准确性、无歧义、可计量。

（4）现场签证必须表达的是一致的意思表示。

3．解决方案

根据"13清单"，现场签证有以下几种情形：

（1）发包人的口头指令，需要承包人将其提出，由发包人转换成书面签证。

（2）发包人的书面通知如涉及工程实施，需要承包人就完成此通知需要的人工、材料、机械设备等内容向发包人提出，取得发包人的签证确认。

（3）合同工程招标工程量清单中已有，但施工中发现与其不符需要承包人及时向发包人提出签证确认，以便调整合同价款。

（4）由于发包人原因未按合同约定提供场地、材料、设备或停水、停电等造成承包人停工，需承包人及时向发包人提出签证确认，以便计算索赔费用。

（5）合同中约定材料、设备等价格，由于市场发生变化，需要承包人向发包人提出采纳数量及单价，以便发包人核对后取得发包人的签证确认。

（6）其他由于施工条件、合同条件变化需现场签证的事项等。

4．案例支持

案例5-17 虚造结算资料的案例评审

【案例背景】

某工程排水管恢复结算工程，合同约定的主要施工内容为110m DN1200波纹管安装。该工程的管道基坑开挖深5m，基坑侧壁采用拉森钢板桩的形式进行支护。合同约定的结算方式为按实结算，工程量按照经甲方审核后的施工图纸和驻地监理签认的实际工程量为准；结算价以市财政局核定的工程造价为准。该工程的现场签证如图5-4所示。

施工单位送审结算以未修改的工程数量为准，送审结算金额为1461759.12元，监理单位对施工单位的送审结算未加意见即签字盖章。经过现场监理工程师和总监理工程师→建设单位现场工程师和负责人→道扩办结算审核人和负责人→建设单位结算审核人和负责人→咨询公司的三级复核人员等五道关共11人签名。根据结算送

审资料分析，监理人员和建设单位管理人员对签证单（结算资料之一）进行了修改，但施工单位的送审结算却按未修改的工程数量进行计算。监理单位对该送审结算未加具任何意见，只签名盖章；建设单位现场管理人员的审核意见为"工程量复核签证单有误，请审核"。该项目送审后，评审人员发现签证资料有误，可能存在造假现象，故专门约请了建设单位和监理单位的经办人前来评审中心当面核实签证单，经查核的不合理数据有两个，一是排水管管径改小了，基坑的开挖宽度应相应地减小，但签证资料未显示该宽度减小情况；另一个是管道长减少了，但拉森钢板桩的签证数量未减反增。且根据签证单上的数字笔迹可察觉承包人有修改签证骗取工程价款的嫌疑。

序号	签证工程项目名称	单位	数量	发生签证时间及签证原因
1	钢带增强聚乙烯（PE）螺旋波纹管 DN1500安装	m	~~150~~ 110	直径 ~~1500mm~~ 1200. 环刚度8KN/M2. 平均埋深 H=5m, B=2.5m
2	C15砼垫层	m3	~~58.5~~ 41.75	
3	土方开挖外运(25KM)	m3	~~1950~~ 1375	
4	厚10cm换填碎石砂	m3	~~39~~ 27.5	
5	砌筑检查井	座	4	灰砂砖. 井深5米
6	石屑回填	m3	~~1576.79~~ 1111.96	
7	拉森钢板桩	t	373.35 ~~245.70~~	深9m

图5-4 现场签证图

【关键问题】

现场签证单中拉森钢板桩的数量是否在三方签字确认后被修改的情况。

【评审意见】

评审提出拉森钢板桩存在问题的理由是：

（1）管道长度由156m改为110m，拉森钢板桩数量反而增加了127.55t，而且比施工单位原来的报送数量还大，不符合逻辑。

（2）拉森钢板桩签证"工程量373.25吨"中的前一个3与后一个3的字迹明显不同，有明显的修改痕迹，而且根据分析，其他内容如C15混凝土垫层、土方开挖外运（25km）、厚10cm换填碎石砂等工程量基本上是按长度同比例换算的，而拉森钢板桩进行同比例换算后应为137.25t，由此推断：拉森钢板桩签证"工程量373.25t"中的前一个3是由1修改过来的。

（3）结算评审过程中经召集业主监理当面核实确认，证实该现场签证单中的拉森钢板桩工程量应为173.25t。

【经验总结】

（1）"评审"指的是"评价和审核"，不是人云亦云。在评审过程中，如果发现资料存在疑点，存在异常现象，应根据资料的关联性来进行证明，必要时发函要求建设单位给予澄清，如果能够现场核实的问题，应到现场进行核实，否则就不是"评审"，而是机械地加减乘除。

（2）同时对于这种作假现象并没有严格的处罚制度，应采取相关措施并完善制度的建立与管理，对涉嫌资料造假的单位和个人应进行相应的处罚。

（3）本案由于签证单的不严谨反映出的管理漏洞问题，建设单位应完善签证管理办法、规范审批程序，签证单从申报、审批各个环节都需有记录及签章手续。

案例5-18 虚造签证的案例评审

【案例背景】

广州大学城（小谷围岛）建设项目华南理工大学二期体育场馆某标段为招投标工程，该标段由一座体育馆、一个室外体育场、其他室外运动场和一栋单体国家实验室实验大楼组成，体育场馆是2007年全国大学生运动会的主要比赛场馆及各学校开展体育教学活动的主要场地。

该工程设计变更、现场签证多达几十份。其中有一份施工签证内容是关于实施完成网球场边的钢筋混凝土挡土墙。但是，在评审工程师会同业主、监理单位、施工单位等多家单位一道现场踏勘时，发现此签证单内容显示"已实施完成的钢筋混凝土挡土墙"，实际上现场并不存在。

【关键问题】

现场踏勘发现承包人将未实施的工作

内容做虚假签证。

【评审意见】

结算评审中通过多方现场踏勘发现签证内容与实际情况不符，属虚假签证，结算不能计价。该签证造价予以审减。

【经验总结】

（1）评审过程应重视现场踏勘环节。一般情况下接到评审任务后，首先翻阅图纸对项目的实际施工情况进行全面了解，同时对各设计变更及现场签证的连贯性、合理性进行全面梳理，然后带着问题去踏勘现场才会有预期的收获，否则评审是难以发现送审结算书存在的问题，如竣工图纸与实际做法不符、竣工技术资料中设备材料显示的型号规格与现场实施情况不一致等。

（2）签证的控制要点，主要包括签证理由正当、签证依据完整可靠、签证费用计算准确三方面，因此业主应委托监理单位审查其签证理由的正当性，签证依据的完整与可靠性以及费用计算的准确性，监理单位应将审查信息反馈给业主。业主在收集到监理单位的反馈信息后，要根据实际情况严格批复，并将签证的批复信息反馈给总监理工程师。

签证的关键控制点包括：

1）签证事项的原由应正当、清楚，签署应包括明细计算式及相关图形；

2）签证导致的费用增加应按规定程序严格执行，签证费用的调整应按照合同约定执行，合同约定不应增加的费用不得进行现场签证；

3）业主应会同承包人、监理单位、设计单位、审计单位对现场签证中涉及的隐蔽工程量进行现场核实并签认；

4）对原图纸范围外与本工程密切相关并为本工程服务的工作内容进行签证，对与本工程无关的项目不采取现场签证；

5）现场签证涉及价格应按约定计取，需要招标的价格应实行招标程序。

五、不平衡报价引起合同价款调整的评审问题

（一）问题解析

不平衡报价，是指投标人根据招标人提供的工程量清单，先按市场平均价格水平或企业个体成本水平生成总价，在保持总价基本不变的前提下，以不损害投标人自身利益为原则，对工程量清单项目进行报价调整，使工程量清单报价与市场价格正常值发生异常偏离。

1.整体偏离型

整体偏离型指的是对组成工程量清单的全部内容进行不平衡报价，包括对分部分项工程量清单、措施项目清单、其他项目清单、零星工作项目清单各个子清单进行不平衡报价，一般情况下，分部分项工程量清单和零星工作项目清单报价较高，措施项目清单、其他项目清单非固定部分报价较低。

2．部分偏离型

部分偏离型指的是组成工程量清单的部分内容进行不平衡报价，多数情况下是在子清单内进行不平衡报价。例如，在房建工程分部分项工程量清单中：①土建工程清单报较高价格，安装工程报较低价格；②土建工程清单中基础结构工程量报较高价格，建筑装饰工程量报较低价格；③在安装工程清单中预埋工程量报价较高，面饰安装工程量报价较低。

3．个别偏离型

针对组成工程量清单的个别子目或项目进行不平衡报价，一般偏差幅度极大，是极端不平衡报价的主要表现形式，其报价与市场平均价格存在倍数或数量级关系，在整个报价书中较为醒目，投标人多有故意心态，常引发合同纠纷。

（二）理论分析

承包人要从投标人变成承包人，必须对招标文件的要求作出实质响应，符合招标文件的所有条款、条件和规定且无重大偏离与保留，战胜竞争对手而获得中标资格。在工程量清单招标低价中标的模式下，为获得中标且经济效益最大化，有经验的承包人积累了大量投标策略和报价技巧，不平衡报价作为一种投标取胜的方式和手段，不断应用在承包人投标竞争中。承包人不平衡报价的常用策略如下：

（1）按实际完成工程量或工程进度付款的项目，为尽早取得尽可能多的回笼资金，承包人会适当提高先期施工项目（土方、基础、主体等）投标单价；

（2）工程量清单的数量比招标图纸上计算的工程数量小时，承包人提高其投标单价；反之，承包人降低其投标单价；

（3）招标图纸设计深度不足，在实际施工过程中有可能深化设计或变更设计，可能导致工程数量增加的，承包人提高其综合单价报价；可能造成工程量清单描述内容有变更调整而重新组价的，承包人降低其综合单价报价；

（4）根据工程项目地质资料以及现场踏勘资料，结合招标文件的相关规定，估计施工过程可能会增加工程量时，承包人多会提高其报价单价；

（5）工程量清单中，虽列有项目但无数量、实际施工中又可能遇到时，承包人会提高其报价，即使以后未遇到，无数量的项目也不影响总报价及结算造价；

（6）对专业性较强的项目，考虑到将来业主有可能指定分包时，承包人会降低该部分报价，规避风险；

（7）对清单零星工作、计日工等，招标人未提供量或量较少，承包人会提高其报价单价；

（8）工程量清单中，招标人对材料设备技术指标、外观等级等特征要求描述不到位的，承包人会适当降低报价，待中标且招标人明晰具体要求后调整报价；

（9）招标文件中对某些有特殊施工方案、半成品工艺要求等未作具体要求的，如大型隧道开挖机械要求、地下室后浇带细部做法、粗钢筋连接方式等，承包人则会降低报价，中标后根据招标人实际需要提出较高价格签证。

多数承包人遵循的原则是，在不影响总价竞争力的前提下，对有利于工程款提前兑现、可能有利润提升潜力的项目报高价，而对在招标范围内可能减少甚至取消承包工作的项目尽量报低价。两类报价高低相互抵消，表面上总价与正常基本一致，但潜在"地雷"多多，一旦中标形成合同，竣工结算时"地雷"爆炸后承包人可攫取超额利润，业内戏称"会做不如会算"。

（三）解决方案

1．注重招标前准备，从源头上防范不平衡报价

（1）提高招标图纸的设计深度和质量，避免出现"边设计，边招标"的情况，尽可能使用详细完善的施工图招标，从源头上减少工程变更的出现。

（2）提高工程量清单编制质量，堵塞不平衡报价的主要漏洞。工程量清单的编制应尽可能周全、详尽、具有预控性，同时编制工程量清单要严格执行清单计价规范，要求数量准确、项目完整，避免错项和漏项，防止投标人利用清单中工程量的可能变化进行不平衡报价。

（3）招标人要有充分时间和能力对工程涉及的主要材料设备进行市场调查，掌握价格信息。对特殊的大宗材料，确定其价格有难度的，可提供详细的规格型号及技术指标，确保投标报价有据可依、基准统一、减小离散度。

（4）如实编制招标控制价、有效控制总价的同时，为评委在评审中对不平衡报价项目的判断提供高可靠度的参考依据。根据工程量清单及图纸、项目现场条件，参照定额、市场惯例及编制期当月工程造价管理机构发布的工程要素价格信息编制招标控制价。对于短期价格波动剧烈的要素价格，编制人应采用即时市场价格作为计算依据，并应在编制说明中予以明确。

（5）重视对投标单位的资信状况进行考察，重点关注投标单位在以往施工中有无因工程结算而引起的经济纠纷等情况，对表现恶劣的企业在入围选拔中予以拒绝。

2．严密编制招标文件，制定合理的评标标准

（1）招标文件编制要有针对性，定稿前应重视审核招标文件各项条款的含义和要求，确保全面反映建设项目的实际需求。对发包工程进行准确的功能概况和施工边界描述，明确技术指标、工艺方法、质量要求和验收标准，商务编制说明条款中地理环境、地质条件等影响施工报价的要素也应详尽明了，减少投标人在拟定投标方案时的误判，避免投标人将"错"就"错"，借此进行不平衡报价。

（2）制定明晰的评标标准和方法，制约投标人进行不平衡报价。评标标准不仅要有满足合法性的评标原则，还必须紧扣招标文件的内容和要求，编制详尽的评审细则，切实做到内容、权重和分值的设置科学合理。同时，评审指标要量化，设置合理的不平衡报价评判尺度，拒绝严重不平衡报价中标。

（3）注重投标书评审工作，及时采取措施合理规避风险。对于投标报价中不平衡报价项目未构成重大偏差，或设置比较隐蔽的，在确定中标人之前，招标人应借助评标专家的力量，梳理对工程造价控制有隐患的不平衡报价问题，并结合招标文件要求，通过询标方式要求拟中标人澄清问题，以此作为签订施工合同的依据。

3．完善施工合同条款，合理划分发承包人风险责任

（1）公正规定结算与支付条款。施工合同结算与支付条件不仅是影响合同报价的重要因素，也是不平衡报价的主要因素，必须构建法律允许、同时符合市场惯例的结算与支付合同条件，在公平公正的原则下降低承包人对不平衡报价的追求强度。例如，目前市场上已有尝试根据工程实体进度节点按合同总价的比例进行工程款支付，同时政府主管部门对工程支付担保也作了进一步要求，一定程度上减弱了不平衡报价的作用。

（2）合理划分发包人风险责任。针对常见的潜在的施工合同履约风险，在责权利对应和谐的原则下，进行发承包人间的风险划分，弱化不平衡报价的动因。

（3）及时完善合同条件。仔细衔接招标投标过程，及时修正完善各项合同条款，减少引发不平衡报价合同争议的干扰因素。搜集整理在招标过程中分别通过招标答疑和询标澄清对招标文件和投标文件缺陷进行修正的资料，将包括此类内容的招投标成果用签订施工合同方式实现巩固；同时在不改变招投标文件实质性内容的原则下，针对招标文件时点和签订合同时点合同条件的一些变化，及时作出调整和约定。

4．发挥施工合同管理作用，防范产生新的不平衡报价

（1）工程变更控制。为实现施工合同质量目标，施工图设计缺陷必须进行修正，但应防范承包人有意通过设计施工图会审、施工过程中的工程变更获得不平衡报价的超额利润，即承包人针对工程量清单报价低的工程内容以设计变更方式实现价格调整的合法化。发包人可由工程管理人员和成本管理人员互动，审慎地防范这种情况的发生，实现工程变更的有效控制。

（2）合理执行结算与支付合同条款。要重视施工合同实施整个过程的结算与支付，防范不平衡报价引起工程款超付的异常情况，尤其是针对合同价调整额同期结算与支付的施工合同。发承包人通过合理确定工程量清单新增工程的价格、合同中未约定风险损失分摊、索赔事项的费用签认、甲供设备材料在工程款中的抵扣等，将有效防止履约过程产生新的不平衡报价。

（3）事先控制争取主动。合同实施阶段，针对承包人极端不平衡报价高价内容需大量增加时，工程内容实施前，发包人作设计变更，使结算条件发生改变，新增内容可以按合同约定重新定价，但在扣除原报价极端高价内容时，宜适当改变单价锁定原则，保留承包人合理利润。针对承包人极端不平衡报价内容需大量增减时，发包人也可事先进行合同约定，按所有投标人剔除异常值后的平均价增减。因此，不难理解，不平衡报价的事后控制将使发包人陷于被动，对不平衡报价的既成事实应吸取教训，积极反馈到合同生成阶段，以事先控制争取主动。

5．政府职能部门监管和服务相结合，完善工程量清单计价体系

（1）制定工程量清单计价管理办法。规范招标控制价、工程量清单、投标报价、结算价等工程建设各阶段造价文件编制要求。结合地方情况，通过定期发布工程造价指标、价格指数等途径，提供有效的工程造价确定和控制依据，提倡合理低价中标，引导市场有序竞争。

（2）制定适合工程量清单招标量化的评标办法。工程量清单招标低价中标模式，承包人主要承担"价"的风险，不平衡报价策略的运用也主要通过单项报价不均匀分布实现，因此清单综合单价评审尤其重要。管理部门应出台相应的评标办法及实施细则，倡导评标办法中设置单价评审条款，并逐步探索各类项目不合理报价、不平衡报价废标条件设置的额度和幅度。

（3）推行电子招投标系统。给招标人和评标专家提供高效公平的评审工具。利用计算机辅助评标系统，专家可以准确快捷地整理出不平衡报价项目数量及其造价占投标总报价的比率，进而结合招投标文件分析不平衡报价对评审项目的影响程度，依据评标办法规定执行。

判定指标进行不平衡报价量化评审，对过度不平衡报价给予废标处理，引导投标报价回归理性，从根本上消除隐患。

不平衡报价投标的应对，应贯穿于工程建设全过程，前期招标准备工作越充分，评审过程把关越仔细，合同条款签订越严密，在施工管理和后期结算工作中越不容易出现问题。因此，不平衡报价的应对，应重在建设管理前期，同时注重关键部位计价控制，若发现前阶段应对措施有疏漏，应及时处理，促进各阶段无缝衔接，有效规避不平衡报价风险。

（四）案例支持

案例5-19 存在不平衡报价的案例评审

【案例背景】

该项目为公开招投标工程，主要内容包括小区内配套的园林景观工程、道路及给水排水工程。实施时间为2008年，承包人式为包工、包料、包工期、包质量、包安全、包竣工验收。该项目已按合同要求完成约定的工作内容，工程质量及施工工期均符合合同要求。

（1）该项目采用工程量清单计价办法进行结算，项目综合单价的确定按下列方法进行：

合同中已有使用的综合单价项目，执行合同已有综合单价。

合同中有类似综合单价项目，按合同类似综合单价项目作换算处理。换算时只计算主材价差、税率和规费。

合同中没有适用或类似可换算的综合单价，则套用按2006年《广东省建筑工程综合定额（2006年）》《广东省装饰装修工程综合定额（2006年）》《广东省市政工程

综合定额（2006年）》、《广东省园林绿化工程综合定额（2006年）》和《广东省安装工程综合定额（2006年）》，套用合同规定的计费程序表进行取费，人工、材料及机械费按施工期间广州市建设工程造价管理部门发布的造价文件的规定执行。

（2）评审中发现道路工程的"双向土工格栅"投标工程量为2386.2m²，结算工程量为13248.80m²，执行原投标报价560.03元/m²，评审时发现此项子目综合单价严重偏离正常市场价。

【关键问题】

送审单位认为：该项目在招标、签订合同，到实施、监理和业主结算审核等各环节，从未提及不平衡报价问题；按常规如有不平衡需调整的，应在合同签订前或开工前处理。该投标报价已经发承包双方认可，且在结算资料中没有发现合同双方对偏高（低）投标价的处理意见和如何调整的细则，无法处理该不平衡报价。

因此该项目的争议问题归纳为：在项目结算评审阶段，发现了道路工程的"双向土工格栅"投标单价属于不平衡报价，按合同规定是否应进行处理的问题。

【评审依据】

（1）经核对，招标文件《工程量清单计价说明》第14条第（2）款："不平衡报价指以合同约定的合同外新增项目计价规定核算的综合单（合）价（以下简称基准价）为基础，高于或低于基准价100%的报价。如分部分项清单项目的工程量增（减）10%以内的，招标人对投标人的投标报价不作调整。如分部分项清单项目的增（减）

超过10%的，招标人对超过10%以外部分（如超过11%，只对1%的部分进行调整）的不合理报价按基准价进行调整"。

（2）招标文件《工程量清单计价说明》第14条第（1）款："开标后签订合同前或整个合同执行期间，在保持中标总价不变的情况下，招标人将对经济标投标报价文件进行算术校核和修正，对不合理报价进行复核和调整。"

【评审意见】

（1）"双向土工格栅"原投标综合单价存在严重不平衡报价，依据上述招标文件《工程量清单计价说明》，对于该项目"双向土工格栅"超过合同分部分项清单项目工程量10%以外部分的综合单价，结算时应按合同约定的合同外新增项目计价规定核算的综合单价进行调整。

（2）按合同约定的合同外新增项目计价规定核算的"双向土工格栅"综合单价不到26元/m²，共调整约582万元，仅该"双向土工格栅"子目的调整偏差约占市政工程送审金额的一半。

【经验总结】

（1）工程项目结算评审要将工程量大、综合单价高、合价占工程造价比例大的清单项目作为重点评审对象，日常评审时要对一些常用的清单项目指标做好收集工作。

（2）对于合同条款、招投标文件约定详细的情况下，应当严格按照其约定进行评审，当合同条款、招投标文件等出现内容不一致时，应严格按照法律规定的解释顺序执行，做到有法有据、合情合理、不偏不袒，更不能视而不见。

第六节　工程计量纠纷引起的竣工结算评审常见问题

所谓工程计量，就是发承包双方根据合同约定，对承包人完成合同工程的数量进行的计算和确认。具体说，就是双方根据设计图纸、技术规范以及施工合同约定的计量方式和计算方法，对承包人已经完成的质量合格的工程实体数量进行测量与计算，并以物理计量单位或自然计量单位进行表示、确认的过程。

招标工程量清单中所列的数量，通常是根据设计图纸计算的数量，是对合同工程的估计工程量。工程施工过程中，通常会由于一些原因导致承包人实际完成工程量与工程量清单中所列工程量的不一致，比如：招标工程量清单缺项或项目特征描述与实际不符、工程变更、施工条件的变化、现场签证、暂估价中的专业工程发包等。因此，在工程合同价款结算前，必须对承包人履行合同义务所完成的实际工程进行准确的计量。因此，工程计量的评审问题主要集中在应予计量的工程量的确定问题上。具体从界面不清导致的工程量重复计算问题、工程变更引起的工程量调整问题进行分析。

一、界面不清导致工程量重复计算的评审问题

（一）问题解析

对于大型工程项目如公路、隧道等，发包人一般为多标段同时招标，在各标段往往会有工作内容重叠的部分，如果合同界面划分不够准确，导致的问题即工程量重复计算，超过总包工程量。

对于需要分为多个标段同时招标的大型项目，需要多个承包人多专业进行协作完成。如果合同界面划分不清，划分不及时，往往会导致结算工程量难以准确计算。此外各专业完成时间不同，送审出现工程量重复常有发生。对这类项目建议统一送审，而且建设单位需要有人进行整体协调，在项目实施阶段有明确的合同界面划分。

（二）理论分析

"13清单"第4.1.3规定："招标文件中的工程量清单标明的工程量是投标人投标报价的共同基础，竣工结算的工程量按发、承包双方在合同约定应予计量且实际完成的工程量确定。"

第8.2.1条规定："工程量必须以承包人完成合同工程应予计量的工程量确定。"

第8.2.2规定："施工中进行工程计量，当发现招标工程量清单中出现缺项、工程量偏差，或因工程变更引起工程量增减时，应按承包人在履行合同义务中完成的工程量计算。"

（三）解决方案

针对界面不清导致工程量重复计算的问题，应本着公平公正原则，应将工程量重复计

算部分予以审减。

（四）案例支持

案例5-20 工程量重复计算的案例评审

【案例背景】

某大学城二期体育场馆（标段6）工程为招投标工程，该标段由一个体育馆、一个室外体育场及其他室外运动场和一栋单体国家实验室实验大楼组成。合同约定开工时间为2005年12月10日，竣工时间为2006年12月31日。

工程结算采用分批送审，体育馆及机电设备安装工程均已评审完毕。本次评审的为室外运动场地（网球场、篮球场、游泳池）市政、园建、绿化部分。

对比投标书及招标文件，该工程报价汇总表工程费分为三大部分，分别为①建筑及装饰装修工程；②机电安装工程；③周边小市政、绿化及附属等工程。在"周边小市政、绿化及附属等工程工程量清单报价表"没有开列室外工程的给水排水分部分项工程内容，而在"机电安装工程工程量清单报价表"内开列室外球场、市政给水排水等工程内容。根据机电安装工程结算评审结果，室外球场、市政给水排水部分工程已并入机电安装工程内结算，并已会签盖章确认，现在又在市政工程内重复报送。

【关键问题】

因分部分项工程界限划分不明导致工程量重复计算。

【评审依据】

1. 相关事实依据

根据投标书及招标文件中工程报价汇总表判断"室外工程的给水排水分部分项工程内容"包含在"机电安装工程工程量清单报价表"中，已经并入机电安装工程内结算。

2. 相关法律法规依据

（1）"13清单"中"工程计量"的定义为："发承包双方根据合同约定，对承包人完成合同工程的数量进行计算和确认。"

（2）《建设工程价款结算暂行办法》（财建〔2004〕369号）第十三条规定："工程进度款结算与支付应当符合下列规定：对承包人超出设计图纸（含设计变更）范围和因承包人原因造成返工的工程量，发包人不予计量。"

（3）07版《标准施工招标文件》17.1.4条第一款规定："已标价工程量清单中的单价子目工程量为估算工程量。结算工程量是承包人实际完成的，并按合同约定的计量方法进行计量的工程量。"

（4）"13清单"第4.1.3规定："招标文件中的工程量清单标明的工程量是投标人投标报价的共同基础，竣工结算的工程量按发、承包双方在合同约定应予计量且实际完成的工程量确定。"

第8.2.1条规定:"工程量必须以承包人完成合同工程应予计量的工程量确定。"

第8.2.2规定:"施工中进行工程计量,当发现招标工程量清单中出现缺项、工程量偏差,或因工程变更引起工程量增减时,应按承包人在履行合同义务中完成的工程量计算。"

【评审意见】

室外工程的给水排水分部分项工程已在机电安装工程中结算了,本次送审的室外工程的给水排水分部分项工程属于工程量重复计算,工程量重复计算部分(室外工程的给水排水分部分项工程)的造价予以审减。

【经验总结】

(1)应注重合同各专业的分部分项工程界限划分范围;

(2)界面划分不清晰的工程建设项目结算,特别是分批送审项目容易造成工程量重复计算,对于这类项目应先理清界面划分,查看工程量是否重复计算或重复送审。专业界限的划分或者不同施工单位的界限划分可以让各专业分包单位或者会同建设业主、监理单位、施工单位坐下来一起开会解决,最终形成一个专业界限划分或者各施工单位界限划分表并签字确认。

案例5-21 虚增工程量的案例评审一

【案例背景】

某单位综合办公大楼工程包括办公楼和学科楼各一栋,总建筑面积为18747.37m²。

该项目结构基础设计采用人工挖孔桩基础,设计桩基入微风化岩层1.2m。评审过程中,评审人员发现,竣工图纸中人工挖孔桩的设计桩长约为25m,现场人工挖孔桩成孔验收记录中实际平均挖深约25.8m,其中最长的桩长竟然达到了46m,而从建设单位提供的地质勘察报告显示情况判断,该项目建设场址地质变化情况较为平稳,工程桩桩长普遍达到18m处即到达微风化岩层,实际桩长应在20m左右。

鉴于该项目部分人工挖孔桩的桩长超乎常规,且与地质勘查报告显示的情况严重不符,因此评审中心对于建设单位及施工单位提供的部分工程结算资料的真实性产生了怀疑。

【关键问题】

施工单位提供的部分工程结算资料人工挖孔桩成孔验收记录是否存在虚增工程量现象。

【评审依据】

1. 相关事实依据

(1)根据招标中心提供的该项目的原招标图纸显示,设计桩长为20m。而不是竣工图上显示的设计桩长为25m；

（2）根据地质勘察报告结果，桩长普遍达到18m处即到达微风化岩层，实际桩长应在20m左右；

（3）根据甲供钢筋材料进场领料签收资料，对甲供钢筋中桩基础钢筋数量的反复核算分析，判断该项目人工挖孔桩实际平均桩长应为20.3m。

2. 相关法律法规依据

（1）"13清单"

第4.1.3规定："招标文件中的工程量清单标明的工程量是投标人投标报价的共同基础，竣工结算的工程量按发、承包双方在合同约定应予计量且实际完成的工程量确定。"

第8.2.1条规定："工程量必须以承包人完成合同工程应予计量的工程量确定。"

第8.2.2规定："施工中进行工程计量，当发现招标工程量清单中出现缺项、工程量偏差，或因工程变更引起工程量增减时，应按承包人在履行合同义务中完成的工程量计算。"

（2）《建设工程价款结算暂行办法》（财建〔2004〕369号）

第十三条规定："工程进度款结算与支付应当符合下列规定：对承包人超出设计图纸（含设计变更）范围和因承包人原因造成返工的工程量，发包人不予计量。"

【评审意见】

对于虚增工程量的部分（桩长不实部分）造价予以审减。

【经验总结】

（1）严格审查工程结算书各项内容的真实性；

（2）工程结算书（竣工图纸，承包合同，图纸会审记录，施工组织设计，设计变更通知，工程洽商记录，工程技术方案，现场签证等）中各项内容的真实有效是进行财政评审的前提。建设单位应该首先确保工程结算书的真实有效。评审人员在评审过程中应对送审资料的真实有效进行验证，特别是对隐蔽验收资料，无法通过踏勘现场确定是否真实，只能对送审的相关资料进行研究分析，查看送审工程量是否符合常规、合理。超常不合理的应进一步验证，从而有效确定工程造价。

案例5-22 虚增工程量的案例评审二

【案例背景】

某教育中心综合楼建筑面积24383m²，其中地下室两层约6000m²，地上五层约18383m²。本工程采用人工挖孔桩基础。

财政评审中心在对人工挖孔桩审查时发现，承包人送审人工挖孔桩长度平均16.71m/桩，其中流砂厚度平均13.7m/桩，且与业主签认的隐蔽工程验收单相符。从数据上分析，流砂层厚度占桩长的82.04%。而从地质勘探报告资料钻孔点分析，流砂层厚度平均为1.76m/桩，两个数据相差甚大。

【关键问题】

承包人是否存在人工挖孔桩流砂层工程量计量不实的问题。

【评审依据】

（1）地质勘探报告资料

根据地质勘探报告资料钻孔点分析，流砂层厚度平均为1.76m/桩。人工挖孔桩穿过流砂的平均厚度应为1.76m，由于地质勘探报告是按每一定距离设置点进行勘探，地质变化复杂，按点的勘探结果数据进行计算流砂层的厚度应会有所偏差，但偏差不大。

（2）评审单位组织的各方专题会

评审单位组织建设单位、承包人、评审方和地质勘察单位进行专题会。听取地质勘察单位意见，并且结合施工日记的桩施工人数、每条桩施工的天数、桩流砂段每天施工长度的限制等特点判断流砂层厚度为2.67m/桩。

【评审意见】

对于虚增工程量的部分（流砂厚度平均13.7m/桩）造价予以审减（以流砂厚度平均2.67m/桩计算）。

【经验总结】

（1）建设单位（或代建单位）、监理应对各种验收单和各种签证资料的真实性负责，完善相关管理制度防止漏洞发生。

（2）评审时对签证工程或隐蔽工程应仔细核对隐蔽工程验收记录单或质勘察报告，发现不符及时反馈上报，并发函业主澄清或核查，防止送审单位虚增工程量，避免财政资金流失。

案例5-23　虚增工程量的案例评审三

某教育中心综合楼建筑面积24383m²，其中地下室两层约6000m²，地上五层约18383m²。本工程采用人工挖孔桩基础。

财政评审中心在对回填石屑工程量进行审查时发现，承包人送审回填石屑工程量是18014m³，并且无业主签认的隐蔽工程验收单。财政评审中心组织业主方、承包人、地质勘察单位进行专题会，要求补充该石屑的隐蔽工程验收单。会后，承包人在规定期限内提供了业主方原主要负责人签认的隐蔽工程验收单。补交的验收单回填石屑工程量与承包人送审工程量一致，但业主方却认为，实际承包人补送的签认单回填石屑工程量与当时事实相差甚大。

为了实事求是解决问题，财政评审中心组织业主方、承包人、地质勘察单位进行第二次专题会。财政评审中心提出解决方案："①实地钻探；②按钻探结果办理结算。对于钻探费用和修复费用，如果钻探结果与承包人送审数量相近或相同，上述费用由业主方承担；如果相差较大，则由承包人承担。"

【关键问题】

承包人补充的石屑工程验收单工程量是否属实。

【评审依据】

（1）补充送审的隐蔽验收记录单；

（2）实地钻探记录。

【评审意见】

根据实地钻探结果，并经多方现签认，回填石屑按5000m³办理工程结算，并扣除承包人现场勘探及工程修复费用。

【经验总结】

审查工程量签认单的真实性，根据

《建设工程质量管理条例》第三十条：施工单位必须建立、健全施工质量的检验制度，严格工序管理，作好隐蔽工程的质量检验和记录。隐蔽工程在隐蔽前，施工单位应当通知建设单位和建设质量监督机构。隐蔽验收单应该有各方参与验收人员签字确认。对于没有签字确认的验收单不能作为结算的依据，对于补签的验收单应详细了解当时实际情况后判断是否作为结算计价的依据。

二、工程变更引起工程量调整的评审问题

（一）问题解析

首先，当工程量变化导致措施项目改变时，由于技术措施的多样性和复杂性，措施项目变化造成的项目工程价款的变动比实体变更造成的变化更具有隐蔽性，如有些安全文明施工费是开工前后一次性投入的（如临时设施费），而有些是随着实体工程的进展而发生的（如安全施工费），这增加了确定措施项目费调整条件的难度；其次，由于措施项目计价方式的多样性，使得双方在调整方法上很难达成一致，如与施工组织设计密切相关的措施项目多采用总价包干形式计价，而与分部分项工程密切相关的措施项目多采用综合单价计价，当工程量变化导致调整措施费时，需要区分不同的计价方式。工程变更的频发性导致了措施项目费调整频发，如何评审措施项目费是财政评审工作的一个难点。

此外，在施工过程中，承包人往往不按照招标文件以及投标文件的相应条款进行工程的实施，采用一些成本更为低廉的施工方案或材料来降低成本，而这些施工过程中的改变一般难以发现，导致了结算时工程量仍然按照招标时的相关施工方案、图纸以及地勘资料进行结算，此类问题在实际工程当中时有发生，财政评审人员应积累相关经验，准确评审工程量。

（二）理论分析

在工程施工合同执行过程中，承包人为了正确履行施工合同义务要完成工程变更、现场签证、口头协议、第三方监理指令和其他补充约定的工程量实施内容。为了有效保证承包人债权的主张，《最高人民法院关于审理建设工程施工合同纠纷案件适用法律问题的解释》及《北京市高级人民法院关于审理建设工程施工合同纠纷案件若干疑难问题的解答》

文件中对包括现场签证、会谈纪要等在内的正确履行合同义务形成的工程量给予了认可。

（三）解决方案

当工程变更引起工程量调整导致结算纠纷时，应按照承包人"正确履行合同义形成的工程量"重新计量、据实结算。

（四）案例支持

案例5-24 另增项目按合同以外零星项目工程价款结算的案例评审

【案例背景】

某学校装修改造工程招标文件及施工合同计价方式为："本工程采用工程量清单综合单价，措施费采用综合合价包干，且不因施工期间人工、材料及机械价格变化、施工条件、工程规模的变化和政府造价管理部门调整各项收费等而调整。"

施工中新增了游泳馆二楼泳池顶天花梁更换饰面内容，需采用搭设满堂脚手架措施方案才能完成天花饰面梁的更换，发包人对搭设脚手架费用采取签证形式处理（搭设该脚手架的费用远远高过实体项目本身）。根据合同规定措施费是包干的，是不因工程规模的变化而变化的，该脚手架的搭设是否在合同措施费的包干范围内？

【关键问题】

工程变更引起天花梁更换饰面搭设脚手架的措施费用是否可以计算。

【评审依据】

07版《标准施工招标文件》通用合同条款关于对工程变更的定义为：取消合同中任何一项工作，但被取消的工作不能转由发包人或其他人实施；改变合同中任一项工作的质量或其他特性；改变合同工程的基线、标高、位置或尺寸；改变合同中任何一项工作的施工时间或改变已批准的施工工艺或顺序；为完成工程需要追加的额外工作。本案属工程变更之为完成工程需要追加的额外工作。

《建设工程价款结算暂行办法》（财建〔2004〕369号）第十四条第六点：发包人要求承包人完成合同以外零星项目，承包人应在接受发包人要求的7d内就用工数量和单价、机械台班数量和单价、使用材料和金额等向发包人提出施工签证，发包人签证后施工，如发包人未签证，承包人施工后发生争议的责任由承包人自负。本工程送审资料有完整的关于施工中新增了游泳馆二楼泳池顶天花梁更换饰面内容签证资料。

《建设工程价款结算暂行办法》（财建〔2004〕369号）第十五条：发包人和承包人要加强施工现场的造价控制，及时对工程合同外的事项如实记录并履行书面手续，凡由发、承包双方授权的现场代表签字的现场签证以及发、承包双方协商确定的索赔等费用，应在工程竣工结算中如实办理，不得因发、承包双方现场代表的中途变更改变其有效性。所以施工中新增了游泳馆二楼泳池顶天花梁更换饰面内容应与原合同中的措施费等相关规定不重复、不矛盾，应按签证内容中的措施费结算。

【评审意见】

天花梁更换饰面搭设脚手架的措施费用不在合同措施费用包干范围内，可以计算。

【经验总结】

（1）在施工过程中，往往会因发包人的意思而变更工程或增加零星项目工程，而这些变更或增加的内容都是以现场签证形式表示。工程变更会使有些费用与原合同相矛盾，根据合同相关规定是不能计算的。合同外零星项目可全部按签证资料的相关内容进行结算。这就要求评审人员来判断签证的内容是否在合同包干范围内，在范围内则不予计量，合同外新增工程就需按07版《标准施工招标文件》通用合同条款相关规定进行判断，在此基础还应符合相关法律法规的规定。

（2）根据"13清单"第9.3.2规定：工程变更引起施工方案改变并使措施项目发生变化的，承包人提出调整措施项目费的，应事先将拟实施的方案提交发包人确认，并详细说明与原方案措施项目相比的变化情况。拟实施的方案经发承包双方确认后执行，并应按照下列规定调整措施项目费：

1）安全文明施工费按照实际发生变化的措施项目依据本规范第3.1.5条的规定计算。

2）采用单价计算的措施项目费，按照实际发生变化的措施项目按本规范第9.3.1条的规定确定单价。

3）按总价（或系数）计算的措施项目费，按照实际发生变化的措施项目调整，但应考虑承包人报价浮动因素，即调整金额按照实际调整金额乘以本规范第9.3.1条规定的承包人报价浮动率计算。

（3）措施项目工程变更价款调整的前提是已经发生了变更，并且变更使施工方案发生了改变，发包人批准了该施工方案。如果承包人未事先将拟实施的方案提交给发包人确认，则应视为工程变更不引起措施项目费的调整或承包人放弃调整措施项目费的权利。措施项目变更程序如图5-5所示。

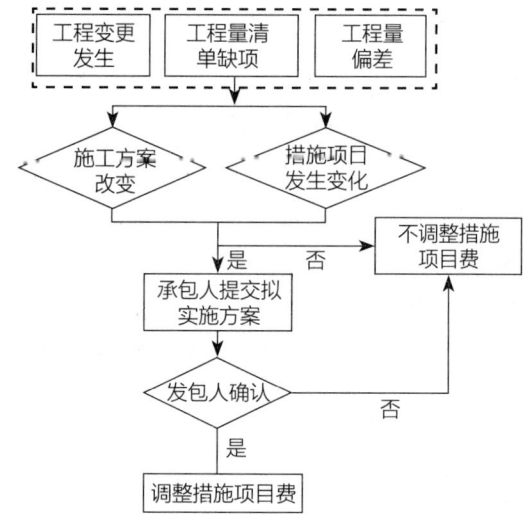

图5-5 措施项目变更程序

【温馨提示】

本案例合同签订及实施期适用"08清单"的相关规定。其中部分专业术语和相关规定与现行的"13清单"有差异，可能导致不同的评审结论。详见本章第七节"13清单"对结算案例评审的影响。

三、计量单位引起的工程计量评审问题

（一）问题分析

目前，在工程项目实施过程中，双方签订的工作协议的工程计量单位以及实际完成的工程计量单位与定额、清单规范所规定的计量单位是不同的。发承包双方往往基于计量单位的确定产生计量纠纷。

（二）理论分析

计量单位应采用基本单位，除各专业另有特殊规定外均按以下单位计量：

（1）以重量计算的项目——吨或千克（t或kg）；

（2）以体积计算的项目——立方米（m^3）；

（3）以面积计算的项目——平方米（m^2）；

（4）以长度计算的项目——米（m）；

（5）以自然计量单位计算的项目——个、套、块、组、台等；

（6）没有具体数量的项目——宗、项等。

计量单位的有效数应遵守以下规定：

（1）以"t"为单位，应保留小数点后三位数字，第四位小数四舍五入；

（2）以"m"、"m^2"、"m^3"、"kg"为单位，应保留小数点后两位数字，第三位小数四舍五入；

（3）以"个"、"件"、"根"、"组"、"系统"等为单位，应取整数。

（三）解决方案

各专业有特殊计量单位的，另外加以说明，当计量单位有两个或两个以上时，应根据所编工程量清单项目的特殊要求，选择最适宜表现该项目特征并方便计量的单位。

案例5-25 工程量计算规则纠纷案例评审

【案例背景】

广州大剧院总建筑面积约70000m^2，最大跨度约120m，最大高度43m。整个大剧院包括大剧场36400m^2、多功能剧场7400m^2、其他配套建筑26100m^2，总占地面积约42000m^2。

在项目评审时发现，送审的签证项目中有两项内容为因非施工单位原因造成的部分外帷幕及室内天棚脚手架需二次搭拆的签证，且该项脚手架二次搭拆的签证工作是施工单位交由另一单位完成的，其双方签定的工作协议是以搭拆的脚手架的体积计算费用的，如表5-6所示。

项目名称	长（m）	宽（m）	高（m）	工程数量	计量单位	金额（元）		备注
	A	B	C	A×B×C		综合单价	合价	
签证MQ004	外幕墙脚手架搭拆							
大剧院5m平台东面	34	5	20	3400.00	m³	18.82	63988.00	
	18	8	2	288.00	m³	18.82	5420.16	
	26	7	23	4186.00	m³	18.82	78780.52	
	20	14	3	840.00	m³	18.82	15808.80	
大剧院5m平台南面	38	8	20	6080.00	m³	18.82	114425.60	
	12	6	2	144.00	m³	18.82	2710.08	
大剧院5m平台西南面	11	4	20	880.00	m³	18.82	16561.60	
	32	8	5	1280.00	m³	18.82	24089.60	
小剧院5m平台南面	10	3	20	600.00	m³	18.82	11292.00	
	14	10	5	700.00	m³	18.82	13174.00	
小剧院5m平台西面	18	5	20	1800.00	m³	18.82	33876.00	
	9	6	2	108.00	m³	18.82	2032.56	
小计				20306.00	m³		382158.92	
签证MQ005	内幕墙脚手架搭拆							
大剧场前厅	27	5	28	3780.00	m³	18.82	71139.60	
小剧场前厅	8	6	16	768.00	m³	18.82	14453.76	
	16	14	3	672.00	m³	18.82	12647.04	
	14	14.5	16	3248.00	m³	18.82	61127.36	
	10	14	11	1540.00	m³	18.82	28982.80	
	5	5	1	25.00	m³	18.82	470.50	
	13	12	3	468.00	m³	18.82	8807.76	
	14	6	1	84.00	m³	18.82	1580.88	
小计				10585.00	m³		199209.70	
合计				30891.00	m³		581368.620	

【关键问题】

脚手架的工程量计算是按实搭体积计算，还是按定额计算规则以面积计算？

【评审依据】

（1）按照《广东省装饰装修工程综合定额（2006年）》，脚手架工程的工程量计算规则的相关规定可知脚手架工程均以面积计算。

（2）通过财政评审中心相关人员现场察看，广州大剧院的外形不规则、搭设的满堂脚手架也与通常所见的有所不同，尤其在室内搭设的有不少并非从楼地面开始，而是从外壁钢构架上搭设，特别是在转角的位置，搭设的高度即使只有1～2m，但实际距离楼地面或许会有二十几米的高度，该部分的脚手架应结合离楼地面高度计量满堂脚手架。

【评审意见】

（1）脚手架按照面积计算。工程结算应严格执行合同相关规定，施工单位与外单位的签订的工作协议不能作为该工程的结算依据。工程结算应严格执行合同相关规定，本工程合同执行的定额为2006年《广东省装饰装修工程综合定额》，该定额计算规则对于脚手架搭设工程量都是以面积为单位。施工单位与外包单位签订的工作协议只是施工单位与外包单位的工作协议，只能作为施工单位与外包单位的结算依据，不是本工程合同的组成部分。所以本工程签证的脚手架工程量应按合同相关规定以面积计算。

（2）脚手架统一计算满堂脚手架，具体见表5-7。

脚手架的计算——财政评审结果　　　　　表5-7

项目名称	长（m）	宽（m）	高（m）	工程数量	计量单位	金额（元）		备注
	A	B	C	A×B		综合单价	合价	
签证MQ004	外幕墙脚手架搭拆							统一计算满堂脚手架
大剧院5m平台东面	34	5	20	170.00	m²	25.28	4297.60	
	18	8	2	144.00	m²	30.22	4351.68	搭设净高度2m，距离楼地面高度23m
	26	7	23	182.00	m²	30.22	5500.04	
	20	14	3	280.00	m²	33.51	9382.80	搭设净高度3m，距离楼地面高度25m
大剧院5m平台南面	38	8	20	304.00	m²	25.28	7685.12	
	12	6	2	72.00	m²	30.22	2175.84	搭设净高度2m，距离楼地面高度23m

项目名称	长 （m）	宽 （m）	高 （m）	工程 数量	计量 单位	金额（元）		备注
	A	B	C	A×B		综合 单价	合价	
大剧院5m平台西南面	11	4	20	44.00	m²	25.28	1112.32	
	32	8	5	256.00	m²	33.51	8578.56	搭设净高度5m，距离楼地面高度26m
小剧院5m平台南面	10	3	20	30.00	m²	25.28	758.40	
	14	10	5	140.00	m²	33.51	4691.40	搭设净高度5m，距离楼地面高度26m
小剧院5m平台西面	18	5	20	90.00	m²	25.28	2275.20	
	9	6	2	54.00	m²	30.22	1631.88	搭设净高度2m，距离楼地面高度23m
小计				1766.00	m²		52440.84	
签证MQ005				内幕墙脚手架搭拆				统一计算满堂脚手架
大剧场前厅	27	5	28	135.00	m²	36.79	4966.65	
	8	6	16	48.00	m²	20.33	975.84	
	16	14	3	224.00	m²	25.28	5662.72	搭设净高度3m，距离楼地面高度20m
	14	14.5	16	203.00	m²	20.33	4126.99	
	10	14	11	140.00	m²	13.74	1923.60	
小剧场前厅	5	5	1	25.00	m²	20.33	508.25	搭设净高度1m，距离楼地面高度16m
	13	12	3	156.00	m²	25.28	3943.68	搭设净高度3m，距离楼地面高度20m
	14	6	1	84.00	m²	20.33	1707.72	搭设净高度1m，距离楼地面高度16m
小计				1015.00	m²		23815.45	
合计				2781.00	m²		76256.29	

结算项目审核，除了要严格按照招、投标文件及合同条款执行外，对于图纸或资料不完善、描述不清晰完整的变更或签证项目，需要通过查勘现场及与各相关单位沟通了解具体情况并完善相应结算资料，才能合理、准确、有效地完成项目的评审工作。

四、工程质量是否合格引起的工程计量评审问题

（一）问题解析

目前，在建设工程项目中，合同纠纷现象普遍存在，其主要的导致因素是工程量纠纷。工程量必须以承包人完成合同工程应予计量的工程量确定。因此，如何有效界定应予计量的工程量范围，是项目能否顺利建设实施的关键。在竣工结算过程中，工程质量合格的才能在结算中予以计量，因此工程质量是否合格是影响工程计量的重要因素，进而影响工程价款的计算以及竣工结算。

（二）理论分析

工程质量对于工程价款的影响主要表现在如下两个方面：

1．施工合同解除后的价款纠纷处理

（1）已完建设工程质量合格对工程价款支付影响

建设工程施工合同解除后，已经完成的建设工程质量合格的，发包人应当按照约定支付相应的工程价款。

（2）已完建设工程质量不合格对工程价款支付影响

①已经完成的建设工程质量不合格，修复后的建设工程经验收合格的，发包人请求承包人承担修复费用的，应予支持。

②已经完成的建设工程质量不合格，修复后的建设工程经验收不合格，承包人请求支付工程价款，不予支持。

2．合同正常履约下合同价款的调整

（1）工程质量对于进度款的影响

工程进度款影响竣工结算款的计算，而工程进度款的支付依赖于准确的工程计量。根据"13清单"10.3.9规定，发包人应在收到承包人进度款支付申请后的14d内，根据计量结果和合同约定对申请予以核实，确认后向承包人出具进度款支付证书。若发承包双方对部分清单项目的计量结果出现争议，发包人应对无争议部分的工程计量结果向承包人出具进度款支付证书。由此可知，工程质量符合要求时，已完工程量才予以计量，才进行进度款的支付。

（2）工程质量对于竣工结算款的影响

1）无质量争议的工程的竣工结算

对于无质量争议部分的工程的竣工结算，发承包双方基于合同约定进行办理，及时完成竣工结算工作。

2）有质量争议的工程的竣工结算

对于投入使用的质量争议工程，根据"13清单"11.3.9的规定，发包人对工程质量有异议，拒绝办理工程竣工结算的，已竣工验收或已竣工未验收但实际投入使用的工程，基于质量争议双方按该工程保修合同进行处理，竣工结算仍按合同约定办理。

对于未投入使用的质量争议工程，根据"13清单"11.3.9的规定，已竣工未验收且未实际投入使用的工程以及停工、停建工程的质量争议，双方应就有争议的部分委托有资质的检测鉴定机构进行检测，并应根据检测结果确定解决方案，或按工程质量监督机构的处理决定执行后办理竣工结算，无争议部分的竣工结算应按合同约定办理。

（三）解决方案

在进行实地勘察评审中，评审人员若发现承包人有偷工减料或工程质量不合格的地方，需建设单位配合评审单位的工作并出具相关书面澄清说明并提供支持材料，并核对图纸的设计规模（如建筑物的面积、层数等）是否与施工现场实物相符，并视具体情况判断已完工程质量是否合格，在竣工结算中是否应予计量，竣工结算造价是否应予需调整。对于图纸与施工现场实物不符以及工程质量不达标的部分需根据实际情况进行相应造价调整。

第七节 "13清单"对结算案例评审的影响

"13清单"全面总结了"03清单"实施10年的经验，针对存在的问题，对"08清单"进行了全面修订。与之比较，更加规范和具可操作性，确立了更加完善的工程计价标准体系和运行机制。在施工全过程计价控制与工程结算的关系、工程计价风险分担、不同合同形式的计量与价款交付、合同价款调整、措施费项目计价等各方面都对"08清单"的条款作出了调整。

一、评审过程中涉及的评审依据差异

（一）合同形式的类型

对于工程计价，不同时期会有不同的一套计价体系，合同范本是这个体系中非常重要的内容。如"03清单"、"08清单"对应的是1999版合同体系，"13清单"对应的是2013版合同体系。

关于合同形式，1999版施工合同中规定的3种合同价款方式为固定总价合同、可调总价合同、成本加酬金合同，在实际过程中遇到了诸多问题。基于此，2013版施工合同将合同价格形式修改为3类，即单价合同、总价合同与其他价格形式合同。

根据《建设工程施工施工合同（示范文本）》GF—2013—0201中12.1合同价格形式，单价合同是指合同当事人约定以工程量清单及其综合单价进行合同价格计算、调整和确认的建设工程施工合同，在约定的范围内单价不作调整。当事人应在专用合同条款中约定总价合同的风险范围和风险费用的计算方法，并约定风险范围以外的合同价格的调整方法。

总价合同是指当事人约定以施工图、已标价工程量清单或者预算书及有关条件进行合同价格的计算、调整和确认的建设工程施工合同，在约定范围内合同总价不作调整。合同当事人应在专用合同条款中约定总价合同的风险范围和风险费用的计算方法，并约定风险范围以外的合同价格的调整方法。

因此，案例中关于固定单价合同、固定总价合同、施工图总价包干等术语在今后的评审工作中应尽量避免使用。

（二）清单准确性和完整性的责任归属问题

由于"13清单"对"08清单"做出了部分修改，根据"13清单"中4.1.2条规定，招标工程量清单必须作为招标文件的组成部分，其准确性和完整性应由招标人负责，此规定基于保护投标人的利益的基础上，防止招标人基于自身的利益在招标文件中约定："投标人应对招标人提供的工程量清单中给定的信息进行核实，招标人对工程量清单的准确性和完整性不负责"。

因此，依据"13清单"评审相关案例时，评审机构把"招标文件中是否规定投标人必须对工程量清单的准确性和完整性负责"作为评审依据的说法是损害投标人利益的。

（三）总价合同的计量问题

对于总价合同，清单工程量只作为投标报价的共同基础，并不一定反映全部承包内的工作内容。

根据"13清单"9.6.1规定，合同履行期间，当应予计算的实际工程量与招标工程量清单出现偏差，且符合第9.6.2条、第9.6.3条规定时，发承包双方应调整合同价款。

同时，依据"13清单"8.3.1条规定，采用工程量清单方式招标形成的总价合同，工程量必须以承包人完成合同工程应予计量的工程量确定。施工中进行工程计量，当发现招标工程量清单中出现缺项、工程量偏差，或因工程变更引起工程量增减时，应按承包人在履行合同义务中完成的工程量计算。对于经审定批准的施工图纸及预算方式发包形成的总价合同，除按照工程变更规定的工程量增减外，总价合同各项目的工程量应为承包人用于结算的最终工程量。

因此，依据"13清单"评审相关案例时，"总价合同的工程量增减依据应是图纸而不是工程量清单"的描述是不完全准确的，应基于承包人实际完成的工程量予以计算。

（四）竣工结算依据问题

根据"13清单"竣工结算与支付中11.21条指出，工程竣工结算应根据下列依据编制与复核：

（1）本规范；

（2）工程合同；

（3）发承包双方实施过程中已经确认的工程量及其结算的合同价款；

（4）发承包双方实施过程中已确认调整后追加（减）的合同价款；

（5）建设工程设计文件及相关资料；

（6）投标文件；

（7）其他依据。

本规范11.2.6条指出，发承包双方在合同工程实施过程中已经确认的工程计量结果和合同价款，在竣工结算办理中应直接进入结算。

"13清单"已经取消参考工程竣工图与招标文件作为竣工结算的依据，特别注重合同履行过程中发承包双方已经确认的计量计价与支付资料的使用，实现工程价款管理由重视竣工结算结果转变为向重视计量计价等过程程序管理的重大转变，因此在未来的评审工作中，不宜将工程竣工图纸与招标文件列为处理竣工结算的依据。

（五）措施项目费调整问题

根据"13清单"9.3.2规定，工程变更引起施工方案改变并使措施项目发生变化时，承包人提出调整措施项目费的，应事先将拟实施的方案提交发包人确认，并应详细说明与原方案措施项目相比的变化情况。拟实施的方案经发承包双方确认后执行，并应按照下列规定调整措施项目费。

（1）安全文明施工费按照实际发生变化的措施项目依据国家或省级、行业建设主管部门的规定计算，不得作为竞争性费用。

（2）采用单价计算的措施项目费，按照实际发生变化的措施项目按上述工程变更引起分部分项工程项目发生变化规定确定单价。

（3）按总价（或系数）计算的措施项目费，按照实际发生变化的措施项目调整，但应考虑承包人报价浮动因素，即调整金额按照实际调整金额乘以承包人报价浮动率计算。

如果承包人未事先将拟实施的方案提交给发包人确认，则视为工程变更不引起措施项目费的调整或承包人放弃调整措施项目费的权利。

根据"13清单"9.3.2条规定，由于招标工程量清单中措施项目缺项，承包人应将新增措施项目实施方案提交发包人批准后，按照本规范第9.3.1条、第9.3.2条的规定调整合同价款。

由上述规定可知，基于发承包双方风险共担原则，"13清单"新增关于变更引起措施项目发生变化的合同价款调整的原则，因此在未来关于措施项目的评审工作中，措施项目包干术语尽量避免出现，同时应基于13版清单中关于措施项目费调整的规定对措施项目费进行相应调整。

二、结算案例执行"03或08清单"与"13清单"处理意见对比

本书所列结算案例，按照合同签订和实施期，适用的是"08清单"或"03清单"的相关规定。基于前文的对比和分析，若按照现行的"13清单"的相关规定进行评审，会改变部分原来的评审结论。具体案例的对比分析及评审结论的差异见表5-8。希望藉此可加深对"13清单"相关评审依据的理解，更好地指导结算评审工作。

"03或08清单"与"13清单"的前后对比及处理意见表 　　　　　表5-8

案例名称及内容	案例问题	执行"08或03清单"及对应合同处理意见	执行13清单	
			差异	依据条款
案例5-1合同条款约定与招标文件不一致的案例评审一	①招标文件与合同条款计价实质性内容约定不一致，该如何处理 ②招标施工图纸总价包干形势下如何调整设计变更的问题	①承发包双方通过签订合同约定背离招标文件实质性约定的内容的条款无效 ②该项目执行招标施工图纸总价包干的承包方式，在没有发生任何设计变更的情况下，合同价（不含预留金）就是结算价	案例中专业术语如总价包干、施工图总价包干，评审依据如竣工图与现行的"13清单"有差异，可能导致不同的评审结论	关于合同价格形式，"13清单"在13合同的体系基础上8.2提出"单价合同"，8.3.1提出"总价合同"
案例5-2合同条款约定与招标文件不一致的案例评审二	固定总价合同设计变更价款调整的计算规则是按照招标文件规定还是按照施工合同规定	设计变更部分应当按照招标文件中合同条款的规定执行	案例中专业术语如固定总价与现行的"13清单"有差异	关于合同价格形式，"13清单"在13合同的体系基础上8.2提出"单价合同"，8.3.1提出"总价合同"
案例5-5补充合同与合同约定计价条款不一致的案例评审	因补充合同与合同对价款调整的约定前后不一致，导致与送审单位产生了"关于因设计变更增加的工程以及暂定价项目应如何计价"的争议问题	因设计变更增加的项目以及暂定价项目的计价方式严格执行原合同专用条款约定	案例中专业术语如综合单价与现行的"13清单"有差异	关于合同价格形式，"13清单"在13合同的体系基础上8.2提出"单价合同"，8.3.1提出"总价合同"

案例名称及内容	案例问题	执行"08或03清单"及对应合同处理意见	执行13清单	
			差异	依据条款
案例5-6实际施工做法与项目特征要求不符的案例评审	该项目发生设计变更,在投标报价有偏差或有不平衡报价的情况下,如何合理计算此项工程变更调整费用	应先扣减原招标设计(招标清单项目特征)所对应的钢柱、钢梁的薄型防火涂料费用,再计算钢梁的厚型防火涂料费用	案例中专业术语如总价包干、施工图总价包干,评审依据如竣工图与现行的"13清单"有差异	①关于合同价格形式,"13清单"在13合同的体系基础上8.2提出"单价合同",8.3.1提出"总价合同" ②13规范11.2工程竣工结算的复核依据将"竣工图纸资料"变为"设计文件及相关资料"
案例5-7设计变更引起项目特征不符的价款调整案例评审一	工程费用调整方案的选择	选定方案三,在方案二基础上考虑投标下浮率,一则体现了与投标时价格水平一致,二则也体现招标人与中标风险共同承担的原则,较大程度体现合同双方公平公正的初衷	案例中专业术语如固定总价与现行的"13清单"有差异	关于合同价格形式,"13清单"在13合同的体系基础上8.2提出"单价合同",8.3.1提出"总价合同"
案例5-8设计变更引起项目特征不符的价款调整案例评审二	让利项目设计变更的重新定价问题(该项目定价的具体方案,即让利承诺如何体现在变更的单价中),是否存在不平衡报价	合同双方经协商达成共识,同意指示箭头原投标工程量清单内部摊原投标报价计算,投标工程量清单外新增部分按建设单位批复的相关单价计算	案例中评审依据中有招标文件与现行的"13清单"有差异,可能导致不同的评审结论	"13清单"11.2工程竣工结算的复核依据中未列入招标文件作为复核依据
案例5-9工程量清单缺项的案例评审	招标图纸上标注的有而招标工程量清单里漏项的"双杠、木架、链球铁饼笼、移动器械房"措施项目属于施工图总价包干范围还是新增的项目问题	经过与建设单位、承包人多次讨论协调达成共识,招标图纸上标注的"双杠、木架、链球铁饼笼、移动器械房等"属于施工图总价包干范围,不是新增项目	案例中相关专业术语如施工图总价包干,评审依据中有招标文件与现行的"13清单"有差异,可能导致不同的评审结论	①关于合同价格形式,"13清单"在13合同的体系基础上8.2提出"单价合同",8.3.1提出"总价合同" ②"13清单"11.2工程竣工结算的复核依据中未列入招标文件作为复核依据 ③根据"13清单"8.3.2,对于经审定批准的施工图纸及预算方式发包形成的总价合同,除按照工程变更规定的工程量增减外,总价合同各项目的工程量应为承包人用于结算的最终工程量。对于新增项目,应该按照工程变更计入承包人用于结算的最终工程量

案例名称及内容	案例问题	执行"08或03清单"及对应合同处理意见	执行13清单	
			差异	依据条款
案例5-10因工程量偏差引起的结算争议问题	总价包干项目，水平弯角加固支墩，招标工程量清单工程量为6座，根据招标施工设计图计算结果为13座。根据竣工图计算实际完成了16座（其中变更增加3座）	投标人对投标文件的准确性和完整性负责，设计变更按增加3座"水平弯角加固支墩"计算	①案例中相关专业术语如总价包干，评审依据中的竣工图以及"投标人应对投标工程量清单的准确性负责"的规定与现行的"13清单"有差异，可能导致不同的评审结论 ②根据"13清单"规定，设计变更按增加10座"水平弯角加固支墩"计算	①关于合同价格形式，"13清单"在13合同的体系基础上8.2提出"单价合同"，8.3.1提出"总价合同" ②"13清单"4.1.2招标公告工程量清单必须作为招标文件的组成部分，其准确性和完整性应由招标人负责 ③"13清单"8.3.1条规定，采用工程量清单方式招标形成的总价合同，工程量必须以承包人完成合同工程应予计量的工程量确定
案例5-11工程量偏差引起项目措施费调整的案例评审	建筑规模变化较大。除招标文件规定的"混凝土泵送包干费"及"混凝土、钢筋混凝土模板及支架费"外的"综合合价包干项目"是否应调整	根据合同和招标文件规定不能调整	案例中相关专业术语如综合合价包干，评审依据中有招标文件与现行的"13清单"有差异，可能导致不同的评审结论	①关于合同价格形式，"13清单"在13合同的体系基础上8.2提出"单价合同"，8.3.1提出"总价合同" ②"13清单"单4.1.2招标公告工程量清单必须作为招标文件的组成部分，其准确性和完整性应由招标人负责
案例5-13物价波动引起合同价款调整的案例评审	结算项目能否执行《建设工程补充协议》约定，全面调整工料价差	在合同约定竣工日期后完成的工作内容及其工程量，应由合同发承包人和监理落实确认，评审再结合竣工技术资料进一步核对人材机价涨落应调整金额	案例中相关专业术语如综合单价包干、项目措施费包干与现行的"13清单"有差异	关于合同价格形式，"13清单"在13合同的体系基础上8.2提出"单价合同"，8.3.1提出"总价合同"
案例5-14赶工引起措施费调整的案例评审	双方争议焦点就是工程中的五个桥梁段的措施项目费是按中标价结算还是按实际发生结算，即概括为工程变更下新增分部分项工程量措施项目费发生变化时结算调整问题	根据"08清单"，前四个桥梁段承包人承诺工期内的前两段的措施项目不做调整，第五个桥梁段属于发包人要求提前竣工的桥梁段，其变更引起的措施项目费进行调整	案例中相关专业术语如综合单价包干、项目措施费综合合价包干，评审依据中有招标文件与现行的"13清单"有差异，可能导致不同的评审结论	①关于合同价格形式，"13清单"在13合同的体系基础上8.2提出"单价合同"，8.3.1提出"总价合同" ②"13清单"11.2工程竣工结算的复核依据中未列入招标文件作为复核依据 ③"13清单"9.3.2规定，工程变更引起施工方案改变并使措施项目发生变化时，承包人提出调整措施项目费的，应事先将拟实施的方案提交发包人确认，并应详细说明与原方案措施项目相比的变化情况。拟实施的方案经发承包双方确认后执行

案例名称及内容	案例问题	执行"08或03清单"及对应合同处理意见	执行13清单	
			差异	依据条款
案例5-15签证计价的案例评审	按招标施工图纸总价包干的项目,"送配电系统调试"在招标清单中没有开项的,结算时能否按确认的施工签证单计算送配电系统调试费	投标人应对招标人提供的工程量清单的完整性和准确性进行复核,实际施工中若发现少算、漏算的情况,结算时一律不作调整,但依据合同约定应为合同范围内容,该项签证费用已在投标报价中综合考虑,不另计价	①案例中相关专业术语如固定价格合同、措施费包干、施工图投标总价包干等以及"投标人应对投标工程量清单的准确性负责"的规定与现行的"13清单"有差异,可能导致不同的评审结论 ②此项签证建设单位、监理单位确认承包人完成了送配电系统调试属于事实,且不包含在招标清单内或合同内的应予确认	①关于合同价格形式,"13清单"在13合同的体系基础上8.2提出"单价合同",8.3.1提出"总价合同" ②"13清单"4.1.2招标公告工程量清单必须作为招标文件的组成部分,其准确性和完整性应由招标人负责 ③"13清单"8.3.1条规定,采用工程量清单方式招标形成的总价合同,工程量必须以承包人完成合同工程应予计量的工程量确定 ④发承包双方在合同工程实施过程中已经确认的工程计量结果和合同价款,在竣工结算办理中应直接进入结算,如实施过程中未经计量核对的则不能进入结算
案例5-16合同项目中工作重复签证的案例评审	工程结算中此施工签证单是否可以另行计价	该项目的计量计价规定,申动执行机构应已含在电动调节阀的价格内,此签证工作内容属于合同项目工作内容。因此,该施工签证单不应另行计价	案例中相关专业术语如固定单价合同、综合单价包干等与现行的"13清单"有差异,可能导致不同的评审结论	关于合同价格形式,"13清单"在13合同的体系基础上8.2提出"单价合同",8.3.1提出"总价合同"
案例5-24另增项目按合同以外零星项目工程价款结算的案例评	工程变更引起天花梁更换饰面搭设脚手架的措施费用是否可以计算	天花梁更换饰面搭设脚手架的措施费用不在合同措施费用包干范围内,可以计算	案例中相关专业术语如措施费采用综合合价包干等与现行的"13清单"有差异	关于合同价格形式,"13清单"在13合同的体系基础上8.2提出"单价合同",8.3.1提出"总价合同"

经济新常态下
财政投资评审
的机遇

第六章　工程总承包模式下的财政投资评审

第一节　工程总承包模式的发展

一、工程总承包模式的发展背景

工程建设项目的日趋大型化和复杂化使得建设项目管理模式的集成化发展趋势日益明显，工程项目现实环境的更新标志着生产关系的改变，由此促进了项目管理模式的发展，即生产力的优化。

随着社会的发展，项目的大型化趋势日趋明显，并对工程建设项目提出了更高的要求，尤其对大型基础设施项目的巨型化需求增加、市场投资主体的多元化需求增加、施工工艺的复杂化需求增加、项目技术的信息化需求增加、项目管理与合同管理的现代化需求增加、风险分担的合理化需求增加。此背景下，以传统项目管理模式（DBB模式）为代表的由业主主导管理模式已无法满足大型基础设施项目建设的基本需求，项目集成管理模式的应用越来越广泛。立足项目参与主体视角，DBB模式向建设项目管理集成方式的发展路径包括两个方面：一为建设项目管理向承包人集成，形成工程总承包模式，包括EPC、DB等；另一为建设项目管理向"工程师"集成，形成PMC、代建制等模式，具体的管理集成路径如图6-1所示。

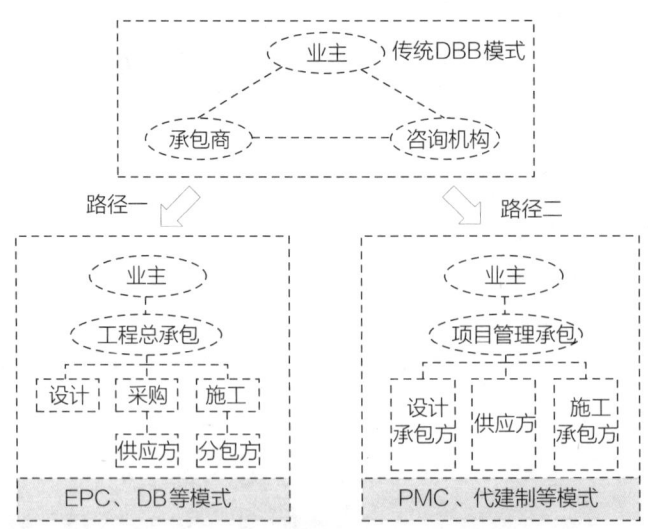

图6-1　建设项目管理模式集成化发展路径

二、我国工程总承包模式发展势在必行

工程总承包作为国际通行的建设项目组织实施方式。大力推进工程总承包，有利于提升项目可行性研究和初步设计深度，实现设计、采购、施工等各阶段工作的深度融合，提高工程建设水平；有利于发挥工程总承包企业的技术和管理优势，促进企业做优做强，推动产业转型升级，服务于"一带一路"战略实施[①]。

（一）有利于项目设计深度提升，实现项目全生命周期的深度融合，提升工程建设水平

工程项目的造价管理贯穿于项目的建设全过程，以项目全过程划分工程项目包括多个阶段，以项目参与者划分则包括多方主体。依据建设部《关于培育发展工程总承包和工程项目管理企业的指导意见》（建市〔2003〕30号）工程总承包模式下，工程总承包人按照合同约定对工程项目的勘察、设计、采购、施工、试运行竣工验收等实行全过程或若干阶段承包。该模式将项目多个阶段进行深度融合，尤其是将传统模式下设计施工分离招标的方式进行融合，对施工方的建设要求在项目设计阶段予以实现，降低设计管理成本与工程投资成本的同时，提升项目设计深度。

大型工程项目采用工程总承包模式的背景下，由于工程项目越发凸显投资规模巨型化、项目技术复杂化、项目管理要求专业化的发展趋势，工程总承包模式的项目主体（设计方与施工方）的充分统一，对于总承包人的工程建设水平提出了更高要求。为实现工程项目的建设投资要求及建设工期约束，突破技术与质量管理压力，该模式下总承包人的工程建设水平得到稳步提升。

（二）立足"一带一路"战略实施，促进工程企业国际化转型升级，提升企业建设能力

自2013年提出"一带一路"战略以来，中国工程总承包商在"一带一路"战略的助推下进一步加快海外工程市场的拓展，为我国的对外工程承包带来前所未有的重大发展机遇。中国承建海外工程业务势头强劲的同时，也带来多重红利。中国工程总承包商依托于在中国境内开发工程项目的经验，整合境内与境外资源，积极投身于海外建设工程项目中。一方面可以拓展市场获得红利，另一方面可以消化境内过剩的产能。

中国国际工程承包商角色的转变。伴随中国国际工程承包商在工程技术方面的转型以及工程产品的更新换代，由传统单纯的出卖劳动力的施工总承包商到"全方位"地出售工程技术、工程设备、工程材料等的工程总承包商，其中包括重大的核心工程技术以及施工管理等方面。基于此，伴随国际工程项目采购模式的变化，中国工程总承包商的

[①]《关于进一步推进工程总承包发展的若干意见》。

角色正发生改变，即由传统的施工总承包商（Construction）向工程总承包商（Engineering Procurement Construction）转变。

三、工程总承包发展政策不断完善

从20世纪80年代我国利用世界银行贷款建设的鲁布革水电站项目开始，我国建筑市场逐渐与国际接轨，开始学习和借鉴外国先进的项目管理经验。自20世纪80年代开展建设项目工程总承包以来，经历了探索试点、全面推广、规范发展三个阶段。

自国务院转发建设部等有关部委《关于工程勘察设计单位改革的若干意见》的通知（国办发〔1999〕101号）以来，中国的国际化建设项目管理和工程总承包的发展路径得到推行。进入21世纪以来，工程总承包快速发展，经历了以强化工程总承包企业的资质保障项目建设质量，到重视执业者个人的资质水平、放宽总承包企业资质提升项目管理质量与企业管理水平的过渡[①]。工程总承包模式实施过程中关于市场准入要求、项目管理技术要求、合同管理规范要求的相关政策得到不断提出。自2014年以来，伴随着中国工程项目招标体系的不断完善与政府和社会资本合作模式的不断推行，工程总承包模式进一步得到推广。《关于推进建筑业发展和改革的若干意见》（建市〔2014〕92号）中，重新提出了工程总承包模式的推广意义并要求匹配相应的招标投标和工程建设管理机制。针对工程总承包的管理机制要求、工程总承包能力水平要求、工程总承包组织实施要求等相关内容，住房和城乡建设部《关于进一步推进工程总承包发展的若干意见》（建市〔2016〕93号）中提出了进一步的明确。随着工程总承包模式的不断推进、相关政策文件的不断完善，中国总承包模式逐渐步入规范化发展阶段。

第二节 工程总承包模式概述

工程总承包模式是指建设工程任务的总承包，即发包人将建设工程的勘察、设计、施工等工程建设的全部任务一并发包给一个具备相应的总承包资质条件的承包人，由该承包人对工程建设的全过程向发包人负责，直至工程竣工，向发包人交付经验收合格、符合发包人要求的建设工程的发承包方式。

一、工程总承包模式的类型

根据住房和城乡建设部在2016年5月20日颁布的《关于进一步推进工程总承包发展的若干意见》（建市〔2016〕93号）中明确指出，"工程总承包一般采用设计—采购—施工总

---

① 《工程总承包企业资质管理暂行规定》、《设计单位进行工程总承包资格管理的有关规定》已废止，具体废止时间需明确。

承包或者设计—施工总承包模式"。

（一）设计—采购—施工总承包（EPC模式）

设计采购施工总承包是指工程总承包企业按照合同约定，承担工程项目的设计、采购、施工、试运行服务等工作，并对承包工程的质量、安全、工期、造价全面负责。

交钥匙总承包是设计采购施工总承包业务和责任的延伸，最终是向业主提交一个满足使用功能、具备使用条件的工程项目。

（二）设计—施工总承包模式（DB模式）

设计—施工总承包是指工程总承包企业按照合同约定，承担工程项目设计和施工，并对承包工程的质量、安全、工期、造价全面负责。

（三）其他模式

根据工程项目的不同规模、类型和业主要求，工程总承包还可采用设计—采购总承包（E-P）、采购—施工总承包（P-C）等方式。

二、不同工程总承包模式的特点对比

上述不同的工程总承包类型，在时间节省、费用降低、减少索赔以及责任来源的单一性、一致性等方面，其显著性不尽相同（表6-1）。

常见工程总承包模式优点比较表　　　　　　　　　　　表6-1

模式 ＼ 优点	EPC模式	Turnkey模式	DB模式	EP模式	PC模式
1. 合同的简明性		★			
2. 节省时间	★	★	☆	☆	☆
3. 降低费用			★	☆	☆
4. 减少索赔	★	★	☆	☆	☆
5. 预算和计划的可控性	★	★	☆	☆	☆
6. 责任和来源的单一性	★	★	☆		
7. 责任来源一致性			★		
8. 融资操作性	★	★			

注：★代表优点显著；☆代表优点较显著。

第三节　工程总承包的模式研究

一、国际模式——基于信任的承包商交钥匙控制

（一）投资控制

1．以概念设计为起点的招标介入时点

（1）FIDIC《招标程序》（1994）

在FIDIC的《招标程序》（1994版）中附录1项目执行模式表中包括一种执行模式为设计与建造（DB），招标基础是执行要求，雇主和工程师在招标阶段的角色为编制招标文件，包括概念设计、执行要求、规范和费用表。

（2）国际EPC中的业主要求

《FIDIC银皮书》与《FIDIC黄皮书》对雇主要求分别进行了界定，具体包括招标项目的目的、范围、设计与其他技术标准和要求，以及合同双方当事人约定对其所做的修改或补充。详细见表6-2。

业主要求合同文件条款对比　　　　　　　　　　　　　　　　表6-2

FIDIC银皮书	FIDIC黄皮书
1.1.1.3款	1.1.1.5款
"雇主要求"系指合同中包括的，题为雇主要求的文件，其中列明工程的目标、范围和（或）设计和（或）其他技术标准，以及按合同对此项文件所做的任何补充和修改	"雇主要求"系指包括在合同中名为雇主要求的文件，及按照合同规定对此类文件所做的任何补充和修改。此类文件列明工程的目的、范围以及（或）设计和（或）其他技术标准

因此，在国际EPC项目中，业主在招标之前应完成项目的概念设计，并将设计成果包括在作为合同条件一部分的业主要求中，目的是向EPC承包商表明工程的目的、功能要求和技术标准。

2．以业主要求为核心的招标文件

无论是招标还是议标，EPC项目的业主在前期都需要编制一些文件，作为招标或议标的基础。EPC项目招标文件通常由下列各部分构成：

（1）投标人须知：主要告诉投标者招标文件的组成、编制和递交投标书的注意事项以及开标、评标等程序。

（2）通用合同条件：这一部分主要告诉投标者，若投标成功，EPC合同签订时将采用的合同条件。国际上不少EPC项目直接采用1999年的FIDIC银皮书合同条件范本。

（3）专用合同条件：这主要是对通用条件相关内容的具体化、补充或修改。

（4）业主要求：这是EPC项目招标文件中的一个核心组成部分，是EPC承包商投标的基本依据。它主要提出了业主对项目总体目标的要求，包括主要工作范围、质量要求以及技术标准要求等，有时被称为工作范围和技术规程。

业主要求包括招标项目的目的、范围、设计与其他技术标准和要求，以及合同双方当事人约定对其所做的修改或补充。发包人要求是业主规定其竣工工程的明确文件，包括合同条件未包括的事项。业主要求的英文是Employer Requirement，其有两层含义：首先是业主的需求，其次是业主的要求。

（5）投标函和附录格式：这部分视为承包商编写投标函和附录的一个标准格式，承包商投标时只需按要求简单填写。

（6）建议书格式：这一部分是业主为承包商投标所编制的标准格式，承包商按要求填写。建议书通常分技术建议书和商务建议书。

（7）各类范例格式：这些格式主要是投标或中标后需要承包商提交的各类保函格式。

（8）各类明细表：这部分主要包括价格表、支付计划表、调价公式表、主要施工机具一览表、关键人员一览表、分包商一览表。

（9）图纸与相关项目资料：这部分资料主要是业主前期工作的一些文件成果。对于EPC工程来说，工程设计工作主要是由承包商负责完成，因此在招标阶段并没有详细设计文件，但有时业主会将前期所做的概念设计图纸以及相关资料作为一项内容纳入招标文件，作为阐释业主要求的补充内容，从而方便投标者了解业主意图，并有利于EPC承包商在实施期间做设计优化。

3．以建议书为核心的承包商投标书

投标书的构成与完整性是投标者应十分关注的一个问题。对于一个EPC项目，投标书包括以下内容：

（1）投标函及其附录。

（2）商务建议书：

商务建议书一般只需按照业主在招标文件中提供的价格表等要求填写即可，并可增加一些必要的说明，商务建议书通常包括下列内容：

1）报价汇总表；

2）价格分解表，包括设计、采购、施工；

3）现金流量分析；

4）各类报价所涉及的分项明细表，包括设备材料清单、管理人员清单、劳工清单、计日工表、单价表等。

（3）技术建议书

技术建议书在比较完善的招标文件中一般有规定，若招标文件对技术建议书的内容没有明确要求时，则技术建议书可包括下列内容：

1）项目的技术方案：

技术方案通常描述承包商对该工程项目的设计方案以及性能保证等纯技术性质。

2）项目的实施方案：

项目实施方案主要描述承包商如何实施项目的设计、采购、施工工作，内容包括：项目的组织机构；关键资源（人力资源与施工机具资源）；工程实施进度计划；分包计划等。

3）其他技术说明或补充材料。

4）其他补充文件。

4．以商务、技术和管理为核心的评标指标与方法

在EPC总承包模式下，项目的目标是通过EPC承包商来实现的。业主通过招标以及评标，希望选择出能够达到项目目标的承包商。EPC承包商的技术水平、投标报价、管理水平等是决定能否达到目标的关键因素。业主的目标与评标指标的关系具体如表6-3所示。

发包人选择EPC承包商的评价指标　　　　　　　　　表6-3

评审指标		评审内容	评审权重
商务指标	工程总报价设计	工程总报价的净现值	
	全生命周期运营费	不同设计方案导致全生命周期中的运营费不同	
	报价组成的合理性	主要为分部分项工程合理性分析；主要材料合理性分析；措施费合理性分析	
技术指标	设计	1. 完整性 2. 是否符合业主的要求 3. 创新性 4. 可施工性 5. 是否有偏差 6. 关键设计人员	
	采购	1. 工程设施对气候和环境的总体适应性 2. 拟用设备功能、质量及操作的便利性 3. 工程设施对规定的性能标准的达标程度 4. 备件类型、数量及易购性和维修服务	
	施工	1. 施工方案的合理性 2. 施工机具的充分性 3. 施工机具适用性、先进性 4. 关键施工技术人员	
管理指标	计划能力	1. 设计计划 2. 采购计划 3. 施工计划 4. 分包计划 5. 类似工程总承包的经验	
	组织能力	1. 项目经理以及管理团队的整体综合实力 2. 内部组织结构与沟通 3. 公司总部的后方支持机构	
	控制能力	1. 质量管理体系的完备性（公司与项目的综合） 2. 建设工期的控制能力及对问题的敏感性 3. 价值工程与价值管理 4. 健康、安全、环保体系的完善性	

（1）商务指标

商务指标的评价是以控制业主的工程造价为目的，因此投标报价是业主评判投标书的一个重要因素。对于EPC项目，在满足业主招标要求的条件下，投标者的报价可能基于不同的设计方案，因此不但要考虑投标者的工程造价，而且还应考虑由于不同的技术方案所导致工程完成后在整个寿命周期中的运营费不同，运营费越高，该项指标的得分就越低。此外，还应考虑投标者投标报价的合理性，如整个报价可以分解为设计、采购、施工三大项的费用。

（2）技术指标

对于EPC总承包的投标，招标文件一般要求投标者根据对业主要求的理解，提出自己的设计方案。判断投标者的设计方案优劣与否，业主关心的因素主要有：设计方案的完整性；是否符合业主的要求；设计方案的创新性以及可建造性；是否有偏差；整体工程设施在现场地区气候和环境条件下的总体适应性；拟使用的设备和仪器的功能、质量、操作的便利性等技术优点；整体工程设施是否达到了规定的性能标准；工程运行期间所需要备件类型、数量、异构性、相应的维修服务等。就施工而言，业主要看总承包商的施工方法是否合理，施工所需要的仪器与机械设备的充分性、适用性、先进性。

（3）管理指标

在技术方案可行的条件下，总承包商能否按期、保质、安全并以环保的方式顺利完成整个工程，主要取决于总承包商的管理水平，管理水平则体现在总承包项目管理的计划、组织和各种控制程序与方法，包括选派的项目管理团队组成、分包计划、整个工程的设计—采购—施工计划的周密性、质量管理体系与HSE体系的完善性。具体而言，主要体现在项目人力资源配置的合理性上，尤其是项目经理与其他关键管理人员的综合素质和管理经验。

由于EPC项目的招标是将设计、采购、施工、试运行、培训等综合在一起，因此最常用的评标办法是采用加权综合评价法进行评标。综合评价法简明直观，如果合理分配各项指标的权重，组建高水平的专家评审委员会，这种方法则为评选最佳EPC承包商的一种有效的手段。

综合评分法的具体内容具体步骤：

（1）首先确定评价指标体系，将评标内容分类归纳为综合指标。

（2）确定指标权重以及每一指标的评分规则（如以百分制计算，60分以下为不符合本项要求，60~75分为基本符合，76~90分完全符合，90分以上完全符合并有所创新）。

（3）专家打分。

（4）将各项指标的得分乘以相应权重，并累加各指标得分，确定投标者的综合得分，分高者中标。

技术标和商务标的权重设计对评标结果影响很大，业主根据项目的具体情况以及自身的特殊要求赋予每个指标的权重也不相同。一般来说技术复杂的大型项目，技术标权重会高些，否则相反。通常权重幅度可以设定为技术标占20%~50%，商务标占50%~80%。

（二）支付控制

依据FIDIC的《设计采购施工（EPC）/交钥匙工程合同条件》中的第十四条"合同价格和付款"的相关规定得出以下内容。

1．以固定总价为基础结合调整的合同价格

根据第1.1.4.1款规定，"合同价格"系指在合同协议书中写明的、经商定的工程设计、施工、竣工和缺陷修补的款项，包括按照合同做出的调整（如果有）。

除非在专用条件中另有规定：

（1）工程款的支付应以合同价格为基础，按照合同规定进行调整；

（2）承包商应支付根据合同要求应由其支付的各项税费，除第13.7款［因法律改变的调整］说明的情况外，合同价格不应因任何税费进行调整。

2．以约定支付期限和支付计划表为代表的支付方式

第14.3款期中付款的申请中规定："承包商应在合同规定的支付期限末（如无规定，则在每月月末）后，按雇主批准的格式，向雇主提交一式六份报表，详细说明承包商自己认为有权得到的款额，以及包括按第4.21款"［进度报告］的规定编制的相关进度报告在内的证明文件。"第14.4款付款计划表中规定：如果合同包括对合同价格的支付规定了分期支付付款计划表，除非该表中另有规定，否则：（a）该付款计划表所列分期付款额，应是为了应对第14.3款［期中付款的申请］中（a）项，并依照第14.5款［拟用于工程的生产设备和材料］的规定估算的合同价值；（b）如果分期付款额不是参照工程实施达到的实际进度确定，且发现实际进度比付款计划表依据的进度落后时，雇主可按照第3.5款［确定］的要求进行商定或确定，修改该分期付款额。"

从上述两条款中得出国际EPC项目通常的支付方式分为合同规定的支付期限末和分期支付付款计划表两种方式。

（三）结算控制

1．以变更、计日工作、调价为核心的价款调整

依据FIDIC的《设计采购施工（EPC）/交钥匙工程合同条件》中的第十三条"变更和调整"共8款规定，可以分析出以下内容：

（1）变更

变更可以分为两种：一种是13.1款规定在颁发工程接受证书前的任何时间，雇主可通过发布指示或要求承包商提交建议书的方式，另一种是13.2款规定承包商可随时提交书面意见，业主采纳。

业主指示或批准一项变更，应按照3.5款确定的要求，商定或确定对合同价格和付款计划表的调整。这些调整应包括合理的利润。

（2）计日工作

在13.6款计日工作规定："对于一些小的或附带性的工作，雇主可指示按计日工作实施变更。这时，工作应按照包括在合同中的计日工作计划表，并按下述程序进行估价。在为工作订购货物前，承包商应向雇主提交报价单。当申请支付时，承包商应提交任何货物的发票、凭证，以及账单或收据。"

（3）调整

银皮书中的价款调整分为两部分，一部分是13.7款因法律改变的调整，另一部分是13.8款因成本改变的调整。

2．以最终报表为核心的结算

依据FIDIC的《设计采购施工（EPC）/交钥匙工程合同条件》中的第十四条中的相关规定，可以分析出以下内容：

（1）第14.11款最终付款的申请中规定："承包商应在收到履约证书56天内，向雇主提交按照雇主批准的格式编制的最终报表草案，详细列出：（a）根据合同完成的所有工作的价值。（b）承包商认为根据合同或其他规定应支付给他的任何其他款额。"

（2）第14.12款结清证明中规定："承包商在提交最终报表时，应提交一份书面结清证明，确认最终报表上的总额代交了根据合同或与合同有关的事项，应付给承包商的所有款项的全部和最终的结算总额。"

（3）第14.13款最终付款中规定："雇主应按照第14.7款付款的时间安排（c）项规定，向承包商支付应付款额扣除雇主过去已付的全部款额以及按照第2.5款〔雇主的索赔〕规定决定的任何减少额后的款项。"

二、住房城乡建设部模式

（一）投资控制

1．工程总承包招标投标的介入时点分为三个阶段

工程项目已经完成可行性研究报告、项目建议书或者初步设计为住房城乡建设部要求的工程总承包招标介入时点。

工程总承包招标投标的基本条件应为已立项审批项目完成可行性研究或初步设计。《房屋建筑和市政基础设施工程总承包招标投标管理办法》（建市招函〔2004〕45号）（以下简称《房建工程总承包招标管理办法》）中对于工程总承包招标应当具备的条件进行了相关规定，"工程项目已经完成可行性研究报告、项目建议书或者初步设计等，并与总承包方式和工作内容要求相适应的有关基础工作"。工程总承包模式在各地的实践过程中，也相应给出了具体解释。

2．工程总承包招标投标开展的基础要求

立项审批、资金落实、可行性研究或初步设计、法律法规是招标开展的基本要求。

《房建工程总承包招标管理办法》中要求招标应具备以下条件，"①按照国家有关规定需要向有关部门履行立项审批手续或者备案手续的，已经履行审批手续或者备案手续；②工程资金或者资金来源已经落实，并具有第三方担保或者金融业银行机构保证证明；③工程项目已经完成可行性研究报告、项目建议书或者初步设计等，并与总承包方式和工作内容要求相适应的有关基础工作；④法律、法规、规章规定的其他条件"。

3．以初步设计完成作为招标介入时点的投资控制

（1）编制控制性标底

《房建工程总承包招标管理办法》规定，"招标人可以根据招标文件规定编制控制性标底；政府投资、国家融资的工程总承包招标应当编制控制性标底，标底价超过批准的投资规模时，招标人应当按照基本建设管理权限报有关部门批准"。

（2）以初步设计及概算控制投标项目投资

《房建工程总承包招标管理办法》规定，"政府投资、国家融资的工程，合同中确定的建设规模、建设标准、建设内容、合同价格应当控制在批准的初步设计及概算文件范围内；确需超出规定范围的，应当在中标合同签订前，报原项目审批部门审查同意"。

4．工程总承包模式对于招标文件编制的要求

招标文件应详细描述工程技术要求、合同主要条款与评标办法等内容。《房建工程总承包招标管理办法》中规定，"招标文件应当明确工程总承包的具体方式、工作内容和责任；应当详细说明工程的主要技术要求、合同的主要条款、评标的标准和方法以及开标、评标、定标的程序等"。施工招标规定招标文件中应有详细的工程描述，工程总承包模式下仅需提供主要的工程技术要求。

5．对投标人的要求

工程总承包模式在强调投标人施工与设计业绩的同时，更加注重资质的要求。《房建工程总承包招标管理办法》规定，"承揽工程总承包业务的企业必须依法设立；具有工程勘察、设计或施工总承包资质的勘察、设计和施工企业，可以在其勘察、设计或施工总承包资质等级许可的工程项目范围内进行工程总承包投标。具有工程勘察、设计、施工总承包资质的企业可以相互组成联合体，也可以与不具有工程勘察、设计或施工总承包资质的其他企业组成联合体进行工程总承包投标"。

6．投标文件的组成

《标准设计施工招标文件》中规定投标文件的组成包括，"①投标函及投标函附录；②法定代表人身份证明或附有法定代表人身份证明的授权委托书；③联合体协议书；④投标保证金；⑤价格清单；⑥承包人建议书；⑦承包人实施计划；⑧资格审查资料；⑨投标人须知前附表规定的其他资料"。

7．工程总承包模式下针对评标办法的要求

一般采用综合评估法，评审内容重点为设计方案、技术性能、施工组织设计、投标报价等内容，针对不同的工程总承包模式，其评审重点各不相同。"设计施工采购/交钥匙总承包招标，

可以以对项目的理解、实施项目建设的措施、投标人业绩、项目管理班子的组成、投标报价等为主要评标因素；设计—施工总承包招标，可以以设计方案、施工组织设计和投标报价等为主要评标因素；设计—采购总承包招标，可以以设计方案、技术性能和投标报价等为主要评标因素；采购—施工总承包招标，可以以技术性能、施工组织设计和投标报价等为主要评标因素"。

（二）支付控制

1．进度款采用支付分解表形式进行付款

承包人应根据价格清单的价格构成、费用性质、计划发生时间和相应工作量等因素，按照以下分类和分解原则，汇总形成月度支付分解报告：①勘察设计费。按照提供勘察设计阶段性成果文件的时间、对应的工作量进行分解；②材料和工程设备费。分别按订立采购合同、进场验收合格、安装就位、工程竣工等阶段和专用条款约定的比例进行分解；③技术服务培训费。

2．价款调整

住房城乡建设部模式类似国际通行模式，并未对价款调整范围进行明示，仅是笼统指出"合同价格不因物价波动进行调整"、法律法规引起的价格调整等内容。

（三）结算控制

1．竣工付款申请

竣工付款申请单应包括下列内容：竣工结算合同总价、发包人已支付承包人的工程价款、应扣留的质量保证金、应支付的竣工付款金额。

2．竣工验收

竣工验收包括三个结算，第一阶段为承包人进行适当的检查和功能性试验；第二阶段为保证工程或区段工程满足合同要求，在所有可利用的操作条件下安全运行；第三阶段为其他竣工试验。

三、交通运输部模式——基于工程量清单计价的投资控制模式

（一）投资控制

1．公路工程总承包仅以初步设计文件获准作为介入时点

《公路工程设计施工总承包管理办法》（交通运输部令2015年第10号）公路工程（以下简称《公路办法》）第五条"总承包单位由项目法人依法通过招标方式确定"中，明确"公路工程总承包招标应当在初步设计文件获得批准并落实建设资金后进行"。

2．公路工程总承包强化了各阶段设计的管理要求

公路工程总承包强化了各阶段设计的管理要求，明确了初步设计、施工图设计与设计

变更的编制与核查责任。"采用总承包的项目，初步设计应当加大设计深度，加强地质勘察，明确重大技术方案，严格核定工程量和概算；初步设计单位负责总承包项目初步设计阶段的勘察设计，按照项目法人要求对施工图设计或者设计变更进行咨询核查；分阶段提交详勘资料和施工图设计文件，按照审查意见进行修改完善，施工图设计应当符合经审批的初步设计文件要求，满足工程质量、耐久和安全的强制性标准和相关规定，经项目法人同意后，按照相关规定报交通运输主管部门审批。施工图设计经批准后方可组织实施"。

3．工程总承包模式对于招标文件编制的要求

招标内容、投标人的资格条件、报价组成、合同工期、分包的相关要求、勘察设计与施工技术要求、质量等级、缺陷责任期工程修复要求、保险要求、费用支付办法等做出明确规定。

4．投标人的要求

公路工程总承包项目对投标人的要求包括资质与能力两个方面：①同时具备与招标工程相适应的勘察设计和施工资质，或者由具备相应资质的勘察设计和施工单位组成联合体;②具有与招标工程相适应的财务能力，满足招标文件中提出的关于勘察设计、施工能力、业绩等方面的条件要求。

5．投标文件的组成

《公路办法》中规定投标文件应包括以下内容，"①初步设计的优化建议；②项目实施与设计施工进度计划；③拟分包专项工程；④报价清单及说明；⑤按招标人要求提供的施工图设计技术方案；⑥以联合体投标的，还应当提交联合体协议；⑦以项目法人和总承包单位的联合名义依法投保相关的工程保险的承诺。"

（二）支付控制

1．公路工程总承包以总价合同为合同定价方式

《公路办法》中规定，"总承包费用或者投标报价应当包括相应工程的施工图勘察设计费、建筑安装工程费、设备购置费、缺陷责任期维修费、保险费等；总承包采用总价合同，除应当由项目法人承担的风险费用外，总承包合同总价一般不予调整。"

2．风险分担原则

公路工程总承包模式下，业主承担的风险一般包括：①项目法人提出的工期调整、重大或者较大设计变更、建设标准或者工程规模的调整；②因国家税收等政策调整引起的税费变化；③钢材、水泥、沥青、燃油等主要工程材料价格与招标时基价相比，波动幅度超过合同约定幅度的部分；④施工图勘察设计时发现的在初步设计阶段难以预见的滑坡、泥石流、三角砂三角泥、涌水、溶洞、采空区、有毒气体等重大地质变化。

3．变更的审批

总承包工程实施过程中需要设计变更的，较大变更或者重大变更应当依据有关规定报

交通运输主管部门审批。一般变更应当在实施前告知监理单位和项目法人，项目法人认为变更不合理的有权予以否定。任何设计变更不得降低初步设计批复的质量安全标准，不得降低工程质量、耐久性和安全度。

（三）结算控制

公路工程总承包采用计量支付方式，并以调整后的工程量清单为结算依据。公路项目工程总承包支持采用工程量清单方式进行管理。《公路办法》规定，"总承包工程应当按照招标文件明确的计量支付办法与程序进行计量支付；当采用工程量清单方式进行管理时，总承包单位应当依据交通运输主管部门批准的施工图设计文件，按照各分项工程合计总价与合同总价一致的原则，调整工程量清单，经项目法人审定后作为支付依据；工程实施中，按照清单及合同条款约定进行计量支付；项目完成后，总承包单位应当根据调整后最终的工程量清单编制竣工文件和工程决算"。参考交通部标准施工招标文件的工程量清单，如表6-4所示。

公路工程项目工程量清单示例   表6-4

_____（项目名称）_____标段

序号	编码	子目名称	内容描述	单位	数量	单价	合价

四、上海模式——基于两阶段审核的投资控制模式

（一）投资控制

1．招标介入时点

根据《上海工程总承包管理暂行办法》，上海实行工程总承包采取两阶段审核的投资控制模式；主要从以下两个时点开始介入，如图6-2所示。

（1）项目核准、备案、审批手续完成后，进行工程总承包发包；

（2）初步设计文件或总体设计文件获得批准后，进行工程总承包发包。

2．招标条件

根据《上海工程总承包管理暂行办法》，以及介入时点的不同，规定了相关的招标条

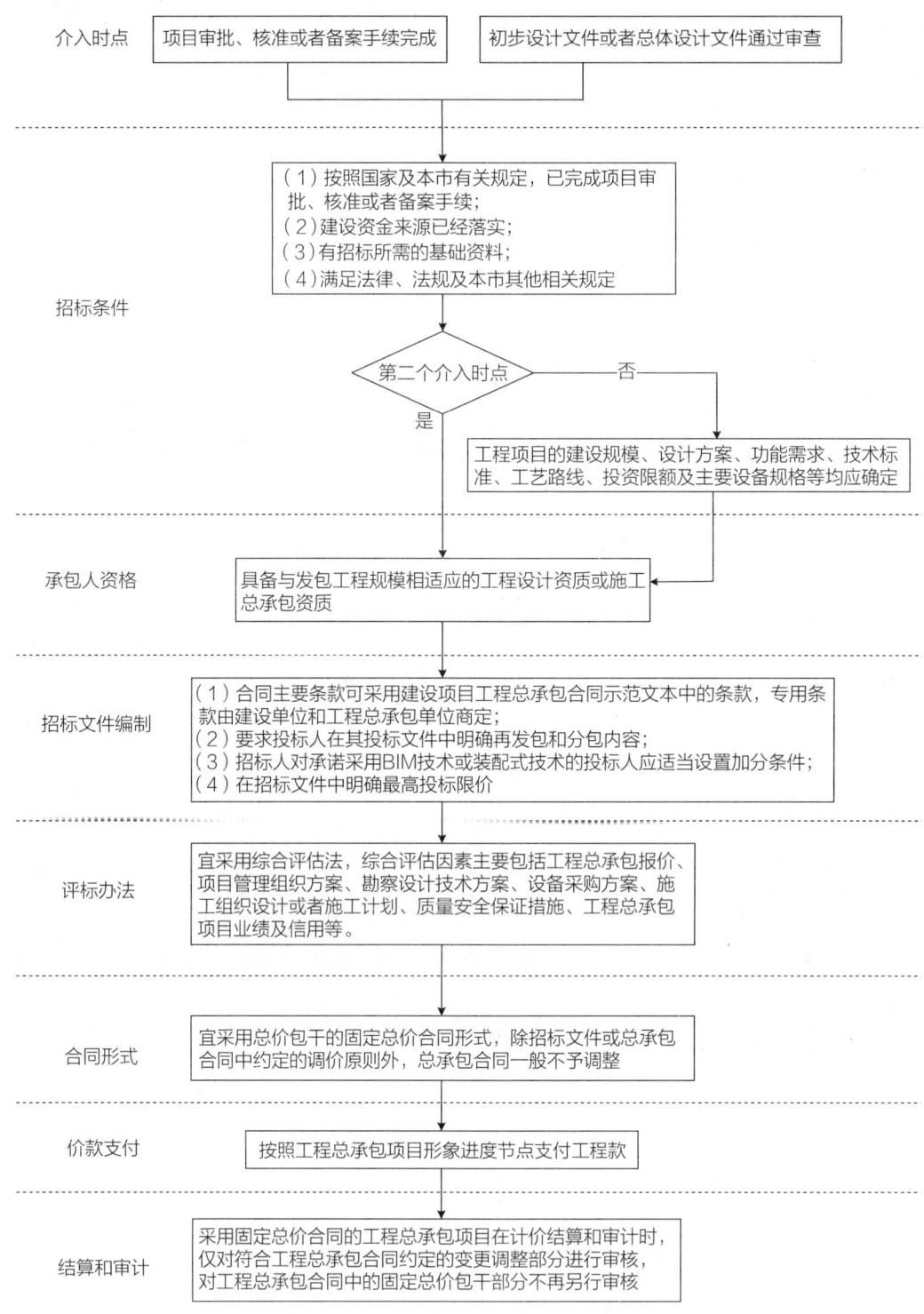

图6-2 上海模式——基于两阶段审核的投资控制模式示意

件，第一个时点介入需要做到（1）~（5），第二个试点介入的需要做到（1）~（4），具体的招标条件如下：

（1）按国家及本市有关规定，已完成项目审批、核准、备案手续；

（2）建设资金来源已经落实；

（3）有招标所需的基础资料；

（4）满足法律、法规及本市其他相关规定；

（5）采用第一个介入时点还需工程项目的设计方案、功能需求、技术标准、工艺路线、投资限额及主要设备规格性能等均应确定，招标范围内容造价可控。

3．概算要求

根据《上海工程总承包管理暂行办法》的相关规定，第一个介入时点如果出现投标报价高于概算时需要调整，具体规定如下：

采用第一个介入时点的，当中标价超出初步设计批准对应部分概算时，应报原初步设计审批部门调整概算，调整概算未通过的，以原初步设计概算为准；调整概算要求应在招标文件中明确。

4．招标文件与合同编制依据

根据介入时点的不同，招标所依据的参照资料也不同，第一个介入时点主要依据可研报告进行招标，第二个介入时点主要依据初步设计以及初步设计概算进行招标，两个介入时点的合同编制依据均为《建设项目工程总承包合同示范文本》。

5．评标办法——综合评估法

根据《上海工程总承包管理暂行办法》的相关规定，上海工程总承包评标办法一般采取综合评估法。

综合评估因素主要包括工程总承包报价、项目管理组织方案、设计技术方案、设备采购方案、施工组织设计或施工计划、质量安全保证措施、工程总承包项目业绩等。

6．合同计价模式——固定总价合同

根据《上海工程总承包管理暂行办法》的相关规定，工程总承包合同，宜采用总价包干的固定总价合同形式，除招标文件或总承包合同中约定的调价原则外，总承包合同一般不予调整。

7．控制标底——投标限价

根据《上海工程总承包管理暂行办法》的相关规定，招标人应当在招标文件中明确最高投标限价。

8．监督管理

为了加强对工程总承包的管理，根据《上海工程总承包管理暂行办法》的相关规定，主要采取的措施如下：

（1）施工图审查

工程总承包项目按照相关法规规定应进行施工图审查的，建设单位可根据项目实施情况，将施工图分阶段（桩基工程、地下主体结构、地上主体结构）报工程总承包项目所在

地建设行政管理部门审查。

（2）施工许可

建设单位可在符合国家和本市相关规定的前提下，一次性申请领取工程总承包项目的施工许可证，也可在工程总承包单位选定、监理单位选定、施工图设计文件审查合格后，根据施工图审查进度分批申请领取施工许可证。

（3）过程资料

工程总承包项目的各类工程管理技术性文件、报验表格等资料应按工程总承包项目特点和相关规定进行调整；工程资料由建设单位、工程总承包单位、监理单位负责人根据各自职能签署意见。

（4）竣工验收和保修

工程总承包单位、监理单位等工程总承包参建单位应参与建设单位组织的工程竣工验收；工程竣工验收中总承包范围内涉及勘察、设计、施工的各类办理事项和维护管理，由工程总承包单位全面负责。

（5）法律责任

工程总承包在实施过程中，有违反《中华人民共和国建筑法》、《中华人民共和国招标投标法》、《建设工程勘察设计管理条例》、《建设工程质量管理条例》、《建设工程安全管理条例》、《上海市建筑市场管理条例》等建筑业相关法律、法规的，按其相应处罚规定追究工程总承包和工程总承包项目经理的法律责任。

9. 风险分担

根据《上海工程总承包管理暂行办法》，建设单位和工程总承包单位应当在招标文件或者工程总承包合同中约定总承包风险的合理分担。建设单位承担的风险一般包括：

（1）建设单位提出的工期或建设标准调整、设计变更、主要工艺标准或者工程规模的调整；

（2）因国家税收等政策调整引起的税费变化；

（3）主要工程材料价格和招标时基价相比，波动幅度超过总承包合同约定幅度的部分；

（4）难以预见的地质自然灾害、不可预知的地下溶洞、采空区或障碍物、有毒气体等重大地质变化，其损失与处置费由建设单位承担，或者约定由建设单位和工程总承包单位共同按比例承担。因总承包单位施工组织、措施不当等造成的上述问题，其损失和处置费由工程总承包单位承担；

（5）其他不可抗力所造成的工程费的增加。

除上述建设单位承担的风险外，其他风险可在工程总承包合同中约定由工程总承包单位承担。

（二）支付控制

1. 分包与发包

根据《上海工程总承包管理暂行办法》，再发包情形主要分为三类，详细见表6-5。

序号	再发包前提	再发包相关规定
1	总承包单位具备相应的设计和施工资质	可将工程的全部设计或全部施工业务不再通过招标方式再发包给具备相应资质条件的设计、施工单位
2	工程总承包单位仅具备相应的设计或施工资质	应自行实施其资质承揽范围内的设计或施工业务，并将其资质承揽范围外的设计或施工业务不再通过招标方式再发包给具备相应资质条件的设计、施工单位
3		全部勘察业务不再通过招标方式再发包给具备相应资质条件的勘察设计单位

（1）专业分包

工程总承包单位和再发包承包单位应自行完成承包工程范围内的主体和关键性工作，但可根据合同约定依法将其承包工程范围内的非主体、非关键性工作分包给具有相应资质的分包单位。

（2）分包要求

工程总承包单位对承包工程进行分包的，应当征得建设单位同意；再发包承包单位对承包工程进行分包的，应当征得工程总承包单位同意。

2．支付方式——形象进度支付

根据《上海工程总承包管理暂行办法》，工程总承包项目采用总价包干合同形式的，宜按照工程总承包项目形象进度节点支付工程款。

3．价款调整——非承包商原因

根据《上海工程总承包管理暂行办法》，工程总承包项目中因业主方原因、国家相关政策、自然灾害等不可抗力原因导致的价款变化允许调整，否则不允许调整。

（三）结算控制

1．结算依据

根据《上海工程总承包管理暂行办法》，采用固定总价合同的工程总承包项目在计价结算和审计时，仅对符合工程总承包合同约定的变更调整部分进行审核，对工程总承包合同中的固定总价包干部分不再另行审核。

2．竣工验收

根据《上海工程总承包管理暂行办法》，工程总承包单位、监理单位等工程总承包参建单位应参与建设单位组织的工程竣工验收；工程竣工验收中总承包范围内涉及勘察、设计、施工的各类办理事项和维护管理，由工程总承包单位全面负责。

五、深圳模式——基于两阶段切入的投资控制模式

深圳所采取的两阶段切入的投资控制模式如图6-3所示。

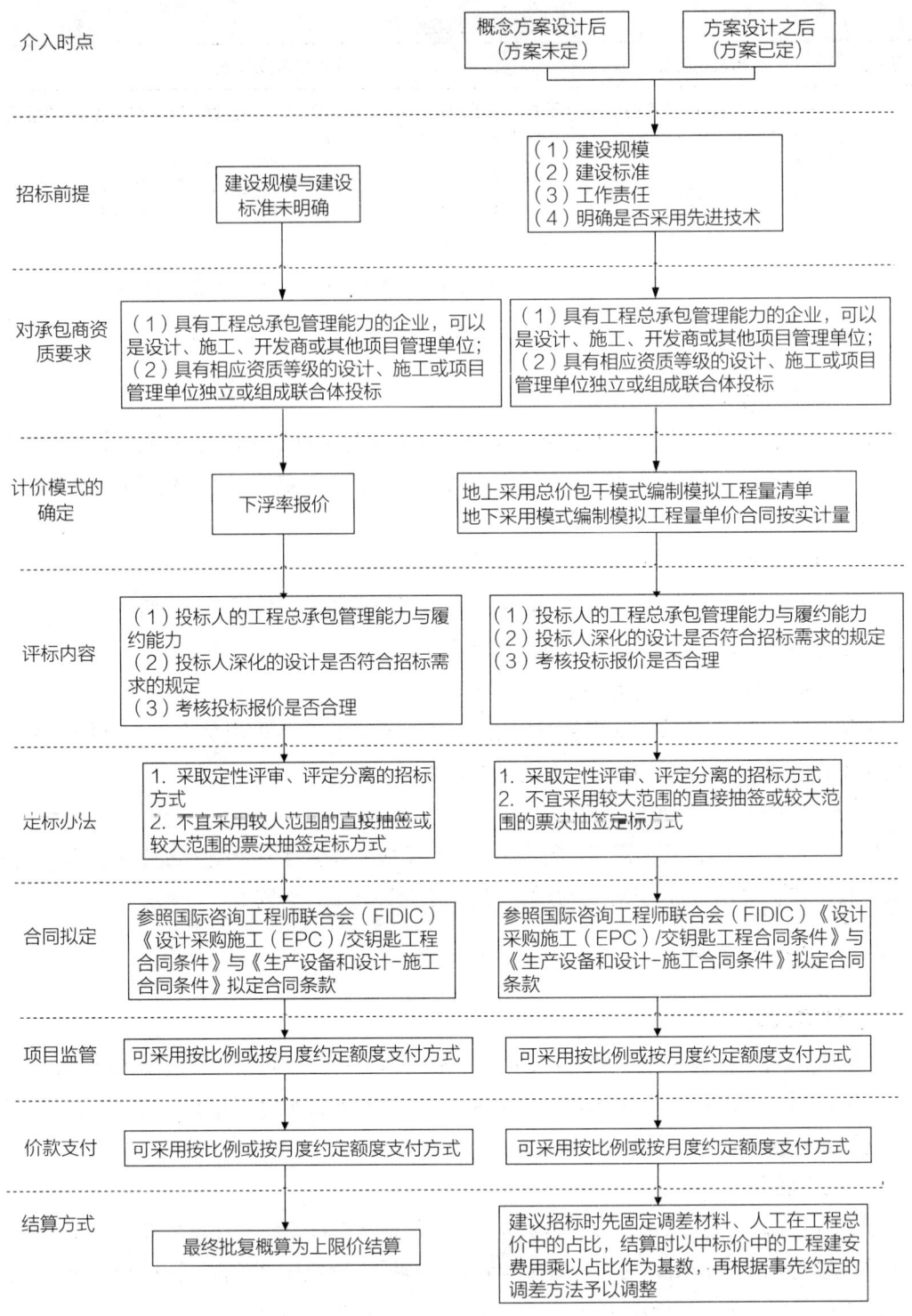

介入时点	概念方案设计后（方案未定）	方案设计之后（方案已定）
招标前提	建设规模与建设标准未明确	（1）建设规模 （2）建设标准 （3）工作责任 （4）明确是否采用先进技术
对承包商资质要求	（1）具有工程总承包管理能力的企业，可以是设计、施工、开发商或其他项目管理单位； （2）具有相应资质等级的设计、施工或项目管理单位独立或组成联合体投标	（1）具有工程总承包管理能力的企业，可以是设计、施工、开发商或其他项目管理单位； （2）具有相应资质等级的设计、施工或项目管理单位独立或组成联合体投标
计价模式的确定	下浮率报价	地上采用总价包干模式编制模拟工程量清单 地下采用模式编制模拟工程量单价合同按实计量
评标内容	（1）投标人的工程总承包管理能力与履约能力 （2）投标人深化的设计是否符合招标需求的规定 （3）考核投标报价是否合理	（1）投标人的工程总承包管理能力与履约能力 （2）投标人深化的设计是否符合招标需求的规定 （3）考核投标报价是否合理
定标办法	1. 采取定性评审、评定分离的招标方式 2. 不宜采用较大范围的直接抽签或较大范围的票决抽签定标方式	1. 采取定性评审、评定分离的招标方式 2. 不宜采用较大范围的直接抽签或较大范围的票决抽签定标方式
合同拟定	参照国际咨询工程师联合会（FIDIC）《设计采购施工（EPC）/交钥匙工程合同条件》与《生产设备和设计-施工合同条件》拟定合同条款	参照国际咨询工程师联合会（FIDIC）《设计采购施工（EPC）/交钥匙工程合同条件》与《生产设备和设计-施工合同条件》拟定合同条款
项目监管	可采用按比例或按月度约定额度支付方式	可采用按比例或按月度约定额度支付方式
价款支付	可采用按比例或按月度约定额度支付方式	可采用按比例或按月度约定额度支付方式
结算方式	最终批复概算为上限价结算	建议招标时先固定调差材料、人工在工程总价中的占比，结算时以中标价中的工程建安费乘以占比作为基数，再根据事先约定的调差方法予以调整

图6-3 深圳模式——基于两阶段切入的投资控制模式

2016年5月18日，深圳市住房城乡建设局发布《关于印发<EPC工程总承包招标工作指导规则（试行）>的通知》（以下简称《工作导则》），正式在EPC模式开展积极探索，由于《工作规则》早于《住房城乡建设部关于进一步推进工程总承包发展的若干意见》（建市〔2016〕93号）（以下简称《若干意见》）发布，本节将这两份文件进行对比，并结合深圳市实践中发生的EPC招标案例，对目前深圳EPC市场情况进行分析。

（一）投资控制

1．以概念方案设计之后与方案设计之后为介入时点

《工作导则》中在其第三条：EPC工程总承包招标一般应明确的招标需求中指出，EPC工程总承包招标可以在完成概念方案设计之后进行，也可以在完成方案设计之后进行，即方案未定的EPC工程总承包招标和方案已定的EPC工程总承包招标。

在实际项目中，深圳市EPC项目常采用在完成概念方案设计后即对项目进行招标，由招标单位负责项目的前期咨询、设计（含方案设计、初步设计、施工图设计阶段的设计工作）、采购、施工、联合试运转以及其他应当由EPC总承包单位完成的工作等。个别项目则是在初步设计完成之后，由EPC承包商负责项目的扩初设计、施工图设计、设计变更、竣工图编制、施工总承包，详细见表6-6。

<table>
<tr><td colspan="4" align="center">介入时点报告分析　　　　　　　　　　　　　　　　表6-6</td></tr>
<tr><td></td><td>深圳市《工作导则》</td><td>住房城乡建设部《若干意见》</td><td>深圳市实际招标公告分析</td></tr>
<tr><td>介入时点</td><td>1．概念方案设计之后
2．方案设计之后</td><td>1．可行性研究
2．方案设计
3．初步设计</td><td>深圳市EPC项目常采用在完成概念方案设计后即对项目进行招标，少数在方案设计之后招标</td></tr>
</table>

2．招标文件应在建设规模、建设标准、工作责任等方面提出要求

《工作导则》中在其第三条招标需求中指出：无论哪种方式，一般应至少明确以下招标需求：（1）细化建设规模，房屋建筑工程包括地上建筑面积、地下建筑面积、层高、户型及户数、开间大小与比例、停车位数量或比例等；市政工程包括道路宽度、河道宽度、污水处理能力等。（2）细化建设标准，房屋建筑工程包括天、地、墙各种装饰面材的材质种类、规格和品牌档次，机电系统包含的类别、机电设备材料的主要参数、指标和品牌档次，各区域末端设施的密度，家具配置数量和标准，以及室外工程、园林绿化的标准；市政工程包括各种结构层、面层的构造方式、材质、厚度等。（3）划分工作责任，除设计施工以外的其他服务工作的内容、分工与责任。（4）房屋建筑工程还应明确是否采取工业化建造方式，是否采用BIM技术等。

从以上文件我们可以看出，深圳市招标对招标文件的建设规模、建设标准、工作责任方面做出了明确要求，同时要求标注房屋建筑工程还应明确是否采取工业化建造方式、是否采用BIM技术；但《若干意见》未对该部分内容做出要求。

3．以能力为核心的投标人需求

目前EPC工程总承包招标的适用依据主要是《关于培育发展工程总承包和工程项目管理企业的指导意见》（建市〔2003〕30号）。在设置投标条件时可淡化资质管理，实行能力认可，在工程实施时回归资质管理，由有相应资质的单位分别承担设计、施工任务。招标人可按下列方式之一设置投标条件：（1）具有工程总承包管理能力的企业，可以是设计、施工、开发商或其他项目管理单位；（2）具有相应资质等级的设计、施工或项目管理单位独立或组成联合体投标。由于目前建筑市场上具有工程总承包业绩的单位较少，在招标时不宜将工程总承包业绩作为投标条件，以促进工程总承包行业的发展。

根据对深圳市招标公告进行分析，大多数项目要求投标人同时（或联合体）具备相应专业设计与施工总承包资质，不要求同时具备该两项内容的招标项目，则需要具备相应专业的设计资质或者施工总承包资质，详细见表6-7。

<table>
<tr><td colspan="4" style="text-align:right">承包人需求报告分析　　　　　　　　　　　表6-7</td></tr>
<tr><td></td><td>深圳市《工作导则》</td><td>住房城乡建设部《若干意见》</td><td>深圳市实际招标公告分析</td></tr>
<tr><td>承包人要求</td><td>1．具有工程总承包管理能力的企业，可以是设计、施工、开发商或其他项目管理单位；
2．具有相应资质等级的设计、施工或项目管理单位独立或组成联合体投标</td><td>工程总承包企业应当具有与工程规模相适应的工程设计资质或者施工资质，相应的财务、风险承担能力，同时具有相应的组织机构、项目管理体系、项目管理专业人员和工程业绩</td><td>大多数项目要求投标人同时（或联合体）具备相应专业设计与施工总承包资质，不要求同时具备该两项内容的招标项目，则需要具备相应专业的设计资质或者施工总承包资质</td></tr>
</table>

4．分时点、分空间的计价模式

《工作导则》按照是否确定有建设规模与建设标准对计价模式进行了划分，若由投标人根据给定的概念方案（或设计方案）、建设规模和建设标准，自行编制估算工程量清单并报价，则可采用总价包干模式。地下工程不纳入范围，而是采用单价合同；不确定建设规模与建设标准，不采用总价包干合同，而是采用下浮率报价与最终批复概算作为上限价的结算方式。深圳市住房城乡建设局为此给出理由：一方面中标人在设计时偏好采用利润率高的材料或无法定价的设备，发包人在工程监管时存在较大难度和廉政风险；另一方面，措施费用由于难以定价，在合同执行过程中，可能存在管理难度和较大廉政风险；再一方面由于开口合同，上限价与概算批复额度相关，中标人存在不当谋利的可能，详细见表6-8。

<table>
<tr><td colspan="3" style="text-align:right">计价模式报告分析　　　　　　　　　　　表6-8</td></tr>
<tr><td></td><td>深圳市《工作导则》</td><td>住房城乡建设部《若干意见》</td></tr>
<tr><td>计价模式</td><td>地上采用总价包干模式编制模拟工程量清单，地下采用模式编制模拟工程量单价合同按时计量</td><td>工程总承包项目可以采用总价合同或者成本加酬金合同，合同价格应当在充分竞争的基础上合理确定</td></tr>
</table>

5．招标控制价的设定

根据《深圳市政府印发关于建设工程招标投标改革若干规定的通知》第十七条，招标人应当编制招标控制价，并根据招标控制价确定最高投标限价。建设工程施工招标控制价应当采用工程量清单方式编制。不具备编制招标控制价条件的，招标人可以根据经批准的工程概算、造价指标、市建设部门发布的上一年度同类招标工程中标价相对于招标控制价下浮率或者通过市场询价等方式设置最高报价限价。

采用直接抽签发包的建设工程，其最高报价限价即为合同价，参照市建设部门发布的上一年度同类招标工程中标价相对于招标控制价平均下浮率，结合工程实际情况确定。

6．以银皮书、黄皮书为蓝本的合同编制的依据

深圳市《工作导则》规定合同的制定应该参照国际咨询工程师联合会（FIDIC）《设计采购施工（EPC）/交钥匙工程合同条件》与《生产设备和设计—施工合同条件》拟定合同条款，详细见表6-9。

合同拟定报告分析 表6-9

	深圳市《工作导则》	住房城乡建设部《若干意见》
合同拟定	参照国际咨询工程师联合会（FIDIC）《设计采购施工（EPC）/交钥匙工程合同条件》与《生产设备和设计-施工合同条件》拟定合同条款	合同的制订可以参照住房和城乡建设部、工商总局联合印发的建设项目工程总承包合同示范文本

7．定标办法

EPC工程总承包一般采取定性评审、评定分离的招标方式，招标人在定标之前需做好以下准备工作：

（1）谨慎认定投标人的工程总承包管理能力与履约能力。①是否具有工程总承包管理需要的团队；②工程总承包管理团队的主要人员是否具有较为丰富的工程管理经验；③投标人是否建立了与工程总承包管理业务相适应的组织机构、项目管理体系；④投标人的整体实力、财务状况和履约能力情况。

（2）投标人是否进行了一定程度的设计深化，深化的设计是否符合招标需求的规定。

（3）考核投标报价是否合理。主要考核投标人是否编制了较为详细的估算工程量清单，估算工程量清单与其深化的设计方案是否相匹配，投标单价是否合理。

如果投标人报价时只有单位指标造价，如每平方米造价、每延米造价等，或者只有单位工程合价、工程总价，则可能无法判断其投标报价是否合理，招标人在定标时可优先选择能判定为报价合理的投标人。

此外，在注意事项中还对招标过程以及定标方式进行了规定：

（1）招标过程中，允许投标人就技术问题和商务条件与招标人进行磋商，达成一致后作为合同的组成部分。

（2）慎重选择定标方法，目前建筑市场中具备工程总承包管理能力和经验的承包人较少，不宜采用较大范围的直接抽签或较大范围的票决抽签定标方式。

（二）支付控制

采用按比例或按月度约定额度支付方式，工程款支付不宜采用传统的按实计量与支付方式，可采用按比例或按月度约定额度支付方式。

（三）结算控制

1. 结算方式

根据深圳市《工作导则》规定：如果EPC工程总承包招标时，不确定建设规模与建设标准，不采用总价包干合同，而是采用下浮率报价与最终批复概算作为上限价的结算方式。

2. 接收要求

发包人对承包人的工作只进行有限的控制，一般不进行过程干预，而是在验收时严格按建设规模和建设标准进行验收，只有达到招标需求的工程才予以接收。EPC工程总承包工程可不实行工程监理，发包人也可仍然聘请工程监理，但是对工程监理的工作内容与工作形式进行适当调整。

六、福建模式——基于预算后审的投资控制模式

（一）投资控制

福建采用预算后审核的投资控制模式，如图6-4所示。

1. 以可行性研究批复和初步设计审批划分的招标介入时点

在可研批复后进行工程总承包发包的——预算后审方式；在初步设计审批后进行工程总承包发包的——固定总价合同方式。

2. 以招标范围和招标控制价为核心的招标条件

招标文件应当明确招标范围和招标控制价，细化建设规模、建设标准以及是否采取装配式建造方式、BIM技术等招标需求事项。招标人应当合理确定招标时间，确保投标人有足够时间对招标文件进行仔细研究、了解招标人的招标需求、进行必要的深化设计、风险评估和估算。

3. 以风险共担和总价包干为核心的招标文件

在可行性研究批复后进行工程总承包招标且采用预算后审方式的项目，应当执行限额设计，按照风险共担原则，加强工程项目的总投资、设计内容标准及各个阶段造价的控制，并在招标文件中约定工程预算、结算编制依据、综合单价取值办法和价格调整办法等事项。

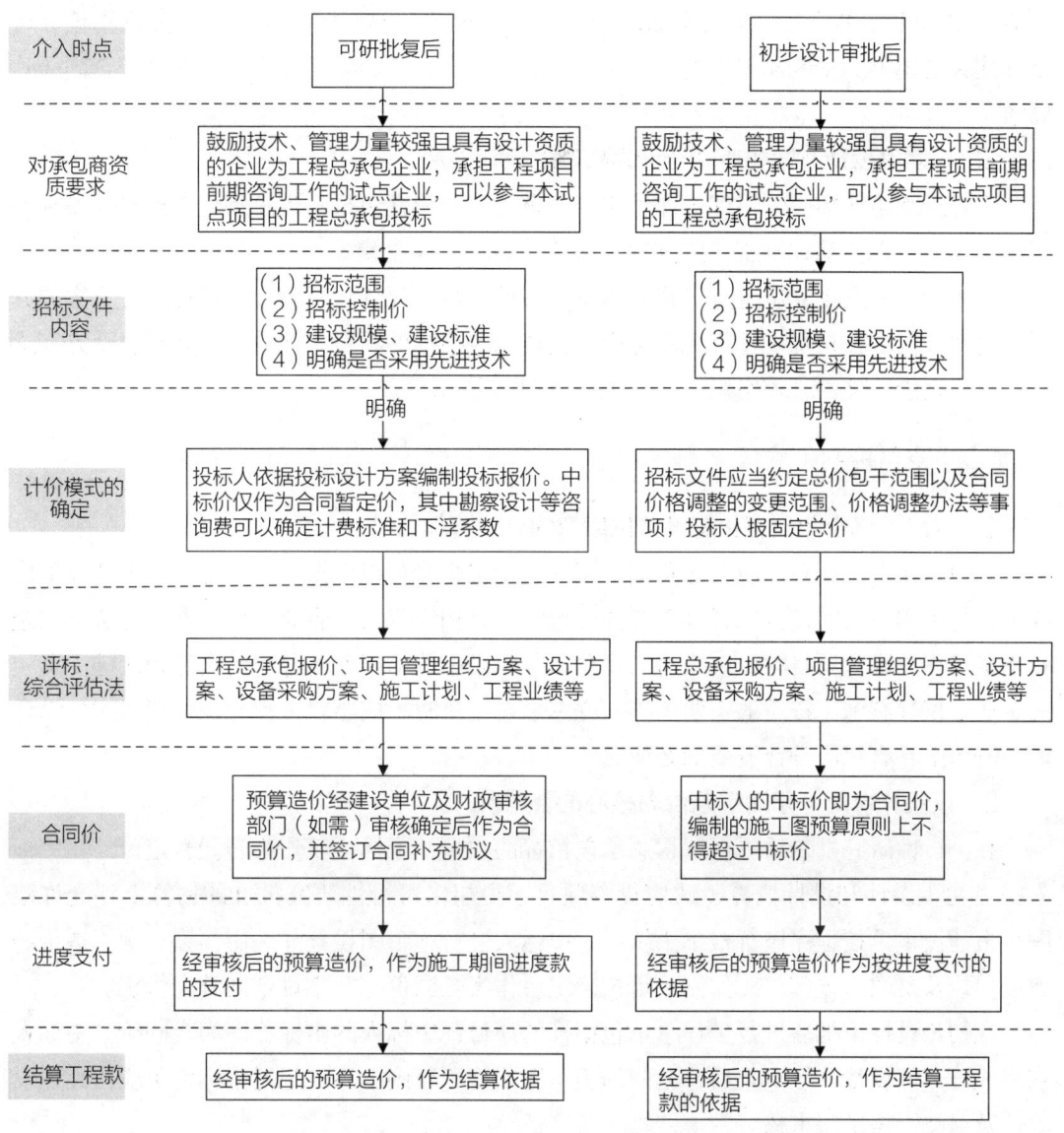

介入时点	可研批复后	初步设计审批后
对承包商资质要求	鼓励技术、管理力量较强且具有设计资质的企业为工程总承包企业，承担工程项目前期咨询工作的试点企业，可以参与本试点项目的工程总承包投标	鼓励技术、管理力量较强且具有设计资质的企业为工程总承包企业，承担工程项目前期咨询工作的试点企业，可以参与本试点项目的工程总承包投标
招标文件内容	（1）招标范围 （2）招标控制价 （3）建设规模、建设标准 （4）明确是否采用先进技术	（1）招标范围 （2）招标控制价 （3）建设规模、建设标准 （4）明确是否采用先进技术
计价模式的确定	投标人依据投标设计方案编制投标报价。中标价仅作为合同暂定价，其中勘察设计等咨询费可以确定计费标准和下浮系数	招标文件应当约定总价包干范围以及合同价格调整的变更范围、价格调整办法等事项，投标人报固定总价
评标：综合评估法	工程总承包报价、项目管理组织方案、设计方案、设备采购方案、施工计划、工程业绩等	工程总承包报价、项目管理组织方案、设计方案、设备采购方案、施工计划、工程业绩等
合同价	预算造价经建设单位及财政审核部门（如需）审核确定后作为合同价，并签订合同补充协议	中标人的中标价即为合同价，编制的施工图预算原则上不得超过中标价
进度支付	经审核后的预算造价，作为施工期间进度款的支付	经审核后的预算造价作为按进度支付的依据
结算工程款	经审核后的预算造价，作为结算依据	经审核后的预算造价，作为结算工程款的依据

图6-4 福建模式——基于预算后审核的投资控制模式示意

采用固定总价合同方式的项目，招标文件应当约定总价包干范围以及合同价格调整的变更范围、价格调整办法等事项。

4. 以合同暂定价和固定总价为核心投标报价

在可行性研究批复后进行工程总承包招标且采用预算后审方式的项目，投标人依据投标设计方案编制投标报价。中标价仅作为合同暂定价，其中勘察设计等咨询费可以确定计费标准和下浮系数。

在初步设计审批后进行工程总承包招标的项目，投标人报固定总价。在财政审核和审计时，仅对建设单位依法依规新增变更部分进行审核，对固定总价包干部分仅审核、审计其建设的规模、标准及所用的主要材料、设备等是否符合原设计方案和总承包合同条款要求。

5．以侧重设计方案和兼顾全面为核心的评标办法

工程总承包评标应采用综合评估法，评审的主要因素包括工程总承包报价、项目管理组织方案、设计方案、设备采购方案、施工计划、工程业绩等。

在可行性研究批复后进行工程总承包招标的项目，评分权重侧重于投标设计方案的分析及优化方面。在初步设计审批后进行工程总承包招标的项目，评分权重兼顾设计方案优化、投标报价、项目管理组织方案及施工计划等方面。

（二）支付控制

1．以总承包企业负责和建设单位同意的分包管理

分包工作由工程总承包企业负责，工程总承包企业可以根据合同约定或者经建设单位同意，将工程项目的设计或者施工业务分包给具有相应资质的企业。仅具有设计资质的企业承接工程总承包项目时，应当将工程总承包项目中的施工业务分包给具有相应施工资质的企业。仅具有施工资质的企业承接工程总承包项目时，应当将工程总承包项目中的设计业务分包给具有相应设计资质的企业。

2．以预算合同价和固定总价为核心的合同价

在可行性研究批复后进行工程总承包招标的项目，中标价仅作为合同暂定价。在中标人完成初步设计和设计概算（政府投资项目不得超出可行性研究批准的估算上浮允许范围）报建设单位按程序履行报批手续后，中标人进行施工图设计并编制预算。预算造价经建设单位及财政审核部门（如需）审核确定后作为合同价，并签订合同补充协议。

在初步设计审批后进行工程总承包招标的项目，中标人的中标价即为合同价。中标人在完成施工图设计并经审查后，编制的施工图预算（原则上不得超过中标价）应当经建设单位及财政审核部门审核。

3．以按比例和按月度约定额度方式进行进度款支付

在可行性研究批复后进行工程总承包招标的项目和在初步设计审批后进行工程总承包招标的项目，都是将经审核后的预算造价，作为施工期间进度款的支付依据。建设单位应当确保建设资金及时到位，宜采用按比例或按月度约定额度支付方式并在合同中予以明确。

（三）结算控制

1．以经审核后的预算价为依据的结算支付

在可行性研究批复后进行工程总承包招标的项目和初步设计审批后进行工程总承包招标的项目，经审核后的预算造价作为结算工程款的依据。

2．以部门审核和合同约定为依据的变更支付

在可行性研究批复后进行工程总承包招标的项目，施工期间发生变更的，应当按规定经建设单位及财政审核部门或项目审批部门（如需）批准后列入结算，结算金额以有资质的第三方或财政审核部门（如需）审核结果为准计取。在初步设计审批后进行工程总承包招标的项目，除招标文件或工程总承包合同中约定可以变更价款外，其他不予调整。

第四节　工程总承包的关键控制点

一、明确介入时点与各介入时点需完成的基本工作

工程总承包招标投标的基本条件应为已立项审批项目完成可行性研究或初步设计。《房屋建筑和市政基础设施工程总承包招标投标管理办法》（建市招函〔2004〕45号）（以下简称《房建工程总承包招标管理办法》）中对于工程总承包招标应当具备的条件进行了相关规定，"工程项目已经完成可行性研究报告、项目建议书或者初步设计等，并与总承包方式和工作内容要求相适应的有关基础工作"。工程总承包模式在各地的实践过程中，相应对工程总承包模式介入的时点进行了明确，一般情况可分为可行性研究报告完成或初步设计完成两个阶段介入。针对不同时点介入招标的工程总承包项目，为实现有效的投资控制目标，应分别设置项目招标的必备条件与控制限价。

针对可行性研究报告完成后初步设计完成前开展工程总承包模式的，应满足：①招标人已依法成立；②已办理土地使用批准手续；③按照国家有关规定需要履行项目立项和可行性研究报告审批、核准手续或备案手续的，已经履行并取得批准或已备案；④已获得规划部门出具的项目规划设计条件；⑤实行工程总承包的招标方式已确认；⑥工程建设资金或者资金来源已经落实；⑦法律、法规、规章规定的其他条件。针对初步设计完成后开展工程总承包招标的，除满足上述条件外，还应满足：按照国家有关规定需要履行初步设计审批或备案手续的，已经履行并获得批准或已备案。对于无法完成初步设计的项目，招标前应尽量详细描述建设规模、建设标准、主要设备标准、责任划分。对于已完成初步设计的项目应以概算作为招标控制限额。

二、深化初步设计深度，明确各设计阶段的审查工作

采用工程总承包的项目，应加强初步设计审查和施工图设计审查。以初步设计完成作为招标介入时点的项目，为实现招投标阶段投资控制的准确性，应加强前期工程总承包的准备工作。为确保概算限额设置的合理性与评标选择的公平性，一些地区开始在相关办法中要求招标前初步设计单位与中标后施工设计单位不能为同一公司。同时，采用总承包的项目，初步设计应当加大设计深度，加强地质勘察，明确重大技术方案，由此严格核定概

算。在条件允许的情况下，初步设计单位应按照业主要求对施工图设计或者设计变更进行咨询核查。

三、合同价控制：概（预）算后审的方式

对于政府投资的工程项目，在可行性研究批复后初步设计完成之前进行工程总承包发包的，宜采用概（预）算后审方式进行合同价的控制并在招标文件或者发包合同中约定。采用概（预）算后审方式的项目，合同价的控制可以分为三部分。首先，招标人应要求投标人初步设计及施工图设计均执行限额设计，并按照风险共担原则，加强工程项目的总投资、设计内容标准及各个阶段造价的控制，并在招标文件中约定工程概（预）算、结算编制依据、综合单价取值办法和价格调整办法等事项。其次，投标人依据投标设计方案编制投标报价，中标价仅作为合同暂定价，其中勘察设计等咨询费可以确定计费标准和下浮系数。最后，对项目的初步设计概算或施工图预算进行财政投资评审，以概（预）算评审价作为合同价，并签订合同补充协议。

而在初步设计审批后进行工程总承包发包的政府投资项目，宜采用概算评审价进行合同价控制。概（预）算经财政投资评审后，宜采用固定总价合同，以评审价作为合同价。采用固定总价合同的项目，要注意两方面的控制。第一，招标人在招标文件中应当约定总价包干范围以及合同价格调整的变更范围、价格调整办法等事项。第二，在结算财政评审时除招标文件或工程总承包合同中约定可以变更的价款外，其他不予调整。

四、计价模式：总价包干合同

采用工程总承包模式，有利于业主解决自身建设经验不足、抗风险能力差、整体协调难度大等问题，提高项目建设效率，使其价值达到最大化。工程总承包商应对整个项目进行统筹规划与协同运作，减少设计、采购、施工之间的衔接问题，对整个项目的整体方案负责。与以往的DBB模式不同，采用工程总承包模式，让承包商承担了工程建设中的更多任务和更大、更广的风险，而业主则相对降低了自身风险。因此，选择一种合适的计价模式至关重要。

在《住房城乡建设部关于进一步推进工程总承包发展的若干意见》（建市〔2016〕93号）中规定：工程总承包项目可以采用总价合同或者成本加酬金合同，合同价格应当在充分竞争的基础上合理确定。从各地发布的工程总承包相关管理文件来看，均将总价包干作为工程总承包项目的推荐计价模式。采用总价包干的建设模式，有利于业主与承包商将项目风险与合同价格相匹配。业主通过提高项目报酬，弥补了自身对项目风险控制能力较弱的缺点，从而控制项目成本；而承包商在利用自身专业优势控制风险的同时，获得了丰厚的利润回报，最后达成双赢的局面。合同价格应当在充分竞争的基础上合理确定，除招标文件或者工程总承包合同中约定的调价原则外，工程总承包合同价格一般不予调整。

五、支付控制：经评审的预算价

对于政府投资的工程项目，采用固定总价合同方式的，进度款的支付控制分为三部分。首先，建设单位编制招标文件时应当约定总价包干范围以及合同价格调整的变更范围、价格调整办法等事项。其次，初步设计概算或施工图预算经财政投资评审后，批复价（评审价）作为进度支付及中间计量的依据。最后，承包商根据批准的当月完成工作量，编制对应的工程预算，与施工图预算相比较换算出当月进度付款申请，报监理人审核并经建设单位审批后进行支付。

固定总价合同的变更价款支付控制，一方面建设单位在招标文件或工程总承包合同中约定可以变更的价款，其他不予调整；另一方面在施工期间发生变更的，应当按规定经建设单位有关部门审核批准后列入结算。工程建设过程中，原则上不进行变更、签证，若因特殊原因发生变更的，设计变更超过限额须进行评审、优化，应按规定报建设单位和有关部门到场审核签字确认后方能生效。若因承包人承担的设计原因造成投资成本增加，由承包人自行承担相关费用。合同文件中要明确变更工程量的条件和计算方式，约定材料价格风险范围及调整办法。

六、风险分担

风险分担即在项目的实施过程中，项目参与方以何种方式和比例对风险进行承担的管理活动。在项目的建设过程中，风险无处不在。随着对项目风险进行合理的分配，有利于业主与承包商之间建立职责明确、协调共进的合作机制。相较传统的设计、招标、施工（DBB）模式相比，工程总承包项目业主将更多的权利分配给承包商。因此，合理的风险分担机制在工程总承包项目中尤为重要。在合理的风险分担框架制定下，应当遵守以下原则：①责权利对等原则。在工程总承包项目中，风险的不确定性会给项目带来威胁的同时也可能给项目的发展带来机遇。业主应该平衡各参与方的权利、义务与责任，使得风险转移在各自自愿的情况下发生，为项目的顺利实施创造条件。②有效控制原则。工程总承包项目应该将风险分配给最有能力控制和控制该风险所需要的成本最小的一方，或者是能够最有效管理和预防该风险的参与方。③直接承担原则。一旦风险发生，有一方将直接造成损失，则该风险应该交由该方承担。

在实际项目中，工程总承包企业和建设单位应当加强风险管理，公平合理分担风险。工程总承包企业按照合同约定向建设单位出具履约担保，建设单位向工程总承包企业出具支付担保。实际的EPC项目中，风险常常按照以下内容分配：

（1）招标人承担的风险应包括：①招标人提供的文件，包括前期工作相关文件、环境保护、气象水文、地质条件等不准确、不及时，造成费用增加和工期延误；②在经批复可行性研究报告、方案设计或初步设计已经批复，招标人提出增加建设内容；以及在可行性研究报告、方案设计或初步设计之内提出的改变工程功能或提高建设标准等要求，造成施工方法改变，设备、材料、部件、人工的增加；③招标人提出的工期调整要求，或其前期工作进度而影响的工程实施进度；④主要设备、材料市场价格波动超过合同约定幅度的；⑤国家法律、法规和政策变化的风险；⑥国家法律、法规和政策规定的其他风险。

（2）承包人承担的风险包括：①承包人应结合自身条件，自主进行报价，所报价格视为承包人已充分考虑了招标文件所要求的全部内容。②承包人应对施工场地和周围环境进行查勘，并收集除招标人提供外为完成合同工作有关的当地资料。在全部合同中，视为承包人充分估计了应承担的责任和风险。③承包人自身提供的文件中存在的错误、遗漏、含混、矛盾、不充分或其他缺陷所导致的成本及工期增加。④国家法律、法规和政策规定的其他风险。

第五节　工程总承包模式下财政投资评审的关键点

随着我国有关工程总承包管理的政策逐渐完善，加上政府部门的大力倡导和支持，今后工程总承包模式将会迎来发展的黄金时期，越来越多的企业将会采用工程总承包的发承包模式[1]。工程总承包模式的广阔发展空间对财政投资评审提出了新的挑战。

由于工程总承包模式与传统模式之间，发承包双方间的风险分担格局、对变更等重要概念的界定，都呈现出不同的规定，因此，对工程总承包项目进行评审时，评审范围、评审内容、评审依据均将随之发生变化。以广州市为例，由于目前采用工程总承包模式的项目一般是在初步设计完成后进行招标，其施工图设计均在初步设计确定的建设规模、建设标准及投资控制下，因此财政投资评审将初步设计概算作为评审的重点。而源于风险分担格局的较大差异，对竣工结算的评审，财政投资评审依据改变最大。

一、工程总承包模式下设计概算的财政投资评审问题

（一）工程总承包模式下设计概算的财政投资评审关键点

美国建筑师协会（AIA）依据设计比例将项目设计过程划分为：概念设计阶段（0~10%），方案设计阶段（10%~30%），初步设计阶段（30%~50%），施工图设计阶段（50%~100%）。工程总承包模式中，以DB为例，DB中的D（Design）从承包商参与建设工

---

[1] 　根据《关于印发〈王素卿司长和王早生副司长在推进工程总承包与对外工程承包高峰论坛上的讲话与总结〉的通知》中所述，我国对外承包工程中工程总承包仅占国际建筑市场总额的1%不到，在国内的工程承包市场中总承包也仅为10%左右，而且主要集中在几个专业工程领域，如石化、化工、电力、冶金等，房屋建筑工程实施总承包项目的份额虽然也在不断扩大，但其内容的完整性不足，对整个工程承包市场的影响也较小，因此在一系列利好政策的支持下，未来发展空间很大。

程设计工作的时间与深度划分为可行性研究阶段的概念设计、初步设计、技术设计以及施工图设计，据此可将DB分为四种模式如图6-5所示。

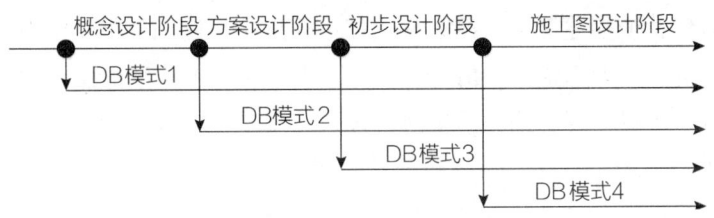

图6-5　DB总承包模式分类图

工程总承包模式下发包人只提供功能需求或概念方案设计，最终的详细设计是由中标的承包商提供的，因此概算编制的准确度以及可靠性就主要取决于概算编制的时间节点。目前工程总承包模式下设计概算编制有两种方式：一种是发包人根据自身需求出具初步设计并以此编制设计概算；一种是发包人提出需求，总承包商根据发包人需求出具设计，并尽可能的详细且满足发包人的需求，并以此为依据编制概算，并把此概算作为投标报价的重要参考依据。

1. 设计概算评审中初步设计深度问题

初步设计是工程总承包模式中确定投资的基础，其设计深度和设计标准将直接对投资产生很大影响，对投资预算的准确性产生决定性影响。对于结构越复杂的工程，初步设计与实际施工的偏差也越大。为确保投资的准确性，必要时需要适当加大初步设计深度，有条件的项目建议采用行业设计标准或常用的施工工艺进行初步设计，以减少投资概算与实际成本间的差异。

如地下工程的特点是地质情况复杂多变，结构安全系数要求较高。往往EPC项目在初步设计阶段对地质结构、地下水位情况等的调查不够充分，在项目投资估算中不容易确定地基及边坡处理的技术方案和投资金额。由于EPC总承包商负责整个项目的施工图设计工作，为降低成本，必将对整个工程进行统筹考虑，优化设计方案。但优化方案未必能满足安全要求，会给项目的正常施工带来很大风险，也容易造成因水文地质情况不符产生变更索赔。因此地下工程在初步设计阶段应有完善的地质勘察报告，在投资概算中充分考虑地基承载、基坑支护、结构抗浮措施等影响因素。对于实在没有地勘资料的项目，可参照周边工程的地质资料进行投资概算评审。

2. 合同中技术标准及功能要求问题

工程总承包模式是总承包商负责整个项目的设计、采购、施工工作，在施工图设计阶段承包商通常只愿意按合同中约定的结构形式，以满足最低功能要求的标准进行施工图设计。在施工工艺上也容易出现投机取巧的情况，严重影响工程质量，增加安全风险。为防止承包商擅自降低技术标准，盲目节约成本，在投资概算评审前（或评审过程中），应明确项目的技术标准和功能需求，也可采用行业技术标准进行规范。

3．工程量清单项目特征描述问题

送审单位编制的设计概算书易出现清单描述不清或描述不完整，在评审时一定要根据设计图要求把清单特征描述清楚、写完整，如尺寸大小、使用材料、施工方法、包含内容及其他设计图要求等，如果描述不清可能造成后期被承包人索赔的隐患。如在工作中常见的"混凝土管桩"子目，编制招标清单时已按设计要求在综合单价中考虑了超灌部分的混凝土，而在清单特征中未描述，导致在结算时施工方要求单独计算超灌部分混凝土子目；常见的还有门窗的特殊五金等，也是容易漏描述的地方。

4．材料报价及采购问题

（1）材料报价问题

概算评审以初步设计图纸作为评审依据，而按初步设计图纸的深度，评审给出的材料设备价格是按常规的设计参数并参考市场询价（至少三家供应商）确定；而承包单位概算报审的材料设备价格，缺失了工程预算评审及公开招投标，未经过市场充分的竞争，两者必然存在很大差异。若评审采用承包商报审的材料设备价格将存在巨大风险。

（2）材料采购问题

建筑工程所用材料设备品种众多，不同材料与设备的市场价格差异较大，同时，工程总承包模式下初步设计概算中的材料与设备价格由总承包商自行编制，防范总承包商以次充好、以劣充优的报价行为，对于工程总投资的控制尤为关键。因此在初步设计中要明确主要材料设备的品质、档次、品牌、规格型号、质量标准、技术要求等。如有部分特种材料设备不能定价时，可在暂估价中计列，待实际采购价确定再进行调整。同时可在合同中对主要材料进行最低限价，在材料采购过程中，由业主对材料设备的品质和价格进行监督。

5．项目前期业主需求的详细问题

项目前期业主要求的详细性是为了保障工程总承包项目概算编制的准确性，促进工程总承包持续发展的关键问题。例如《深圳市住房和建设局关于印发〈EPC工程总承包招标工作指导规则（试行）〉的通知》（深建市场〔2016〕16号文）规定招标文件中业主需求需做到以下几点：

（1）细化建设规模：房屋建筑工程包括地上建筑面积、地下建筑面积、层高、户型及户数、开间大小与比例、停车位数量或比例等；市政工程包括道路宽度、河道宽度、污水处理能力等。

（2）细化建设标准：房屋建筑工程包括天、地、墙各种装饰面材的材质种类、规格和品牌档次，机电系统包含的类别、机电设备材料的主要参数、指标和品牌档次，各区域末端设施的密度，家具配置数量和标准，以及室外工程、园林绿化的标准；市政工程包括各种结构层、面层的构造方式、材质、厚度等。

（3）划分工作责任：除设计施工以外的其他服务工作的内容、分工与责任。

（4）房屋建筑工程还应明确是否采取工业化建造方式、是否采用BIM技术等。

（二）工程总承包模式下设计概算的财政投资评审保障

1．针对工程总承包商的介入时点设置不同的概算评审重点

工程总承包项目的发包阶段，建设单位可根据项目特点，在可行性研究、方案设计或者初步设计完成后，按照确定的建设规模、建设标准、投资限额、工程质量和进度要求等进行工程总承包项目发包。工程总承包商的介入时点进一步明确为可行性研究、方案设计或者初步设计的完成阶段。由于上述三个阶段中，项目概算编制的依据各不相同、编制的准确性存在差异、编制的方法各具特点，由此针对工程总承包模式的概算评审应针对不同的发包阶段、介入时点，分别设置不同的概算重点。一般情形下，基于可行性研究形成的概算，通常采取项目立项投资经下浮的金额进行确定，在该模式下，评审重点应针对下浮率的选取依据与准确性展开。基于方案设计或者初步设计形成的概算，概算编制方法通常采用模拟工程量清单，针对该方法的概算评审重点应针对模拟清单工程量计量证据的准确性、计量规则的正确性、套用类似工程清单项目的合理性等内容展开。

2．完善工程总承包模式的财政投资评审体系

现阶段，部分地区已陆续出台工程总承包模式的概算编制要求以补充概算评审中的工作依据。如《深圳市住房和建设局关于印发〈EPC工程总承包招标工作指导规则（试行）〉的通知》中，明确指出："EPC工程总承包招标在需求统一、明确的前提下，由投标人根据给定的概念方案（或设计方案）、建设规模和建设标准，自行编制估算工程量清单并报价。建议采用总价包干的计价模式，但地下工程不纳入总价包干范围，而是采用模拟工程量的单价合同，按实计量。"如果EPC工程总承包招标时，不确定建设规模与建设标准，不采用总价包干合同，而是采用下浮率报价与最终批复概算作为上限价的结算方式。

然而，地方性政策实施时往往存在地域性、狭隘性的限制。建议各级地方借鉴已出台相关政策的地区结合本地财政投资评审工作的实际情况，推动工程总承包模式概算评审管理办法及保障措施的相关文件出台。明确工作职能、责任、义务、作用、效力等，促进财政投资评审在有限范围、有限权利的基础上发挥更加积极的作用。

3．进一步强化地方财政评审机构的内部管理

以学习调研为导向，进一步强化财政评审机构的内部管理制度。现阶段工程总包模式在全国范围内仍处于发展的初级阶段，财政评审机构应开展基于学习调研的内部管理制度建设。考虑工程总承包模式在各地方的使用过程的效果不同，由此，概算评审的工作内容在各地方表现不同，由此学习调研可以有效获取不同地区的实践经验，由此优化概算评审流程与评审制度。

4．规范评审业务的流程规范

制定适应工程总承包模式的评审业务流程，从评审资料的审核、接收，项目评审工作

的计划、安排，到初步评审结论的复核、会商以及评审意见的出具、移交等，对每一步的流程都进行详细的规定，下发给各个部门和人员，并以展板或图板的形式在评审办公场所进行公示。同时，对于重大基础设施建设工程总承包项目，结合其他政府职能部门设置的办理程序，单独制定重大项目概算评审流程，以专门文件的形式下发。

（三）工程总承包模式下设计概算的财政投资评审依据

（1）国家及地方发布的有关法律、法规、规章、规程等；

（2）批准的可行性研究报告及投资估算、设计图纸（承包商根据发包人需求自行全部设计或部分设计）等有关资料；

（3）有关部门颁布的现行概算定额、概算指标、费用定额等和建设项目设计概算编制办法；

（4）有关部门发布的人工、设备材料价格、造价指数等；

（5）有关合同、协议等其他有关资料；

（6）相关工程数据库；

（7）其他资料。

二、工程总承包模式下结算的财政投资评审问题

（一）工程总承包模式下结算的财政投资评审关键点

1．合同约定内的价款调整问题

合同约定内的价款调整条件，工程总承包项目下发承包双方风险分担情况与传统DBB模式下的双方风险分担有较大差异，即使同是工程总承包情境，由于工程总承包项目依据的合同范本不同，约定的合同价款调整条件也不尽相同。因此，在进行这类项目的结算评审时，对合同价款调整的评审，合同有约定的要严格遵循这些约定。由于合同约定内的条款数目众多，此处以索赔条款为例进行相关风险分担差异分析。

（1）工程总承包模式与传统模式风险分担的差异性

目前采用传统DBB模式的项目遵循的合同范本主要有：《施工合同条件》（99版FIDIC红皮书）、《建设工程施工合同示范文本》GF-2013-0201、《标准施工招标文件》（2007版）。2012年5月1日九部委联合颁布《标准设计施工总承包招标文件》（2012年版），为工程总承包模式提供了一个标准示范文本，该合同范本中预先设计出根据不同状态变化的选择性柔性条款以应对项目风险性，即在通用条款中增加了A、B可选择条款，A条款与同为九部委联合颁布的《标准施工招标文件》（2007版）中对风险的分担情况大致相同，此处重点关注B条款的风险分担问题。表6-10以《标准设计施工总承包招标文件》（2012年版）中的B条款与《标准施工招标文件》（2007版）进行对比，分析两个范本对风险分担的设置情况。

《标准施工招标文件》与《标准设计施工总承包招标文件》承包商索赔条款对比　表6-10

序号	条款号	《标准施工招标文件》（2007版）		可补偿方面			条款号	《标准设计施工总承包招标文件》（2012年版）	可补偿方面		
				工期	费用	利润			工期	费用	利润
1	4.11	不利物质条件		√	√	—	4.11	不可预见的困难和费用（B）	×	×	×
2	—	—					4.10	承包人现场查勘（原始数据及资料）	√	√	—
3	5.2	发包人提供的材料和工程设备	发包人提供	√	√	√	6.2	发包人提供的材料和工程设备（B）	×	×	×
			承包人提供	—	—	—					
4	8.3	基准资料错误的责任		√	√	√	9.3	基准资料错误的责任	√	√	√
5	11.3	发包人的工期延误（提供图纸延误）									
6	11.4	异常恶劣的气候条件		√			11.4	异常恶劣的气候条件	√	√	—
7							11.7	行政审批迟延	√	√	—
8	15.3.2	变更估价		√	√	—	15.3.2	变更估价	—	√	√
9	15.5	计日工		—	√	—	15.5	计日工（B）	×	×	×

注："—"是指无此项索赔；"√"承包人可向发包人索赔；"×"承包人不可向发包人索赔。

　　《标准设计施工总承包招标文件》（2012年版）中的B条款与《标准施工招标文件》（2007版）进行对比，工程总承包模式中的承包商承担风险范围更大，因此在传统模式下进行索赔的合同价款调整如不利物质条件、发包人提供的材料和设备等款项，在工程总承包项目中有可能无法进行索赔。

　　（2）不同工程总承包合同范本间风险分担差异分析

　　1999年由国际咨询工程师联合会（FIDIC即菲迪克）首次编写《设计采购施工（EPC）/交钥匙合同条件》（银皮书），为了有效地解决在国际、国内工程咨询和工程承包活动中的合同管理问题，更好地开拓国内外工程咨询和工程承包市场，促进我国工程咨询业与国际惯例的接轨，推动我国工程咨询事业的发展，我国从20世纪80年代初引进了工程总承包模式。工程总承包模式进入中国市场后为适应中国国情的特殊性做出了一系列的变化。因此，即使同为工程总承包项目，由于采取的合同范本不同，发承包双方风险分担的态势仍存在一定差异。此处以2012年5月1日九部委联合颁布《标准设计施工总承包招标文件》

（2012年版）与1999年国际咨询工程师联合会编写的《设计采购施工（EPC）/交钥匙合同条件》（银皮书）索赔条款为例，分析不同合同范本下工程总承包项目发承包双方间风险分担的设置差异情况，由于《标准设计施工总承包招标文件》（2012年版）中的B条款与《设计采购施工（EPC）/交钥匙合同条件》（银皮书）之间存在微小的差异，表6-11中重点描述了B条款与银皮书的发承包双方间风险分担的设置差异。

《标准设计施工总承包招标文件》与FIDIC银皮书下承包商索赔条款对比　　表6-11

序号	条款号	《标准设计施工总承包招标文件》（2012年版）		可补偿方面			条款号	《设计采购施工（EPC）/交钥匙合同条件》		可补偿方面		
				工期	费用	利润				工期	费用	利润
1	1.13	发包人要求中的错误		√	√	√	5.1	设计义务一般要求		√	√	×
2		—		—	—	—	11.7	发包人未能及时给予承包商进入现场的权利		√	×	×
3	1.13.3	发包人要求中的错误（原始数据及资料）		√	√	√	4.10	现场数据		×	×	×
4	4.11	不可预见物质条件（B）		×	×	×	4.12	不可预见的困难		×	×	×
5	1.10	化石、文物		√	√	×	4.24	化石		√	√	×
6	14.1.4	重新试验和检验的结果证明该项材料、工程设备或工程的质量是否符合合同要求	是	√	√	×	7.4	试验	承包商原因	×	×	×
			否	×	×	×			发包人原因	√	√	√
7	18.5.2	区段工程验收		√	√	√	10.2	部分工程的接收		×	×	×
8	12.1	由发包人暂停工作		√	√	√	8.9	暂停的后果		√	√	×
9	16.2	法律变化引起的调整		×	√	×	13.7	因法律改变的调整		√	√	×
10	16	价格调整（B）		×	×	×		—		—	—	—
11	11.7	行政审批迟延		√	√	×		—		—	—	—
12	21.3	不可抗力后果及其处理		√	√	√	19.4	不可抗力的后果		√	√	×

注："—"是指无此项索赔；"√"承包人可向发包人索赔；"×"承包人不可向发包人索赔。

《标准设计施工总承包招标文件》与FIDIC银皮书下承包商索赔条款进行对比，即使都是工程总承包模式，由于其所参照的合同范本不同，发承包双方承担的风险也不尽相同。因此，财政投资评审机构在评审工程总承包项目结算时，要根据参照的不同范本以及具体的合同条款约定，确定合同价款调整事件是否成立。

2．合同未约定事件的价款调整问题

（1）未约定风险事件识别

未约定风险事件着眼于非契约关系的建立，当此类风险事件发生时由于正式契约中无明确规定，更多是受行业中基于互惠互利的价值观共同解决风险的惯例的影响。

经过文献梳理和专家访谈，将常见的合同未约定风险事件及其导致的合同状态变化归纳如表6-12所示。

合同约定范围外风险事件归纳表　　　　表6-12

序号	风险事件	风险类型	风险范围	合同状态变化事件	
				合同工期改变	合同价款改变
1	施工过程中对周边建筑物造成破坏	技术风险	在工程项目实施过程中由于采用某种特殊作业对其周边临近建筑及设施造成破坏	√	√
2	行业操作指南变更		施工过程中行业内的某项操作规范发生了变化，例如施工期间某大型机械由于事故频发被禁止使用		√
3	施工中必要的破坏		为了施工的需要不得不对现场进行一定的破坏，否则将影响项目的进行，例如在拔钢板桩的时候，为了有足够的空间，不得不把现场的围墙拆除		√
4	总包与分包相互扯皮拖延工期	履约风险	由于指定分包不服从总包管理致使工期延误	√	
5	工期提前		在工程项目实施过程中采取了赶工措施，但合同中并未约定相应的费用	√	√
6	协调组织风险		由于项目公司的组织协调能力不足导致，导致项目参与方沟通成本增加、相互矛盾冲突产生等变故		√
7	第三方关系风险	政治风险	政府临时发行的政策文件或者公众的行为对施工过程造成了影响，需要协调第三方关系或顺延工期	√	√
8	物价波动	经济风险	物价波动超出约定的风险范围，从而使得承包人无法承担由此产生的费用		√
9	市场需求形势的变化	法律风险经济风险环境风险	国家宏观经济的调控或者政策文件的颁布，包括货币政策、人口政策等都将影响公众对资源的需求情况	√	√

（2）未约定风险事件的责任划分研究

1）责任划分原则

对于未约定的风险事件，基于可控性和内外性两个角度对风险事件进行描述分析，从而界定责任划分。

可控性，是指风险事件的发生是否是由于合同一方可以控制的原因造成。如果是合同一方当人事可以通过采取一系列措施进行控制此类风险事件的发生，这属于其可以控制的范畴，如果其未采取措施任由事态发展，则要承担主要责任；如果风险事件是无论如何都不可能避免的，不在合同任一方的控制范围之内，任一方的任何行为或措施均无法减轻结果损失，这属于不可控的事件，承担的责任较少。

内外性，是指风险事件的发生是由于合同双方当事人的自身的原因造成的，或者是由于客观条件造成的。如果风险事件的发生是由于合同一方当事人的行为造成的，则行为人就要为其行为造成的结果承担主要责任；如果风险事件不是由于合同双方当事人的行为发生的，而是由于第三方或者其他事件造成的，则责任要由双方共同承担。

2）责任划分结果

①施工过程中破坏场边其他的建筑物和施工时候必要的破坏都是属于承包人内部原因引起的风险事件，责任归承包人承担；

②第三方关系风险和行业操作指南变更属于是外部原因造成的，但是是属于承包人应该可以合理地预见并采取一定措施进行控制和防范的风险，故其责任也要归承包人承担；

③总包与分包扯皮拖延了工期、工期提前属于是发包人内部原因造成的，但是是承包人可以通过协调等措施进行控制的风险事件，其责任由发包人、承包人共同承担；

④组织协调风险属于发包人和承包人都可能造成的风险，并且对其自身而言，都是可以通过一定的手段进行控制的，因此，其责任的划分发包人单位和承包人单位各自的组织协调风险各自承担责任；

⑤物价波动和市场需求变化都不是发包人和承包人的内部原因造成的，且不是他们可以控制的，因此这些风险责任的承担是共同的，通过协商谈判最终确定各自承担的比例。

（二）工程总承包模式下结算的财政投资评审保障

1．人员培训

财政投资评审人员的知识结构、工作经验、工作能力、心理素质和职业道德等，都会直接或间接地对建设项目财政投资评审质量产生影响，财政投资评审人员应具备丰富的有关工程总承包的专业知识，具有较高的职业道德和较强的工作责任心。

2．评审程序

人员素质虽然重要，但是仅仅依靠自律是远远不够的，还需要建立有效的约束机制。有效的质量控制制度，良好的内部控制程序可以在一定程度上预防和弥补评审人员素质与经验的不足，减少工作的随意性，及时发现评审人员的错误与疏漏，保证项目评审的质量。由于工程总承包模式是包干总价合同，所以财政评审机构内部管理制度在评审工程总承包项目时是否健全，管理工作是否有效，均会对项目财政评审质量产生重大影响。

3．评审期限

项目评审是一项技术性很强的工作，必须按照一定的程序进行，只有前一个评审阶段完成，才能进入后一个评审阶段，这是评审工作的一般规律。充足、合理的评审期限是项目评审质量的保障，不切合实际缩短评审期限只会对评审质量产生不良影响，评审期限也是影响评审质量的重要因素之一。

（三）工程总承包模式下结算的财政投资评审依据

（1）国家有关财政投资评审、经济合同和工程建设的法律、法规及规章制度等，主要包括：《中华人民共和国预算法》、《中华人民共和国建筑法》、《中华人民共和国招标投标法》、《中华人民共和国合同法》、《建筑工程施工发包与承包计价管理办法》、《建筑工程工程量清单计价规范》、《建筑工程质量管理条例》等；

（2）国家主管部门及省、市有关部门颁布的标准、定额和工程技术经济规范；

（3）项目有关文件，包括：概算批复文件、部门预算批复文件、招标文件、投标文件、中标通知书、招标答疑、招标澄清、建设单位在工程实际过程中与各有关单位签订的施工合同、材料供货合同、勘测设计合同、监理合同、各种技术合同及其相关的补充合同等；

（4）有关工程实施的资料，包括：施工图纸、竣工图纸、竣工验收表、地质勘测资料、施工过程中有关的会议纪要、甲乙双方确认的有关材料价格计算依据、有完善手续的现场签证、工程洽商、监理通知书和其他在工程实施过程中甲乙双方形成的有关计价依据等；

（5）与工程项目有关的市场价格信息、同类项目的造价及其他有关的市场信息；

（6）建设项目施工过程中有关项目的变更及签证留底；

（7）国际咨询工程师联合会（FIDIC）《设计采购施工（EPC）/交钥匙工程合同条件》；

（8）其他资料。

第七章　PPP模式下的财政投资评审

第一节　PPP模式的概述

一、PPP模式的概念及内涵界定

PPP是英文"Public-Private Partnerships"的简写，直译为"公私合作"，中文译为"政府和社会资本合作模式"。从各国和国际组织对PPP的理解来看，PPP有广义和狭义两个范畴。广义PPP是指政府与私人部门为提供公共产品或服务而建立的伙伴关系，以授予特许经营权为特征，主要包括BOT、BOO、PFI等多种模式。在该模式下，鼓励私营企业、民营资本与政府进行合作，参与公共基础设施的建设；而狭义的PPP可以理解为一系列项目融资模式的总称。

根据《国务院办公厅转发财政部发展改革委人民银行关于在公共服务领域推广政府和社会资本合作模式指导意见的通知》（国办发〔2015〕42号）中指出：政府和社会资本合作模式是指政府采取竞争性方式择优选择具有投资、运营管理能力的社会资本，双方按照平等协商原则订立合同，明确责权利关系，由社会资本提供公共服务，政府依据公共服务绩效评价结果向社会资本支付相应对价，保证社会资本获得合理收益。政府和社会资本合作模式有利于充分发挥市场机制作用，提升公共服务的供给质量和效率，实现公共利益最大化。

PPP是以市场竞争的方式提供服务，其主要集中在能源、交通运输、水利、环境保护、农业、林业、科技、保障性安居工程、医疗、卫生、养老、教育、文化等公共服务领域。

PPP不仅是一种融资手段，而且是一次体制机制变革，涉及行政体制改革、财政体制改革、投融资体制改革。

二、我国推进PPP模式的现实原因

2013年11月，我党的第十八届三中全会中提出"要大幅度减少政府对资源的直接配置"、"建立透明规范的城市建设投融资机制，允许社会资本通过特许经营等方式参与城市基础设施投资和运营"。自此，政府和社会资本合作（PPP）模式在我国全面铺开。在当前创新城镇化投融资体制、化解地方融资平台债务风险、积极推动企业"走出去"的现实背景下，推广使用PPP模式不仅是一次微观层面的操作方式升级，更是一次宏观层面的体

制机制变革。无论历史地看还是现实地看，PPP模式正在成为落实未来国家战略的重要工具之一。

（一）运用PPP对内支持"搞建设"

从国际经验看，推行PPP的直接动因来自"政府包办公共服务"的财政压力和低效率，发达国家普遍将PPP作为缓解财政压力、提高公共服务效率的一次变革。从我国情况看，随着工业化和城镇化进程的加快，对基础设施建设和服务效率的需求日益增加，传统投融资模式难以满足需要，且由此带来的融资平台债务风险等问题，越来越引起社会各界的广泛关注。在此背景下，在国内运用和推广PPP模式，具有更加"迫切"的现实意义。

1. 体制机制变革——让社会资本进入最赚钱和最安全的领域

"大幅度减少政府对资源的直接配置、允许社会资本通过特许经营等方式参与城市基础设施投资和运营"——即提高社会资本的投资积极性，让社会资本进入"最赚钱"和"最安全"的领域：最赚钱的领域就是通过混合所有制，让民间资本入股国家垄断行业；最安全的领域就是通过PPP项目，让民间资本进入基础设施建设和公用事业供给领域。

应当注意，公共物品的私人供给过程中需要在"社会资本的逐利天性"和"为老百姓提供优质公共服务"之间找到平衡——途径是充分发挥政府方的监管与规制作用，方法是构建三位一体的平等合同体系、激励相容制度、公司治理机制。

2. 操作方式升级——由BT思维向PPP思维的转变

长期以来，各级政府主要通过事业单位或专门的融资平台公司进行基础设施建设（如BT模式）和公用事业供给，这种方式在客观上取得了一些成效。但也导致个别地区的融资平台债务畸高，通过"安慰函"等方式潜藏了较大的政府或有负债风险。

而PPP模式转变了这种依靠"政府背书"的投融资体制，将政府的一部分支出责任通过特许经营、委托运营等方式转移到社会资本方。目前，对于传统由融资平台承建的准公益性项目，特别适用于通过PPP模式吸引社会资本参与融资、建设和运营——利用项目的未来收益作为社会资本偿还该项目负债的部分资金来源——社会资本方将通过"真正的全生命周期管理"提高公共产品的建设质量、供给效率，促成稳定的项目现金流与良好的项目绩效表现。

（二）运用PPP对外支持"走出去"

十八届三中全会明确提出，要"扩大企业及个人对外投资，允许创新方式走出去开展投资"。当前我国"走出去"面临难得的战略机遇。从内部看，国内有大量过剩产能亟需"化解转移"，钢铁、水泥、光伏、装备制造等行业尤为明显。从外部看，受金融危机影响，发达国家对外投资大幅缩减，一些发展中国家与我国开展合作的愿望非常迫切，为我们"走出去"提供了空间。这些发展中国家与我们水平相近，经济互补性强，而且市场准入门槛较低，可以成为过剩产能转移的一个"承接带"。

传统"走出去"模式面临困境，已经不能满足新形势下"走出去"需要。与国内投融资困境类似，"走出去"同样体现为"融资难、高风险、层次低"问题，运用PPP模式，可以有效缓解上述问题。PPP模式的特征之一是不需要东道国提供"主权担保"，规避了"走出去"的融资难问题；PPP模式的特征之二是将东道国政府"拴进"项目中，与企业"共担风险"，缓解了"走出去"的风险高问题；PPP模式的特征之三是企业参与项目"全生命周期"，解决了"走出去"的层次低问题。此外，PPP还有助于我们从战略层面更有效地"换取和控制"境外资源，把过去"直接开采资源"转变成"以工程换资源、以基础设施控制资源"的新模式。

三、PPP项目财政评审的缘由

政府作为公共利益的代表，为广大公众提供必要的公共物品，提供公共物品是政府不可推卸的责任[①]。公众作为基础设施和公共产品或服务的对象，在项目中处于关键地位。从世界各国公用事业民营化改革历程来看，不论是基于市场失灵考量的政府垄断经营，还是基于政府失灵考量的政府与市场联合经营，亦或强调市场发挥主导作用的同时对政府监管能力的重视，如何实现"公共利益"的维护是公用事业民营化改革的难点所在，而这其中政府起到关键作用，政府对PPP项目的监督管理是公共利益的保证。因此，财政投资评审机构必须重视PPP项目审核。

（一）PPP项目的公共属性决定着财政投资评审的必要性

公共设施项目关乎公众利益，即使通过PPP模式交由社会投资人建设和运营，一旦发生重大问题政府部门必须承受巨大的社会和政治风险[②]。因此，政府监管至关重要，财政投资评审也尤为重要。财政投资评审是纳入公共财政管理框架的评审管理机构，根据国家法律、法规和部门规章等规定，对财政投资的绩效和内部控制的全过程的评审监管，使财政资金的经济效益和社会效益最大化,PPP项目的公共属性决定着财政评审机构对其管理的必要性。

另一方面，政府对于公共产品或服务的提供是有责任有义务的，在基础设施和公共领域采用PPP模式对于政府和社会资本双方是机遇也是挑战。公众作为基础设施和公共产品或服务的对象，在项目中处于关键地位。而政府对PPP项目的监督管理是公共利益的保证，财政投资评审管理是强化政府投资资金全过程监管的必要措施。公共财政支出预算管理要求体现公平、公正和效率的原则。财政投资评审可以对财政性投资项目从投资概算到预算执行，再到竣工决算实行跟踪评审，做到事前、事中、事后评审并举，可以堵住项目概算中有意甩项、漏项、降低建设标准等漏洞，使腐败分子无机可乘，无漏洞可钻，大大减少腐败的机会，保证PPP项目的有序推进。

---

① 罗松. 论公共物品供给的责任机制[D]. 武汉：武汉大学，2004.
② 路铁军. 英国PFI模式的发展及其借鉴意义[J]. 国际经济合作，2015（10）：21-25.

（二）PPP项目的产权属性决定财政投资评审的必要性

PPP项目产权包括所有权、经营权、剩余控制权和剩余索取权。项目剩余索取与项目合作收益相关。项目剩余控制权是参与各方为实现剩余索取权而对合同中的活动施加影响和监督控制的权力。由于PPP项目的利润由项目运营状况决定，因此利润是不确定的，政府和私人公司作为剩余索取者应承担相应风险。但实际剩余索取权归国家，剩余控制权由国有资产管理部门掌握，二者信息的不对称使风险收益与风险责任不对称，剩余控制权与剩余索取权不对等会导致"项目法人缺失"，国有股就可能被置于风险之下。为实现 PPP 项目的效益最大化，从公司治理角度要求剩余索取权与剩余控制权相对应。在 PPP 模式下国家参股，政府为了弥补公共项目亏损，有时放弃剩余索取权主要行使政府公共监督的权力。采用PPP 模式，政府放弃了部分收益权或剩余索取权，但为了公共利益必须增强剩余控制权。因此，政府部门的剩余索取权实则是代表公共利益，一种与利润相区分的"特殊权益"。基于产权理论，对PPP项目进行监管存在必要性。

（三）PPP项目财政投资评审符合我国部门规定

PPP项目全面铺开以来，我国相关部门相继颁布了一系列法规文件，虽未明确规定PPP项目财政投资评审，但是众多政策文件体现将PPP项目纳入经济监管体系，可见，PPP项目进行财政投资评审符合我国部门相关规定，见表7-1。

我国PPP项目财政投资评审相关规定 表7-1

序号	时间	名称	内容
1	2013年9月26日	《国务院办公厅关于政府向社会力量购买服务的指导意见》（国办发〔2013〕96号）	财政部门要加强对政府向社会力量购买服务实施工作的组织指导，严格资金监管，监察、审计等部门要加强监督，民政、工商管理以及行业主管部门要按照职能分工将承接政府购买服务行为纳入年检、评估、执法等监管体系
2	2014年9月21日	《国务院关于加强地方政府性债务管理的意见》（国发〔2014〕43号）	审计部门要依法加强对地方政府性债务的审计监督，促进完善债务管理制度，防范风险，规范管理，提高资金使用效益
3	2014年9月23日	《关于推广运用政府和社会资本合作模式有关问题的通知》（财金〔2014〕76号）	政府和社会资本合作模式是在基础设施及公共服务领域建立的一种长期合作关系。通常模式是由社会资本承担设计、建设、运营、维护基础设施的大部分工作，并通过"使用者付费"及必要的"政府付费"获得合理投资回报；政府部门负责基础设施及公共服务价格和质量监管，以保证公共利益最大化
4	2014年12月15日	《政府购买服务管理办法（暂行）》（财综〔2014〕96号）	财政、审计等有关部门应当加强对政府购买服务的监督、审计，确保政府购买服务资金规范管理和合理使用。对截留、挪用和滞留资金以及其他违反本办法规定的行为，依照《中华人民共和国政府采购法》、《财政违法行为处罚处分条例》等国家有关规定追究法律责任；涉嫌犯罪的，依法移交司法机关处理

序号	时间	名称	内容
5	2015年4月25日	《基础设施和公用事业特许经营管理办法》	县级以上人民政府有关部门应当根据各自职责，对特许经营者执行法律、行政法规、行业标准、产品或服务技术规范，以及其他有关监管要求进行监督管理，并依法加强成本监督审查。县级以上审计机关应当依法对特许经营活动进行审计
6	2016年9月24日	《关于印发〈政府和社会资本合作项目财政管理暂行办法〉的通知》（财金〔2016〕92号）	行业主管部门应当根据预算管理要求，将PPP项目合同中约定的政府跨年度财政支出责任纳入中期财政规划，经财政部门审核汇总后，报本级人民政府审核，保障政府在项目全生命周期内的履约能力。本级人民政府同意纳入中期财政规划的PPP项目，由行业主管部门根据预算编制要求，将每年的收支纳入预算管理，报请财政部门审核后纳入预算草案，经本级政府同意后报本级人民代表大会审议

（四）PPP项目各阶段的数据决定了政府与公众的支出责任

在PPP项目的全生命周期中各类数据的推定、采集、控制和调整，都将直接反映在政府补贴、使用者付费的额度之中。在PPP项目的回报机制中，政府补助和政府付费都是一种政府购买行为，向使用者收费的收费权来自于政府的特许经营授权，是政府授予的行政许可。对于特许经营权，除了在PPP模式中用来对价支付外，政府还可以通过直接拍卖等方式出让特许经营权，获得非税收入，并纳入财政预算之中，也可以将其授予国有企业以获得国资收益，也会纳入财政预算中。因此特许经营权是可以带来财政性收入的一种国有经营资源，使用特许经营权进行对价支付，本质上属于政府购买，而政府购买的行为应纳入财政投资评审的范围，对于数据的监管和评审便显得尤为重要。

在PPP项目中，无论项目前期是政府投资为主，还是社会资本投资为主，只要该公共项目投资的结果是为了提供公共产品和服务，且该公共产品和服务最终由政府通过公共资源或财政资金对价支付，就应该纳入政府财政投资评审的范围，使投资评审适应全覆盖的要求。

第二节　PPP模式五大操作流程解析

财政部发布的《关于印发政府和社会资本合作模式操作指南（试行）的通知》（财金〔2014〕113号）[①]将PPP模式的操作程序分为5个阶段：项目识别、项目准备、项目采购、项目执行和项目移交。政府和社会资本合作项目操作流程见图7-1。

项目识别阶段的主要功能是挑选适合采用PPP模式的项目，包括项目发起、项目筛

---

① 下文简称"财金〔2014〕113号文"。

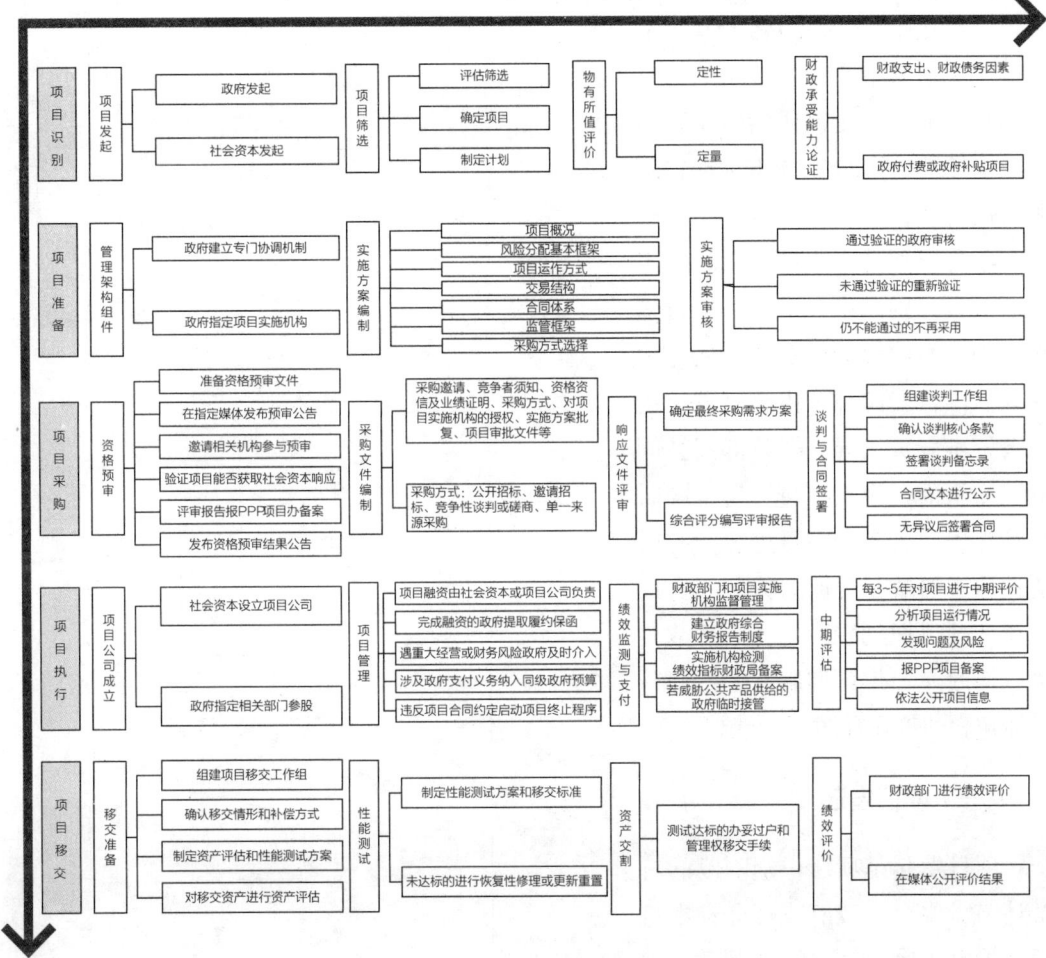

图7-1 政府和社会资本合作项目操作流程图

选、物有所值评价和财政承受能力论证；项目准备阶段是为项目实施做好准备工作，包括项目实施方案及项目实施机构、人员等，其中最主要的工作是编制项目实施方案；项目采购阶段的关键问题包括三个，分别是充分的市场测试，设置合理的资格预审条件和核心边界条件；项目执行是PPP项目运作成功的关键，PPP项目从项目识别、项目准备到项目采购阶段可能只需要几个月的时间就可以完成，而PPP项目的执行阶段通常需要20～30年的时间，是PPP项目开始实施并产生效率的关键阶段；项目移交阶段的主要工作包括移交准备、性能测试、资产交割和绩效评价。PPP项目具有周期长、投资大、复杂程度高的特点，为保证项目的顺利开展，项目参与方协商敲定产生的成果文件数量巨大，对其进行必要的监督有利于规范项目的运行，在PPP项目的财政评审中按照项目五个阶段进行评审。

一、PPP项目识别阶段工作流程

PPP项目识别阶段作为项目"立项"阶段，以财政部门为审核主体，主要进行项目发起、项目筛选、物有所值评价与财政承受能力论证等工作。其直接目的是遴选出符合国家及各级政府有关规定的PPP项目，从而鼓励和引导社会投资，增强公共产品供给能力，提高供给效率，转变政府职能，充分发挥市场配置资源的强大力量。

项目识别阶段主要包含四个工作环节，分别是项目发起、项目筛选、物有所值评价与财政承受能力论证。项目发起环节由政府方（或社会资本方）主导，财政部门会同行业主管部门进行项目筛选，同时对筛选确定的备选项目进行物有所值评价和财政承受能力论证。咨询公司在项目识别阶段的各个环节均可以为政府提供咨询服务，各环节具体包含的工作如图7-2所示。

（一）项目发起

项目发起是项目识别阶段的首个环节，主要是政府或社会资本将适宜采用PPP模式的项目申报财政部门，从而开展后期项目筛选、物有所值评价与财政承受能力论证工作。其中，项目发起以政府发起为主。

1. 潜在项目的征集

根据本地区实际情况向交通、住建、环保、能源、教育、医疗、体育健身和文化设施等行业主管部门征集潜在政府和社会资本合作项目。适宜采用政府和社会资本合作模式的项目，具有价格调整机制相对灵活、市场化程度相对较高、投资规模相对较大、需求长期稳定等特点。重点关注城市基础设施及公共服务领域，如城市供水、供暖、

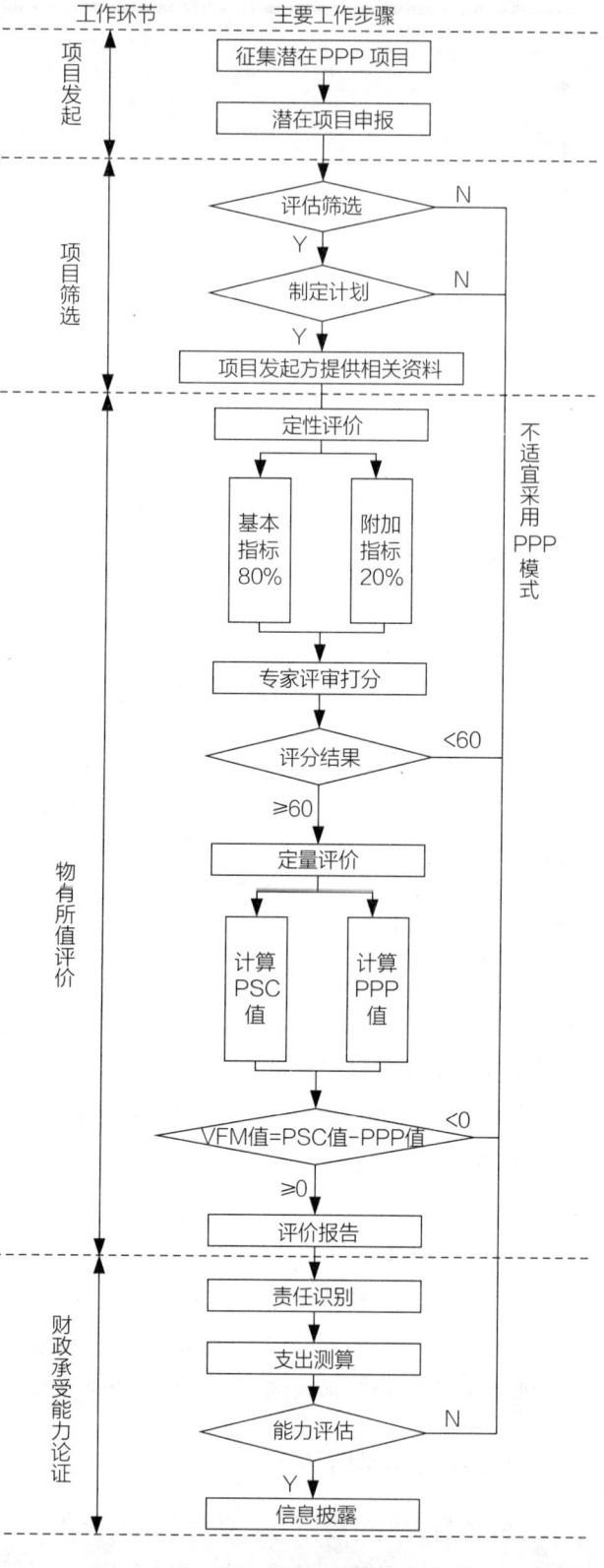

图7-2 PPP项目识别阶段的具体工作流程

供气、污水和垃圾处理、保障性安居工程、地下综合管廊、轨道交通、医疗和养老服务设施等，优先收费定价机制透明、有稳定现金流的项目。待潜在项目征集整理后上报财政部门。

2．潜在项目的申报

从国民经济和社会发展规划及行业专项规划中的新建、改建项目或存量公共资产中遴选潜在项目。

（二）项目筛选

政府部门对潜在政府和社会资本合作项目进行评估筛选，确定备选项目；并根据筛选结果制定项目年度和中期开发计划；对于列入年度开发计划的项目，提交相关资料（新建、改建项目应提交可行性研究报告、项目产出说明和初步实施方案；存量项目应提交存量公共资产的历史资料、项目产出说明和初步实施方案）。

1．编制项目产出说明书

咨询机构可协助政府方发起单位编制项目产出说明（Output Specification），其中产出说明是指项目建成后项目资产所应达到的经济、技术标准，以及公共产品和服务的交付范围、标准和绩效水平等。

2．编制初步实施方案

咨询机构编制初步实施方案可参考准备阶段项目实施方案进行编写，主要包括项目概况、风险分配基本框架、项目运作方式、交易结构、合同体系、监管架构、采购方式选择等内容。

（三）物有所值评价

财政部门（政府和社会资本合作中心）会同行业主管部门，对PPP项目进行物有所值评价。物有所值评价是判断是否采用PPP模式代替政府传统采购模式实施基础设施及公共服务项目的一种评估方法。其中，包含定性和定量两方面的物有所值评价工作。

1．确定定性分析指标

（1）基本指标及权重的确定

定性评价中基本指标应按照财政部《政府和社会资本合作项目物有所值评价指引（试行）（征求意见稿）》中规定的基本指标及其权重确定。

（2）确定附加指标及其权重

咨询机构应征求项目本级财政部门与行业主管部门的意见，根据项目具体情况，组织确定不少于三项附加指标及其权重。附加指标可以从财政部《政府和社会资本合作项目物有所值评价指引（试行）（征求意见稿）》推荐的附加指标中选取，也可以另行提出，但不可与基本指标重复，附加指标权重之和为20%。

2．做出定性分析结论

（1）得出结论

根据财政部《政府和社会资本合作项目物有所值评价指引（试行）（征求意见稿）》

（以下简称《指引》）要求，物有所值定性评价结果在60分（含）以上的，项目通过物有所值定性分析；否则，项目不宜采用PPP模式。

（2）形成评价报告中的部分内容

评价报告中定性分析结果的内容包括：评价指标及权重、专家组名单、专家意见、评分结果等。

3．计算PSC值

PSC值是指政府采用传统采购模式提供与PPP项目产出说明要求相同的基础设施及公共服务的全生命周期成本的净现值。

PSC值是PPP项目物有所值定量分析的比较基准，假设前提是采用政府传统采购模式与PPP模式的产出绩效相同。

PSC值包括初始PSC值、可转移风险承担成本、自留风险承担成本和竞争性中立调整值。

（1）初始PSC

初始PSC值是政府实施参照项目所承担的建设成本、运营维护成本和其他成本等成本的净现值之和。

咨询机构应按照指引说明对以上建设成本、资本性收益、运营维护成本等做具体计算，计算依据为指引中对建设成本、资本性收益、运营维护成本等的具体说明。计算过程中需注意将成本及收益进行折现求和。

（2）计算竞争性中立调整值

计算竞争性中立调整值主要是为了消除政府传统采购模式下公共部门相对社会资本所具有的竞争优势，以保障在物有所值定量分析中政府和社会资本能够在公平基础上进行比较。

（3）计算风险承担成本

按照财政部指引计算风险承担成本有两种方法：一种是概率法，一种是比例法。

1）概率法

概率法通过设定有利、基本、不利、较差、最坏等不同情景下的风险后果值，对每种情景的发生概率进行测算，加权得出风险承担成本。

2）比例法

比例法主要是按照项目建设运营成本的一定比例确定风险承担成本，适用于风险后果值和风险概率难以测算的情形。

4．计算PPP值

PPP值是指政府实施PPP项目所承担的全生命周期成本的净现值。

PPP值=影子报价政府建设运营成本+政府自留风险承担成本

（1）影子报价政府建设运营成本

影子报价中政府应承担的建设运营成本包括政府建设成本、政府运营维护成本和政府其他成本。

（2）计算政府自留风险承担成本值

政府自留风险承担成本即为PSC计算中的自留风险承担成本。

将上述成本求和，即可算出PPP值。

5．计算VFM

物有所值定量分析的结果通常以物有所值量值或物有所值指数的形式表示。

物有所值量值=PSC值 – PPP值

物有所值指数=（PSC值 – PPP值）÷PSC值×100%

物有所值量值和指数为正的，说明项目适宜采用PPP 模式，否则不宜采用PPP 模式。

物有所值量值和指数越大，说明PPP 模式替代传统采购模式实现的价值越大。

6．物有所值评价结论

物有所值评价结论包含定性评价结论及定量评价结论，并据此确定物有所值评价结论。物有所值定性评价根据评分结果和专家小组意见，原则上，评分结果在 60 分（含）以上的，项目通过物有所值定性分析；否则，项目不宜采用 PPP 模式。物有所值量值和指数为正的，说明项目适宜采用 PPP 模式，否则不宜采用 PPP 模式。

（四）财政承受能力论证

为确保财政中长期可持续性，财政部门应根据项目全生命周期内的财政支出、政府债务等因素，对部分政府付费或政府补贴的项目，开展财政承受能力论证，每年政府付费或政府补贴等财政支出不得超出当年财政收入的一定比例。

1．财政支出责任识别

PPP项目全生命周期过程的财政支出责任，主要包括股权投资、运营补贴、风险承担、配套投入等。

（1）股权投资支出责任是指在政府与社会资本共同组建项目公司的情况下，政府承担的股权投资支出责任。如果社会资本单独组建项目公司，政府不承担股权投资支出责任。

（2）运营补贴支出责任是指在项目运营期间，政府承担的直接付费责任。不同付费模式下，政府承担的运营补贴支出责任不同。政府付费模式下，政府承担全部运营补贴支出责任；可行性缺口补助模式下，政府承担部分运营补贴支出责任；使用者付费模式下，政府不承担运营补贴支出责任。

（3）风险承担支出责任是指项目实施方案中政府承担风险带来的财政或有支出责任。通常由政府承担的法律风险、政策风险、最低需求风险以及因政府方原因导致项目合同终止等突发情况，会产生财政或有支出责任。

（4）配套投入支出责任是指政府提供的项目配套工程等其他投入责任，通常包括土地征收和整理、建设部分项目配套措施、完成项目与现有相关基础设施和公用事业的对接、投资补助、贷款贴息等。配套投入支出应依据项目实施方案合理确定。

2．财政支出测算

财政部门（或PPP中心）应当综合考虑各类支出责任的特点、情景和发生概率等因素，对项目全生命周期内财政支出责任分别进行测算。

（1）股权投资支出应当依据项目资本金要求以及项目公司股权结构合理确定。股权投资支出责任中的土地等实物投入或无形资产投入，应依法进行评估，合理确定价值。

（2）运营补贴支出应当根据项目建设成本、运营成本及利润水平合理确定，并按照不同付费模式分别测算。

（3）风险承担支出应充分考虑各类风险出现的概率和带来的支出责任，可采用比例法、情景分析法及概率法进行测算。

（4）配套投入支出责任应综合考虑政府将提供的其他配套投入总成本和社会资本方为此支付的费用。

3．财政承受能力评估

财政承受能力评估包括财政支出能力评估以及行业和领域平衡性评估。财政支出能力评估，是根据PPP项目预算支出责任，评估PPP项目实施对当前及今后年度财政支出的影响；行业和领域均衡性评估，是根据PPP模式适用的行业和领域范围，以及经济社会发展需要和公众对公共服务的需求，平衡不同行业和领域PPP项目，防止某一行业和领域PPP项目过于集中。

4．论证结果信息披露

省级财政部门应当汇总区域内的项目目录，及时向财政部报告，财政部通过统一信息平台（PPP中心网站）发布。各级财政部门（或PPP中心）应当通过官方网站及报刊媒体，每年定期披露当地PPP项目目录、项目信息及财政支出责任情况。

二、PPP项目准备阶段工作流程

项目准备阶段主要包含三个工作环节，分别是管理框架组建、实施方案编制与实施方案的审核，首先建立专门协调机制、成立项目实施机构；其次，由项目实施机构编制或委托第三方机构协助编制项目实施方案，在实施方案的编写过程中，确定PPP项目风险分配框架、项目运作方式、交易结构、监管架构及采购方式选择等核心内容。最后，财政部门（政府和社会资本合作中心）需对项目实施方案进行物有所值和财政承受能力验证。各环节具体包含的主要工作步骤如图7-3所示。

（一）管理框架组建

项目准备阶段初期，县级（含）以上地方人民政府需建立专门协调机制，主要负责项目评审、组织协调和检查督导等工作；政府或其指定的有关职能部门或事业单位可作为项目实施机构。项目采购阶段需组建评审小组与采购结果确认谈判工作组，项目移交阶段需组建项目移交工作组。

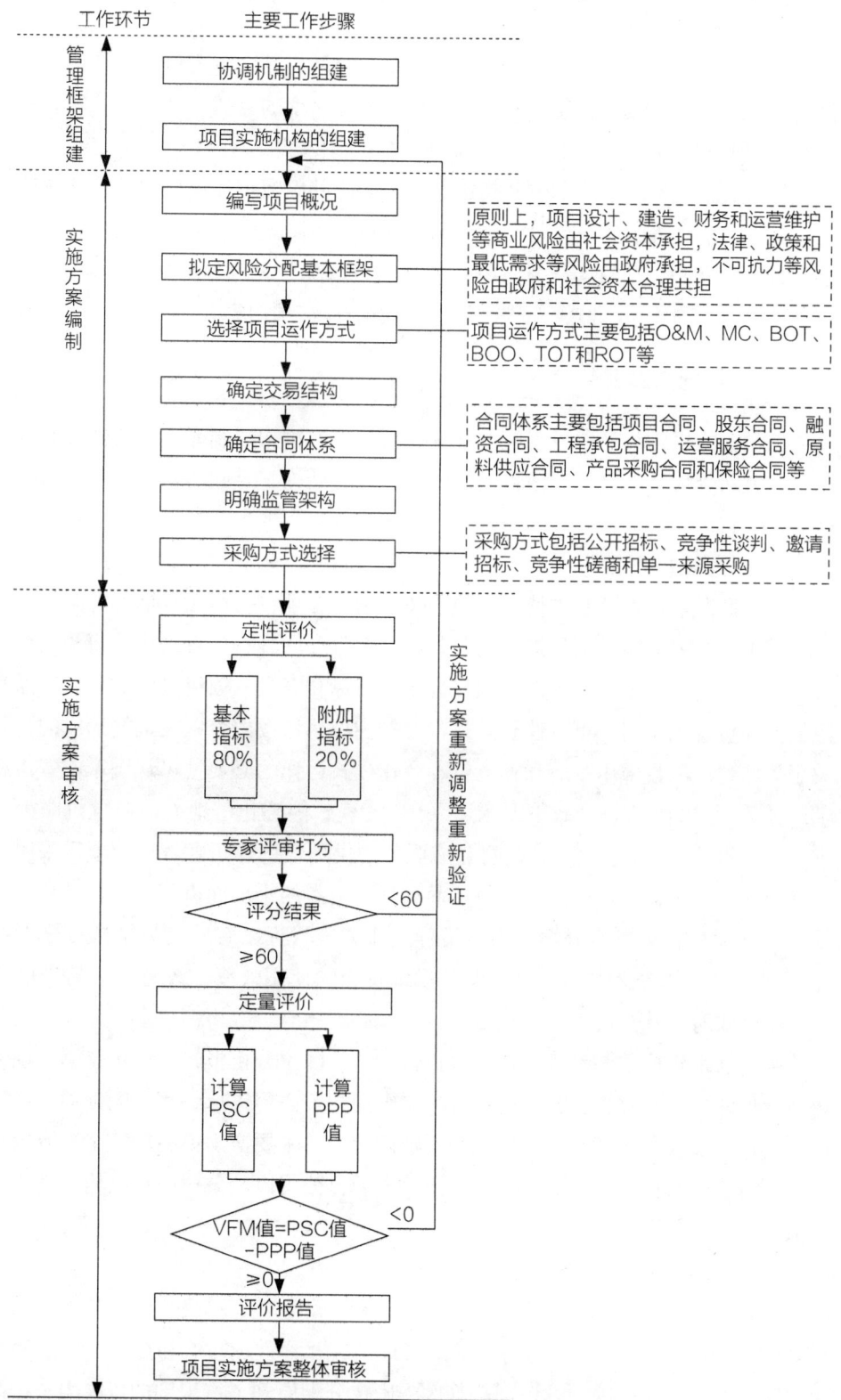

图7-3　PPP项目准备阶段的具体工作流程

1．协调机制的组建

县级（含）以上地方人民政府可建立专门协调机制，主要负责项目评审、组织协调和检查督导等工作，实现简化审批流程、提高工作效率的目的。

2．项目实施机构的组建

项目实施机构的组件由政府指定的有关职能部门或事业单位担任，负责项目准备、采购、监管和移交等工作，项目实施机构在项目准备阶段主要负责编制项目实施方案或委托第三方机构编制，项目实施方案具体包括项目概况、风险分配基本框架、项目运作方式、交易结构、合同体系、监管架构、采购方式选择等7项内容。

（二）实施方案编制

项目实施机构编制项目实施方案或委托第三方机构编制完成，实施方案具体包括项目概况、风险分配基本框架、项目运作方式、交易结构、合同体系、监管架构、采购方式选择等7项内容。

1．编写项目概况

项目概况主要包括基本情况、经济技术指标和项目公司股权情况等。

基本情况主要明确项目提供的公共产品和服务内容、项目采用政府和社会资本合作模式运作的必要性和可行性，以及项目运作的目标和意义。项目提供的公共产品和服务内容应根据项目产出说明、可行性研究报告等描述项目建设内容以及最终形成的公共资产或相关服务内容；项目采用政府和社会资本合作模式运作的必要性可从国家或省市相关政策要求阐述采用PPP模式符合政策要求、采用PPP模式能够化解地方债务危机减少财政支出压力、采用PPP模式能够提高公共物品或服务的供给效率等角度叙述。项目采用政府和社会资本合作模式运作的可行性从政府层面和社会资本两个层面进行可行性分析；项目运作的目标从本项目合理风险分担目标、最佳运作方式目标、有效交易结构目标等项目目标阐述。项目运作的意义主要是提升财政投资资金的使用效率、改善公共基础设施的服务质量，实现政府和社会资本互利双赢。

经济技术指标主要参考项目可研报告、项目区位分析报告、产出说明、项目识别阶段物有所值评价及财政承受能力论证等报告中的相关内容进行编写。明确项目区位、占地面积、建设内容或资产范围、投资规模或资产价值、主要产出说明和资金来源等。

项目公司股权情况主要明确是否要设立项目公司以及公司股权结构。其中，项目公司的成立不是强制性要求。

2．拟定风险分配基本框架

PPP项目的风险分担以风险分配优化、风险收益对等和风险可控等为原则，综合考虑PPP合作主体的风险管控能力与项目汇报机制等要素，在政府和社会资本之间合理分配项目风险。首先，风险因素的识别。其次，确定分配原则，将识别的风险因素按照一定风险分配原则进行合理分配。风险分配原则有以下三类：

第一类：最优风险分配原则。在受制于法律约束和公共利益考虑的前提下，风险应分配给能够以最小成本（对政府而言）、最有效管理它的一方承担，并且给予风险承担方选择如何处理和最小化该等风险的权利。

第二类：风险收益对等原则。既要关注社会资本对于风险管理成本和风险损失的承担，又尊重其获得与承担风险相匹配的收益水平的权利。

第三类：风险可控原则。应按照项目参与方的财务实力、技术能力、管理能力等因素设定风险损失承担上限，而不宜由任何一方承担超过其承受能力的风险，以保证双方合作关系的长期持续稳定。

运作方式选择的依据包括收费定价机制、项目投资收益水平、风险分担基本框架、融资需求、改扩建需求和期满处置等。具体根据项目是否为存量项目、是否存在建设融资需求、是否为改扩建项目、是否需要期满移交等条件，并且结合收费定价机制、投资收益水平及风险分担框架选择运作模式投资回报的资金来源，包括政府付费、使用者付费与可行性缺口补助来确定项目运作方式。具体可根据图7-4流程确定项目运作方式。

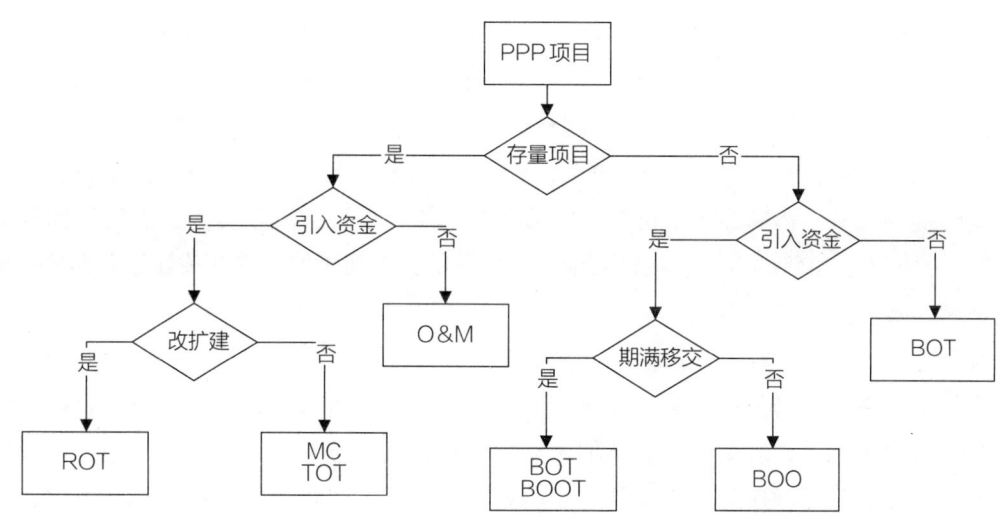

图7-4　项目运作方式选择流程图

一般情况下：对于经营性项目，即具有明确的收费基础，并且经营收费能够完全覆盖投资成本的项目，可通过政府授予特许经营权，采用建设—运营—移交（BOT）、建设—拥有—运营—移交（BOOT）等模式推进；对于准经营性项目，即经营收费不足以覆盖投资成本、需政府补贴部分资金或资源的项目，可通过政府授予特许经营权附加部分补贴或直接投资参股等措施，采用建设—运营—移交（BOT）、建设—拥有—运营（BOO）等模式推进；对于非经营性项目，即缺乏"使用者付费"基础、主要依靠"政府付费"回收投资成本的项目，可通过政府购买服务，采用建设—拥有—运营（BOO）、委托运营等市场化模式推进。

3．交易结构

交易结构主要包括项目投融资结构、回报机制和相关配套安排。

项目投融资结构根据项目建议书、项目概算批复等文件说明项目资本性支出的资金来源、性质和用途，项目资产的形成和转移等。

项目回报机制根据项目的性质（准经营性项目或非经营性项目）来说明社会资本取得投资回报的资金来源，包括使用者付费、可行性缺口补助和政府付费等支付方式。

相关配套安排主要说明由项目以外相关机构提供的土地、水、电、气和道路等配套设施和项目所需的上下游服务。

4．合同体系

PPP项目合同体系是指，项目参与通过签订系列的合同划分与明确各方的权利义务，其中项目合同是最核心的法律文件，还包括项目合同、股东合同、融资合同、工程承包合同、运营服务合同、原料供应合同、产品采购合同和保险合同等。合同体系包括两部分，即合同体系的概述、项目边界条件的概述。

（1）合同体系的概述是根据项目采用的具体运作模式、各阶段参与方主体、项目运营期限及融资情况等因素，确定PPP项目合同、股东合同、融资合同、工程承包合同、运营服务合同、原料供应合同、产品采购合同和保险合同等合同。

PPP项目合同是PPP项目的核心合同，用于约定政府方与社会资本双方的项目合作内容和基本权利义务。PPP项目合同内容包括合同主体、项目的风险分担、项目范围和期限、项目的融资、项目的运营、项目的维护、项目的移交及相关专用性条款等内容的描述与约定。

股东协议根据项目资金来源情况，来确定股东之间建立长期的、有约束力的合约关系。股东协议包括项目公司的设立和融资、项目公司的经营范围、股东权利、履行 PPP 项目合同的股东承诺、股东的商业计划、股权转让、股东会、董事会、监事会组成及其职权范围、股息分配、违约、终止及终止后处理机制、不可抗力、适用法律和争议解决等内容。

工程承包合同是在项目建设阶段，由于项目公司本身不具备自行设计、采购、建设项目的条件，因此确定将部分或全部设计、采购、建设工作委托给其他工程承包商，并由项目公司与该承包商签订工程承包合同。

运营合同是根据项目选择的运作模式，在项目运营阶段，由于项目公司本身无法完成项目的运营与维护事务，项目公司应将相应的运营与维护事务外包给其他专业运营公司，并与其签订运营服务合同。

融资合同是项目公司融资方签订的项目贷款合同、担保人就项目贷款与融资方签订的担保合同、政府与融资方和项目公司签订的直接介入协议等多个合同。

保险合同是由于项目资金规模大、生命周期长，负责项目实施的项目公司及其他相关参与方通常需要对项目融资、建设、运营等不同阶段的不同类型的风险分别进行投保。

以上合同体系均应明确项目边界条件，项目边界条件是项目合同的核心内容，主要包括权利义务、交易条件、履约保障和调整衔接等边界。

（2）权利义务边界主要明确项目资产权属、社会资本承担的公共责任、政府支付方式和风险分配结果等。

交易条件边界主要明确项目合同期限、项目回报机制、收费定价调整机制和产出说明等。

履约保障边界主要明确强制保险方案以及由投资竞争保函、建设履约保函、运营维护保函和移交维修保函组成的履约保函体系。

调整衔接边界主要明确应急处置、临时接管和提前终止、合同变更、合同展期、项目新增改扩建需求等应对措施。

5．明确监管架构

监管架构主要包括授权关系和监管方式。授权关系主要是政府对项目实施机构的授权，以及政府直接或通过项目实施机构对社会资本的授权；监管方式主要包括履约管理、行政监管和公众监督等。除涉及国家安全、国家秘密、商业秘密之外的政府采购项目，应全面公开政府采购信息，接受社会公众监督，通过投诉及建议渠道，借助网络等多媒体对相关信息与数据进行管理与分析，从而形成双向监督网络。

鉴于我国目前尚未设立专门的PPP监管机构，建议由政府及行业主管部门等共同构成PPP项目监管机构。其中，项目识别阶段主要监管内容包括项目审批环节、组织和审批物有所值评价和财政承受能力论证以及项目纳入PPP库论证环节等。项目准备阶段主要监管管理架构组建、实施方案审批等。项目采购阶段主要监管社会资本采购、谈判和合同监管等。项目执行阶段主要监管项目设计审批、项目开工条件、项目公司组建、融资监管、监理单位招标监管、项目建设期间的进度控制、质量控制、资金监管、安全监管、竣工验收及工程结算监管、项目运营期间的产品质量与维护监管、绩效监测与支付、中期评估等。项目移交阶段主要监管移交条件及程序监管、移交内容监管、项目性能测试、资产交割、绩效评价等。除政府监管主体外，其他监管包括项目用户监管、社会公众监管和项目利益相关方监管。

6．采购方式选择

项目采购应根据《中华人民共和国政府采购法》及相关规章制度执行，采购方式包括公开招标、竞争性谈判、邀请招标、竞争性磋商和单一来源采购。咨询机构应协助项目实施机构根据项目采购需求特点，依法选择适当的采购方式。

公开招标主要适用于核心边界条件和技术经济参数明确、完整、符合国家法律法规和政府采购政策，且采购中不作更改的项目。

竞争性磋商方式主要适用于以下几类项目：政府购买服务的项目；技术复杂或者性质特殊，不能确定详细规格或者具体要求的项目；因艺术品采购、专利、专有技术或者服务的时间、数量事先不能确定等原因不能事先计算出价格总额的项目；市场竞争不充分的科研项目，以及需要扶持的科技成果转化的项目；按照招标投标法及其实施条例必须进行招标的工程建设项目以外的工程建设项目。

（三）实施方案验证

财政部门（政府和社会资本合作中心）应对项目实施方案进行物有所值和财政承受能力验证或委托第三方机构进行验证，通过验证的，由项目实施机构报政府审核；未通过验证的，可在实施方案调整后重新验证；经重新验证仍不能通过的，不再采用政府和社会资本合作模式。

1．物有所值评价验证

在项目准备阶段，财政部门应根据《关于印发PPP物有所值评价指引（试行）》（财金〔2015〕167号）[①]、财金〔2014〕113号文对物有所值评价进行审核。在这一阶段，通过VFM评价编制项目产出说明，预判目录中PPP项目的可行性。项目准备阶段的定量分析，是通过对比和分析PPP项目实施方案与初步实施方案中的影子报价PPP值与PSC值，来确定该PPP项目是继续还是中止而《指引》第十六条中明确提出：在项目识别和准备阶段开展物有所值定量分析，是申请财政部政府和社会资本合作项目以奖代补专项资金的必要条件之一。借助VFM的定量分析来编制项目产品（服务）产出说明，以更好地对PPP项目的实施效果和可行性做出预判。

2．财政承受能力论证验证

除政府财金〔2014〕113号文第三章第十二条规定项目实施方案要接受财政承受能力审核外，《关于印发〈政府和社会资本合作项目财政承受能力论证指引〉的通知》（财金〔2015〕21号）第五章第三十二条明确规定：项目实施后，各级财政部门（或PPP中心）应追踪了解项目运营情况，定期对外发布。财政部门应将项目实施方案与初步实施方案对比，对项目重新进行财政承受能力论证。

三、PPP项目采购阶段工作流程

项目采购阶段是政府方通过规范采购方式选择社会资本，同时也是社会资本通过对PPP项目采购文件的响应获得项目的开发权。各环节具体包含的主要工作步骤如图7-5所示。

（一）资格预审

在项目采购阶段，项目实施机构应根据项目需要准备资格预审文件，发布资格预审公告，邀请社会资本和与其合作的金融机构参与资格预审，验证项目能否获得社会资本

---

① 以下简称《指引》。

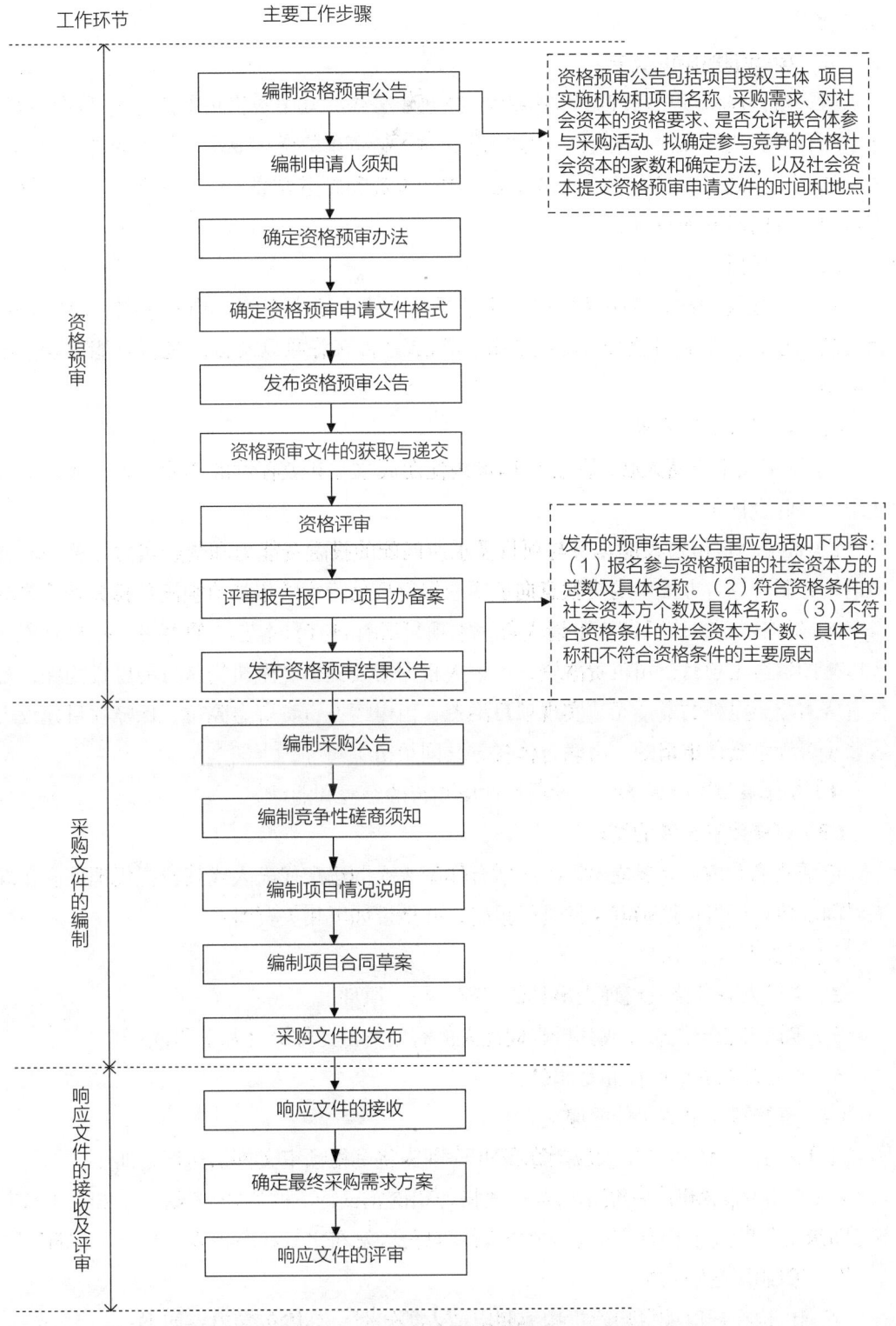

工作环节　　　　　主要工作步骤

```
┌─────────────────────┐        ┌─────────────────────────────┐
│   编制资格预审公告   │───────→│ 资格预审公告包括项目授权主体 项目 │
└─────────────────────┘        │ 实施机构和项目名称 采购需求、对社 │
          ↓                     │ 会资本的资格要求、是否允许联合体参 │
┌─────────────────────┐        │ 与采购活动、拟确定参与竞争的合格社 │
│    编制申请人须知    │        │ 会资本的家数和确定方法,以及社会资 │
└─────────────────────┘        │ 本提交资格预审申请文件的时间和地点 │
          ↓                     └─────────────────────────────┘
┌─────────────────────┐
│   确定资格预审办法   │
└─────────────────────┘
          ↓
┌─────────────────────┐
│ 确定资格预审申请文件格式 │
└─────────────────────┘
          ↓
┌─────────────────────┐
│   发布资格预审公告   │
└─────────────────────┘
          ↓
┌─────────────────────┐
│ 资格预审文件的获取与递交 │
└─────────────────────┘
          ↓
┌─────────────────────┐        ┌─────────────────────────────┐
│      资格评审       │        │ 发布的预审结果公告里应包括如下内容: │
└─────────────────────┘        │ (1)报名参与资格预审的社会资本方的 │
          ↓                     │ 总数及具体名称。(2)符合资格条件的 │
┌─────────────────────┐        │ 社会资本方个数及具体名称。(3)不符 │
│ 评审报告报PPP项目办备案 │───→│ 合资格条件的社会资本方个数、具体名 │
└─────────────────────┘        │ 称和不符合资格条件的主要原因     │
          ↓                     └─────────────────────────────┘
┌─────────────────────┐
│  发布资格预审结果公告 │
└─────────────────────┘
```

资格预审

```
┌─────────────────────┐
│     编制采购公告     │
└─────────────────────┘
          ↓
┌─────────────────────┐
│  编制竞争性磋商须知  │
└─────────────────────┘
          ↓
┌─────────────────────┐
│  编制项目情况说明    │
└─────────────────────┘
          ↓
┌─────────────────────┐
│  编制项目合同草案    │
└─────────────────────┘
          ↓
┌─────────────────────┐
│   采购文件的发布     │
└─────────────────────┘
```

采购文件的编制

```
┌─────────────────────┐
│   响应文件的接收     │
└─────────────────────┘
          ↓
┌─────────────────────┐
│ 确定最终采购需求方案 │
└─────────────────────┘
          ↓
┌─────────────────────┐
│   响应文件的评审     │
└─────────────────────┘
```

响应文件的接收及评审

图7-5　基于政府方委托的PPP项目采购阶段的具体工作流程

响应和实现充分竞争，并将资格预审的评审报告提交财政部门（政府和社会资本合作中心）备案。

1．编制资格预审公告

咨询机构应协助项目实施机构编制资格预审公告，其中资格预审公告包括项目授权主体、项目实施机构和项目名称、采购需求、对社会资本的资格要求、是否允许联合体参与采购活动、拟确定参与竞争的合格社会资本的家数和确定方法，以及社会资本提交资格预审申请文件的时间和地点。

（1）项目概况

在项目概况中对PPP项目名称、项目授权主体、项目实施机构、采购需求等进行概括性的描述，使潜在社会资本方能够初步判断是否有意愿以及自己是否有能力承担项目的实施。

（2）申请人资格要求

1）资格预审申请人必须是在中国境内注册成立并有效存续的企业法人（或是该等企业组成的联合体）。

2）资格预审申请人应具备与项目需求所匹配的投融资能力和资金实力（若为联合体申请的，联合体各方提供的贷款意向证明或银行授信额度的累加值须满足相关条款要求）。

3）资格申请人应承诺：申请人负责本项目所有自有资本资金的筹集，除自有资本资金以外的资金由项目公司负责融资，申请人根据需要提供金融机构认可的融资担保；若除自有资本资金以外的资金无法实现项目融资，由申请人负责资金到位，保障项目建设进度需要（若为联合体申请的，由联合体各方共同承诺）。

4）投标申请人应具备与所投项目性质相符的经验和业绩。

（3）资格预审文件的发售

申请资格预审者，独立申请人或联合体牵头人的法定代表人或其授权代理人应在规定的时间、地点获得资格预审文件进行报名，并携带如下相关资料：

1）投资申请原件；

2）申请人对其授权代理人出具的授权委托书原件；

3）申请人法定代表人或其授权代理人的有效身份证件原件和复印件；

4）营业执照副本原件和复印件；

（4）资格预审申请文件的递交

根据项目具体特点和需要应当在截止时间内将资格预审文件送达指定地点。

《关于印发政府和社会资本合作模式操作指南（试行）的通知》（财金〔2014〕113号）第十四条："提交资格预审申请文件的时间自公告发布之日起不得少于15个工作日。"

2．编制申请人须知

咨询机构在帮助项目实施机构编制申请人须知时，具体包含内容如下：

（1）申请人提交的资格预审申请书中应包括下列资格资质证明文件，证明其符合资格要求和具备履行合同的能力。

1）联合体各方必须签订联合体协议书，明确联合体牵头人和各方的权利义务；

2）由同一专业的单位组成的联合体，按照资质等级较低的单位确定资质等级；

3）通过资格预审的联合体，其各方组成结构或职责，以及财务能力、信誉情况等资格条件不得改变；

4）联合体各方不得再以自己名义单独或加入其他联合体参加资格预审。

（2）语言文字

除专用术语外，来往文件均使用中文。必要时专用术语应附有中文注释。

（3）费用承担

申请人准备和参加资格预审发生的费用自理。

3. 确定资格预审评审办法

PPP项目资格预审采用合格制。采购人应依法组织评审小组对申请人提交的资格预审申请文件进行审核，满足申请人资格要求并通过符合性审查的社会资本申请人，即为合格。

4. 确定资格预审申请文件格式要求

咨询机构在协助项目实施机构编制资格预审申请文件时，应在文件中明确要求由申请人根据企业的实际情况填写，对相关的证书等要附上有效证明材料。资格申请文件格式中的内容应与资格预审文件中的内容相一致，并且包括完整的内容。

5. 发布资格预审公告

根据《关于印发政府和社会资本合作模式操作指南（试行）的通知》（财金〔2014〕113号）第十四条："资格预审公告应在省级以上人民政府财政部门指定的媒体上发布。"

6. 资格预审文件的获取与递交

根据项目实施机构所发布的资格预审公告，应邀参与资格预审的社会资本和与其合作的金融机构应按照资格预审公告指定的时间、地点获得资格预审文件并按时递交，根据《关于印发政府和社会资本合作模式操作指南（试行）的通知》（财金〔2014〕113号）第十四条："提交资格预审文件的时间自公告发布之日起不得少于15个工作日。"

7. 资格评审

咨询机构应协助采购人依法组织评审小组对申请人提交的资格预审申请文件进行审核，满足以上资格要求并通过符合性审查的社会资本申请人，即为合格。

8. 评审报告报PPP项目办备案

按照《关于印发政府和社会资本合作模式操作指南（试行）的通知》（财金〔2014〕113号）第十三条规定，项目实施机构应将资格预审的评审报告提交财政部门（政府和社会资本合作中心）备案。

9. 发布资格预审结果公告

根据《政府和社会资本合作项目政府采购管理办法》（财库〔2014〕215号）第八条：

"资格预审结果应当告知所有参与资格预审的社会资本。"

（二）采购文件的编制及发布

对项目采购文件进行编制，为社会资本方提供可作响应的规范与要求。

1．编制采购公告

竞争性磋商公告中应该包括：采购项目名称、采购项目标号、采购项目概况（采购项目概括中应包括建设内容、建设周期、合作模式）、获取竞争性磋商文件（包括时间、地点、以何种方式获得、售价）、递交响应文件时间及地点、联系方式等内容。

2．编制竞争性磋商须知

竞争性磋商须知包括该磋商文件使用范围、各方（采购人、采购代理机构、供应商）定义、合格供应商的范围、磋商代表要求、磋商费用问题、踏勘现场问题、响应文件内容、保证金额、评审工作程序、磋商内容、评审原则与评审方法、磋商小组要求、磋商评审纪律、无效报价情况说明、对响应文件修正、成交通知说明、合同授予说明等内容。

（1）响应文件说明包括响应文件的组成、编制要求、响应文件必须送达磋商的地点。

（2）保证金应包括投标保证金、账户信息、账号信息、开户行等基本信息、缴纳起始时间等基本要求。成交供应商的磋商保证金应当在采购合同并提交了履约保证金后签订后5个工作日内无息退还。未成交供应商的磋商保证金应当在成交通知书发出后5个工作日内无息退还。

（3）评审工作程序内容包括：

1）供应商全权代表向磋商小组递交响应文件；

2）按签到顺序决定供应商磋商次序；

3）磋商小组审阅响应文件：

磋商小组依据磋商文件的规定，采购对响应文件的有效性、完整性和对磋商文件的响应程度进行审查，以确定是否对磋商文件的要求做出实质性响应。未对磋商文件做实质性响应的供应商，不得进入具体磋商程序。

4）磋商开始，与供应商谈各项内容：

磋商小组所有成员集中与单一供应商按照签到顺序的磋商次序分别进行磋商。

5）各供应商进行报价：

磋商结束后，参加磋商的供应商应当对磋商的承诺以书面形式确认，并由全权代表签章。

6）由磋商小组采用综合评分法对提交最后报价的供应商的响应文件和最后报价进行综合评分。

7）确定成交供应商。

8）采购人与成交供应商签订合同，政府采购监督管理办公室备案。

（4）磋商内容包括采购项目的质量、价格、其他条件等内容。

（5）评审原则与评审方法内容包括：

1）评审原则

本次磋商遵循公开透明、公平竞争、公正和诚实信用的原则。磋商小组成员按照客观、公正、审慎的原则，根据磋商文件规定的评审程序、评审方法和评审标准进行独立评审。

磋商小组应当根据综合评分情况，按照评审得分由高到低顺序推荐3名以上成交候选供应商，并编写评审报告。

评审报告应当由磋商小组全体人员签字认可。磋商小组成员对评审报告有异议的，磋商小组按照少数服从多数的原则推荐成交候选供应商，采购程序继续进行。

2）评审标准

根据《中华人民共和国政府采购法》、《中华人民共和国政府采购法实施条例》及省、市有关规定，磋商小组成员按照客观、公正、谨慎的原则，根据磋商文件规定的评审程序、评审方法和评审标准进行独立评审。

磋商小组由采购人代表和评审专家共同组成，采购人代表不得担任评审委员会主要负责人。评审专家应当从政府采购评审专家库内相关专业的专家名单中随机抽取。

3．编制项目情况说明

项目概况应包括项目基本信息、项目建设必要性以及项目建设进程这几项内容。此项内容应由项目实施机构根据可行性研究报告、项目实施方案进行编写。

4．编制项目合同草案

项目合同草案应根据《中华人民共和国政府采购法》、《中华人民共和国合同法》、《中华人民共和国政府采购法实施条例》等法律、法规的规定，由项目实施机构编写。

构成合同草案的组成文件的组成部分应包括：

（1）竞争性磋商文件；

（2）响应文件；

（3）竞争性磋商报价表等；

（4）竞争性磋商项目清单及技术要求等；

（5）质疑澄清表及承诺；

（6）成交通知书；

（7）履约保证金。

具体根据PPP项目通用合同体系双方协商后拟定，以财政部《关于规范政府和社会资本合作合同管理工作的通知》为基础。

5．采购文件的发布

若项目采用公开招标、邀请招标方式进行招标的，按照《招标投标法实施条例》（国务院令第613号）及相关规定执行。项目按照竞争性谈判、单一来源采购方式开展采购的，按照《政府采购非招标采购方式管理办法》（财政部令第74号）及相关规定执行。2014年12月31日，政府为了深化政府采购制度改革，适应推进政府购买服务、推广政府和社会资本合作（PPP）模式等工作需要，根据《中华人民共和国政府采购法》和有关法律法规，财政部制定了《政府采购竞争性磋商采购方式管理暂行办法》（财库〔2014〕214号）。PPP项目采用竞争性磋商采购方式开展采购的，按下列基本程序进行：

竞争性磋商公告应在省级以上人民政府财政部门指定的媒体上发布。竞争性磋商公告应包括项目实施机构和项目名称、项目结构和核心边界条件、是否允许未进行资格预审的社会资本参与采购活动，以及审查原则，项目产出说明，对社会资本提供的响应文件要求，获取采购文件的时间、地点、方式及采购文件的售价，提交响应文件截止时间、开启时间及地点。提交响应文件的时间自公告发布之日起不得少于10日。

（三）响应文件的接收及评审

项目实施机构应按照采购文件规定组织响应文件的接收和开启。并通过评审小组对响应文件进行两阶段评审。

1．响应文件的接收

项目实施机构应安排专人，在采购文件指定地点接收社会资本方递交的响应文件，包括项目保证金、详细记录响应文件送达人、送达时间、份数、包装密封、标识等查验情况，经社会资本方确认后，出具响应文件和保证金的接收凭证。

2．确定最终采购需求方案

确定最终采购需求方案。评审小组可以与社会资本进行多轮谈判，谈判过程中可实质性修订采购文件的技术、服务要求以及合同草案条款，但不得修订采购文件中规定的不可谈判核心条件。实质性变动的内容，须经项目实施机构确认，并通知所有参与谈判的社会资本。

3．响应文件的评审

综合评分。最终采购需求方案确定后，由评审小组对社会资本提交的最终响应文件进行综合评分，编写评审报告并向项目实施机构提交候选社会资本的排序名单。具体程序按照《政府采购货物和服务采购响应管理办法》及有关规定执行。

评审的过程是启封响应文件、宣读对响应文件的有效性进行确认的过程。参加评审的单位有项目实施机构、社会资本方、公证机构。

（1）评审的工作内容：

1）宣布评审定标原则；

2）公布标底；

3）检查响应文件的密封情况；

4）检查响应文件的完备性；

5）检查响应文件的符合性；

6）宣读和确定标价，填写评审记录。

（2）人员安排

评审人员一般由5人组成，1人唱标、1人书面填写唱标记录、1人操作电脑记录、2人拆封响应文件。

（3）工作流程

1）唱标。由于唱标人员需要当场判断是否废标，因此，唱标人员必须业务素质过硬，一般由项目负责人担任。主要审查工作如下：

①检查响应文件的签署、盖章情况。

②检查响应文件合同段号填写情况。

③检查大写文字表述情况。

④检查响应文件填写的项目名称情况。项目名称填错，废标。

确定为废标的，应当场宣布原因，并告知根据采购文件某条某款规定，响应文件按废标处理，不予唱标。

2）书面记录。评审记录一般应记录下列事项：

①有案号的，标明其案号；

②采购项目的名称及数量摘要；

③社会资本方的名称；

④响应报价。

3）电脑记录。操作电脑记录人员的主要工作是将唱标记录现场展示给各位社会资本方，项目负责人应事先将相关表格设置好，表格格式内容必须与书面记录的格式内容一致。

4）响应文件拆封。当公证人员宣布了响应文件数量及密封情况后，即可开始拆封。

5）公证。一般由采购代理人约请，如不熟悉时，也可请项目实施机构代为约请。

（4）评审议程

当公证人员复核响应文件数量、核实密封性后，可宣布会议开始。

（5）响应文件转场

评审会议结束后，立即安排人员开始响应文件转场工作。

（6）组织评审

评审地点确定后，应尽快安排人员办理住宿登记、会议室租用等手续，也可委托项目实施机构代办。

1）清标

评审专家到来前，清标工作组应完成清标工作，将清标结果简要汇总后与项目实施机构进行沟通。

清标工作开始前，项目负责人应安排将清标表格提前做好，进入评审室后，将拟清查的社会资本方名称填好，打印出1套表格备用。

2）强制性评审

符合性检查可认定属重大偏差的，可对响应文件不再进行强制性评审；否则，即使有小问题，但并不能确保废标时，仍应继续对响应文件进行强制性评审清标工作，避免返工。

3）清标结果汇总

清标结果分符合性检查、详细评审2个阶段分别汇总，汇总内容主要列出典型问题、涉及的社会资本方及合同段，交项目实施机构复核后供评审专家审查。

（7）专家评审

评审工作为组建的评审委员会的技术性工作。作为采购代理人需要协助评审委员会进行评审活动。

四、PPP项目执行阶段工作流程

执行阶段是PPP项目正式落地的阶段，该阶段能否顺利开展直接关系到整个PPP项目是否成功付诸实践。在执行阶段的初期，社会资本应按照采购文件和项目合同的约定组建项目公司；项目公司负责项目的勘察、设计、建设和运营；在建设阶段，按照一般建设项目采购和造价咨询服务业务流程进行。在执行阶段中后期，政府需定期监测项目产出绩效，对项目进行中期评估，并公开披露项目相关信息，接受社会公众的监督。

根据《关于印发政府和社会资本合作模式操作指南（试行）的通知》（财金〔2014〕113号）文件中第五章对项目执行阶段的相关规定，结合本阶段的工作目标和各组织的关系，制订该阶段的工作程序，如图7-6所示。

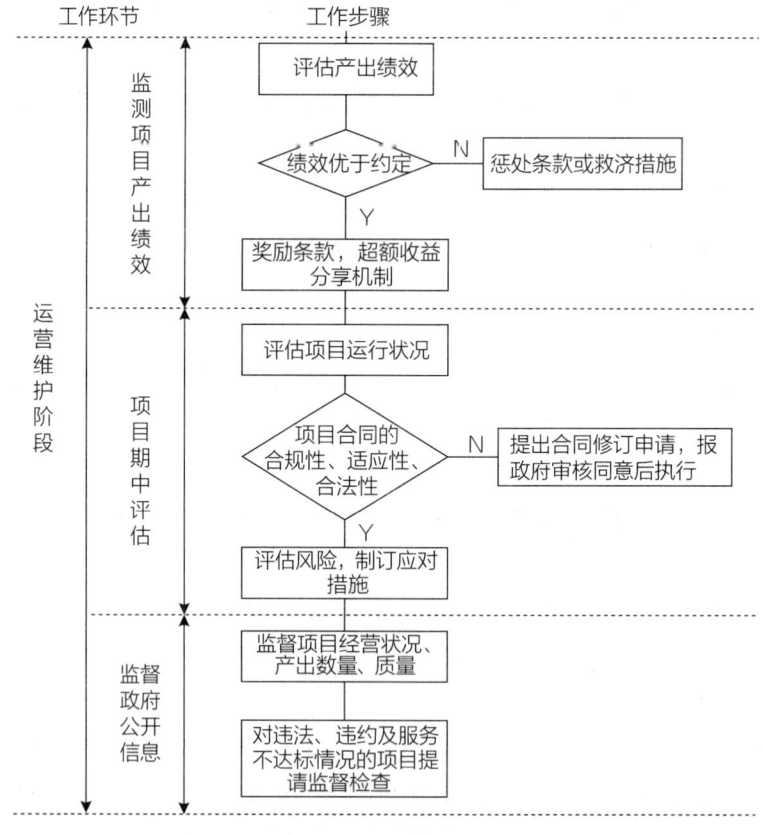

图7-6　PPP项目执行阶段的工作程序图

（一）监测项目产出绩效

根据财金〔2014〕113号文的规定，项目实施机构应根据项目合同约定，监督社会资本或项目公司履行合同义务，定期监测项目产出绩效指标，编制季报和年报，并报财政部门（政府和社会资本合作中心）备案。

1. 评估产出绩效

此工作主要是根据项目合同约定，定期对项目产出绩效进行评估。咨询公司可按照监测需要成立监测小组，并制定详细的监测计划与监测标准，为检测工作的有效进行做好准备；监测小组成立后，按照既定的监测计划实施监测，并根据项目的具体属性和特点采集绩效产出数据，为项目正确评估做好准备；最后比较项目实施之初既定绩效指标与项目采集数据，得出项目实际绩效产出是否达标的结论，编制报告上报财政部门备案。

2. 实施奖惩措施

根据此环节步骤1.绩效评估结论实施相应的措施。若项目绩效优于合同约定的标准，且政府具有支付义务和设置超额分享机制的，根据项目合同约定向政府及时足额支付应享有的超额收益，并对社会资本实行奖励条款；若绩效不达标，则应实行惩处条款，或提出相应有效的救济措施，使项目能够尽快地达到合同规定绩效标准。

（二）项目期中评估

由于一般PPP项目的特许经营期较长，为保证项目按照PPP合同约定顺利进行，项目实施机构需对项目进行中期评估，且每3~5年进行一次。其中评估的主要内容为项目的运行状况和项目合同的合规性、适应性和合理性，并及时评估已发现问题的风险，制订应对措施，报财政部门（政府和社会资本合作中心）备案。

1. 评估项目运行状况

此步骤的工作与定期监测的工作程序类似，咨询公司可组建专门的评估小组，按照既定的评估方式、内容和标准对项目实行中期评估。评估小组应利用相关专业知识和技术严格按照相应的标准对以上内容进行检测评估，作出公平、公正的判定结果。同时，也要对项目合同做一定的分析和调查，判断其是否需要修订。

2. 制订风险应对措施

一般情况下，项目的运营由项目公司负责。但在一些PPP项目，特别是公共服务和公用设施行业下的PPP项目中，项目的运营通常需要政府方的配合与协助。在这类项目中，政府方可能需要提供部分设施或服务，与项目公司负责建设运营的项目进行配套或对接。具体如何划分项目的运营责任，需要根据双方在运营方面的能力及控制力来具体分析，原则上仍是由最有能力且最有效率的一方承担相关的责任：

（1）计划内的暂停服务。一般来讲，对项目设施进行定期的重大维护或修复，会导致项目定期暂停运营。

（2）计划外的暂停服务。若发生突发的计划外暂停服务，项目公司应立即通知政府方，解释其原因，尽最大可能降低暂停服务的影响并尽快恢复正常服务。

（三）协助政府公开项目信息

一般的PPP项目都是基础设施和公用事业领域的建设项目，是惠民生、促发展的项目。为保证项目开展的有效性和公益性，项目的运营状况应该受财政部门和政府相关职能部门监督管理，并且政府应该将项目监管的信息公开。

1．评估项目运行状况

为保障公众知情权，接受社会监督，PPP项目合同中通常还会明确约定政府依法公开披露相关信息的义务。

2．审查相关报告

在公开披露项目相关信息一段时间前，咨询机构可协助政府先对拟披露的信息进行审查，包括政府和社会资本合作的项目合同中涉密和不涉密的确定，绩效检测报告的准确性，中期评估报告的完整性，以及在项目进行过程中出现的重大变更或终止情况。

3．撰写拟编制的发布信息

咨询机构协助政府撰写需要公开发布的项目信息，例如政府和社会资本签订的项目合同中的部分条款，对绩效检测报告中需要向公众公布各信息进行整理，将中期评估报告中的重要信息进行整合，并且将项目进行过程中出现的重大变更以公告的形式公布。

五、PPP项目移交阶段工作流程

项目移交阶段是PPP项目最后阶段，该阶段政府最主要的工作就是授权项目实施机构或其指定的其他机构按照项目合同的约定收回项目资产。正式收回前，政府需对社会资本拟移交的资产进行评估和测试，并对项目进行绩效评价。在此期间，社会资本需要配合政府完成移交事宜，确保项目顺利移交。基于政府委托的PPP项目移交阶段的咨询工作流程如图7-7所示。

（一）组建项目移交工作组

根据财金〔2014〕113号文可知，项目移交工作组是由项目实施机构或政府指定的其他机构组建。咨询公司在受到政府委托后，协助其组建项目移交工作组，即抽调公司相关专业骨干建立财务管理小组、经济分析小组和造价咨询小组，其具体工作职责见表7-2。

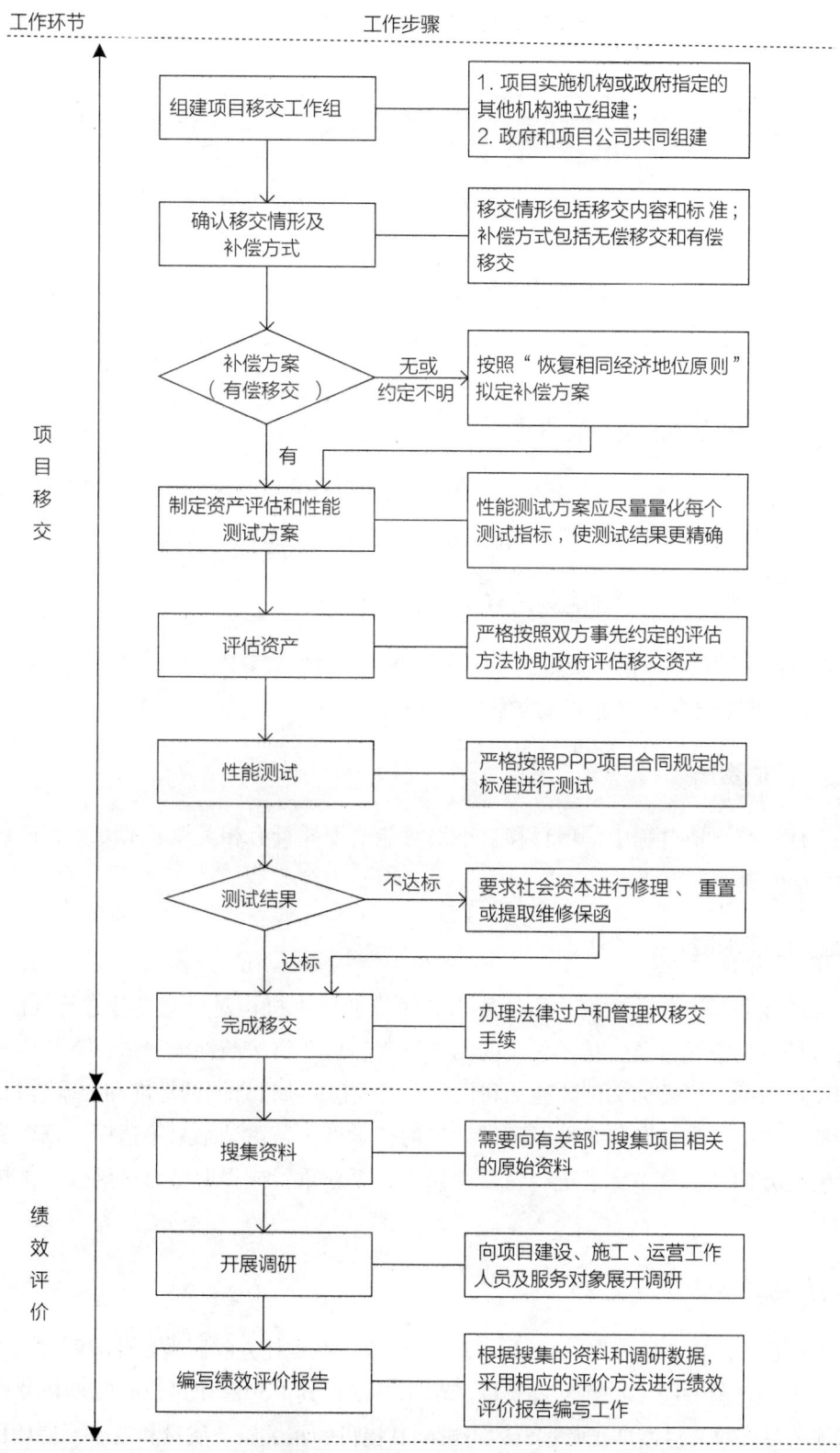

工作环节　　　　　　　　　工作步骤

项目移交
```
┌──────────────┐        ┌────────────────────────┐
│ 组建项目移交工作组 │────────│ 1. 项目实施机构或政府指定的 │
└──────────────┘        │    其他机构独立组建；     │
                        │ 2. 政府和项目公司共同组建  │
                        └────────────────────────┘

┌──────────────┐        ┌────────────────────────┐
│ 确认移交情形及  │────────│ 移交情形包括移交内容和标准； │
│ 补偿方式      │        │ 补偿方式包括无偿移交和有偿 │
└──────────────┘        │ 移交                    │
                        └────────────────────────┘

   补偿方案        无或       ┌────────────────────────┐
 （有偿移交）──约定不明────│ 按照"恢复相同经济地位原则" │
                        │ 拟定补偿方案             │
     │有                 └────────────────────────┘

┌──────────────┐        ┌────────────────────────┐
│ 制定资产评估和性能 │────────│ 性能测试方案应尽量量化每个 │
│ 测试方案      │        │ 测试指标，使测试结果更精确 │
└──────────────┘        └────────────────────────┘

┌──────────────┐        ┌────────────────────────┐
│ 评估资产      │────────│ 严格按照双方事先约定的评估 │
└──────────────┘        │ 方法协助政府评估移交资产  │
                        └────────────────────────┘

┌──────────────┐        ┌────────────────────────┐
│ 性能测试      │────────│ 严格按照PPP项目合同规定的 │
└──────────────┘        │ 标准进行测试             │
                        └────────────────────────┘

   测试结果        不达标      ┌────────────────────────┐
                 ────────│ 要求社会资本进行修理、重置 │
                        │ 或提取维修保函           │
     │达标                └────────────────────────┘

┌──────────────┐        ┌────────────────────────┐
│ 完成移交      │────────│ 办理法律过户和管理权移交  │
└──────────────┘        │ 手续                    │
                        └────────────────────────┘
```

绩效评价
```
┌──────────────┐        ┌────────────────────────┐
│ 搜集资料      │────────│ 需要向有关部门搜集项目相关 │
└──────────────┘        │ 的原始资料               │
                        └────────────────────────┘

┌──────────────┐        ┌────────────────────────┐
│ 开展调研      │────────│ 向项目建设、施工、运营工作 │
└──────────────┘        │ 人员及服务对象展开调研    │
                        └────────────────────────┘

┌──────────────┐        ┌────────────────────────┐
│ 编写绩效评价报告 │────────│ 根据搜集的资料和调研数据， │
└──────────────┘        │ 采用相应的评价方法进行绩效 │
                        │ 评价报告编写工作         │
                        └────────────────────────┘
```

图7-7　基于政府委托的PPP项目移交阶段咨询流程图

项目工作小组	职　责	权　限
财务管理小组	分析项目移交时间节点的资产拥有情况，协助进行项目资产评估工作	监督审查资产评估数据使用的适宜性与规范性
经济分析小组	搜集项目产出、成本效益等基础经济数据，为绩效评价工作做准备	监督项目经济数据使用的有效性与规范性
造价咨询小组	制定项目资产评估与性能测试方案，编制项目绩效评价报告	审查报告编制的规范性与合理性

（二）确认移交情形及补偿方式

受委托的咨询机构各小组组建后，应履行各自职责，进一步对PPP项目合同中约定的移交范围、移交形式、移交标准和补偿方式进行确认，以便制定合理的资产评估和性能测试方案。

（三）制定资产评估和性能测试方案

咨询机构在明确项目的移交范围、移交标准、补偿方式等内容后，要协助委托方制定公平、合理的资产评估和性能测试方案。

（四）评估资产

在进行资产评估过程中，项目移交小组可能会委托具有相关资质的专业资产评估机构，对移交的资产进行评估。

（五）性能测试

对于性能测试工作，政府也可能要求相关专业技术机构对设施设备进行性能测试，咨询机构可协助委托方监督技术机构的测试过程，可严格按照性能测试方案的内容，参照工程设计图纸、招投标文件、施工和供货合同及PPP项目合同的标准和要求进行测试，保证性能参数的可靠性和稳定性及测试结果的科学性。若测试结果不达标，则咨询机构可辅助委托方向社会资本要求进行恢复性修理、更新重置或提取维修保函，以维护委托方的利益。

（六）完成移交

在进行资产评估和性能测试之后，咨询机构应协助委托方收回满足性能测试要求的项目资产、知识产权和技术法律文件及资产清单，帮助其办理法律过户和管理权移交等手续，保证项目在移交过渡期正常运营，不影响其提供的相关服务质量和效率，使项目顺利完成移交工作。

第三节　PPP项目识别阶段评审要点

一、物有所值评价的财政投资评审关键点

在此阶段的主要工作包括：项目发起、项目筛选、物有所值评价以及财政承受能力论证等工作，财政投资评审机构的主要职能是在项目立项及项目的可行性研究、组织识别项目采用PPP模式能否实现物有所值、论证财政是否具有承受能力等方面发挥作用。

物有所值评价是判断是否采用PPP模式代替政府传统投资运营方式提供公共服务项目的一种评价方法，包括定性分析和定量分析。

（一）定性分析

1．定性分析的关键审核点

项目采用PPP模式与采用政府传统采购模式相比能否增加公共供给、优化风险分配、提高效率、促进创新和公平竞争、有效落实政府采购政策等。

2．审核依据

《中华人民共和国预算法》；

《中华人民共和国政府采购法》；

《PPP物有所值评价指引（试行）》。

3．审核校对

通过分析PPP项目物有所值定性分析专家评分表，有专家小组同意方可采用PPP模式。原则上，评分结果在60分（含）以上的，项目通过物有所值定性分析；否则，项目不宜。

（二）风险识别与分担审核

1．审核依据

《关于印发政府和社会资本合作模式操作指南（试行）的通知》（财金〔2014〕113号）指出：原则上，项目设计、建造、财务和运营维护等商业风险由社会资本承担，法律、政策和最低需求等风险由政府承担，不可抗力等风险由政府和社会资本合理共担。

2．审核校对

此环节需要审核具体PPP项目的风险识别是否全面、风险分担是否合规合理。可采用风险清单法与德尔菲法相结合的形式，首先根据项目实际情况进行风险穷举，再通过德尔菲法的专家评议环节进行最终风险的确定。

（三）定量分析

1．定义

在假定采用PPP模式与政府传统（投资和）采购模式的产出绩效相同的前提下，通过

对PPP项目全生命周期内政府支出成本的净现值（PPP值）与公共部门比较值（PSC值）进行比较，判断PPP模式能否降低项目全生命周期成本。

2．审核定量分析的关键审核点

在计算PSC值与PPP值时，合理利润率、年度折现率以及合作期限的合理性是财政投资评审机构需要关注的关键点，其正确性将会影响到审核的通过率。

3．审核依据

《中华人民共和国预算法》；

《中华人民共和国政府采购法》；

《政府和社会资本合作项目物有所值评价指引（试行）》。

4．审核校对

（1）年度折现率参照同期地方政府债券收益率；

（2）合理利润率参照同行业的收益水平合理设置，不宜过高或过低；

（3）项目实施方案中政府和社会资本双方合作期限是否满足相关规定，含建设期在内的合作期限是否符合相关法律法规规定，是否存在提前回购安排。

原则上，物有所值量值和指数为正的，说明项目适宜采用PPP模式，否则不宜采用PPP模式。物有所值量值和指数越大，说明PPP模式替代传统采购模式实现的价值越大。

（四）合理利润率审核

1．审核依据

《关于印发〈政府和社会资本合作项目财政承受能力论证指引〉的通知》（财金〔2015〕21号）第十八条："合理利润率应以商业银行中长期贷款利率水平为基准，充分考虑可用性付费、使用量付费、绩效付费的不同情景，结合风险等因素确定。"

2．审核校对

在PPP项目合理利润率的审核中，运用复核法，即将PPP项目实施方案以及物有所值评价报告中的数值与法律条文相互对照，验证内容的一致性以及计算的正确性。

（五）年度折现率审核

1．审核依据

《关于印发〈政府和社会资本合作项目财政承受能力论证指引〉的通知》（财金〔2015〕21号）第十七条："年度折现率应考虑财政补贴支出发生年份，并参照同期地方政府债券收益率合理确定。"

2．审核校对

在PPP项目年度折现率的审核中，运用复核法，与类似项目的合理利润率对比。

（六）合作期限审核

1．审核依据

根据《关于进一步做好政府和社会资本合作项目示范工作的通知》（财金〔2015〕57号），"政府和社会资本合作期限原则上不低于10年。"

根据《基础设施和公用事业特许经营管理办法》（国家发展改革委、财政部、住房城乡建设部、交通运输部、水利部、中国人民银行令第25号），"基础设施和公用事业特许经营期限应当根据行业特点、所提供公共产品或服务需求、项目生命周期、投资回收期等综合因素确定，最长不超过30年。对于投资规模大、回报周期长的基础设施和公用事业特许经营项目（以下简称"特许经营项目"）可以由政府或者其授权部门与特许经营者根据项目实际情况，约定超过前款规定的特许经营期限。"

2．审核校对

项目的合作期限通常应在项目前期论证阶段进行评估。评估时，需要综合考虑以下因素：

（1）政府所需要的公共产品或服务的供给期间；

（2）项目资产的经济生命周期以及重要的整修时点；

（3）项目资产的技术生命周期；

（4）项目的投资回收期；

（5）项目设计和建设期间的长短；

（6）财政承受能力；

（7）现行法律法规关于项目合作期限的规定等。

二、财政承受能力论证的财政投资评审关键点

财政承受能力论证是指识别、测算政府和社会资本合作（Public-Private Partnership，以下简称PPP）项目的各项财政支出责任，科学评估项目实施对当前及今后年度财政支出的影响，为PPP项目财政管理提供依据。

（一）关键审核点

财政承受能力论证包括财政支出能力评估以及行业和领域平衡性评估。在PPP项目全生命周期中，财政投资评审机构主要审核股权投资、运营补贴、风险承担、配套投入等财政支出的合理性以及行业和领域平衡性。

（二）审核依据

《国务院关于创新重点领域投融资机制鼓励社会投资的指导意见》（国发〔2014〕60号）；

《关于推广运用政府和社会资本合作模式有关问题的通知》(财金〔2014〕76号);

《财政部关于印发政府和社会资本合作模式操作指南(试行)的通知》(财金〔2014〕113号);

《关于印发〈政府和社会资本合作项目财政承受能力论证指引〉的通知》(财金〔2015〕21号)。

(三)审核校对

(1)年度折现率参照同期地方政府债券收益率;

(2)合理利润率参照同期商业银行中长期贷款利率;

(3)根据比例法、情景分析法以及概率法测算风险承担额是否在规定的范围内;

(4)在防止国有资产恶意流失、确保资产保值增值的前提下,审核各类政府承诺及配套投入的合法合规性;

(5)每一年度全部PPP项目占一般公共预算支出比例应当不超过10%。

第四节　PPP项目准备阶段评审要点

一、项目运作方式的财政投资评审关键点

(一)概念

项目运作方式主要包括委托运营(O&M)、管理合同(MC)、建设—运营—移交(BOT)、建设—拥有—运营(BOO)、转让—运营—移交(TOT)和改建—运营—移交(ROT)等,具体见表7-3。

项目运作方式　　　　　　　　　　　　　　　　　　　　表7-3

运作模式	概念
委托运营 (Operations & Maintenance, O&M)	政府将存量公共资产的运营维护职责委托给社会资本或项目公司,社会资本或项目公司不负责用户服务的PPP运作方式。政府保留资产所有权,只向社会资本或项目公司支付委托运营费
管理合同 (Management Contract, MC)	政府将存量公共资产的运营、维护及用户服务职责授权给社会资本或项目公司的PPP运作方式。政府保留资产所有权,只向社会资本或项目公司支付管理费
建设—运营—移交 (Build-Operate-Transfer, BOT)	社会资本或项目公司承担新建项目设计、融资、建造、运营、维护和用户服务职责,合同期满后项目资产及相关权利等移交给政府的PPP运作方式

运作模式	概念
建设—拥有—运营 （Build-Own-Operate，BOO）	由BOT方式演变而来，二者区别主要是BOO方式下社会资本或项目公司拥有项目所有权，但必须在合同中注明保证公益性的约束条款，一般不涉及项目期满移交
建设-拥有-运营-移交 （Build-Own-Operate-Transfer，BOOT）	BOT和BOO两种方式的结合，社会资本或项目公司承担设计、融资、建造、运营、维护、用户服务职责，同时拥有项目所有权，合同期满后进行移交
转让-运营-移交 （Transfer-Operate-Transfer，TOT）	政府将存量资产所有权有偿转让给社会资本或项目公司，并由其负责运营、维护和用户服务，合同期满后资产及其所有权等移交给政府的项目运作方式
改建-运营-移交 （Rehabilitate-Operate-Transfer，ROT）	政府在TOT模式的基础上，增加改扩建内容的项目运作方式

（二）审核关键点

项目运作方式的选择会影响到项目的实施、运营以及移交过程，也会影响到收费定价机制、项目投资收益水平、风险分配基本框架、融资需求、改扩建需求和期满处置等因素，所以财政投资评审机构需审核PPP项目选择运作模式的合理性。

（三）审核依据

（1）《关于印发政府和社会资本合作模式操作指南（试行）的通知》（财金〔2014〕113号）；

（2）《国家发展改革委关于开展政府和社会资本合作的指导意见》（发改投资〔2014〕2724号）；

（3）其他与运作模式相关的文件。

（四）审核校对

根据项目运作方式使用的范围不同，审核PPP项目选择的运作模式是否合规，详细见图7-8。

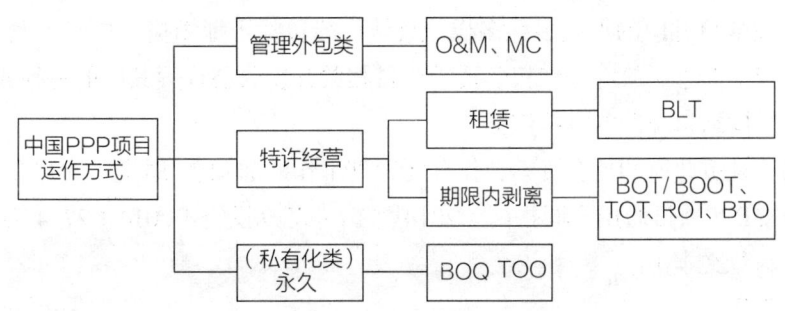

图7-8　PPP项目运作方式等适用范围

二、项目回报机制的财政投资评审关键点

（一）概念

项目回报机制主要说明社会资本取得投资回报的资金来源，包括使用者付费、可行性缺口补助和政府付费等支付方式。对于具有明确的收费基础，并且经营收费能够完全覆盖投资成本的项目（经营性项目），一般确定为使用者付费；而对于经营收费不足以覆盖投资成本、需政府补贴部分资金或资源的项目（准经营性项目），则采用可行性缺口补助模式；对于非经营性项目，由于缺乏"使用者付费"基础，可通过政府购买服务，即政府付费。

（二）项目回报机制的关键审核点

鉴于不同付费机制下PPP项目的基本架构和运作方式可能完全不同，相关合同条款约定往往存在较大差异，财政投资评审机构需关注项目的回报机制是否合理。

（三）审核依据

《关于规范政府和社会资本合作合同管理工作的通知》（财金〔2014〕156号）[1]；
《关于印发〈政府和社会资本合作项目财政承受能力论证指引〉的通知》（财金〔2015〕21号）；
《关于印发政府和社会资本合作模式操作指南（试行）的通知》（财金〔2014〕113号）。

（四）审核校对

1. 政府付费

政府付费是公用设施类和公共服务类项目中较为常用的付费机制，在一些公共交通项目中也会采用这种机制。

2. 使用者付费

高速公路、桥梁、地铁等公共交通项目以及供水、供热等公用设施项目通常可以采用使用者付费机制。

3. 可行性缺口补助

可行性缺口补助是在政府付费机制与使用者付费机制之外的一种折中选择。在我国实践中，可行性缺口补助的形式多种多样，具体可能包括土地划拨、投资入股、投资补助、优惠贷款、贷款贴息、放弃分红权、授予项目相关开发收益权等其中的一种或多种。

（1）可行性缺口补助的审核依据

1）《关于规范政府和社会资本合作合同管理工作的通知》（财金〔2014〕156号）、《国家发展改革委PPP项目通用合同指南（2014版）》（发改投资〔2014〕2724号）《建设工程施工合同（示范文本）》。

---

① 以下简称"财金〔2014〕156号文"。

2）工程竣工报告、竣工图及竣工验收单；工程施工合同或施工协议书；施工图预算或招标投标工程的合同标价；设计交底及图纸会审记录资料；设计变更通知单及现场施工变更记录；经建设单位签证认可的施工技术组织措施；预算外各种施工签证或施工记录；合同中规定的定额，材料预算价格，构件、成品价格；国家或地区新颁发的有关规定。

3）《基本建设项目竣工决算审计试行办法》（审基发〔1991〕430号）。

（2）可行性缺口补助的审核校对

1）合同履行情况

在项目实施过程中，审查有关单位是否认真履行合同条款，有无违法分包、转包现象，有无因履行合同不当造成损失浪费、质量隐患问题；各类签证、纪要和补充协议是否存在与中标合同实质性内容不一致等问题。

2）工程结算审核

主要审查工程价款结算是否符合国家有关规定和合同约定，有无高估冒算、虚报冒领工程款等问题；设计变更、施工现场签证是否合规、及时、完整和真实；工程价款结算手续是否完善，有无超付或欠付工程款等问题。

3）竣工决算审核

主要审查竣工决算报表和交付使用资产是否真实、合法、完整；移交手续是否齐全、合规；未完工程是否真实、合法；结余资金是否按规定进行处理等。

原则上，选择既能够激励项目公司妥善履行其合同义务，又能够确保在项目公司未履行合同义务时，政府能够通过该付费机制获得有效的救济的项目回报机制。

第五节　PPP项目采购阶段评审要点

一、概念

项目采购应根据《中华人民共和国政府采购法》及相关规章制度执行，采购方式包括公开招标、竞争性谈判、邀请招标、竞争性磋商和单一来源采购，其中竞争性磋商采购方式是一种新型的采购方式，竞争性磋商与竞争性谈判的区别如表7-4所示。

竞争性磋商与竞争性谈判的对比　　　　　　　表7-4

采购方式	竞争性磋商	竞争性谈判
文件来源	《政府和社会资本合作项目政府采购管理办法》	《中华人民共和国政府采购法》
评分办法	综合评分法	最低价成交
关注点	成交者资质能力	价格
法定时限	较短	较长

采购方式	竞争性磋商	竞争性谈判
通过谈判改变 招投标文件	允许	不允许
相同点	独立采购方式，适合技术复杂和性质特殊的项目	

二、关键审核点

PPP项目的采购方式会影响项目的财政投入，作为公共设施的采购，不仅与财政息息相关，还与社会公众的利益相关，所以财政投资评审机构需要审核PPP项目的采购方式是否合规合法。

PPP项目采购程序的合法性，包括采购方式的选择、资格预审条件的设置、评标方法的选择及采购活动保证金和履约保证金的设置比例等内容。

三、审核依据

（1）《中华人民共和国招标投标法》；

（2）《中华人民共和国政府采购法》；

（3）《中华人民共和国政府采购法实施条例》；

（4）《中华人民共和国招标投标法实施条例》；

（5）《关于印发政府和社会资本合作模式操作指南（试行）的通知》（财金〔2014〕113号）；

（6）《政府和社会资本合作项目政府采购管理办法》（财库〔2014〕215号），

（7）《政府采购竞争性磋商采购方式管理暂行办法》（财库〔2014〕214号）。

四、审核校对

（一）项目的采购买方式满足项目需求的特点

PPP项目中，不同的采购方式下有不同的适用条件，如表7-5所示。

PPP项目采购方式适用条件 表7-5

采购方式	适用条件
公开招标	公开招标主要适用于采购需求中核心边界条件和技术经济参数明确、完整、符合国家法律法规及政府采购政策，且采购过程中不作更改的项目
邀请招标方式	1. 具有特殊性，只能从有限范围的供应商中采购的； 2. 采用公开招标方式的费用占政府采购项目总价值比例过大的
竞争性 谈判方式	1. 招标后没有供应商投标或者没有合格标的或者重新招标未能成立的； 2. 技术复杂或者性质特殊，不能确定详细规格和具体要求的； 3. 采用招标所需时间不能满足用户紧急需要的； 4. 不能事先计算出价格总额的

采购方式	适用条件
竞争性磋商方式	1. 政府购买服务项目； 2. 技术复杂或者性质特殊，不能确定详细规格或者具体要求的； 3. 因艺术品采购、专利、专有技术或者服务的时间、数量事先不能确定等原因不能事先计算出价格总额的； 4. 市场竞争不充分的科研项目，以及需要扶持的科技成果转化项目； 5. 按照招标投标法及其实施条例必须进行招标的工程建设项目以外的工程建设项目
单一来源采购方式	1. 只能从唯一供应商处采购的； 2. 发生不可预见的紧急情况不能从其他供应商处采购； 3. 必须保证原有采购项目的一致性或者服务配套的要求，需要继续从原供应商处添购，且添购资金总额不超过原合同采购金额10%的

（二）项目采购符合国家规定的招投标规范

以项目采用竞争性磋商采购方式为例，基于以下三个方面判断项目采购是否符合国家规定的招投标的规范。

1. 采购公告发布的媒体

竞争性磋商公告应在省级以上人民政府财政部门指定的媒体上发布，财政评审机构需要审核是否合规。

2. 资格审查及采购文件发售的要求

考察核实社会资本的资格条件；采购文件售价，应按照弥补采购文件印制成本费用的原则确定，不得以营利为目的，不得以项目采购金额作为确定采购文件售价依据；采购文件的发售期限自开始之日起不得少于5个工作日。

3. 合规的响应文件

按照《政府采购货物和服务招标投标管理办法》及有关规定执行，社会资本应以支票、汇票、本票或金融机构、担保机构出具的保函等非现金形式缴纳保证金。参加采购活动的保证金的数额不得超过项目预算金额的2%。履约保证金的数额不得超过政府和社会资本合作项目初始投资总额或资产评估值的10%。无固定资产投资或投资额不大的服务型合作项目，履约保证金的数额不得超过平均6个月的服务收入额。

第六节 PPP项目执行阶段评审要点

一、项目公司设立财政投资评审关键点

（一）概念

在财政部财金〔2014〕156号文附件《PPP项目合同指南（试行）》中提出，PPP项目

公司是依法设立的自主运营、自负盈亏的具有独立法人资格的经营实体。项目公司可以由社会资本（可以是一家企业，也可以是多家企业组成的联合体）出资设立，也可以由政府和社会资本共同出资设立。

（二）关键审核点

社会资本需要依法设立项目公司，政府也可指定相关机构依法参股项目公司，社会资本需按照采购文件和项目合同约定，按时足额出资设立项目公司。财政投资评审机构则需重点关注项目公司的盈利模式以及可能的收入来源，以防社会资本利用项目公司转移自身的债务。

（三）审核依据

《外商投资产业指导目录（2015年修订）》（国家发展改革委商务部令第22号）；

财金〔2014〕156号文附件《PPP项目合同指南（试行）》；

《国务院关于调整和完善固定资产投资项目资本金制度的通知》（国发〔2015〕51号）；

《关于印发政府和社会资本合作模式操作指南（试行）的通知》（财金〔2014〕113号）；

股东协议。

（四）审核校对

财政评审机构审查项目公司是否合规通过审查其成立程序符合相关规定；项目的资金来源、盈利模式合法。

1. 审查是否按约定设立项目公司

审查社会资本是否按照采购文件和项目合同约定，按时足额出资设立项目公司。

2. 审查项目公司中各股东占股比例是否符合规定

若PPP项目中引入国际资本，依据《外商投资产业指导目录（2015年修订）》（国家发展改革委商务部令第22号）中规定，审查其占比是否符合该行业外商投资要求。

依据财金〔2014〕156号文附件《PPP项目合同指南（试行）》"项目公司可以由社会资本（可以是一家企业，也可以是多家企业组成的联合体）出资设立，也可以由政府和社会资本共同出资设立。但政府在项目公司中的持股比例应当低于50%，且不具有实际控制力及管理权"，审查项目公司股权结构政府方占股比例是否符合规定。

二、建设资金筹集与使用的财政投资评审关键点

（一）概念

建设项目资金的筹集与使用情况的审计对于项目的资金的合理合规使用具有重要意义，可防止资金的滥用，保证资金的正常使用。

（二）关键审核点

审核建设资金是否落实，是否按投资计划及时到位，能否满足项目建设进度需要；建设资金使用是否合规，有无滞留、转移、侵占、挪用建设资金等问题；建设资金是否和经营性资金严格区别核算。

（三）审核依据

《财政部关于印发〈中央预算内基建建设投资项目前期工作经费管理暂行办法〉的通知》（财建〔2006〕689号）

（四）审核校对

建设资金筹集满足项目的基本运营，符合现金流量计划表。

三、项目概（预）算编制及执行的财政投资评审关键点

（一）概念

项目概（预）算审计主要审查项目建设是否按批准的初步设计进行；有无概算外项目和提高建设标准、扩大建设规模的问题；概算调整、影响项目建设规模的单项工程投资调整和建设内容重大变更，是否按PPP合同约定及相关规定程序报批。

（二）关键审核点

项目概（预）算编制是项目建设全生命周期中的重要过程，此部分主要包括的内容有设计概算编制依据的合法性、概算编制是否符合国家方针政策、是否根据工程项目所在地的自然条件进行编制、概算编制所依据的概算定额和概算指标以及费用定额和税率是否适用、经济指标是否合理等内容。

（三）审核依据

《建设项目设计概算编审规程》CECA/GC2—2015；
《建设项目施工图预算编审规程》CECA/GC5—2010。

（四）审核校对

（1）项目概（预）算不能超过估算；
（2）项目概（预）算编制的流程满足相关编审规程；
（3）税率按照增值税计算，其他附加税加入企业管理费；按各地相关文件选择合理的企业管理费费率；计算建筑安装工程费时采用的材料费是已经扣除税后的净材料费用等内容。

第七节　PPP项目移交阶段评审要点

一、项目移交准备的财政投资评审关键点

（一）概念

项目移交时，项目实施机构或政府指定的其他机构代表政府收回项目合同约定的项目资产。在正式移交前，需做好相关资料的收集及整理。

（二）关键审核点

项目移交过程中需将项目资产、人员、文档和知识产权等相关内容一次性转移，财政评审机构在资产合理估计和定价的基础上应关注项目的所有权是否归国家所有，合同中约定的移交范围、移交标准是否合规合法，资产评估方式是否科学合理等内容。

对于项目提前终止的情况，财政评审机构主要关注的内容包括：对违约事件的界定是否清晰合理、政府方和项目公司违约事件的类型是否全面合理，终止后的回购及补偿范围的限制是否合法合理，补偿计算方法是否科学，补偿支付条款是否合规等。

（三）审核依据

《关于印发政府和社会资本合作模式操作指南（试行）的通知》（财金〔2014〕113号）。

（四）审核校对

设备完好率以及最短可使用年限符合合同中约定的年限；资料齐全；有移交维修保函。

二、绩效评价的财政投资评审关键点

（一）概念

绩效评价是指运用一定的评价方法、量化指标及评价标准，对中央部门为实现其职能所确定的绩效目标的实现程度，及为实现这一目标所安排预算的执行结果所进行的综合性评价。

（二）关键审核点

财政评审机构对项目进行绩效评价时需重点关注与项目自身运营有关系的利润与利润分配表以及现金流量表，旨在审核项目是否能够正常运营。

（三）审核依据

国家发展改革委与建设部发布、中国计划出版社出版的《建设项目经济评价方法与参数》（第三版）。

（四）审核校对

（1）利润与利润分配表：项目资本金净利润率、总投资收益率的大小，宜高不宜低；

（2）现金流量表：净现金流量足够大；每年的累计所得税后的净现金流量不应出现负值；财务内部收益率与财务内部收益率大于等于基准收益率（行业发布的本行业基准收益率）时，项目可行；动态投资回收期大于等于基准投资回收期；静态投资回收期大于计算期。

第八章　基于内部控制理论的财政投资评审流程优化

第一节　财政投资评审流程存在的问题

　　财政投资评审的评审质量依赖于规范的财政投资评审流程，现阶段较为完善的财政投资评审流程表现为：财政投资评审预受理—财政投资评审任务分配—出具财政投资评审初审报告（报告的出具需经过自我审核、组长审核、部长审核的步骤）—与送审单位就初审报告进行会谈—与相关责任单位就争议事项进行对数、现场探勘等—达成一致意见的出具最终评审报告。目前大多遵循的财政评审流程在保证评审质量上发挥了重要作用，但依然存在以下四个方面的问题。

一、评审内部环境尚须优化

　　财政投资评审机构的内部环境层面未真正发挥作为财政投资评审机构运作的基础性作用，主要表现是各职能部门设置不合理，部门职责划分不清晰等，无法实现部门责权利相制衡的目的。大多数财政投资评审机构在其组织结构中会设立负责机构内部各种辅助性事务开展和提供后勤保障工作的办公室以及进行概算评审、预算评审、结算（决算）评审等评审业务的评审部，缺少为保障财政投资评审机构内部环境健康有序的监督检查部门和进行现场探勘解决争议问题的专职调研部门。

二、风险控制机制仍需健全

　　虽然在财政投资评审过程中对部分风险进行合理控制，但是由于财政投资评审机构客观条件等限制仍无法对财政投资评审的风险进行全面系统的研究，合理有效的风险控制措施尚不健全。在财政投资评审的过程中往往出现诸多干扰因素，这些干扰因素可以界定为影响财政投资评审的各个风险要素。但是在评审过程中，评审机构不能全面且准确地对这些风险因素进行评估并进行有效控制，从而影响着财政投资评审工作的正常开展，影响财政投资评审的质量等各个方面。

三、信息沟通渠道尚存阻碍

　　财政投资评审机构中的管理层（主任、副主任等）、评审实施层（评审部、复核部、专家部等）、评审辅助层（办公室、稽核部等）中上下级部门及同级部门之间信息的交流、传递、反馈、整合尚存阻碍，无法满足财政投资评审机构的高效信息沟通的要求，仍需构建评审机构内部完善的信息系统。例如，评审部门与职能部门之间沟通不畅，不能将项目的评审进展情况及需要被审单位配合的相关事宜进行及时沟通，导致信息沟通不畅造成的时间延误。

四、内部监督机制有待健全

财政投资评审机构的内部监督机制尚不健全，存在诸多内部监督上的漏洞。部分评审人员自我监督和约束的能力差，若缺乏监督和约束机制且内部绩效评价体系、内部审计体系与从业人员自我评价体系不完善，评审过程中无法严格约束评审责任人的相关行为，造成渎职现象屡见不鲜，无法保障评审报告的质量。

第二节　基于内部控制理论改善财政投资评审流程的机理

一、基于内部控制理论优化财政投资评审流程的必要性

（一）内部控制缺失导致的腐败现象时有发生

财政投资评审机构作为财政部门预算支出的窗口，应起到财政投资监管的重要作用，但是由于财政投资评审人员自身素质难以根本保证及机构内部控制的不完善，使得财政投资评审过程中的渎职现象时有发生。财政投资评审机构必须认识到自身作为政府投资风险防范的重要使命及重大责任，要切实履行好对于政府投资的监管作用，依靠良好的内部控制机制实现高效的内部管理。

因此，财政投资评审机构内部应构建基于内部控制的财政投资评审管理机制，一方面保证财政投资评审报告的质量和效率，另一方面约束财政投资评审人员的行为，保证工作人员廉洁奉公。

（二）财政投资评审亟需完善的内部控制制度

由于评审单位和送审单位之间立场的根本性差异，评审过程中双方形成了基于信息不对称的博弈关系。同时，财政投资评审关口前移，由事后控制向全过程控制转变。财政投资评审的业务范围逐步扩展到项目立项、招标控制价审核、概算审核、预算审核、结算（决算）审核、项目绩效后评价等环节，呈现出对财政投资建设工程项目的全过程的投资控制。因此，为防范道德风险和逆向选择，保证评审的质量，财政投资评审机构应建立健全严格的内部控制机制以缩小评审自由裁量空间，保证评审的质量和效率，实现对财政投资建设工程项目的全过程的投资控制。

在财政投资评审中嵌入内部控制制度是财政投资评审对内自我管理以及对外质量保证的重要举措，对于控制财政支出、提高财政支出的效益起到了重要作用。

二、优化财政投资评审流程的内部控制理论框架介绍

1992年，COSO委员会（The Committee of Sponsoring Organizations）发布了《内部控制——整体框架》的研究报告，将内部控制定义为"由董事会、经理层和其他员工共同实施的，为营运效率、财务报告的可靠性和相关法规的遵守等目标的达成而提供合理保证的过程"，并提出内部控制框架由内部环境、风险评估、风险控制、信息与沟通、内部监督等五大要素组成。《内部控制——整体框架》的理论创新最主要体现在：①明确了内部控制贯穿于企业的经营活动过程中，是企业管理不可或缺的组成部分，是对企业进行动态控制；②突出强调了"人"对内部控制的影响和作用；③把"风险评估"和"信息与沟通"引入到内部控制的要素中，强调风险意识以及信息与沟通在内部控制中的作用；④内部控制为目标实现提供合理保证。

内部控制以"内部牵制"为核心机制，尽管在不同企业内部控制的业务活动、管理措施千差万别，但所有的活动和措施很大程度上都要依赖内部牵制机制来实现，内部牵制机制的完善在一定程度上决定了内部控制是否能够有效运行。因此，企业的内部控制活动一定要把握"内部牵制"机制来展开才会有的放矢。现代企业内部控制将"分离式牵制"与"合作式牵制"共同运用。"分离式牵制"基于人的"自利性"，以分工形式实现，包括授权、审批、不相容职务分离等内容；而"合作式牵制"基于人的"利他性"，以合作形式实现，包括会审、会签、会议等内容。只有从"分离式牵制"与"合作式牵制"两个方面才能对内部牵制有更全面的把握，从而使内部控制活动更加有效。

三、优化财政投资评审流程的内部牵制理论的适用性分析

在企业内部各部门之间进行责权利的分配，使得企业内部各部门之间形成相互牵制的关系，这种相互牵制关系表现为任何一个部门都不能单独行使决定权，必须经过其他相关部门的监督和审查。在内部牵制制度中部门职责的划分能形成部门之间相互牵制的情形，大大减少单个部门徇私舞弊的概率。因此，财政投资评审中心必须建立自己的内部牵制机制，以保证评审的质量和效率。

财政投资评审中心在进行评审工作时涉及不同的评审流程，在每一个评审流程都涉及不同部门之间的协作与制约，各评审环节都基于部门之间不同的职务关系开展。但是，部分评审机构在部门设置上以完成评审任务为导向，未基于监督机制进行部门设置、岗位职责划分，无法实现部门之间的、岗位之间的相互牵制，从而影响了评审质量和效率服务。因此，一方面，根据评审机构保证评审质量和效率的工作宗旨将评审机构组织架构划分为"与评审质量直接相关部门"和"与评审效率直接相关部门"，实现部门之间的有序合作。另一方面，明确各部门职责分工界限，明确各岗位的职责划分，实现部门之间、岗位之间的相互牵制。最后，设置单独的监督考核部门，建立独立的监督机制，实现对各部门、各岗位的实时监督，保证评审工作的顺利进行。在财政投资评审中心内部构建基于内部牵制机制的内控制度，对于提高财政投资评审质量与效率、保证评审的真实性与准确性以及反腐具有重要意义。

第三节　基于内部控制理论的财政投资评审流程优化

在财政投资评审内部，健全的财政投资评审流程是保障财政投资评审的关键。通过对于财政投资评审流程现实状况的分析，以内部控制理论的视角对广州市财政投资评审机构中内部环境、风险评估、风险控制、信息和沟通以及内部监督五个内部控制要素进行改善，在财政投资评审中心内部做到不相容职务相分离，部门之间相互合作、相互牵制，进而实现评审流程的优化。

一、内部控制要素的优化

（一）优化财政投资评审内部环境

财政投资评审机构提高运作效率的关键就是内部环境的优化，包括内部组织架构、权责分配、内部制度保障、文化建设等方面的优化。

首先，在组织架构上，根据评审机构保证评审质量和效率的工作宗旨将评审机构组织架构划分为"与评审质量直接相关部门"和"与评审效率直接相关部门"。同时设立单独的监督检查机构，保证机构内部的廉政高效；还应该设立单独的调研机构，以解决项目评审过程中遇到的各方有争议事项、证据不全面的事项等的现场探勘等工作，防止评审当事人与送审单位之间可能发生的影响评审准确性的现象。

其次，财政投资评审机构各职能部门之间必须分权制衡，实现相互制约、相辅相成的目标。

再次，财政投资评审机构内部应该建立完善的内部保障制度，一方面保证各职能部门之间相互制约和协作，另一方面保障财政投资评审工作有序进行。内部保障制度还要实现对于财政投资评审人员的约束，使其在职责范围内履行职责。

最后，财政投资评审机构应该优化文化建设，着眼于对政府投资的监管，实行内部疑难问题集中解决制、定期举办专家会议、邀请业内专家对最新法律、法规、文件等进行解读等方式接受最新知识，提高财政投资评审的质量和效率。

（二）加强财政投资评审风险评估与控制

构建以风险防范为核心的财政投资评审流程是保证评审质量的必然选择。因此，在对评审机构存在的风险因素进行分析的基础之上对风险因素制定相应的控制措施，构建基于内部控制要素改进的财政投资评审流程是至关重要的。

目前财政投资评审过程中的主要影响因素集中在两方面，即财政投资评审的内部风险因素和外部风险因素，内部因素主要包括评审人员、评审的技术和方法、评审中的内部监督等，外部因素主要包括送审单位情况、评审的法律法规环境等。

现阶段在影响财政投资评审质量和效率的诸多因素中，评审人员、评审技术和方法、评审法律法规环境、被审单位潜在风险仍是最主要的因素。为保证财政投资评审的质量和效率，切实发挥财政投资评审机构作为全过程财政投资监管的作用，需要对评审中潜在风险进行分析并进行控制。通过对各财政投资评审机构评审过程的风险分析、相关文献总结以及业内专家的访谈，财政投资评审的风险点分析与风险防控措施汇总见表8-1。

财政投资评审的风险总分析与风险防控措施　　　　　　　　表8-1

序号	风险因素	风险来源	风险防控措施	措施内涵
1	评审人员	存在项目直接指派评审对象的情况	业务分配随机制	为防止评审人员徇私舞弊，对于评审业务实行"业务分配随机制"。评审业务由项目管理部在考虑各部门在审业务量负荷前提下进行随机分派，以避免可能出现项目直接指派评审对象的情况
		财政投资评审机构完成初稿意见前与施工单位沟通	不碰面初稿制	财政投资评审机构评审项目时采取封闭方式独立完成初稿，在初稿意见书出具前评审人员不允许与施工单位沟通，对不清晰问题可先予以扣减
		对于最终评审结果和初审结果之间的差异未进行核准	初稿终稿差异说明制	终审会签时必须对终稿和初稿之间差异作出说明，以利于各级查核
		评审人员对数和现场外与施工单位接触	限定对数地点制	评审人员除对数和现场外不得与施工单位接触，对数只允许在中心办公楼规定地点进行，对数活动全过程需进行监控
		评审人员单独勘察现场	不单独踏勘现场制	评审人员不得单独勘察现场，须与部门负责人或业务主管同行，前往工地不乘坐施工单位车辆，工作餐谢绝一切单位宴请，拒绝送审单位、施工单位任何礼物
2	评审技术和方法	接收送审资料前缺少对资料的审查环节，造成评审过程中因资料不全、不准导致的延误	预受理制	根据国家相关规定需要进行财政投资评审的项目，首先需要在财政投资评审机构办理预受理手续，评审机构对预受理项目进行专业把关，符合要求的，予以预受理并登记入库；对缺项漏项的立即退回并明确缺漏情况，要求被受理单位整改再送受理
		对于评审结果的把关不严，仅有项目负责人与部门负责人两个审核环节	评审业务四级复核制	实行评审人员自审、项目组长审核、评审部部长审核、复核部审核四级复核制，提高评审效率
		评审过程中权力集中导致的评审不实	评审问题集中决策制	评审人员对于自己负责项目中出现的非常规或特殊问题，须以书面形式提交，由部门负责人组织集体讨论，共同研究共同学习。对于重大问题，坚持采取集体决策，充分发动包括专家部、复核部等力量进行细致研究，确保杜绝权力过度集中、"一支笔"、"一言堂"情况发生
3	评审法律法规环境	财政投资评审的相关法律法规办法不够完善	各省市根据国家政策完善本地区的相关法律法规政策等	财政投资评审的相关法律法规办法等正处于不断完善的阶段，例如现阶段财政投资评审中土地拆迁补偿的问题仍无法得到很好地解决，尚需进一步的立法

序号	风险因素	风险来源	风险防控措施	措施内涵
4	被审单位潜在风险	被审单位的配合度不高	财政拨款限制	对于财政投资评审中送审单位的约束主要是通过国家、各省市出台的法律法规办法进行的硬约束，各省市在其财政投资评审的相关规定中对财政投资评审定位，未经财政投资评审的项目暂定、终止甚至收回财政拨款
		被审单位工程管理规范度不高，造价控制能力不高	外部监管机制	建设单位在建设工程中对于工程管理的规范程度直接影响到财政资金的使用情况，在施工过程中对于进度款、预付款等的支付必须经过层层的把关和审核，建设单位应优化其内部控制的环境，既满足不相容职务相分离的原则，又实现上下、左右的相互制衡。对于变更、签证等过程性文件的签署要确定其准确性，不得与施工单位串通制造虚假证据

（三）改善财政投资评审信息与沟通

财政投资评审机构信息和沟通主要涉及内部控制信息的交流和沟通、内部控制的文件化要求、文件控制及记录控制四个方面的内容。首先，财政投资评审机构应该明确各上下级部门及各同级部门之间信息交流和沟通的标准化渠道，不得通过渠道以外的其他形式进行信息的交流和沟通。其次，采用标准化的文件模板进行内部文件和外部文件的编撰工作；再次，财政投资评审机构必须针对各项评审业务建立独立的档案并且予以保存，达到痕迹管理的目标；最后，在财政投资评审中将评审情况及有关要求的复合型情况进行整合形成文件，为评审结果提供客观证据，实现记录控制。

在财政投资评审过程中，评审项目实施具体的个人负责制或者部门负责制，不同部门之间就同一个项目不能进行交叉的信息交流。为了更好地保证评审的质量和效率，在评审机构内部构建完善的信息与沟通机制至关重要。完善财政投资评审机构的信息与沟通机制的构建需要注重以下几个方面：

1．构建横向部门之间信息的沟通渠道

各个评审部门之间、评审部门与各职能部门之间需要强化沟通，各评审部门应该将评审过程中遇到的常规问题和疑难问题进行整理，将所有问题分门别类的汇总到专家部，形成评审机构内部可供参考的一整套资料。评审部门与职能部门之间应该强化沟通，将项目的评审进展情况及需要被审单位配合的相关事宜进行及时的沟通，缩短信息沟通不畅造成的时间延误。

2．构建纵向部门之间信息的沟通渠道

主任和副主任作为评审机构中的管理层，对于强化不同部门之间的交流起到重要的作用。他们应该着眼于营造良好的交流和沟通的氛围，促进部门之间信息的交流、共享与合作。例如，管理层可以定期组织评审人员进行经验的交流，定期组织相关职能部门进行工作进展等的汇报工作。

3. 构建评审机构内部完善的信息系统

信息系统的构建对于评审机构内部控制的更好实施具有重要作用。在信息系统构建的过程中应该着重增加风险管理和绩效评价板块。风险管理板块是对财政投资评审过程中识别出的风险进行实时监控的过程，是内部控制的关键组成部分。绩效评价板块应该服务于评审机构的内部控制的需要。

（四）健全财政投资评审内部监督

在财政投资评审机构中构建内部监督机制主要从四个方面进行，包括持续监督、独立评价、缺陷报告、持续改进。持续监督是针对财政投资评审机构的日常反复性的评审业务的有效性进行实时监督。独立评价指稽核部门专门负责对评审业务人员的评审活动及内部控制的有效性进行评价。缺陷报告主要针对财政投资评审机构在运作中内部控制有效性的评估，对于内部控制有效性降低的列入缺陷报告，重点关注。持续改进不仅仅针对缺陷报告中的内容，它着眼于财政投资评审机构的整个内部控制体系。

财政投资评审机构在政府投资项目全过程资金监管中起到重要的作用，为保证财政投资评审机构更好地发挥其全过程资金监管的重要作用，应该强化评审机构内部的内部监督机制。构建完善的内部监督机制应该着重以下几个方面：

1. 强化从业人员自我监督和约束的能力

从业人员自身素质和自我约束是优化评审机构评审范围的关键因素之一，财政投资评审机构应该建立日常的监督管理程序，通过设立专门的监督机构（稽核部）来完成对从业人员的监督。在日常监督管理程序中注重对评审预受理、评审项目随机分配、评审过程等是否符合规定的程序进行监督，对不符合程序或者违反程序规定的行为进行及时的纠正和处理。同时，要做到非本人评审的项目不过问，评审项目与自身有利益关系的自觉进行回避等，防止渎职现象的发生。

2. 完善评审机构内部绩效评价体系和内部审计

财政投资评审机构绩效评价体系服务于机构的业务需要，也服务于机构监督需要，良好的内部绩效评价体系和内部审计制度是对从业人员业绩和职业道德的双重监督，对于保证评审机构内部的运作效率和良好的氛围至关重要。因此，在评审过程中，项目管理部要严格对评审项目进行督办，提高评审效率。实现评审项目的全过程跟踪，加强内部审计，提高评审质量。

3. 构建基于内部控制的监控体系

严格的监控体系对于保证财政投资评审质量，防止腐败现象发生有重要意义。财政投资评审机构应该提高中心办事透明度，鼓励大家对于腐败作风的投诉，倡导对于弄虚作假行为的举报，从而落实财政投资评审过程中的反腐倡廉工作。

财政投资评审机构的内部监督是财政投资评审机构正常和高效运转的保障，是财政投资评审机构内部控制能够有序实施的保障。针对财政投资评审机构的内部监督采取的措施如图8-1所示。

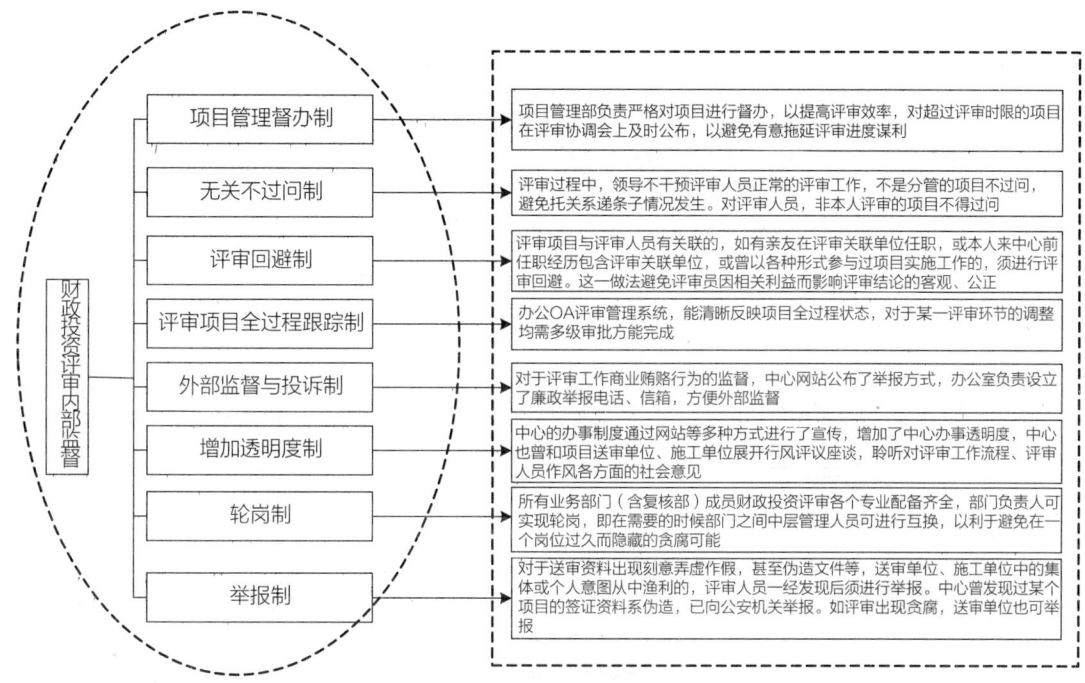

图8-1　财政投资评审的内部监督防范措施

二、财政投资评审流程优化前后对比

通过对财政投资评审机构内部控制要素优化，构建了提高财政投资评审的质量和效率为出发点优化评审机构的内部环境，解剖了影响财政投资评审工作质量和效率的风险因素并制定相应的控制措施，优化了财政投资评审信息与沟通策略，健全财政投资评审内部监督机制，基于风险防控得出更有利于保证评审质量和评审效率的评审流程。首先对财政投资评审机构的内部环境进行了优化设置，健全内部组织机构，以内部环境为基础开展财政投资评审工作；其次，对影响财政投资评审质量和效率的四大主要风险——评审人员、评审技术和方法、评审法律法规环境、被审单位潜在风险进行优化，并融入信息交流与沟通和内部监控机制。在评审流程中，为保证评审工作人员廉洁地完成评审工作，着重对评审人员的行为进行限制，提出"不碰面初稿制"、"不单独踏勘现场制"、"限定对数地点制"、初稿终稿差异说明制等措施；为保证评审结果的准确性，改善评审技术和方法，提出了"预受理制"、"四级复核制"、"专家协调会"等举措，其中"专家协调会"是内部控制信息与沟通的重要渠道，通过"专家协调会"既能解决评审疑难问题也可以保证评审的质量和效率。内部控制的监督环节主要体现在"举报制"和"外部监督与投诉制"几个方面，监督为财政投资评审机构正常运转提供了保障。广州市财政投资评审流程优化详情以及流程优化前后对比如图8-2所示。

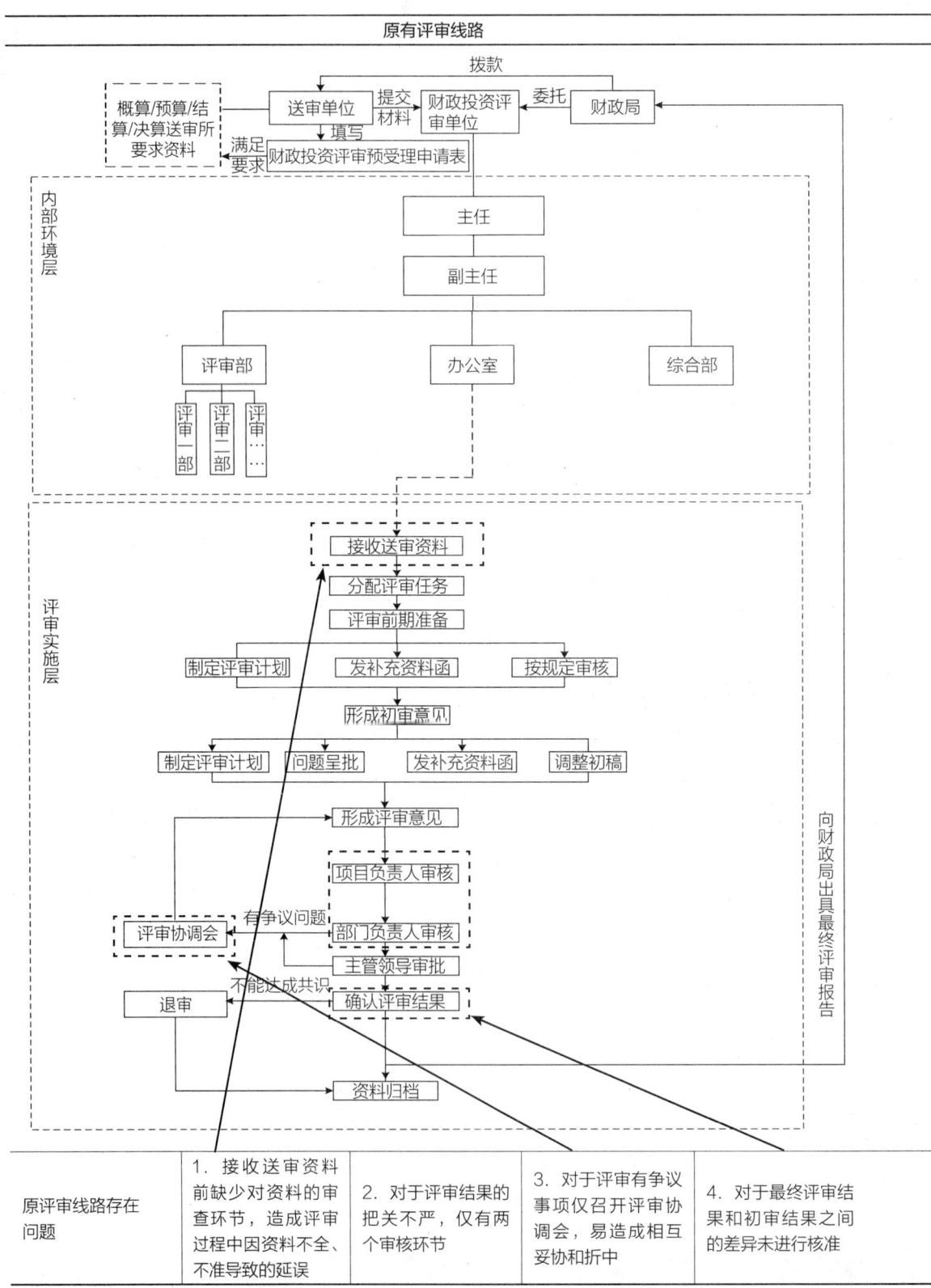

图8-2　基于内部控制的财政投资评审流程优化（一）

嵌入内部控制的评审线路

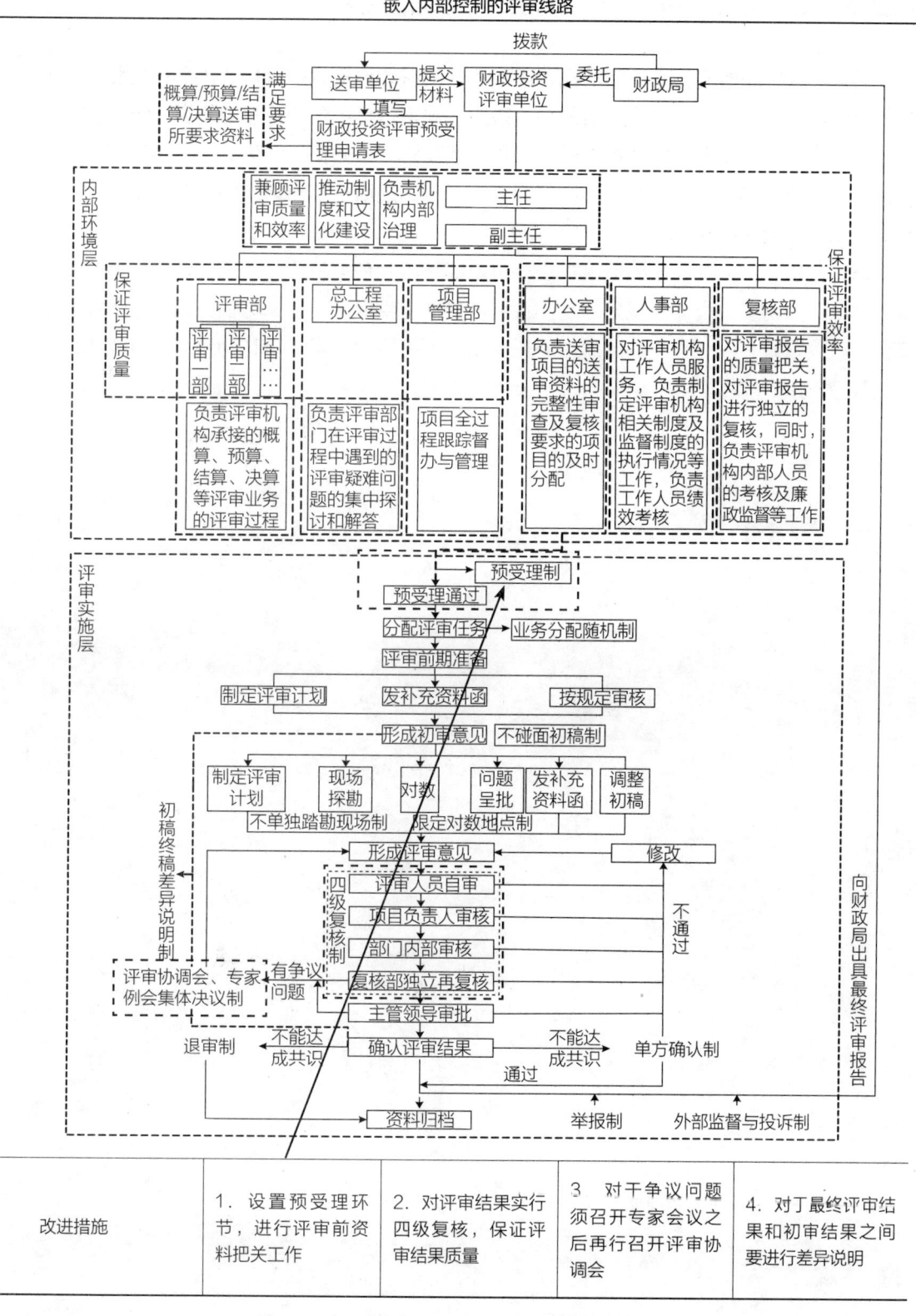

图8-2 基于内部控制的财政投资评审流程优化（二）

第四节　财政投资评审引入内部控制理论的意义

通过内部控制的五要素理论的视角解剖现有的财政投资评审机构的内部环境状况、财政投资评审的风险因素、风险因素的控制措施、评审过程中的"信息与沟通"及"监督"，提出基于内部控制的财政投资评审最优内部环境要素。以效率提升为核心的内部环境的改善，使得财政投资评审内部控制能够得到有效运作，进而构建出以风险防范为核心，基于内部控制五要素理论的财政投资评审流程。

通过构建基于内部控制的财政投资评审内部环境和评审流程，一方面保障评审报告质量和效率，为财政投资评审报告的真实性和准确性提供保障；另一方面保障评审人员廉洁奉公，减少财政投资评审人员的腐败现象，切实发挥财政投资评审作为财政预算支出的监督和管理作用。

附 录

财政投资评审法律法规汇编

序号	文件名称	分类	颁布日期	文号
一、法律				
1	中华人民共和国建筑法	主席令	2011年4月22日	主席令46号
2	中华人民共和国城乡规划法	主席令	2007年10月28日	主席令74号
3	中华人民共和国预算法	主席令	2015年1月1日	主席令12号
4	中华人民共和国土地管理法	主席令	2004年8月28日	主席令第28号
5	中华人民共和国合同法	主席令	1999年3月15日	主席令15号
6	中华人民共和国招标投标法	主席令	1999年8月30日	主席令21号
7	中华人民共和国政府采购法	主席令	2002年6月29日	主席令68号
二、行政法规				
1	建设工程质量管理条例	国务院	2000年1月30日	国务院令第279号
2	国有土地上房屋征收与补偿条例	国务院	2011年1月20日	国务院令第590号
3	国务院办公厅关于加强和规范新开工项目管理的通知	国务院	2007年11月17日	国办发〔2007〕64号
4	关于进一步规范招标投标活动的若干意见	国务院	2004年7月12日	国办发〔2004〕56号
5	中华人民共和国土地管理法实施条例	国务院	1998年12月24日	国务院令256号
6	国务院关于解决城市低收入家庭住房困难的若干意见	国务院	2007年8月7日	国发〔2007〕24号
7	中华人民共和国招标投标法实施条例	国务院	2012年2月1日	国务院令第613号
三、司法解释				
1	最高人民法院关于审理建设工程施工合同纠纷案件适用法律问题的解释	最高人民法院	2005年1月1日	法释〔2004〕14号
2	最高人民法院关于适用《中华人民共和国合同法》若干问题的解释（一）	最高人民法院	1999年12月29日	法释〔1999〕第19号

序号	文件名称	分类	颁布日期	文号
3	最高人民法院关于适用《中华人民共和国合同法》若干问题的解释（二）	最高人民法院	2009年5月13日	法释〔2009〕5号
四、地方法规（以广东省和广州市为例）				
1	广州市政府投资管理条例	市人大常委会	2011年6月1日	市人大公告93号
2	广州市城市绿化管理条例	市人大常委会	1996年12月30日	市人大公告56号
3	广州市建筑条例	市人大常委会	1997年8月9日	市人大公告71号
4	广州市城市规划条例	市人大常委会	1996年12月24日	市人大公告55号
5	广州市余泥渣土管理条例	市人大常委会	1999年10月1日	市人大公告13号
6	广东省建设工程监理条例	省人大常委会	2000年12月24日	省九届人大常委会公告95号
7	广东省水利工程管理条例	省人大常委会	2000年1月2日	省九届人大常委会公告119号
8	广东省实施《中华人民共和国招标投标法》办法	省人大常委会	2003年6月1日	省十届人大常委会公告3号
五、部门规章				
1	关于重申严格执行基本建设程序和审批规定的通知	国家计委	1999年7月29日	计投资〔1999〕693
2	建设项目前期工作咨询收费暂行规定	国家计委	1999年9月10日	计价格〔1999〕1283
3	招标代理服务收费管理暂行办法	国家计委	2002年10月15日	计价格〔2002〕1980
4	工程勘察设计收费管理规定	国家计委	2002年1月7日	计价格〔2002〕10号
5	工程勘察设计收费管理规定有关问题的补充通知	国家计委	2002年9月2日	计价格〔2002〕1153号
6	工程建设项目施工招标投标办法	国家发展改革委	2013年5月1日	七部委〔2013〕第30号令
7	关于进一步加强中央党政机关等建设项目管理和投资概算控制的通知	国家发展改革委	2005年5月25日	发改投资〔2005〕907号
8	关于印发《建设工程监理与相关服务收费管理规定的通知》	国家发展改革委	2007年3月30日	发改价格〔2007〕670号

序号	文件名称	分类	颁布日期	文号
9	水利水电电力建设项目前期工作工程勘察收费暂行规定	国家发展改革委	2006年7月10日	发改价格〔2006〕1352号
10	关于印发党政机关办公用房建设标准的通知	国家计委	1999年12月21日	计投资〔1999〕2250号
11	关于规范环境影响咨询收费有关问题的通知	国家计委	2002年1月31日	计价格〔2002〕125号
12	关于调整供电贴费标准等问题的通知	国家计委	2000年6月13日	计价格〔2000〕744号
13	关于调整供电贴费有关问题的补充通知	国家计委	2000年8月22日	计价格〔2000〕1288号
14	关于停止收取供配电贴费有关问题的补充通知	国家发展改革委	2003年12月23日	发改价格〔2003〕2279号
15	关于降低部分建设项目收费标准规范收费行为等有关问题的通知	国家发展改革委	2011年3月16日	发改价格〔2011〕534号
16	关于印发《基本建设财务管理规定》	财政部	2016年9月1日	财建〔2016〕81号
17	关于解释《基本建设财务管理规定》执行中有关问题的通知	财政部	2003年12月10日	财建〔2003〕724号
18	财政投资评审操作规程	财政部	2002年12月31日	财办建〔2002〕619号
19	建设工程价标结算暂行办法	财政部	2004年10月20日	财建〔2004〕369号
20	财政投资评审质量控制（试行）办法	财政部	2005年12月30日	财建〔2005〕1065号
21	关于印发《政府采购进口产品管理办法》的通知	财政部	2007年12月27日	财库〔2007〕119号
22	关于政府采购进口产品管理有关问题的通知	财政部	2007年12月27日	财办库〔2008〕248号
23	中华人民共和国营业税暂行条例实施细则	财政部、国家税务总局	2008年12月15日	财政部、税务总局第52号令
24	财政投资评审管理暂行规定	财政部	2009年10月1日	财建〔2009〕648号
25	中央预算内基建投资项目前期工作经费管理暂行办法	财政部	2006年10月26日	财建〔2006〕689号
26	关于公布取消和停止征收100项行政事业性项目的通知	财政部、国家发展改革委	2009年1月1日	财综〔2008〕78号

序号	文件名称	分类	颁布日期	文号
27	房屋建筑工程和市政基础设施工程竣工验收暂行规定	建设部	2000年6月30日	建设部令〔2000〕第78号
28	房屋建筑工程质量保修办法	建设部	2000年6月30日	建设部令〔2000〕第80号
29	建设工程质量保证金管理暂行办法	建设部	2005年1月12日	建设〔2005〕7号
30	建设工程项目管理试行办法	建设部	2004年11月16日	建市〔2004〕200号
31	测绘工程产品价格	国家测绘局	2002年1月28日	国测财字〔2002〕3号
32	关于全面推开营业税改征增值税试点的通知	财政部、国家税务总局	2016年3月23日	财税〔2016〕36号
六、现有全国通用的行业标准和规范				
1	市政工程投资估算编制办法	建设部		建标〔2007〕164号
2	市政工程勘察规范（CJJ56—94）	建设部	1994年11月1日	建标〔1994〕338号
3	市政工程投资概算编制办法	建设部		建标〔2011〕1号
4	城市轨道交通工程设计概预算编制办法	建设部	2007年3月1日	建标〔2006〕279号
5	建筑工程设计文件编制深度规定（2008年）	建设部	2009年1月1日	建质〔2008〕216号
6	公路养护工程管理办法	交通部	2001年6月22日	交公路发〔2001〕32号
7	公路工程基本建设项目概算预算编制办法（JTGB06-2007）	交通部	2008年1月1日	交通部2007年第33号
8	公路工程估算指标（JTG/TM21-2011）	交通部	2012年1月1日	交通运输部公告2011年第52号
9	建筑面积计算规范（GB/T 50353—2005）	建设部	2005年7月1日	建设部公告第326号
10	建设部标准定额研究所关于《建设工程工程量清单计价规范》（GB 50500-2003）有关问题解释答疑	建设部等	2003年7月1日	
11	教育部关于印发《普通高等学校基本办学条件指标》的通知	教育部	2004年2月5日	教发〔2004〕2号文
12	高等职业学校设置标准（暂行）	教育部	2000年3月15日	教发〔2000〕41号

序号	文件名称	分类	颁布日期	文号
13	建设项目设计概算编审规程	造价管理协会	2015年5月1日	CECA/GC 2-2015
14	建设项目施工图预算编审规程	造价管理协会	2010年3月1日	CECA/GC 5-2010
15	建设项目结算编审规程	造价管理协会	2010年10月1日	CECA/GC 3-2010
	……			
七、地方政府规章（以广州市政府相关规定为例）				
1	广州市本级财政性资金投资项目管理试行办法	市政府	2011年11月29日	穗府办〔2010〕83号
2	广州市本级政府投资建设项目资金管理办法	市政府	2011年1月1日	穗府办〔2011〕50号
3	广州市政府投资项目审计办法	市政府	2011年1月13日	广州市人民政府令第51号
4	广州市政府投资建设项目代建制管理试行办法	市政府	2005年7月1日	穗发改投资〔2005〕30号
5	关于广州市国有土地上房屋征收与补偿的实施意见	市政府	2011年9月6日	穗府〔2011〕17号
6	广州市城乡规划程序规定	市政府	2011年11月22日	广州市人民政府令第59号
7	广州市申请使用建设用地规则	市政府	2009年9月1日	穗府〔2009〕39号
8	广州市测绘管理办法	市政府	2010年5月1日	广州市人民政府令第24号
9	广州市扩大区县市管理权限规定	市政府	2011年7月1日	政府令第55号
10	广州市财政投资评审监督管理办法	市政府	2015年5月1日	穗府办〔2015〕9号
八、其他规范性文件（以广东省和广州市相关规定为例）				
1	转发财政部关于印发《基本建设财务管理规定》的通知	省财厅	2002年11月15日	粤财建〔2002〕137号
2	广东省政府采购公开招标采购方式暂行实施规程	省财厅	2004年9月21日	粤财采购〔2004〕17号
3	广东省政府采购非公开招标采购方式实施规程	省财厅	2004年9月22日	粤财采购〔2004〕18号

序号	文件名称	分类	颁布日期	文号
4	关于加强单项工程项目合同变更追加用款管理的通知	市财局	2009年5月13日	穗财库〔2009〕21号
5	关于单项工程合同自追加用款有关招标事项的通知	市财局	2010年8月24日	穗财库〔2010〕38号
6	关于印发《广州市市本级部门预算项目支出预算管理办法》的通知	市财局	2011年6月20日	穗财编〔2011〕216号
7	广州市市本级部门预算基本支出预算管理办法	市财局	2011年6月13日	穗财编〔2011〕208号
8	关于市本级部门项目预算评审送审要求的通知	市财局	2011年5月16日	穗财编〔2011〕189号
9	广州市财政局关于印发《广州市市属行政单位常用公用设施配置标准》	市财局	2012年9月6日	穗财资〔2012〕300号
10	关于印发《广州市市属行政事业单位国有资产处置办法》的通知	市财局	2007年7月1日	穗财资〔2007〕104号
11	广州市政府集中采购目录及采购限额标准	市财局	2009年3月5日	穗财采〔2009〕52号
12	关于切实落实国家保障性住房建设等涉及行政事业收费和政府性基金免收政策的通知	市财政局、物价局	2011年8月24日	穗财综〔2011〕116号
13	关于减免有关行政事业性收费和政府性基金等问题的复函	市财局	2007年11月6日	穗财综〔2007〕157号
14	广东省建设工程工料机价格涨落调整与确定工程造价的意见	省建设厅	2007年10月1日	粤建价函〔2007〕402
15	转发《广东省建设工程工料机价格涨落调整与确定工程造价的意见》的通知	市建委	2008年11月25日	穗建筑〔2008〕1120
16	广州市建设工程招标投标管理办法	市建委	2010年1月13日	穗建筑〔2010〕69号
17	关于印发广州市建筑工程安全生产措施费管理办法的通知	市建委	2003年4月22日	穗建筑〔2003〕106号
18	关于重新发布《广州市房屋建筑与市政基础设施工程施工公开招标正式投标人确定方式的规定》和《广州市房屋建筑与市政基础设施工程施工公开招标评标委员会和评标办法规定》的通知	市建委	2005年5月1日	穗建法〔2005〕161号
19	关于印发城乡建设审批备案下放事项办事指南范本的通知	市建委	2011年6月28日	穗建法〔2011〕672号
20	广州市城建投资项目计划和资金管理工作指引（试行）	市建委	2011年2月15日	穗建计〔2010〕138号

序号	文件名称	分类	颁布日期	文号
21	关于开展工程建设设计咨询试点工作的通知	市建委	1999年9月1日	穗建技〔1999〕313号
22	关于广州市房屋建筑和市政基础设施工程施工招标控制价实行全信息化备案工作指引	市造价站	2010年3月1日	
23	招标控制价备案问题解答	市造价站	2011年5月1日	
24	广州市房屋建筑与市政基础设施工程施工招标投标控制价中建设工地余泥渣土运输与排放费用的须知	市造价站	2009年9月9日	含穗建造〔2009〕31号
25	转发广东省地方税务局关于明确建筑安装工程计税营业额可减除其价值的设备名单的通知	穗地税局	2005年1月13日	穗地税函〔2005〕12号
26	广东省物价局、广东省建设厅关于白蚁防治收费管理有关问题的通知	省物价局	2002年11月27日	粤价〔2002〕370号
27	关于建筑工程施工图技术审查中介服务收费问题的复函	省物价局	2004年8月1日	粤价函〔2004〕393号
28	关于调整我省建设工程造价咨询服务收费的复函	省财政局、物价局、发展改革委、水务局	2011年9月1日	粤价函〔2011〕742号
29	关于调整我市堤围防护费征收标准有关问题的通知	市财政局、物价局、发展改革委、水务局	2010年7月1日	穗价〔2010〕95号
30	关于实施"平安卡"管理费用计算的补充	省建设厅	2008年2月4日	粤建价函〔2008〕38号
31	关于进一步扩大建设工程使用散装水泥和预拌混凝土、砂浆范围的通告	市建委	2011年3月10日	穗建〔2011〕1号
32	关于缴交配套设施费有关计算基数问题的通知	市建委	1998年4月1日	穗建城〔1998〕74号
33	关于给予建设地下停车场等建筑面积免交配套设施建设费的通知	市建委	2001年8月11日	穗建城〔2001〕275号
34	关于调低城市基础设施配套标准的通知	市建委	2003年6月1日	粤价〔2003〕160号
35	关于修订广州市城市住宅拆迁最低补偿标准、搬迁补助费标准、临时安置补助费标准的通知	市国土局	2007年12月16日	穗国房字〔2007〕951号
36	关于印发《广州集体土地房屋拆迁补偿标准规定》的通知	市国土局	2007年12月13日	穗国房字〔2007〕955号

序号	文件名称	分类	颁布日期	文号
37	关于公布广州市国有土地使用权基准地价的通告	市国土局	2011年12月31日	穗国房字〔2011〕1318号
38	广东省汽车养路费地方切块资金管理暂行办法	市财局、广州市公路局	2003年1月1日	穗财建〔2003〕1260号
39	关于调整建设工程税金计价标准的通知	省造价站	2011年1月1日	粤建造发〔2010〕004
40	关于发布广州地区建设工程材料设备价格信息有关问题的通知	市造价站	2011年1月2日	穗建造价〔2009〕9号
41	关于使用《广州地区建设工程材料（设备）厂商价格信息》有关问题的通知	市造价站	2011年9月26日	穗建造价〔2011〕65号
42	广东省水利水电工程设计概（估）算编制规定（试行）税率调整的通知	省水利厅	2011年5月26日	粤水建管函〔2011〕655号
43	广州市市本级财政投资评审复核操作规程的通知	市财局、广州市公路局	2016年9月2日	穗财建〔2016〕504号
九、现有行业标准、规范（以广东省和广州市相关规定为例）				
1	广东省建设工程计价通则（2010）	省建设厅	2010年2月26日	
2	2009年版广东省建设工程标准施工合同	省建设厅	2010年1月1日	
3	关于印发《广东省高速公路建设标准化管理指南（试行）》（工程造价标准化管理）的通知	广东省交通运输厅	2011年1月31日	粤交基〔2011〕158号
4	广东省水利水电工程设计概（估）算编制规定（试行）	广东省水利厅	2006年2月9日	粤水基〔2006〕2号
5	关于建筑面积计算问题的通知	省造价站	2007年4月5日	粤建造函〔2007〕047号
6	关于发布《广州市城市绿地常规养护工程年度费用估算指标》（2015）的通知	市造价站	2016年1月25日	穗建造价〔2016〕8号
7	关于发布《广州市市政设施维修养护工程年度费用估算指标》（2015）的通知	市造价站	2016年1月25日	穗建造价〔2016〕9号
8	关于营业税改征增值税后调整广东省建设工程计价依据的通知	住房城乡建设部	2016年4月25日	粤建市函〔2016〕1113号
……				
十、有关PPP模式的规范性文件				
1	关于在公共服务领域推广政府和社会资本合作模式指导意见	财政部、发展改革委、人民银行	2015年5月19日	国办发〔2015〕42号

序号	文件名称	分类	颁布日期	文号
2	关于印发政府和社会资本合作模式操作指南（试行）的通知	财政部	2014年11月29日	财金〔2014〕113号
3	国家发展改革委关于开展政府和社会资本合作的指导意见	发展改革委	2014年12月2日	发改投资〔2014〕2724号
4	关于市政公用领域开展政府和社会资本合作项目推介工作的通知	财政部、住房城乡建设部	2015年2月13日	财建〔2015〕29号
5	关于创新重点领域投融资机制鼓励社会投资的指导意见	国务院	2014年11月16日	国发〔2014〕60号
6	关于印发《政府和社会资本合作项目政府采购管理办法》的通知	财政部	2014年12月31日	财库〔2014〕215号
7	基础设施和公用事业特许经营管理办法	发展改革委、财政部、住房城乡建设部、交通运输部、水利部、中国人民银行	2015年4月25日	〔2015〕25号令
8	关于进一步做好政府和社会资本合作项目示范工作的通知	财政部	2015年6月25日	财金〔2015〕57号
9	关于印发《政府和社会资本合作项目财政承受能力论证指引》的通知	财政部	2015年4月7日	财金〔2015〕21号
10	PPP项目合同指南（试行）	财政部	2014年12月30日	财金〔2014〕156号附件
11	《PPP物有所值评价指引（试行）》	财政部	2015年12月18日	
12	关于印发《政府和社会资本合作项目财政承受能力论证指引》的通知	财政部	2015年4月7日	财金〔2015〕21号
13	关于在公共服务领域深入推进政府和社会资本合作工作的通知	财政部	2016年10月11日	财金〔2016〕90号
14	广东省人民政府办公厅关于进一步扩大基本公共服务均等化综合改革试点的通知	省府办公厅	2015年5月28日	粤办函〔2015〕251号
	……			
十一、有关EPC模式的规范性文件				
1	《关于推进大型工程设计单位创建国际型工程公司的指导意见》的通知	建设部	1999年08月26日	建设〔1999〕218号

序号	文件名称	分类	颁布日期	文号
2	建设项目工程总承包管理规范	建设部	2005年8月1日	GB/T50358-2005
3	关于施工总承包企业特级资质有关问题的通知	住房城乡建设部	2009年7月30日	建市函〔2009〕178号
4	建设项目工程总承包合同示范文本（试行）	住房城乡建设部	2011年11月1日	GF-2011-0216
5	标准设计施工总承包招标文件	九部委	2012年5月1日	2012年版
6	关于进一步推进工程总承包发展的若干意见	住房城乡建设部	2016年5月20日	建市〔2016〕93号
7	……			

注：其他地方政府规章、其他规范性文件、行业规范和标准等，各省和各地以相应规定为准。

参考文献

[1] 尹贻林，申立银. 中国内地与香港工程造价管理比较［M］. 天津：南开大学出版社，2002：42-43.

[2] 柯洪，吴启明，王华. 香港工程建设管理［M］. 天津：天津大学出版社，2005.

[3] 方剑. 财政投资评审制度构建及风险控制［D］. 杭州：浙江大学，2013.

[4] 尹琳琳. 政府投资项目的投资控制问题研究［D］. 天津：天津大学，2010.

[5] 路铁军. 英国PFI模式的发展及其借鉴意义［J］. 国际经济合作，2015（10）：21-25.

[6] 谢伟. 中英政府投资项目建设标准对比研究［D］. 重庆：重庆大学. 2008.

[7] 孙猛. 国内外政府投资项目管理模式的比较研究［D］. 成都：西南交通大学，2012.

[8] 郝建新，尹贻林. 美国政府投资工程管理研究［J］. 技术经济与管理研究，2003（3）.

[9] 王振强，夏立明，吴松. 日本工程造价管理［M］. 天津：南开大学出版社，2002.

[10] 刘薇. PPP模式理论阐释及其现实例证［J］. 改革，2015，（1）：78-89.

[11] 欧阳电平，王贤平. 企业内部控制理论的演进及其对我国的启示［J］. 武汉大学学报（哲学社会科学版），2007（2）：222-228.

[12] 王巧姝. 企业内部控制理论、框架与实务研究［D］. 长春：吉林大学，2015.

[13] 陈铭. 财政投资评审发展问题研究［D］. 南宁：广西大学，2012.

[14] 韦勇球，钟厚冰. 国外政府投资项目管理模式分析与启示［J］. 公路交通科技（应用技术版），2009（S1）：28-30.

[15] 严敏，严玲，尹琳琳. 基于项目治理因子的政府投资项目代建制实施现状及问题分析［J］. 上海经济研究，2009（8）：33-41.

[16] 尹贻林，严玲. 论政府投资项目建设组织实施方式及其监管模式［J］. 中国软科学，2003（12）：12-17.

[17] 杨立文. 英国财政体制和政府投资监管体系——政府投资监管体系林业考察团赴英国培训考察报告［J］. 宁夏林业通讯，2010（1）：27-30.

[18] 高权. 公共财政预算项目评审方法研究［D］. 北京：北京交通大学，2013.

[19] 刘江霞. 我国政府投资项目管理模式研究［D］. 大连：东北财经大学，2005.

[20] 冯薇. 政府投资监管法律制度研究［D］. 重庆：西南政法大学，2012.

[21] 孟九国. 关于公共财政框架下投资评审管理模式的探讨［J］. 行政事业资产与财务，2013（23）：34-35.

[22] 孟新田. 清单计价下的不平衡报价控制模式研究［J］. 建筑经济，2006，（7）：50-52.

[23] 郝建新，蔡绍荣. 美国工程造价管理［M］. 天津：南开大学出版社，2002：13-21.

［24］黄文巧. 工程招标文件与施工合同书主要条款相矛盾问题的法理适用分析［J］. 建筑经济，2013（10）：99–100.

［25］徐筱婷，刘玲，范智杰. 公路工程施工招标文件中不合理要求的分析［J］. 中国水运（下半月刊），2011（3）：107–108.

［26］金勇. 施工合同与招标文件约定不一致，竣工结算以哪个为准［J］. 中国招标，2014（44）：23–25.

［27］李海玉. 基于清单计价模式下甲方工程量清单项目特征描述探讨［J］. 工程经济，2015（1）：32–35.

［28］柯洪，李凌洋，张连智浩. 时间型不平衡报价识别与防范评审规则的研究［J］. 工程管理学报，2015（2）：27–31.

［29］冉毅碧，郑云. 水利水电工程招标文件编制及注意事项［J］. 招标采购管理，2014（7）：49–50+53.

［30］刘虎，秋红霞. 项目招标文件编制中存在的问题与对策［J］. 江苏建筑职业技术学院学报，2013（1）：8–10.

［31］蔡秋生. 浅谈清单计价模式下固定总价合同结算的审核内容［J］. 经营管理者，2013（9）：219.

［32］梁晓春. 不平衡报价法应用合法性探析［J］. 工程管理学报，2013（4）：31–35.

［33］王巍. 招标文件条款设置应有"度"［I］市场周刊（新物流），2008（5）：51.

［34］马维珍，李爱春. 对《合同法》建设工程合同条款的思考［J］. 兰州铁道学院学报，2000（5）：91–93.

［35］黄普. 我国地区物价波动差异的实证研究［D］. 荆州：长江大学，2012.

［36］尤馨岩. 建设工程合同无效的认定及其法律后果分析［D］. 成都：西南财经大学，2012.

［37］王宏军. 论格式条款的无效情形［J］. 云南财贸学院学报，2004（6）：61–64.

［38］张榴. 论合同条款歧义解释及其解决途径［D］. 上海：华东政法大学，2013.

［39］项红. 无效建设工程合同的认定及其纠纷的处理［D］. 上海：华东政法学院，2007.

［40］迟琳. 工程变更中定价在先原则的应用研究［D］. 大连：东北财经大学，2010.

［41］邢世永. 物价异常波动引起的固定价格合同工程价款调整研究［D］. 天津：天津理工大学，2012.

［42］唐海荣，尹贻林，侯春梅，朱成爱. 工程量清单项目特征描述不准确导致结算纠纷的预控措施研究［J］. 工程管理学报，2012（5）：66–69.

［43］周建平，郭群，孔宏伟. 工程量清单招标不平衡报价的应对措施［J］. 建筑经济，2010（2）：78–80.

［44］蒋新亭. 施工合同中工程变更的定价方法及实例［J］. 山西建筑，2010（12）：199–201.

［45］陈静．基于状态补偿的工程量偏差对合同价款的影响及调整研究［D］．天津：天津理工大学，2014.

［46］夏鹏飞，马宏．浅谈如何做好工程变更单价审核工作［J］．建筑经济，2006（8）：73-74.

［47］严玲，尹贻林．工程计价学（第二版）［M］．北京：机械工业出版社，2014.